마지막 시대의 복음
배도자 지옥 순교자 천국

저자 이형조

- 초등학교 5학년 1학기 사회과학탐구생활에 실린 미래 유전자 화폐 내용
- 환생을 상징하는 나비모양과 원(우로보로스)의 비밀
- 2014년 5월 22일 대한성공회 서울 대교회에서 조직된 로마카톨릭과 NCCK의 직제일치선언 장면

꼭 간직해야 할 선물

"예수께서 나아와 일러 가라사대 하늘과 땅의 모든 권세를 내게 주셨으니 그러므로 너희는 가서 모든 족속으로 제자를 삼아 아버지와 아들과 성령의 이름으로 세례를 주고 내가 너희에게 분부한 모든 것을 가르쳐 지키게 하라 볼찌어다 내가 세상 끝날까지 너희와 항상 함께 있으리라 하시니라"(마28:18-20)

선교현장에서 지쳐있는 당신께, 삶의 현장에서 고난의 옷을 입고 하나님의 나라를 세우고 있는 당신께, 사랑해야 할 사람을 사랑하지 못해서 탄식하는 당신께, 하나님께서 주신 비전을 간절히 사모하는 당신께 이 책을 드립니다.

년   월   일

_____ 님께 드립니다.

"마지막 당신의 심장박동이 멈출때까지, 당신의 마지막 눈물이 떨어지는 그 순간까지, 당신이 비전을 가지고 걷는 마지막 한 발자욱까지, 당신의 육신이 눈이 감기고 소망의 주님을 바라보는 그 순간까지 하늘과 땅의 모든 권세를 가지신 주님이 당신과 항상 함께 하십니다."

프롤로그 (Prologue)

예수님이 지옥 심판을 선포하신 바리새파 유대인

　마지막 시대의 복음, "배도자 지옥 순교자 천국" 책을 읽을 때 가장 중요한 요소는 바리새파 유대인들을 바로 이해하는 것입니다. 왜냐하면 적그리스도의 세력의 가장 중요한 핵심멤버이기 때문입니다.
　예수님은 세리, 창녀, 군인, 심지어 자신의 손에 못을 박고, 몸을 창으로 찔렀던 로마 군인들까지 용서하셨습니다. 예수님은 친히 죄인을 부르러 오셨다고 하시면서 모든 사람을 용서하셨습니다. 그러나 유일하게 용서하시지 않는 무리가 있었습니다. 그 사람들이 바로 바리새파 유대인들이었습니다. 예수님은 바리새파 유대인들을 마귀의 자녀들이라고 하셨습니다.
　요8:44 "너희는 너희 아비 마귀에게서 났으니 너희 아비의 욕심을 너희도 행하고자 하느니라 저는 처음부터 살인한 자요 진리가 그 속에 없으므로 진리에 서지 못하고 거짓을 말할 때마다 제 것으로 말하나니 이는 저가 거짓말장이요 거짓의 아비가 되었음이니라"
　예수님은 마23장에서 아벨의 피로부터 사가랴의 피까지 모든 선지자들의 피를 흘린 자들이 바리새파 유대인들의 조상이라고 말씀하시고 또 사도와 선지자들의 뒤를 따라 다니면서 핍박하고, 죽이고, 구박할 자들이 바로 바리새파 유대인들이 될 것을 말씀하시면서 지옥 판결을 선포하셨습니다.
　마23:29-36 "화 있을찐저 외식하는 서기관들과 바리새인들이여 너희는 선지자들의 무덤을 쌓고 의인들의 비석을 꾸미며 가로되 만일 우리가 조상 때에 있었더면 우리는 저희가 선지자의 피를 흘리는데 참예하지 아니하였으리라 하니 그러면 너희가 선지자를 죽인 자의 자손 됨을 스스로 증거함이로다 너희가 너희 조상의 양을 채우라 뱀들아 독사의 새끼들아 너희가 어떻게 지옥의 판결을 피하겠느냐 그러므로 내가 너희에게 선지자들과 지혜 있는 자들과 서기관들을 보내매 너희가 그 중에서 더러는 죽이고 십자가에 못 박고 그 중에 더러는 너희 회당에서 채찍질하고 이 동네에서 저 동네로 구박하리라 그러므로 의인 아벨의 피로부터 성전과 제단 사이에서 너희가 죽인 바라갸의 아들 사가랴의 피까지 땅 위에서 흘린 의로운 피가 다 너희에게 돌아가리라 내가 진실로 너희에게 이르노니 이것이 다 이 세대에게 돌아 가리라"

바리새파 유대인들은 사람들을 선동해서 예수님을 십자가에 못박아 죽였습니다.

사탄의 회(會), 가짜 유대인, 바리새파 유대인의 정체

바리새파 유대인들은 페르시아 유대인들입니다. 즉 바사 유대인들입니다. 페르시아 유대인들은 바벨론 포로생활 70년 동안 바벨론에 머물러 있으면서 유대교를 배도(背道)한 태양신을 믿는 유대인들입니다. 이들이 바벨론에서 쓴 책이 바벨론 탈무드입니다.

바리새파 유대인들은 포로 생활 70년 후 페르시아 고레스왕을 통해 유대인들이 예루살렘으로 귀환을 하지만 이들은 그대로 페르시아에 머물러 태양신 조로아스터교를 숭배한 자들입니다. 조로아스터교는 페르시아 태양종교입니다. 조로아스터교는 일명 미트라교라고도 합니다. 미트라교는 바리새파 유대인들이 태양신과 유대교를 혼합한 종교입니다. 후에 알렉산드리아에서 바리새파 유대인들에 의해서 미트라교는 기독교를 섞어 또 다른 혼합종교를 만들었습니다. 이들이 바로 알렉산드리아 학파인 필로, 판테누스, 클레멘트, 오리겐입니다. 이들이 만든 혼합종교가 바로 로마 카톨릭입니다.

로마 카톨릭은 기독교가 아닙니다. 이름만 교회입니다. 미트라 태양종교 삼분의 일, 유대교 삼분의 일, 기독교 삼분의 일이 섞인 혼합종교입니다.

프리메이슨이며 스코틀랜드 칼빈주의 장로교인이었던 영국왕 제임스 1세가 만든 킹제임스 성경 표지 그림에 나타난 구름운, 햇살, 호루스 눈 그리고 그 밑에 히브리어 야훼라는 글자가 바로 태양신 유대교 즉 바리새파 유대인들이 믿는 태양신 여호와 종교입니다. 이들은 뱀인 루시퍼를 섬기는 사탄숭배자들입니다.

참고로 초대교회 알렉산드리아 학파가 탄생한 알렉산드리아는 아리스토텔레스의 제자 알렉산더 대왕이 유대인들을 위해 건설한 도시국가입니다. 아리스토텔레스는 그의 제자 알렉산더를 데리고 예루살렘 여행을 하면서 솔로몬 왕에 대한 교육을 통해 그가 세울 신국에 대한 비전을 심어 주었습니다. 아리스토텔레스는 그의 스승인 플라톤의 이원론 철학을 그리스의 자연주의 철학을 중심으로 형이상학 일원론 철학체계를 세웠습니다. 이것은 그리스 신국(神國)을 세운 알렉산더 대왕의 일원론 정치철학이었습니다.

자칭 유대인, 가짜 유대인, 사단의 회(會), 바리새파 유대인

사도 바울의 뒤를 따라 다니면서 성도들을 핍박하고 모세 율법을 빙자하여 교회를 파괴시켰던 사람들이 바로 바리새파 유대인들입니다. 바리새인들은 모세의 자리에 앉아서 손가락 하나 움직이지 않고 율법을 가지고 사람들을 판단하고, 출교시키고, 마녀사냥을 하는 사탄의 무리들입니다. 겉으로는 천사와 같이 행세를 하지만 속에는 악마가 가득한 자들입니다. 예수님은 이들을 회칠한 무덤, 위선자, 양의 탈을 쓴 이리, 독사의 자식들이라고 하셨습니다. 이들이 예수님을 모함하여 죽였습니다.

성령께서 드러내신 바리새파 유대인들의 정체, 자칭 유대인, 사단의 회(會)

서머나 교회를 핍박하고 성도를 죽인 사람들이 바리새파 유대인들입니다.

계2:8-10 "서머나 교회의 사자에게 편지하기를 처음이요 나중이요 죽었다가 살아나신 이가 가라사대 내가 네 환난과 궁핍을 아노니 실상은 네가 부요한 자니라 자칭 유대인이라 하는 자들의 훼방도 아노니 실상은 유대인이 아니요 사단의 회라 네가 장차 받을 고난을 두려워 말라 볼찌어다 마귀가 장차 너희 가운데서 몇 사람을 옥에 던져 시험을 받게 하리니 너희가 십일 동안 환난을 받으리라"

빌라델비아 교회를 핍박하고 시험한 자들이 바리새파 유대인들입니다.

계3:9 "보라 사단의 회 곧 자칭 유대인이라 하나 그렇지 않고 거짓말 하는 자들 중에서 몇을 네게 주어 저희로 와서 네 발앞에 절하게 하고 내가 너를 사랑하는 줄을 알게 하리라"

최고의 우생학 혈통인 아리안과 하나 된 바리새파 유대인

페르시아 제국은 아리안족들이 세운 국가입니다. 아리안족들은 코카서스 지역에서 내려온 야벳족속으로 페르시아 북쪽에 있었던 셈의 장남 엘람족과 함께 섞여 남하하여 인도, 페르시아를 세우게 됩니다. 바리새파 유대인들은 페르시아에서 아리안족과 함께 섞여서 세계에서 가장 독특한 혈통을 갖게 됩니다. 즉 정치적으로 가장 우수한 아리안과 종교적으로 가장 뛰어난 유대인들의 우수혈통의 연합이 이루어진 것입니다. 이것을 프리메이슨, 신인간, 엘리트 혈통이라고 합니다.

바리새파 유대인 탈무드 카발라 종교의 정체

수많은 세상 종교(宗敎)중에 단 두 가지 종교에서만 신본주의(神本主義) 종교를 찾을 수 있습니다. 하나는 바리새파 유대인들이 탈무드를 통해 가지고 있는 유대 카발라 종교이고, 우리 기독교입니다. 신본주의 종교의 특징은 절대적인 신적인 힘(power)과 상명하복의 군대조직을 가지고 역사하는 종교를 말합니다. 바리새파 유대인들의 종교는 독재정치와 공산주의 경제제도를 가지고 철저하게 마지막 세계를 점령해 나가고 있습니다. 뿐 만 아니라 강력한 초자연적인 피라미드 다단계 은사주의로 임파테이션 종교제국을 만들어 가고 있습니다.

신본주의 종교는 상명하복의 타협을 모르는 종교이기 때문에 엄청난 파괴력을 가지고 있습니다. 특히 바리새파 유대인들의 탈무드 카발라 종교는 빛의 천사 루시퍼를 섬기는 종교로 사탄종교의 대부(代父)라고 할 수 있습니다. 그래서 마지막 시대 영적인 대 결투에서 유대교 카발라 종교는 1875년 미국 뉴욕에서 만들어진 신지학 협회를 통해 모든 종교들을 통합했습니다. 이것이 유대교 카발라 종교인 뉴 에이지 종교입니다. 그리고 신사도운동을 통해서 기독교를 통째로 삼키려하고 있습니다.

그들은 강력한 사탄숭배 신본주의 종교를 가지고 기독교를 혼합주의 종교로 타락시켰습니다. 강력한 십자가 복음으로 만물을 충만케 할 수 있는 교회를 종이호랑이와 같은 인본주의 종교로 만들어 버리고 말았습니다.

기독교 신앙을 사탄종교로 만든 바리새파 철학자들

바리새파 유대인들은 회당이나 학교를 세워 자신들의 교리를 가르쳤습니다. 이것이 스콜라철학입니다. 스콜라는 학교라는 뜻입니다. 즉 학교철학입니다. 그리스 플라톤 아카데미 철학의 뿌리는 바리새파 유대인들의 탈무드입니다. 이들이 사용한 '현자' '스콜라' '아카데미' '아는 자' '신인간' '철학' 이란 단어들은 모두 탈무드에서 나온 것입니다.

고대 그리스 아데네 철학은 자연주의 철학이었습니다. 즉 상대적인 철학이었습니다. 그러나 소크라테스를 통해 자연주의 아데네 철학은 형이상학 철학 즉 신인간 중심의 절대적인 철학으로 변했습니다.

소크라테스의 아버지의 고향은 바리새파 유대인들이 세운 카르타고였습니다. 카르타고 유대인들은 스파르타로 이동해 펠로폰네소스 주도권을 놓고 아데네와 대립하는 시기에 소크라테스가 아데네에서 활동을 시작합니다. 당시 민주주의 정치가 꽃피고 있었던 아데네에 소크라테스는 혜성처럼 나타나 신인간 엘리트 신정정치를 선포했습니다. 이는 신정정치를 통해 공산주의 경제제도와 일당 군주 독재정치를 하고 있었던 스타르타 정권을 아데네에 심으려 했던 것입니다. 그는 세 번 아데네 민주정부를 전복시키려는 내란을 스파르타의 지원을 받아 일으켰고 전범(戰犯)으로 기소되어 법정에서 내란 음모죄로 심판을 받을 때 그의 사상(思想)을 지키려고 스스로 독배를 마셨습니다. 이것이 바로 바리새파 유대인들입니다. 소크라테스는 최초의 비밀 결사였습니다.

카르타고와 스파르타는 가나안 7족속들과 바리새파 유대인들이 바벨론과 페르시아를 거쳐 세운 가짜유대인의 국가입니다. 반면 그리스 아데네는 이집트 사람들이 지중해 밀레토와 시칠리아를 거쳐 세운 도시국가입니다.

소크라테스 제자였던 플라톤은 당시 공산주의와 독재정치의 모델인 스파르타를 지상에서 가장 아름다운 유토피아 국가로 묘사한 '공화국' 이란 책을 썼습니다. 그리고 그는 스승 소크라테스와 같이 탈무드에 나온 현자(賢者)라는 랍비를 철학자로 만들어 철인(哲人)정치를 주장했습니다. 플라톤은 신의 존재론을 태양을 통해 설명했습니다. 어거스틴도 동일하게 신의 존재론을 태양을 통해 설명을 했습니다. 그가 만든 이데아 절대신은 현상세계를 대표한 데미우르고스였습니다. 그는 인간속의 신의 흔적인 상기설(想起設)을 주장하여 데미우르고스라는 신을 찾아 만나는 영혼상승의 철학을 만들었습니다. 이것이 어거스틴의 기독교 신학의 교리가 되었습니다. 어거스틴도 인간 속에 있는 신의 흔적을 통해 삼위일체 하나님을 만나는 교리를 만들었습니다. 기독교 신학에서 말하고 있는 하나님은 플라톤이 말한 가짜신 데미우르고스입니다. 즉 플라톤이 티마이오스에서 말한 제작신(製作神)입니다. 창조신(創造神) 이 아닙니다.

신세계질서 설계자 플라톤

플라톤 철학은 사탄의 종교 신학입니다. 사탄숭배자들이 가지고 있는 비밀종교를 철학이란 학문으로 만든 사람이 플라톤입니다. 그리고 그들이 지상에서 세우기를 원하는 사탄왕국이 플라톤의 이상국가입니다.

플라톤의 '이상국가'인 '공화국'은 공산주의와 독재정치를 모델로 하는 카르타고와 스파르타를 모델로 한 국가론입니다. 플라톤의 '이상국가'는 토마스 모어의 '유토피아' 프란시스 베이컨의 '뉴 아틀란티스'를 통해 바리새파 유대인들이 꿈꾸는 킹덤나우 신세계질서의 설계도가 되었습니다. 그 외에도 루소의 '인간 불평등의 기원', 칼 마르크스의 '자본론', 다윈의 '진화론', 헤겔의 '정반합' 통합의 법칙은 마지막 지상에 세워질 적그리스도 나라의 사상들이었습니다.

지금 바리새파 유대인 프리메이슨들에 의해서 철저하게 만들어지고 있는 마지막 적그리스도의 국가인 신세계질서는 공산주의 경제제도와 1인 적그리스도의 독재정치에 의해서 이루어진 통제사회입니다. 이것이 플라톤의 '이상국가' '신세계질서' 입니다.

신플라톤 철학의 시조 암모니우스 사카스

신플라톤철학(관상철학)의 창시자는 알렉산드리아 암모니우스 사카스(Ammonius Saccas, 175-242)입니다. 그는 당시 이집트 전역에 흩어져 있었던 사막수도원에서 행하여진 관상기도운동을 통해서 신비적인 체험을 많이 한 사람입니다. 암모니우스 사카스는 인도 힌두교 수도승으로 유체이탈을 비롯한 신비체험을 많이 한 비밀종교의 대부입니다. 이집트 사막수도원은 페르시아 시대에서부터 내려온 인도 힌두교 수도승들과 대승불교 수도승들이 행한 열반(涅槃)을 통한 관상(觀想)기도운동입니다. 암모니우스 사카스는 이런 사막수도원의 관상기도를 유대교 탈무드, 기독교, 헬라철학, 스토아 철학, 페르시아 조로아스터교, 바벨론 태양신 등 여러 종교들의 교리를 섞어서 혼합종교철학인 신플라톤주의 관상철학을 만들었습니다. 암모니우스 사카스의 신플라톤 철학은 혼합종교 철학입니다. 신플라톤 철학의 혼합주의 종교철학은 소련의 점쟁이 블라바츠키를 통해 1875년 미국 뉴욕에서 일어난 신지학 운동으로 다시 부활했습니다. 신지학협회는 모든 종교를 하나로 통합한 운동으로 모든 사람이 한 형제이며, 우주의 모든 존재가 한 형제라는 범신론 뉴 에이지 종교운동입니다.

암모니우스 사카스에게 유명한 두 제자가 있었습니다. 하나는 신플라톤 철학을 집대성한 플로티누스(Plotinus, 204-270)이고 또 한 사람은 로마 카톨릭이란 이단 기독교 교리 창시자인 알렉산드리아 오리겐입니다. 플로티누스는 철학자로, 오리겐은 신학자로 암모니우스 사카스의 사탄종교철학은 지난 2000년 기독교 역사에서 막강한 힘을 발휘하였습니다. 그리고 또 다시 1875년 신지학협회의 탄생으로 시작된 뉴 에이지 종교운동은 오늘에 바리새파 유대인들의 신사도운동과 함께 유엔의 종교통합운동으로 자리를 잡았습니다.

신지학(theosophy)은 일명 신의 지식이라는 이름으로 여러 종교 철학을 혼합한 절충(折衷)주의철학입니다. 사탄의 혼합종교철학입니다.

이것이 암모니우스 사카스가 만든 신플라톤 철학입니다.

플로티누스의 신플라톤 관상철학을 통해서 만나는 절대신인 '일자(一者)' 라는 '모나드' 신은 빛의 신 루시퍼입니다. 어거스틴은 신플라톤 철학의 교리로 회심을 했고, 신플라톤 철학을 기반(基盤)으로 기독교 신학을 정립했습니다. 그것이 오리겐의 교리를 종합하여 세운 로마 카톨릭입니다.

신플라톤철학과 신지학의 만남의 결과물인 신인간(神人間) 뉴에이지 종교

1875년 블라바츠키 소련 점쟁이를 통해 뉴욕에서 조직된 신지학 협회는 혼합주의 종교 철학인 플로티누스의 신플라톤철학을 이용하여 세계 모든 종교를 바리새파 유대 카발라 종교로 통합을 하게 되었습니다. 이 통합종교를 뉴 에이지 종교라고 합니다. 현재 신사도운동의 모든 원리가 바로 유대 카발라 뉴 에이지 종교입니다. 뉴 에이지 종교의 목표는 모든 인간을 신으로 만드는 것입니다. 그래서 전생여행, 환생, 초혼(招魂), 투시, 집단최면, 마인드콘트롤, 텔레파시, 쓰러짐, 순간이동, 공중부양, 시간여행, 유체이탈, 치유, 마술과 같은 신적인 경험을 하게 하는 것입니다.

신플라톤 철학의 관상기도는 정화와 조명을 통해 신인합일을 이루는 종교철학인데 그렇게 해서 만난 신이 바로 사탄 루시퍼입니다. 이들은 이런 초자연세계를 경험하기 위해 24시간 기도운동을 하고, 40일 금식기도를 하고, 길게는 안토니처럼 40년을 금욕생활을 통해서 신적인 능력을 얻어 초자연적인 치유와 히틀러와 같이 수많은 군중들을 장악할 수 있는 웅변의 힘도 얻을 수 있습니다.

신인간을 대량생산하는 스위스 입자물리학 연구소 CERN의 정체

심령과학이란 비밀종교에서 이루어진 초자연적인 현상들을 과학적으로 접근하는 학문입니다. 초자연적인 현상이 일어나는 순간의 뇌파의 활동, 감정과 지성 에너지변화, 몸에 흐르는 각종 호르몬변화 등을 연구하여 컴퓨터로 프로그래밍화하는 작업을 합니다.

2011년 9월 22일 스위스에 있는 유럽물리학입자연구소 CERN에서는 빛보다 더 빠른 아원자입자(sub-atomic particle · 원자 보다 작은 소립자)를 발견했습니다. 아원자란 원자 속에 있는 또 다른 세계의 입자입니다. 안토니오 에르디타토 연구진 대변인은 로이터 통신에 "스위스 제네바 근처에 있는 유럽공동원자핵연구소(CERN)에서 이탈리아 그란사소까지 중성미자를 보낸 속도를 3년 이상에 걸쳐 측정한 값이 빛이 도달했을 때의 속도보다 60 나노초(10억분의 1초) 빨랐다"고 전했습니다. 이 연구는 아인슈타인의 3차원 상대성 원리를 뒤집은 이론으로 시간여행과 공간 여행을 가능하게 하는 4차원의 세계가 열리게 되었습니다.

2013년 10월 4일 힉스입자(Higgs boson)의 존재가 확인되어 10월8일 노벨상을 받게 되었습니다. '힉스입자'는 인류 탄생의 비밀을 풀어주는 열쇠라고 하는 신의 입자라고 합니다. 즉 인간을 신으로 만들 수 있는 입자, 창조의 에테르입니다.

힉스입자가 발견이 되고 빛보다 더 빠른 아원자원소가 발견이 되므로 인간은 현대과학 앞에 벌거숭이가 되었습니다. 유선자 게놈 지도를 통한 물질적인 분석뿐 아니라 이제 인간의 비물질 분야로 여겨졌던 종교적인 영혼 속에서 일어난 비밀까지 완전한 해독(解讀)을 할 수 있는 연구들이 완성단계에 우리는 살고 있습니다.

관상기도를 통해서 40년 동안 수행을 하고 난 후 얻을 수 있는 초자연적인 신적인 능력을 컴퓨터 마우스 하나로 경험할 수 있는 시대가 열리고 있습니다. 지금까지 소수의 사람들만이 소유하였던 신인간의 능력들을 모든 인간이 간단한 컴퓨터칩 하나로 소유할 수 있게 되었습니다. 방송국 스튜디오에서 일어난 일들이 주파수에 의해 각 가정의 TV속으로 옮겨지고, 이제 각 사람 손에 든 스마트폰 속으로 들어가고, 이제 스마트폰 유심칩이 우리 인간의 몸속에 들어가면 우리 인간은 방송국 스튜디오에서 일어난 일만 아니라 시간과 공간을 초월하여 우리가 얻을 수 있는 모든 것들을 영상으로만 아니라 냄새, 감각 등을 통해서도 얻을 수 있을 것입니다. 가상공간 속에서 우주여행까지도 마음대로 할 수 있는 시대가 온 것입니다. 이렇게 되면 인간은 육체 속에 갇힌 영혼이 아니라 신처럼 자유스런 인간이 되는 것입니다. 그러나 놀라운 사실은 그 순간 인간은 노예가 되고, 짐승화되고, 사이보그 인간이 되어 사탄의 밥이 될 것입니다. 그래서 계시록 13장에서 짐승의 표를 받은 자는 영원히 구원을 얻을 수 없다고 했습니다.

스위스 유럽 원자핵 물리학 입자 연구소 CERN 소개

약 6조원의 시설비로 세워진 세계 최대 입자물리학 연구소, 유럽원자핵공동연구소(Conseil Europeen pour la Recherche Nucleaire) 약칭은 'CERN' 입니다. 세계에서 가장 큰 입자물리 가속기연구소로서 1954년에 스위스에 설립된 유럽의 대표적인 공동 연구시설이며, 영국, 프랑스, 이탈리아, 독일, 스위스 등 20개의 회원국들이 대형 연구개발사업을 합니다.

1989년에는 월드와이드웹(WWW)을 개발해 전 세계 인터넷 시대를 열었고, 현재는 27km의 거대 강입자 가속기(LHC)로 연구가 이루어지고 있는 곳입니다. 소재지는 정확히 스위스와 프랑스의 국경 사이에 있으며, 대략 11,000명의 과학자가 연구소 시설을 이용하고 있고, 500개의 대학과 80개국 이상이 현재 직·간접적으로 연구에 참여하고 있습니다. 일년 예산이 1조2000억입니다. 여기에서 신세계질서 지구촌 인간 노예화 프로젝트가 이루어지고 있습니다.

우주적인 배도가 준비되고 있는 시대

고대종교가 살아나고 있습니다. 고대 박물관이 살아나고 있습니다. 고고학이 부활하고, 고대철학이 다시 일어나고 있습니다. 이것을 통해 창세기에 나타난 뱀이 다시 우리를 미혹하고 있습니다. 고대의 모든 것들을 등에 업고 광명의 천사로 가장한 루시퍼의 시대가 도래하고 있습니다. 그래서 마지막 시대를 배도의 시대라고 합니다.

때는 바야흐로 종말의 시대가 되었습니다. 세상은 점점 어둠으로 짙어지고 있습니다. 아울러 창세전부터 하나님께서 꿈꾸셨던 거룩한 교회는 비밀리에 점점 더 완성되어가고 있습니다. 사탄은 하나님의 품을 떠난 탕자와 같은 인류가 하나님께 돌아가려는 것을 정치,경제,종교,과학,예술,철학,교육 등을 통해서 막았고 이제는 온 세계를 장악하여 마지막 배도를 시도하고 있습니다. 그래서 지금이 마지막 때입니다.

순교의 시대가 도래하다

마지막 시대에는 구원의 방법이 다릅니다. 지금까지는 은혜의 시대에 살아서 겨자씨만한 믿음을 가지고 있더라도 십자가 한 편의 강도와 같이 죽는 순간에도 구원을 받을 수 있었습니다. 그러나 지금은 마지막 배도의 시대이기 때문에 우리는 살아서 참 신앙을 증명해 보여야 합니다.

생축으로 드려지는 순교자적인 고백서

배도자 지옥 순교자 천국이란 극단적인 제목으로 책을 쓸 수밖에 없는 이유는 성경의 진리가 마지막 마지노선상에 서 있는 이 세대를 바라보면서 성령의 탄식한 마음으로 책을 씁니다.

나를 위해 골고다 십자가에서 생축으로 드려지신 고귀한 예수님의 보혈앞에 세상에서 가장 천한 사람중에 한 사람이지만 그 은혜를 순교자적인 마음으로 보답하기 위해 이 책을 씁니다.

양의 탈을 쓰고 속여온 세상 학문을 고발

이 책에서 쓰고 있는 역사, 교리, 신학, 철학, 과학 등은 더 이상 세상학문이 아닙니다. 하나님의 구원사역을 왜곡시키고, 감추고, 혼란시켜 우리 영혼을 멸망으로 인도하는 사탄의 전략입니다. 지금까지는 우리는 세상학문이라는 혼돈속에서 살아왔습니다. 그러나 그 속에는 우리 영혼을 죽이는 암세포와 같은 독약들이 있었습니다. 하나님의 교회를 부패시키는 사탄의 바이러스와 같은 수많은 세균들에 의해서 우리 영혼들은 병들고, 눈멀고, 귀가 멀게 되었습니다.

혼돈의 시대에서 빛의 세계로

이제 우리는 마지막 때가 되어서 세상 것과 하나님의 것, 흑과 백, 하늘의 것과 땅의 것, 사탄의 전략과 하나님의 뜻이 선명하게 갈라지고 있는 시대에 살고 있습니다.

그래서 지금은 더 이상 혼돈의 시대가 아닙니다. 빛과 어둠이 갈라지는 시대입니다. 양의 탈을 쓰고 우리 곁에 있었던 사탄이 이제 양의 탈을 벗고 자신의 정체를 정정당당하게 드러냈습니다. 그리고 사탄종교를 우리에게 강요하고 있습니다. 그래서 우리는 이제 확실하게 분별할 수 있습니다. 이미 사탄의 미혹에 목까지 잠긴 우리의 신앙은 사탄의 올무에서 탈출하기가 여간 어려운 문제가 아닐 수 없습니다. 그러나 하나님께서는 마지막 때에 알곡과 가라지를 갈라 내셔서 추수를 하셔야 하기 때문에 하나님의 백성들을 따로 구별하시기 위해 사탄의 세력들에게 타작기와 같은 역할을 하도록 권세를 허락하시고 계신 것입니다.

하늘과 땅의 모든 족속들에게 이름을 주신 하나님 아버지 앞에 무릎을 꿇고 이 책을 읽고 있는 모든 분들에게 마음의 눈을 열어주셔서 그동안 우리를 속여온 사탄의 궤계를 통찰 할 수 있는 지혜와 능력을 주시도록 기도합니다.

적그리스도는 하나님이 사용하시는 도구

하나님은 온 우주만물의 주인이십니다. 악한 자도 하나님이 쓰시는 도구입니다. 특별히 마지막 시대에 하나님이 쓰시는 도구는 적그리스도입니다. 적그리스도는 믿지 않는 자들을 유혹하고 할 수 만 있으면 택한 자까지 미혹하여 하나님을 배도하게 합니다. 이런 과정에서 마지막 날에 살아있는 그리스도인들은 참 신앙인가? 거짓 신앙인가를 증명해야 합니다. 그것이 이 책의 제목처럼 배도자 지옥, 순교자 천국으로 갈라지는 것입니다.

순교는 알곡으로 추수에 참여하는 복

예수 그리스도의 십자가 복음을 통해 구원받은 그리스도인들의 죽음은 축복입니다. 그래서 요한 계시록에서는 그리스도인들의 순교를 잘 익은 곡식을 추수하는 것으로 기록하고 있습니다. 그렇습니다. 비록 종말에 살고 있는 그리스도인들이 적그리스도에 의해서 죽임을 당한다 할지라도 그것은 비극이 아닙니다. 그것은 영적으로 추수되는 것입니다. 추수할 때 잔치를 베풀 듯이 세상에서 그리스도인들이 순교할 때 천국에서는 잔치가 베풀어지는 것입니다. 그것이 요한 계시록에 기록된 하늘의 찬양들입니다.

배도에 참여하지 않는 수많은 성도들이 감춰져 있다

비록 마지막 시대에 온 세상이 다 배도에 참여하여 적그리스도의 손에 들어간 것처럼 보일지라도 엘리야 시대에 남겨두신 7000 명이 있었던 것처럼, 하나님께서는 자신의 거룩한 백성들을 남기시고 곡식을 익게 하여 추수하시는 것이 마지막 종말의 시대에 심판이자 구원입니다. 즉 하나님이 타작마당을 정하게 하신 것입니다. 만일 당신이 알곡이라면 어떤 경우에서도 하나님은 당신을 포기하시지 않습니다. 그러나 알곡이 아니라면 사정이 달라집니다. 마지막 시대 적그리스도를 통해 배도를 시도한 것은 마지막 알곡을 골라내서 추수하시는 하나님의 섭리입니다.

하나님이 선포하신 십일조의 비밀

봄에 씨를 뿌리고 여름에 잘 자라게 하여 늦가을에 추수를 하듯이 하나님께서는 창세기에서부터 요한계시록까지 구원의 씨를 뿌리시고, 은혜의 단비를 내리셔서 이 땅에 교회를 세우셨습니다. 그리고 이제 거룩하신 교회안에 이방인의 충만한 수가 다 채워져 가기 때문에 서서히 이 세상에서 마지막 추수를 준비하시고 계신 것입니다. 우리가 곡식을 추수하다 보면 10분의 9는 쭉정이로 날아가 버리고 10분의1만 알곡으로 남습니다. 만일 벼를 추수할 때 10분의 9인 쭉정이가 없다면 10분의 1인 알곡도 있을 수 없습니다. 이처럼 하나님께서도 10분의1인 알곡인 교회를 남기시기 위해 10분의 9인 세상의 쭉정이들을 사용하고 버리신 것입니다. 구약에서도 하나님께서는 10분의1을 자신 것으로 구별하여 선포하셨습니다.

쭉정이를 통해 열매를 키우신 하나님

하나님께서 우리를 구원하시는 섭리속에는 악한 자들을 사용하십니다. 우리 인간에게는 절대적인 진리가 없기 때문에 우리는 상대적인 것들만을 통해서 진리를 배울 수밖에 없습니다. 그래서 악한 사탄의 세력들의 시험과 유혹과 핍박을 통해서 교회는 금처럼 단련되고 은처럼 제련되어 예수님의 신부로 단장하는 것입니다. 그리고 난 후 그들은 모두 쭉정이로 심판하시고 우리는 예수님의 신부로 택함을 얻게 되는 것입니다.

그러므로 악한자들을 불평하지 말아야 합니다. 왜냐하면 그들의 크고 작은 시험을 통해서 우리는 온전한 예수님의 신부들이 될 수 있기 때문입니다. 그러나 심판의 날에는 넘어지게 하는 모든 자들과 악을 행한 그들은 모두 쭉정이로 심판을 받고 선을 행하고 고난을 받은 우리는 알곡으로 추수되는 것입니다. 왜냐하면 그들은 땅의 백성이고 우리는 하늘에 속한 하나님의 자녀들이기 때문입니다.

당신은 알곡입니까? 쭉정이입니까? 당신은 지금 땅에 속하여 살고 있습니까? 하늘에 속한 백성으로 땅에 살고 있습니까? 당신은 선을 행하고 있습니까? 아니면 악을 행하고 있습니까? 지금은 우리가 모두 같은 모습으로 살고 있는 것 같지만 언젠가는 천국과 지옥으로 갈라서게 될 것입니다.

말세지말에 타락한 기독교

세상 사람들은 그리스도인들이 더 악하고, 사기도 잘치고, 거짓말도 더 잘한다고 합니다. 세상 사람들은 예수 믿는 사람들 때문에 자신은 예수를 믿지 않겠다고 항변합니다. 이런 항변에 우리 그리스도인들은 더 이상 할 말이 없습니다. 왜냐하면 이 모든 것들이 사실이기 때문입니다. 서울에 있는 세계에서 가장 큰 교회들이 기독교를 개독교로 만들었습니다. 왜 오늘날 기독교가 이렇게 되었습니까? 왜 세상의 빛과 소금이 되어야 할 교회가 세상과 똑같이 더럽고 타락한 곳이 되어 버리고 말 았습니까?

누가 과연 하나님의 거룩하신 교회를 혼란스러운 곳으로 만들었습니까?

누가 과연 예수님이 자기 피로 사신 교회를 타락한 교회로 만들어 버렸습니까?

아름다운 초대교회는 그리스도인이 되는 것이 자랑스러운 일이었습니다. 예루살렘 교회는 세상 사람들로부터 칭찬을 받았고, 존경을 받았습니다. 그래서 날마다 교회에 더해지는 사람들이 많았습니다. 아나니아와 삽비라는 믿음이 없는 사람이었지만 자신도 존경받은 교회 일원이 되고 싶어서 스스로 재산 절반을 가지고 찾아온 사람입니다. 초대교회는 주후 313년까지 순교의 피를 흘려 수많은 그리스도인들이 죽어 갔지만 그 수가 오히려 더 많아져서 박해하는 로마까지도 점령하고 말았습니다.

그러나 오늘날에는 그런 핍박도 없고 그런 순교도 없습니다. 오히려 도시에서 가장 큰 건물은 교회당입니다. 그럼에도 불구하고 왜 교회는 예수 믿고 싶은 사람들에게 예수를 믿지 못하게 하는 슬픈 교회가 되었습니까?

주후 313년부터 시작된 영적인 암병

우리가 몸이 아파 병원에 가면 진료를 받습니다. 그리고 그 병이 초기일 때는 간단히 주사 한 대만 맞아도 나을 수 있습니다. 그러나 병이 오래되어 여러 가지 합병증으로 발전해 버리고 나면 입원을 해야 하고 큰 수술을 해야 합니다. 어떤 병은 너무 늦어서 의사도 어떻게 할 수 없는 경우에는 병원에서도 쫓겨나게 됩니다. 하나님의 교회도 역시 사람과 같습니다. 초대교회 때는 왕성한 성령의 능력으로 복음을 전했습니다. 수많은 이단들의 핍박과 박해가 크고 무서운 전염병처럼 공격을 해 왔지만 넉넉하게 이겼습니다.

그러나 주후 313년 로마 카톨릭이란 암병이 교회에 침투하면서부터 서서히 교회는 중병을 앓기 시작하였습니다. 1000년이 지난 후 수많은 개혁자들을 통해서 몇 번의 수술을 거쳤지만 오히려 지금은 병세가 악화되어 의사도 포기하여 병원에서도 쫓겨날 수밖에 없는 존재가 되었습니다.

과학이란 사이언톨로지 종교의 정체

과학이란 하나님이 창조하신 원리를 가지고 문명을 발전시켜 나가는 학문입니다. 그런데 사탄의 세력들은 인신제사와 사탄숭배를 통해서 광명의 천사인 루시퍼가 알려준 하나님의 창조원리를 소피아나 스피로트로 받아 이를 하나님을 대적하고 사탄을 숭배하는 종교로 만들었습니다. 이것이 과학의 정체입니다. 사탄은 창조의 원리인 과학을 통해 해와 달과 별들을 섬기는 점성술을 만들었습니다. 고대 연금술을 통해 사탄의 세력들은 금송아지를 신으로 섬기게 했습니다. 지구과학 자연법칙을 비가 내려 풍년을 기원하는 사탄종교로 사용하였습니다.

지금도 사탄의 세력들은 두뇌공학, 유전자공학, 인지공학, 복제공학, 생명공학, 컴퓨터공학, 우주천문학 등을 이용하여 그것들을 신으로 섬기게 합니다. 이런 과학종교를 사이언톨로지라고 합니다. 사탄의 세력들은 최첨단 과학을 발전시키는 원리들을 신인간인 엘리트 인간들이 우주로부터 지구로 가져온 것으로 앞으로 모든 과학이 꽃이 피게 되면 지상에 유토피아 신세계질서가 이루어질 것이라고 말합니다.

사탄 루시퍼가 가르쳐준 창조의 원리는 사탄숭배, 인신제사를 드리는 프리메이슨들에게 주는 미끼입니다. 이것들을 즐거이 받아먹으면서 그들은 창조주 하나님 대신 자연만물을 신으로 섬기고 해와 달과 별들을 섬기는 사탄숭배자들이 됩니다.

오늘날 고고학이 현대과학으로 다시 정립이 되고 있습니다. 고대 박물관들이 현대 최첨단 과학으로 다시 살아나고 있습니다. U.F.O, 외계인, 고대와 현대가 만나고, 하늘과 땅이 만나고, 죽은 자와 산자가 만나고, 모든 생명체들이 유전자 게놈지도를 통해서 사람과 만나지는 시대가 되었습니다. 그래서 그들이 말한 만물이 신이라는 범신론 종교가 증명되는 시대에 살고 있습니다.

힘들게 길게는 40일 금식 관상기도를 통해 이룰 수 있는 신인합일(神人合一)의 열반(涅槃)의 세계를 이제 컴퓨터로 뇌파를 조종하는 방법으로 쉽게 들어갈 수 있습니다. 유전자를 변이시키고 뇌파를 자극하여 인간을 울게도 하고, 웃기도 하게 하는 것이 전혀 어려운 일이 아닙니다.

과연 전능하신 하나님이 전혀 필요 없는 시대가 되었습니다. 죄의 삯인 죽음까지도 정복할 날이 머지 않았습니다. 그러나 하나님은 거기까지는 인간들에게 허용을 하지 않으실 것입니다. 인간은 결국 과학이란 바벨탑으로 하나님을 대적하려다가 마지막 심판을 받게 될 것입니다.

과학은 하나님의 축복이 아닙니다. 저주요, 올무입니다. 과학은 우리 인간의 영혼을 행복하게 해주지 못합니다. 우리 영혼을 살릴 수 없습니다. 오직 육체만 편하게 하여 우리 영혼을 병들게 하고 죽이는 암병입니다. 진짜 하나님의 축복은 예수님입니다. 아브라함 카이퍼는 과학을 하나님이 인간에게 주신 은총이라고 했습니다. 이것이 그가 주장한 사탄신학의 일반은총 주권신학입니다. 지상 유토피아를 꿈꾸는 무천년주의 신세계질서입니다.

사탄의 세력들의 족보

이 모든 일의 배후에는 사탄의 세력이 있습니다. 사탄의 세력들은 아담과 하와를 에덴동산에서 넘어뜨린 후 지금까지 뱀—가인—네피림—니므롯—가나안 7족속—바벨론—페르시아—그리스—로마—프랑크왕국의 메로빙거—신성로마제국—영국—미국이란 제국들을 통해서 하나님의 구속의 역사를 훼방하였습니다. 이들 제국에서 최고의 권력을 가지고 지금까지 인류를 지배해온 자들의 특징은 한 혈통입니다. 뱀의 후손들입니다. 가인의 후손들입니다. 즉 사탄의 지배를 받아온 자들입니다.

이들은 정치권력을 가지고 세계를 지배해 왔습니다. 이들은 아담이 타락하고 세계제국이 탄생한 후 세계경제권력을 한 번도 빼앗긴 적이 없습니다. 이들은 철학을 만들어 인간 영혼을 통제했습니다. 이들은 교육을 통해 인간을 가축처럼 키웠습니다. 이들은 예술을 만들어 자신들을 위해 광대노릇을 하게 했습니다. 수많은 종교를 만들어 하나님의 진리를 막았습니다. 이들은 루시퍼 뱀을 통해 얻은 지혜로 과학을 발전시켜 인간을 지배해 왔습니다. 지금도 이들은 최첨단 과학을 통해 정치, 경제, 종교, 예술, 교육 등 모든 분야를 하나의 통치 체제로 만들어 가고 있습니다. 이것을 신세계질서 즉 지상의 유토피아 프로젝트라고 합니다.

사탄이 만든 짝퉁 기독교

사탄은 하나님의 구속의 역사와 섭리를 너무나 잘 알고 있습니다. 그래서 항상 사탄은 먼저 자신이 주인인 것처럼 하나님이 계획하신 구속역사의 사역을 앞서 펼쳐 나갑니다. 그래서 하나님의 구원섭리를 파괴시키려고 하지만 오히려 하나님은 그것을 이용하셔서 더욱 더 멋진 구원을 이루고 맙니다. 신세계질서는 하나님이 교회를 통해서 지상에 세우실 천년왕국에 대한 사탄의 짝퉁작품입니다.

사탄은 예수님을 가룟 유다를 통해서 십자가에 못박아 죽이고 자신이 승리한줄 알고 만세를 불렀습니다. 그러나 예수님은 삼일만에 부활하시어 사탄의 머리를 깨뜨리셨습니다. 그리고 사탄의 권세아래 있는 모든 인류를 죄의 저주로부터 해방시키셨습니다.

영생의 말씀의 종교

예수님께서 오병이어의 역사로 오천명을 먹이시고, 12광주리 남기시고, 죽은 자를 살리시고, 문둥병자를 고치실 때 수많은 유대인들이 예수님을 그들의 왕으로 삼으려고 달려왔습니다. 그 때 주님은 제자의 도를 말씀하시면서 자기를 부인하고, 자기 부모, 자기 재산, 자기 생명까지 버리지 아니하면 제자가 될 수 없다고 말씀하시면서 그들의 왕이 되시는 것을 거절하셨습니다. 그래서 화가 난 군중들은 예수님을 십자가에 못박아 죽였습니다. 예수님은 수많은 사람들이 주님을 떠난 후 제자들에게 말씀 하셨습니다. "너희도 가려느냐?" 베드로가 대답했습니다. "주여 영생의 말씀이 여기 있사오니 우리가 어디로 가오리까!"

하나로 좁혀져 가고 있는 세계

지금은 마지막 때입니다. 사탄의 세력들은 정치,경제,종교,문화,예술, 교육 등을 과학으로 장악해서 하나의 체제를 만들어 세상을 막다른 골목으로 몰아가고 있습니다. 그래서 점점 더 살기 어렵고 힘든 세상이 되어가고 있습니다. 점점 소수의 부자와 다수의 가난한 자들이 늘어가고 있습니다. 점점 더 많은 가난한 사람들이 국가의 제도에 의존하여 삶을 살아 갈 수 밖에 없도록 국가주의 방법이 많이 개발되고 있습니다. 세계는 점점 좁아지고 있습니다. 마치 한 사람을 통치하듯이 전 세계를 통치할 수 있는 시대가 지금 우리 앞에 와 있습니다. 사탄의 세력들이 이렇게 하는 가장 큰 이유는 그리스도인들을 시험하기 위함입니다.

마지막 날에 등장할 니므롯

이 세상 마지막 날에 적그리스도는 절망과 파탄에 빠진 전 인류를 구원할 수 있는 메시야와 같은 존재로 혜성처럼 나타날 것입니다. 모든 사람을 미혹하여 자기 백성으로 삼고 하나님을 배도하여 사탄을 섬기게 할 것입니다. 마지막 날에 세상에 사는 모든 사람들은 큰 자나 작은 자나 자유자나 종이나 그를 경배하고 기뻐할 것입니다. 왜냐하면 그가 세상의 임금으로 모든 사람들의 먹고 살 것을 보장해 주기 때문입니다.

사탄의 세력들이 세계를 지배하기 위해 이런 일들을 하는 것이 아닙니다. 그들의 진짜 목적은 하나님의 교회를 더럽히고, 예수님의 십자가 복음을 말살시키기 위함입니다. 하나님의 교회를 파괴시키기 위한 술수입니다. 그러나 진짜 하나님의 교회는 그들이 손을 댈 수 없습니다. 절대로 하나님의 교회는 음부의 권세가 무너뜨릴 수 없습니다. 눈에 보이는 세상에 있는 짝퉁교회들은 그들이 더럽힐 수 있습니다. 그러나 참 하나님의 교회는 더욱 더 거룩해지고 더욱 더 깨끗하게 됩니다.

세계역사는 사탄철학을 통한 인간지배 역사

사탄의 세력들은 2000년 동안 그들이 만든 루시퍼 뱀의 종교인 철학을 만들고, 그 철학을 기반으로 신학을 만들었습니다. 그리고 유명한 철학자와 신학자를 만들어 오늘의 짝퉁교회를 만들었습니다. 어거스틴은 로마 카톨릭의 교리를 만든 교회의 아버지 즉 교부(the father of church)입니다. 그는 동서양의 철학과 종교를 융합시켜 로마 카톨릭이란 짝퉁 기독교를 만들었습니다. 연옥설(윤회설), 무천년, 유아세례, 국가교회, 교황제도의 뿌리인 감독교회, 죽은자를 위한 기도, 성자숭배, 마리아 숭배인 어머니 교회를 주장했습니다. 그리고 로마 카톨릭이란 국가교회를 세우기 위해 성경대로 교회를 세우고 살았던 노바티안과 도나티안 사람들을 모두 죽였습니다.

중세 스콜라 철학의 아버지인 토마스 아퀴나스는 플라톤 철학을 기반으로 한 어거스틴의 신학을 보충하기 위해 아리스토텔레스의 형이상학의 자연주의 철학을 가미시켜 오늘날 유물론 인본주의 기독교를 만들어 지상의 유토피아 복음을 만들었습니다. 마틴 루터와 존 칼빈은 어거스틴과 토마스 아퀴나스의 사상을 그대로 이어 받아 이름과 주인만 바꾼 짝퉁 종교개혁을 했습니다.

마틴 루터와 존 칼빈의 사상은 아브라함 카이퍼의 신 칼빈주의, 칼 바르트의 신정통주의, 존 스토트, 빌리그래함, 빌 브라이트, 로렌 커닝햄의 신복음주의, 피터 와그너의 신사도 운동의 번영신학을 통해서 오늘날 대형교회인 짝퉁교회가 탄생했습니다.

사탄신학인 주권신학(主權神學)의 정체

아브라함 카이퍼는 칼빈의 일반은총론에 특별은총인 예정론을 가미(加味)시켜 구원이 개인적으로 이루어지지 않고 우주적으로 이루어지는 영역주권론을 주장했습니다. 이것이 신사도운동의 주권신학입니다. 그는 자연을 포함한 세상의 모든 영역에 하나님의 주권이 임하는데 창세전에 하나님께서 예수님 안에서 예정하신 특별은총이 정치, 경제, 종교, 사회, 교육, 예술등에 나타나서 이 땅에 죄악이 없어지고, 하나님의 나라가 임한다고 주장했습니다. 이것은 세상속에 하나님의 나라를 세우려는 신사도운동의 킹덤나우 신학입니다. 그래서 그들은 정치참여, 사회참여,

현실참여 복음을 전합니다. 아브라함 카이퍼는 정치도, 교육도, 과학도 예술도 하나님이 주권적으로 통치하시는 가운데 주시는 축복이라고 말하면서 결국 이 땅에 하나님의 나라가 이루어질 것을 주장했습니다. 이것이 무천년주의 킹덤나우 신학입니다. 신세계질서 전략입니다.

지금은 교회가 심판을 받고 있는 시대

하나님은 세상을 심판하시기 전에 먼저 교회부터 심판을 시작하십니다. 그래서 세상은 두 종류의 사람으로 갈라지고 있습니다. 땅의 사람과 하늘의 사람, 구원받은 사람과 심판받은 사람, 빵의 복음을 따르는 사람과 십자가 복음을 따르는 사람, 육신의 생명을 사랑하는 사람과 영혼의 생명을 사랑하는 사람, 선을 행하는 사람과 악을 행하는 사람, 배도자와 순교자, 당신은 이 두 사람 중 어느 편에 속한 사람입니까?

십자가 대속의 구원의 길을 안내하는 책

"배도자 지옥 순교자 천국"이란 책은 당신에게 구원의 길을 분명하게 알려줄 것입니다. 만일 이 책을 읽고 나서도 당신이 지옥에 간다면 그것은 모두 당신의 책임입니다. 왜냐하면 당신이 참 거듭난 그리스도인이 아니라는 사실이기 때문입니다. "배도자 지옥과 순교자 천국"이란 책속에는 참 기독교의 십자가 복음과 만세와 만대로부터 하나님께서 계획하신 교회의 비밀이 기록되어 있습니다. 우리가 적그리스도에 대하여 아는 것도 중요하지만 더욱 더 중요한 것은 성경에 나타난 십자가 생명의 복음과 하나님의 교회에 대한 비밀을 아는 것입니다. 왜냐하면 이것이 우리를 영원한 생명의 나라로 인도하기 때문입니다.

영적인 분별력을 도울 수 있는 책

끝으로 "배도자 지옥 순교자 천국"이란 책은 필요한 참고 서적은 소개하되 자세한 각주를 사용하지 않습니다. 왜냐하면 "배도자 지옥 순교자 천국"이란 책을 쓴 단 한 가지 목적은 독자들에게 영적인 분별력을 주기 위하여 쓴 책이고, 말세 성도가 하나님의 뜻대로 살아가기 위해 십자가 복음과 거룩한 교회를 깨닫게 하기 위함입니다.

성경은 하늘 끝까지 기록하여 쌓아도 부족한 진리 중에서 구원에 이르는 지혜만을 기록한 책입니다. 우리는 여러 가지 책을 통해 수많은 지식과 정보를 얻고 분별력을 갖습니다. 수많은 지식과 분별력 중에 가장 중요한 분별력은 영적인 분별력입니다. 다른 분야에 지식과 지혜가 많이 부족하다 할지라도 영적인 분별력만 갖게 된다면 나머지는 모두 분별할 수 있는 능력을 가질 수 있습니다. 손바닥으로 하늘을 가릴 수 없습니다, 바가지로 바닷물을 퍼서 옮길 수 없습니다.

인간의 지식과 지혜로 하나님을 알 수 없습니다. 오직 위로부터 내려오는 성령의 기름 부으심을 통해 이 책을 읽은 분들에게 영적인 분별력을 주기 위해 이 책을 쓴 것입니다. 설령 독자가 이 책을 읽다가 이제까지 알고 있었던 부분적인 역사적인 사실이나, 신학이나, 교리나, 지식과 같지 않는 내용이 있다 하더라도 이런 지식들이 영혼을 구하는 분별력의 기준이 아니므로 성경에서 말한 참 진리만을 찾고 추구한다는 자세로 끝까지 읽어 주시면 감사하겠습니다.

탕자의 문명에는 진리가 없다

지금까지 인류가 쌓아온 문화와 문명은 하나님의 품을 떠난 탕자의 문명으로 그 속에는 진리가 없고, 생명이 없습니다. 예수님께서도 구원의 복음의 말씀을 주시면서 이 세상에 관한 모든 책들을 쓰려면 하늘까지 닿게 하여도 부족하다 했습니다. 만일 이 책의 내용을 역사적인 사실이나 교리적인 해설을 써서 증명하려면 수 십 권의 책으로 만들어도 부족할 것입니다. 오직 한 가지, 말세에 이 책을 통해 영적인 분별력을 얻고 내가 가진 지식이 잘못되어서 새로운 진리를 찾는 동기가 된다면 충분히 읽을 가치가 있을 것입니다. 우리의 가장 큰 명제는 마지막 날에 우리 모두가 당당하게 사랑하는 주님 앞에 설 수 있는 것만이 중요하기 때문입니다.

다시 쓰는 세계 역사

사탄의 세력들은 지금까지 양의 탈을 쓰고 모든 역사를 가공(加工)하여 속여 왔습니다. 그리고 마지막 날인 지금에 와서 그동안 속여 왔던 모든 역사를 폐기시키고 새로운 역사를 다시 쓰고 있습니다. 왜냐하면 이제 자신의 정체성에 맞는 세계를 만들어야 할 때가 되었기 때문입니다. 그래서 지금의 세대는 혼돈의 시대입니다. 봇물처럼 터져 나온 새로운 지식들과 낯선 지식들이 그동안 우리가 세뇌되어온 짝퉁지식과 함께 섞여 모든 정체성이 송두리째 흔들리는 시대가 되었습니다. 그러나 모든 지각에 뛰어난 성령의 평강은 구원받은 성도들이 세상에서 헛된 것에 미혹되지 않도록 성도들의 마음을 굳게 지켜주십니다.

거짓의 아비 사탄이 지배하는 세상

사탄은 거짓의 아비입니다. 지금도 우리는 거짓의 아비가 짜놓은 시나리오대로 세상에서 먹고, 마시고, 울고, 웃고 살아갑니다. 정치가 그러하고, 경제가 그러하고, 종교가 그러하고, 철학이 그러하고, 신학이 그러합니다. 그들은 지금까지 그러했듯이 과학이란 깜짝쇼를 통해서 세상 사람들의 마음을 훔치고 그것들을 미끼로 세상을 멸망으로 이끌어 가고 있습니다. 이런 사실들을 우리 그리스도인들은 분명하게 분별할 수 있어야 합니다. 그래야 그들의 멸망의 대열에서 탈출할 수 있습니다.

2015년 2월 25일
이형조 드림

목차

꼭 지켜야 할 선물 • 3

프롤로그 • 4

1부 배도자 지옥(背道者 地獄)

제1장. 배도(背道)란 무엇입니까?

1. 배도(背道)의 정의(定義) ……………………………… 41
2. 배도(背道)의 목적(目的) ……………………………… 41
3. 배도(背道)의 주체(主體) ……………………………… 42
4. 배도(背道)의 시기(時期) ……………………………… 43
5. 배도(背道)의 장소(場所) ……………………………… 44
6. 배도(背道)의 방법(方法) ……………………………… 45
7. 배도(背道)의 범위(範圍) ……………………………… 49
8. 배도(背道)의 신앙(信仰) ……………………………… 50
9. 배도(背道)의 신학(神學) ……………………………… 51
10. 배도(背道)의 결과(結果) …………………………… 51

제2장. 배도자의 신앙(背道者 信仰)

1. 과학인가? 복음인가? ················· 55
   1) 고대 종교는 자연과학으로 시작되었다
   2) 플라톤과 피다고라스의 기하학 우주 종교론
   3) 고대과학이 종교가 된 연금술과 점성술
   4) 현대과학의 종교 사이언톨로지
   5) 아브라함 카이퍼의 일반은총과 과학
2. 보편적 교회인가? 거룩한 교회인가? ············ 64
   1) 교회의 어원 에클레시아
   2) 어거스틴에 의해서 만들어진 로마 카톨릭
   3) 오리겐이 교회를 에클레시아로 번역한 비밀
   4) 유대 선민주의 메시야 신국 개념의 보편적 교회의 비밀
   5) 로마 카톨릭은 어거스틴의 시기구
   6) 만물교회인 보편적 교회와 우주적 교회의 정체
3. 사회적 복음인가? 영혼 구원의 복음인가? ········ 71
   1) 기독교 구원의 본질은 사람이지 제도가 아니다.
   2) 영혼구원의 복음과 사회적 복음의 차이
4. 비인격인가? 인격인가? ··················· 74
   1) 우주만물의 주인은 사람이다.
   2) 짐승과 사람의 차이
   3) 사탄의 전략은 사람을 짐승으로 만드는 것
   4) 마지막에 나타날 짐승의 표의 정체
5. 은사인가? 말씀인가? ··················· 80
   1) 기독교의 본질은 말씀종교, 영지주의 본질은 초자연적인 능력

   2) 은사주의에 나타난 비인격
   3) 성령의 인격적인 사역과 성경적인 진리
   4) 기록된 성경 외에 더 이상 직통계시는 없다
   5) 적그리스도의 세력들이 사용하는 임파테이션 은사주권주의 운동
   6) 혼합종교로 시작한 로마 카톨릭
   7) 임파테이션 은사주권주의 운동에 앞장 선 로마 카톨릭
   8) 자유주의신학의 감정이입과 신정통주의 칼 바르트의 체험 신학
   9) 말세지말의 최고의 신앙은 말씀의 순종과 복종이다.

제3장. 배도자의 신학(背道者 神學)

1. 신학의 뿌리가 된 철학 ················· 95
   1) 철학은 인류문명을 지배한 사탄신학이다
   2) 철학은 루시퍼 신학
   3) 소크라테스의 엘리트 신인간(神人間) 중심의 절대철학
   4) 플라톤의 이원론 철학의 비밀
   5) 플라톤의 신의 존재론과 어거스틴의 신의 존재론
   6) 신플라톤 철학 플로티누스
   7) 어거스틴에 의해서 확립된 정화, 조명, 합일의 관상기도 신학
   8) 삼위일체 신학의 철학
   9) 이원화된 세계 통치구조와 이원화된 기독교
   10) 알렉산드리아 학파에서 시작된 최초의 개신교 신학교
2. 니케아 종교회의와 아타나시우스, 안토니, 어거스틴 ······120
   1) 니케아 종교 회의

    2) 콘스탄틴 황제가 주도한 니케아 종교회의 종합 평가
    3) 신플라톤 철학으로 마니교도에서 기독교인이 된 어거스틴
    4) 알렉산드리아 교부 아타나시우스의 정체
    5) 안토니, 사막 수도원 아버지
    6) 어거스틴 회심에 결정적인 영향을 준 신 플라톤주의자
       폰티키아누스
    7) 신플라톤 철학의 플로티누스와 어거스틴의 신비주의
    8) 어거스틴의 삼위일체 교리는 영지주의 삼위일체 교리
3. 에베소 종교회의와 하나님 어머니 마리아 ······················149
    1) 세미라미스 여신의 도시 에베소
    2) 안디옥 참 기독교와 알렉산드리아 영지주의 기독교와 충돌
    3) 동로마 비잔틴 네스토리우스파를 파면하다
    4) 에베소 종교 회의 평가
    5) 제 4차 십자군 원정과 비잔틴제국의 멸망
    6) 비밀스런 유대인 나라 베네치아(Venezia) 공화국
    7) 네델란드 습지를 제 2의 베네치아로 만든 천재들
4. 어거스틴의 하나님의 도성과 교황권 1000년 왕국 ·········163
    1) 암브로스 밀라노 감독의 활약
    2) 데오도시우스의 업적, 기독교 로마 국교화
    3) 어거스틴의 하나님의 도성(413-426년)
    4) 최초로 교황이란 명칭을 쓴 레오1세
    5) 그레고리 1세
    6) 레오 3세와 신성로마제국
    7) 신성로마 제국을 세운 샤를대제와 교황 레오3세
    8) 마틴 루터와 칼빈에 의해서 시작된 종교개혁 운동과 30년
       종교전쟁

5. 마틴 루터의 종교개혁과 아우크스부르크 종교회의 ·········179
  1) 마틴 루터 종교 개혁의 역사적 중요성
  2) 마틴 루터와 토마스 뮌쳐가 갈라선 이유
  3) 토마스 뮌쳐의 농민들이 원하는 12개 조항
  4) 자신의 절대적인 후원자 농민을 배반한 마틴 루터
  5) 17세기 유럽의 인구 절반을 살육한 30년 전쟁으로 몰아간 종교개혁

6. 존 칼빈의 종교개혁과 분리주의 마녀사냥 ···················185
  1) 칼빈과 미카엘 세르베투스
  2) 칼빈의 세르베투스 사형선고에 대한 평가
  3) 칼빈의 기독교 강요 초판 1536년
  4) 기독교 강요 초판에 있는 칼빈이 프란시스 1세 왕에게 쓴 헌정사
  5) 칼빈의 교회와 국가의 분리의 비밀
  6) 칼빈주의 스코틀랜드 제임스 1세의 왕권신수설 폭정
  7) 칼빈의 모든 글은 어거스틴의 작품이었다

7. 유럽의 30년 종교전쟁과 근대국가 출현, 국가교회 소멸 ···203
  1) 최대 영토 종교전쟁
  2) 30년 전쟁의 개요
  3) 전쟁의 과정
  4) 30년 전쟁의 결과 베스트팔렌조약
  5) 30년 전쟁의 평가

8. 진젠도르프의 경건주의 킹덤나우 ························209
  1) 진젠도르프의 독일의 경건주의 운동의 시작
  2) 진젠도르프와 헤른후트 형제단
  3) 진젠도르프의 신앙운동의 특징

    4) 진젠도르프의 경건주의 운동의 평가
  9. 영국의 종교개혁 ···216
    1) 헨리 8세의 수장령 선언과 영국의 국가교회인 성공회의 정체
    2) 청교도 혁명과 웨스트민스터 신앙 고백서 배경
    3) 영국의 청교도 탄생 배경
    4) 마녀사냥의 진원지 메사추세츠 세일럼
  10. 영국 분리주의 청교도들이 세운 미국 플리머스 식민지 ···222
    1) 영국의 정치적인 분리주의 청교도들이 세운 메사추세츠 식민지
    2) 로저 윌리암스를 추방한 메사추세츠 정치적인 분리주의
       청교도들
    3) 영국의 수평파 종교적인 분리주의 청교도들이 세운 미국의
       침례교회
  11. 영국과 미국의 종교 개혁의 평가································228
    1) 정치적인 권력을 얻기 위해 사용된 유럽의 종교개혁
    2) 유럽 각국에서 자행된 칼빈주의자들의 마녀사냥
    3) 카톨릭과 칼빈파의 마녀사냥의 잔학상에 대한 비교
    4) 스코틀랜드에서 자행된 분리주의 청교도들의 인간사냥

제4장. 배도자의 비밀 함정(背道者 秘密 陷穽)

  1. 적그리스도의 혈통(DNA)의 비밀 ·····························239
    1) 세상을 지배하는 적그리스도의 혈통(DNA)
    2) 가나안 7족속들로부터 시작된 적그리스도의 혈통
    3) 네피림의 정체
    4) 아리안(Aryan)의 혈통의 비밀

   5) 비밀결사 바리새파 유대인의 비밀
2. 무천년주의 종말론 비밀························256
   1) 무천년주의 비밀은 킹덤나우(kingdomnow)
   2) 아브라함 카이퍼의 무천년주의 주권신학
   3) 존 칼빈의 일반은총과 아브라함 카이퍼의 일반은총의 차이점
   4) 신사도운동의 주권운동은 킹덤나우 무천년주의 신학
   5) 최초의 무천년주의자 알렉산드리아 학파 오리겐의 정체
   6) 콘스탄틴 대제의 미트라교와 바리새파 유대인들의
      조로아스터교의 진실
   7) 현실속에서 이루어지는 무천년주의 킹덤나우의 진실
   8) 무천년 주권 운동들을 통한 기독교 파괴운동의 전략
   9) 어거스틴의 무천년주의와 하나님의 도성(신국론)
3. 시오니즘 운동의 비밀································267
   1) 시오니즘 운동의 정의
   2) 정치적인 목적으로 시오니즘 운동
   3) 시오니즘은 반유대주의를 조장한다
   4) 예루살렘 회복 운동 티쿤(Tikkun)의 비밀
   5) 예루살렘 2차 공의회와 신사도 운동
   6) 진젠도르프의 24시간 100년의 기도운동은 유대 천년기 운동
   7) 24시간 신사도 기도운동과 백투예루살렘 운동의 핵심
   8) 시오니즘 운동의 비밀 평가
   9) 바리새파 유대인의 정체
4. 휴거 대망론의 함정························293
   1) 휴거 대망론이란 무엇입니까?
   2) 7년 대환난 전에 휴거가 있습니까?
   3) 사탄의 휴거 대망론(大望論)의 함정은 무엇입니까?

    4) 7년 대환난 때 순교당한 사람은 누구입니까?
5. 신사도 운동 ···301
    1) 신사도 운동이란 무엇입니까? 이스라엘 중심의 새종교운동
    2) 새 시대 새 정치운동의 시작과 이스라엘 독립
    3) 1948년 윌리엄 브래넘의 임파테이션으로 시작된 늦은
       비 신사도운동
    4) 한 새 사람운동은 토라와 예수아의 연합으로 이루어진 새 종교
    5) 학교에서 실시한 임파테이션 '선택된 씨앗' 세대
    6) 사도적 지도자로서, '신사도운동' 의 대표자로서의
       마이크 비클
    7) 장막절의 성취는 윌리엄 브래넘의 노스배틀포드의 나팔
    8) 피라미드 다단계식의 임파테이션의 비밀
    9) 윌리엄 M. 브래넘
    10) 늦은 비 신부운동을 통한 영체교환의 비밀종교
    11) 예루살렘 회복운동과 배도의 신학 킹덤나우 사상
    12) 킹덤나우 신학의 평가
    13) 신사도운동의 정체는 무엇입니까?
    14) 임파테이션(Impartation)의 정체 : 임파테이션이란
       무엇입니까?
    15) 임파테이션이 이루어지는 과정
    16) 성령의 사역과 사탄의 임파테이션의 차이는 무엇입니까?
    17) 임파테이션을 피하고 거룩한 교회를 세우는 방법은
       무엇입니까?
6. 성시화 운동의 비밀···344
    1) 성시화 운동에 사용된 프리메이슨 신사도 운동의 교리들
    2) 어거스틴의 성국화인 로마 카톨릭

   3) 풀러신학교 프리메이슨들의 성시화 전략
   4) 우주교회를 가르치고 있는 프리메이슨의 무교회주의
   5) 신사도 운동을 통해서 세워지는 신세계질서
   6) 제네바 칼빈의 성시화 역사적 교훈
   7) 성시화 운동의 올무
   8) 마지막 도시에 설치될 성시화의 완성 유비쿼터스(ubiquitous)

7. 오바마케어법 ··353
   1) 2010년 3월23일에 통과된 오바마케어법
   2) 2013년 6월28일 대법원 합헌결정
   3) 2014년 4월1일 710만 명의 등록으로 시작된 오바마케어법
   4) 오바마케어법의 진실은 무엇입니까?
   5) 오바마케어는 신세계질서의 법이다.
   6) 미국이란 달러 화폐 자본주의 제국이 탄생하다
   7) 미국 자본주의 뿌리인 아담스미스의 국부론
   8) 911 테러와 함께 사라진 미국의 자유
   9) 미국과 함께 무너지는 세계 구시대(舊時代) 올드질서
      (Old Order)

8. 뉴에이지 종교와 신세계질서 비밀 ·······················369
   1) 뉴에이지 종교는 무엇입니까?
   2) 신플라톤 철학의 시조 암모니우스 사카스의 혼합종교
   3) 뉴에이지 종교의 원리
   4) 뉴에이지 기독교
   5) 뉴에이지에서 사용하는 단어들
   6) 뉴에이지 종교의 출발은 언제입니까?
   7) 뉴에이지 종교의 사상
   8) 문화종교로 옷입은 뉴에이지 종교

    9) 현대과학의 옷을 입고 나타난 뉴에이지 종교
    10) 유엔 종교통합운동과 뉴에이지 종교

2부 순교자 천국(殉敎者 天國)

제1장. 순교(殉敎)란 무엇입니까?

    1. 순교(殉敎)의 정의(定義) ·················383
    2. 순교(殉敎)의 목적(目的) ·················385
    3. 순교(殉敎)의 주체(主體) ·················387
    4. 순교(殉敎)의 시기(時期) ·················388
    5. 순교(殉敎)의 이유(理由) ·················389
    6. 순교(殉敎)의 범위(範圍) ·················391
    7. 순교(殉敎)의 방법(方法) ·················392
    8. 순교(殉敎)의 대상(對象) ·················393
    9. 순교(殉敎)의 신앙(信仰) ·················395
    10. 순교(殉敎)의 능력(能力) ················398

3부 결론 : 순교자 신앙고백(殉敎者 信仰告白)

    1. 새사도신경 ·····································403
    2. 성경신앙고백서 ·······························409
    3. 기독교 이단을 판별하는 성경적인 기준은 무엇입니까? ···410

   1) 기독론(基督論) 예수님의 인성과 신성을 부인한 자
   2) 삼위일체 신론 (三位一體 神論) 인격적인 삼위일체 하나님을 부인한 자
   3) 성경론 (聖經論) 성경 66권의 절대적인 권위를 부인한 자
   4) 구원론 (救援論) 예수님의 십자가 대속의 은총을 부인한 자
   5) 교회론 (敎會論) 성삼위 하나님의 교회를 부인한 자
   6) 성화론 (聖化論) 오직 은혜로 성화가 이루어짐을 부인한 자
   7) 인간론 (人間論) 인간의 전적(全的)인 타락을 부인한 자
   8) 종말론(終末論) 예수님이 부활하신 몸으로 재림함을 부인한 자
   9) 심판론 (審判論) 지옥 심판을 부인하는 자
   10) 천국론 (天國論) 영원한 하늘의 하나님 나라를 부인한 자

4. 하나님의 부르심 ·· 415
   1) 구원의 부르심
   2) 헌신의 부르심
   3) 소명의 부르심
   4) 비전의 부르심
   5) 목회자 제자훈련 사역의 부르심
   6) 선교사 제자훈련 사역의 부르심

에필로그
참고도서
세계제자훈련원 출판사 도서소개

1부 배도자 지옥

제1장
배도란 무엇입니까?

1. 배도(背道)의 정의
2. 배도(背道)의 목적
3. 배도(背道)의 주체
4. 배도(背道)의 시기
5. 배도(背道)의 장소
6. 배도(背道)의 방법
7. 배도(背道)의 범위
8. 배도(背道)의 신앙
9. 배도(背道)의 신학
10. 배도(背道)의 결과

1부 배도자 지옥(背道者 地獄)

제1장 배도란 무엇입니까?

1. 배도(背道)의 정의(定義)

배도란 한 두 사람의 반역을 말하지 않습니다. 성경에 나와 있는 배도의 정의는 전 세계적이며, 전 우주적인 반역을 말합니다. 첫 번째 배도는 창11장에 나와 있는 바벨탑 사건입니다. 특이한 사냥군 니므롯에 의해서 전 인류가 창조주 하나님을 반역하는 행위를 했습니다. 이처럼 이 세상 마지막 날에도 우주적인 반역이 있을 것인데 이것을 배도라고 합니다. 니므롯과 같은 배도자를 적그리스도(antichrist)라고 합니다. 마지막 세계에 등장할 배도자도 역시 적그리스도(antichrist)입니다.

2. 배도(背道)의 목적(目的)

마지막 시대 적그리스도가 배도하는 목적은 지상에 유토피아를 세우기 위함입니다.
이렇게 한 이유는 하나님께서 세우시기를 원하시는 하나님의 나라를 훼방할 목적으로 세우는 것입니다. 그러므로 마지막 배도의 시대에는 적그리스도가 세운 짝퉁 천국이 일어나고 하나님이 완성하시는 진짜 천국도 동일하게 완성이 되는 것입니다. 그런데 놀랍게도 적그리스도가 세운 짝퉁 천국은 보이는 나라이지만 하나님이 세우시는 나라는 보이지 않는 나라입니다. 세상 마지막 날에 사는 모든 사람들은 이 두 개의 나라 중 한 편을 반드시 택해야 합니다. 어느 한편에 속하여 심판을 받든지 구원을 받든지 중간에 속한 사람은 한 사람도 존재할 수 없습니다.

그래서 결론으로 말하면 하나님께서 적그리스도를 통해서 지상에 짝퉁 천국을 세우도록 허락하신 진짜 목적은 하나님의 택한 알곡들을 골라내시고 하나님을 배반하고 세상 나라에 속한 사람들을 심판하시기 위함입니다. 즉 하나님께서 종말적인 추수를 하시는 것입니다.

사14:12-15 "너 아침의 아들 계명성이여 어찌 그리 하늘에서 떨어졌으며 너 열국을 엎은 자여 어찌 그리 땅에 찍혔는고 네가 네 마음에 이르기를 내가 하늘에 올라 하나님의 뭇별 위에 나의 보좌를 높이리라 내가 북극 집회의 산 위에 좌정하리라 가장 높은 구름에 올라 지극히 높은 자와 비기리라 하도다 그러나 이제 네가 음부 곧 구덩이의 맨밑에 빠치우리로다"

사탄이 배도를 하는 또 하나의 목적은 교만입니다. 지상에 자신의 왕국을 세워 하나님과 비기려 하는 것입니다. 그러나 그는 최후의 심판을 받고 말 것입니다.

3. 배도(倍道)의 주체(主體)

배도의 주체는 적그리스도 혈통들입니다. 적그리스도 혈통은 가인으로부터 시작해서 네피림—니므롯—가나안 7족속—바벨론 문명—레반트 문명—페니키아문명—그리스 문명—로마 문명—메로빙거문명—카로링거 문명—영국 문명—미국 문명으로 이어지는 프리메이슨들입니다. 이들의 사상은 헤르메스—오르므즈—시온수도회—템플기사단—일루미나티입니다. 이들의 종교는 바벨탑 3위1체인 니므롯, 담무스, 세미라미스—신바벨론 바알과 아세라—이집트 이시스—페르시아와 로마 미트라-그리스 아프로디테-메로빙거 여호와 증인-로마 카톨릭 영지주의 유대교 태양신-프리메이슨 루시퍼 뱀과 사탄숭배 종교입니다. 정치적으로는 이원 집정제, 과두정부, 독재정치, 군주정치, 공산주의, 제국주의입니다. 문화적으로는 피라미드, 인신제사, 동성애, 전쟁문화, 철기문화, 용(龍)문화, 아리안 우생학 문화, 타락한 천사숭배문화, 마약문화, 철학과 사상문화, 사탄숭배문화, 태양신 문화, 다산(多産)문화, 성(性)문화, 접신(接神)문화, 근친결혼문화를 가지고 있습니다.

4. 배도(背道)의 시기(時期)

적그리스도가 배도를 선포할 시기는 7년 대 환란 중간 즉 전 삼년 반이 끝나고 후 삼년 반이 시작할 즈음입니다.

단9:27 "그가 장차 많은 사람으로 더불어 한 이레 동안의 언약을 굳게 정하겠고 그가 그 이레의 절반에 제사와 예물을 금지할 것이며 또 잔포하여 미운 물건이 날개를 의지하여 설 것이며 또 이미 정한 종말까지 진노가 황폐케 하는 자에게 쏟아지리라 하였느니라"

마24:15-23 "그러므로 너희가 선지자 다니엘의 말한바 멸망의 가증한 것이 거룩한 곳에 선 것을 보거든 (읽는 자는 깨달을찐저) 그 때에 유대에 있는 자들은 산으로 도망할찌어다 지붕 위에 있는 자는 집안에 있는 물건을 가질러 내려 가지 말며 밭에 있는 자는 겉옷을 가질러 뒤로 돌이키지 말찌어다 그 날에는 아이 밴 자들과 젖먹이는 자들에게 화가 있으리로다 너희의 도망하는 일이 겨울에나 안식일에 되지 않도록 기도하라 이는 그 때에 큰 환난이 있겠음이라 창세로부터 지금까지 이런 환난이 없었고 후에도 없으리라 그 날들을 감하지 아니할 것이면 모든 육체가 구원을 얻지 못할 것이나 그러나 택하신 자들을 위하여 그 날들을 감하시리라 그 때에 사람이 너희에게 말하되 보라 그리스도가 여기 있다 혹 저기 있다 하여도 믿지 말라"

7년 대환난이 시작될 즈음에 다섯 가지 징조들이 일어납니다. 거짓 선지자와 거짓 그리스도가 출현하여 기사와 표적으로 사람들을 미혹합니다. 전쟁이 일어납니다. 지진이 있습니다. 기근이 일어납니다. 난리의 사건들이 터집니다. 이렇게 시작된 7년 환난은 전 삼년 반 동안 세계 인구 절반이 죽게 됩니다. 그리고 전 삼년 반이 끝날 무렵 어느 정도 정리가 된 후 적그리스도는 배도를 선포하여 지상에 마지막 배도의 국가를 세우게 됩니다.

5. 배도(背道)의 장소(場所)

적그리스도가 배도를 선포할 장소는 예루살렘 성전입니다. 마지막 시대의 영적인 전투는 예루살렘에서 있습니다. 그래서 적그리스도의 세력들은 그렇게 예루살렘 회복을 외쳤던 것입니다. 예루살렘은 예수님께서 이스라엘 회복과 함께 무척이나 중요하게 다루셨습니다. 예루살렘에서 시작된 복음이 땅 끝까지 전파되고 예루살렘으로 돌아오면 끝이 온다고 했습니다. 무화과 나무 비유를 통해서 무화과 나무가 다시 싹을 내면 여름이 가까이 왔음을 알라고 하시면서 이스라엘 회복을 말씀하셨습니다. 그리고 이방인의 때가 차면 예루살렘은 더 이상 이방인에게 밟히지 않고 유대인들에게 회복될 것을 말씀하셨습니다. 이스라엘의 독립은 1948년 5월 14일에 있었습니다. 그리고 예루살렘의 회복은 1967년 6월6일에 있었습니다.

살후2:14 "형제들아 우리가 너희에게 구하는 것은 우리 주 예수 그리스도의 강림하심과 우리가 그 앞에 모임에 관하여 혹 영으로나 혹 말로나 혹 우리에게서 받았다 하는 편지로나 주의 날이 이르렀다고 쉬 동심하거나 두려워하거나 하지 아니할 그것이라 누가 아무렇게 하여도 너희가 미혹하지 말라 먼저 배도하는 일이 있고 저 불법의 사람 곧 멸망의 아들이 나타나기 전에는 이르지 아니하리니 저는 대적하는 자라 범사에 일컫는 하나님이나 숭배함을 받는 자 위에 뛰어나 자존하여 하나님 성전에 앉아 자기를 보여 하나님이라 하느니라"

막13:14-23 "멸망의 가증한 것이 서지 못할 곳에 선것을 보거든 (읽는 자는 깨달을찐저) 그 때에 유대에 있는 자들은 산으로 도망할찌어다 지붕 위에 있는 자는 내려가지도 말고 집에 있는 무엇을 가지러 들어가지도 말며 밭에 있는 자는 겉옷을 가지러 뒤로 돌이키지 말찌어다 그날에는 아이 밴 자들과 젖먹이는 자들에게 화가 있으리로다 이 일이 겨울에 나지 않도록 기도하라 이는 그날들은 환난의 날이 되겠음이라 하나님의 창조하신 창초부터 지금까지 이런 환난이 없었고 후에도 없으리라 만일 주께서 그날들을 감하지 아니하셨더면 모든 육체가 구원을 얻지 못할 것이어늘 자기의 택하신 백성을 위하여 그날들을 감하셨느니라 그 때에 사람이 너희에게 말하되 보라 그리스도가 여기 있다 보라 저기 있다 하여도 믿지 말라 거짓 그리스도들과 거짓 선지자들이 일어나서 이적과 기사를 행하여 할 수만 있으면 택하신 백성을 미혹케 하려 하리라 너희는 삼가라 내가 모든 일을 너희에게 미리 말하였노라"

마24:32-36 "무화과나무의 비유를 배우라 그 가지가 연하여지고 잎사귀를 내면 여름이 가까운 줄을 아나니 이와 같이 너희도 이 모든 일을 보거든 인자가 가까이 곧 문앞에 이른줄 알라 내가 진실로 너희에게 말하노니 이 세대가 지나가기 전에 이 일이 다 이루리라 천지는 없어지겠으나 내 말은 없어지지 아니하리라 그러나 그 날과 그 때는 아무도 모르나니 하늘의 천사들도, 아들도 모르고 오직 아버지만 아시느니라"

눅21:24 "저희가 칼날에 죽임을 당하며 모든 이방에 사로잡혀 가겠고 예루살렘은 이방인의 때가 차기까지 이방인들에게 밟히리라"

6. 배도(背道)의 방법(方法)

니므롯이 바벨탑을 쌓을 때 벽돌을 만들어 하늘까지 높이 쌓았습니다. 이것을 히브리 랍비들은 큰 탑으로 보지 않고 한 사람 한 사람을 일정한 규격의 벽돌과 같이 획일화 내지는 단일화를 시켜서 배도를 했다고 해석을 합니다. 그것이 바로 공산주의입니다. 먹고 사는 문제를 부각시켜 말을 듣지 않으면 살 수 없도록 해서 배도를 했다는 것입니다. 니므롯은 최초의 독재자입니다. 그리고 그의 나라는 획일화된 공산국가였습니다. 이것이 니므롯이 배도에 성공한 이유입니다.

공산주의 통합시스템

놀랍게도 니므롯의 후예들은 독재정치와 공산주의 문화를 이어왔습니다. 현재 적그리스도의 혈통인 프리메이슨들도 동일하게 공산주의와 독재정치를 통해서 신세계질서를 준비하고 있습니다. 소크라테스, 플라톤, 루소, 마키아벨리, 토마스 모어, 프란시스 베이컨, 헉슬리, 칼 마르크스, 미국의 네오콘 등은 모두 적그리스도의 혈통으로 공산주의 경제제도와 군주 독재정치를 이상국가의 모델로 추앙(推仰)하여 왔습니다.

마지막 시대에 나타날 적그리스도 역시 독재자이며 공산주의 통제경제 시스템을 가지고 나타날 것입니다. 이것이 정치통합, 경제통합, 종교통합입니다. 그리고 이렇게 통합된 체제를 하나로 묶어 통치할 수단이 바로 컴퓨터입니다. 이것을 계시록 13장에서는 짐승의 표라고 했습니다. 짐승의 표는 정확하게 짐승의 백성이란 뜻입니다. 이제 하나님의 백성과 짐승의 백성들이 갈라지고 있는 시대에 우리는 살고 있는 것입니다.

적그리스도가 배도하는 방법은 정치, 경제, 종교 등을 포함한 통합시스템을 작동시켜 배도를 하게 합니다. 정치적으로 신분을 확보하고, 개인의 기업을 파산시키고 다국적 기업이나 국가주도의 공산주의 경제정책으로 먹고 사는 문제로 통합시킵니다. 종교적으로 모든 종교를 하나로 통합하기 위해 초자연적인 능력을 사용합니다. 그래서 전 세계를 정치적으로 하나 된 정부를 만들고, 전 세계를 경제적으로 하나 된 세계를 만들고, 전 세계를 종교적으로 하나 된 정부를 만들어 배도하게 됩니다. 이런 세계적인 배도의 프로젝트를 신세계질서 프로젝트라고 합니다.

먼저 종교적인 방법은 기사와 표적입니다.

마지막 시대에 사탄이 하늘에서 땅으로 쫓겨난 후 지상에서 엄청난 초자연적인 기사와 표적을 일으킵니다. 그래서 사람을 신으로 만들어 버립니다. 이것이 신인간입니다. 즉 모두를 재림 예수로 만들어버립니다. 앞으로 엄청난 미혹이 있을 것입니다. 이것을 통해서 사탄은 택한 자까지도 미혹하려 할 것입니다. 이것이 마지막 시대에 일어나고 있는 신사도 운동입니다.

적그리스도의 종교는 뉴에이지 종교입니다. 즉 신사도운동입니다. 뉴에이지 종교는 유대 카발라, 인도 쿤달리니, 아프리카 부두이교, 이슬람 신비주의 수피즘, 티벳 불교, 그리스 뉴 플라톤 관상종교, 사막 수도원의 신비종교, 신지학 등이 모두 합쳐진 통합종교입니다. 즉 사탄종교입니다. 이것이 신사도운동의 정체입니다. 신사도운동은 기독교의 이름들을 사용하고 있지만 전혀 성경에 나타난 기독교가 아닌 완전히 다른 종교입니다. 사탄이 만든 새종교입니다. 신사도운동은 태양신 유대 영지주의 종교입니다.

살후2:9-12 "악한 자의 임함은 사단의 역사를 따라 모든 능력과 표적과 거짓 기적과 불의의 모든 속임으로 멸망하는 자들에게 임하리니 이는 저희가 진리의 사랑을 받지 아니하여 구원함을 얻지 못함이니라 이러므로 하나님이 유혹을 저의 가운데 역사하게 하사 거짓 것을 믿게 하심은 진리를 믿지 않고 불의를 좋아하는 모든 자로 심판을 받게 하려 하심이니라"

마24:23-28 "그 때에 사람이 너희에게 말하되 보라 그리스도가 여기 있다 혹 저기 있다 하여도 믿지 말라 거짓 그리스도들과 거짓 선지자들이 일어나 큰 표적과 기사를 보이어 할 수만 있으면 택하신 자들도 미혹하게 하리라 보라 내가 너희에게 미리 말하였노라 그러면 사람들이 너희에게 말하되 보라 그리스도가 광야에 있다 하여도 나가지 말고 보라 골방에 있다 하여도 믿지 말라 번개가 동편에서 나서 서편까지 번쩍임 같이 인자의 임함도 그러하리라 주검이 있는 곳에는 독수리들이 모일찌니라"

막13:21-23 "그리스도가 여기 있다 보라 저기 있다 하여도 믿지 말라 거짓 그리스도들과 거짓 선지자들이 일어나서 이적과 기사를 행하여 할 수만 있으면 택하신 백성을 미혹케 하려 하리라 너희는 삼가라 내가 모든 일을 너희에게 미리 말하였노라"

계13:11-15 "내가 보매 또 다른 짐승이 땅에서 올라오니 새끼 양 같이 두 뿔이 있고 용처럼 말하더라 저가 먼저 나온 짐승의 모든 권세를 그 앞에서 행하고 땅과 땅에 거하는 자들로 처음 짐승에게 경배하게 하니 곧 죽게 되었던 상처가 나은 자니라 큰 이적을 행하되 심지어 사람들 앞에서 불이 하늘로부터 땅에 내려 오게 하고 짐승 앞에서 받은바 이적을 행함으로 땅에 거하는 자들을 미혹하며 땅에 거하는 자들에게 이르기를 칼에 상하였다가 살아난 짐승을 위하여 우상을 만들라 하더라 저가 권세를 받아 그 짐승의 우상에게 생기를 주어 그 짐승의 우상으로 말하게 하고 또 짐승의 우상에게 경배하지 아니하는 자는 몇이든지 다 죽이게 하더라"

마7:22-23 "그 날에 많은 사람이 나더러 이르되 주여 주여 우리가 주의 이름으로 선지자 노릇하며 주의 이름으로 귀신을 쫓아내며 주의 이름으로 많은 권능을 행치 아니 하였나이까 하리니 그때에 내가 저희에게 밝히 말하되 내가 너희를 도무지 알지 못하니 불법을 행하는 자들아 내게서 떠나가라 하리라"

정치적인 배도의 방법입니다.

정치적인 방법은 세계 모든 국가를 하나의 정부로 만드는 것입니다. 이것을 위해 핵확산방지조약, 테러방지조약, 영토전쟁, 지구온난화방지조약, 북미주 연합 나프타, 아세안연합, 아프리카 연합, 유럽연합 등을 만들었습니다. 유엔을 중심으로 반테러운동, 지역분쟁조정을 위한 신속대응군, 세계반인권국가 제재, 전쟁을 막는 평화유지군 등을 조직하여 하나의 정부기능을 강화시키고 있습니다.

경제적인 배도의 방법입니다.

전 세계 F.T.A 협약, 환율조작, 적대적 기업합병, 금융위기, 세계결제은행을 통한 지급준비율과 이자 조정, 양적완화조정, 주가조작, 국가와 기업과 개인을 부채로 인해 파산시킴, 부동산 거품, 지역별 경제자유지역확대, 무역자유화, 탄소세, 환경세 등을 도입하는 것입니다.

기타 방법으로는 외계인 침공, U.F.O 출현, 원격의료시술장치를 통한 의료통제, 위치추적장치를 통한 통제, 도시 유비쿼터스를 통한 출입통제, 컴퓨터 유전자 치료 및 줄기세포 치료와 생명공학과 복제기술을 통한 사이보그 인간화 통제, 구제역 바이러스, 사스 바이러스, 에볼라 바이러스 등을 통한 통제, 기상무기인 토네이토, 지진, 홍수, 폭설, 폭염, 태풍, 허리케인, 헐리우드 영화, 락 음악, 헤비메탈 음악, 뉴에이지 음악 등을 통해 통제합니다. 이런 통합시스템을 통해 인류를 압박하면 개인은 더 이상 힘을 쓰지 못하고 결국 신세계질서에 순응할 수밖에 없습니다.

결국 적그리스도가 배도를 하는 방법은 정치, 경제, 종교 등 모든 분야를 하나의 단위로 묶어서 오른손과 이마에 자기 백성이라는 표를 찍는 방법으로 배도를 할 것입니다. 그런데 왜 이 표를 받지 않으면 안됩니까? 이 짐승의 표 안에 나의 모든 존재가 입력되어 있기 때문입니다. 이 표를 받지 않으면 인간으로서 살아가는 것이 불가능하기 때문입니다.

계13:16-18 "저가 모든 자 곧 작은 자나 큰 자나 부자나 빈궁한 자나 자유한 자나 종들로 그 오른손에나 이마에 표를 받게 하고 누구든지 이 표를 가진 자 외에는 매매를 못하게 하니 이 표는 곧 짐승의 이름이나 그 이름의 수라 지혜가 여기 있으니 총명 있는 자는 그 짐승의 수를 세어 보라 그 수는 사람의 수니 육백 육십 륙이니라"

7. 배도(背道)의 범위(範圍)

프리메이슨들은 각 계 각 층을 분할하고 작은 단위를 만들어 묶어서 배도의 전략으로 사용하고 있습니다. 정치적으로 모든 국가를 하나의 정부로 만드는데 세계를 10개 구역으로 나누었습니다. 그리고 기능별로 10개 수도를 정했습니다. 이것을 유엔의 새천년프로젝트라고 합니다. 평화운동을 하는 미국의 최대권력 기관인 C.F.R 회원인 릭 워렌과 반기문 유엔 사무총장이 2009년에 만든 것입니다.

북미주 미국은 신세계질서 정치중심수도, 동북아시아 한국은 신세계질서의 교육중심수도, 중남미 지역 칠레는 신세계질서 농업중심수도, 대양주 호주는 신세계질서 환경질서수도, 서유럽 신세계질서 경제중심의 수도, 동유럽 폴란드 신세계질서 노동중심의 수도, 중앙아프리카 남아프리카 공화국 신세계질서 사회질서수도, 동남아시아 인도 신세계질서 통신중심의 수도, 중앙아시아 카자흐스탄 신세계질서 산업중심의 수도입니다.

이들은 모든 종교를 통합하고, 자연 만물과 우주까지 포함시켜 범신론적인 뉴에이지 종교를 만들어 배도에 사용하고 있습니다. 그들은 배도의 철학, 사상, 신학, 그리고 칼 세이건이나 스티븐 호킹 박사를 이용하여 코스모스 우주 천문학까지 이용을 하고 있습니다. 유엔은 물론 나사(NASA), 보이스카우트, 걸스카우트, 라이온즈클럽, 로타리클럽, 도덕재무장운동, 적십자운동, 환경지킴이 운동, 혼전순결운동, 프라미스키퍼스 운동, 에이즈 퇴치운동, 빈곤퇴치운동 등도 역시 하나의 정부, 하나의 문화운동으로 세계를 하나로 묶는 배도운동입니다.

배도의 장소적 범위는 대도시 중심으로 일어납니다. 특히 읍단위(邑單位) 이상에서 일어납니다. 시간적 범위는 길어야 3년 반입니다. 후 삼년 반이 시작될 때 배도가 시작되어 극심한 환난에 많은 사람들이 죽어갈 수 있기 때문에 후 삼년 반이 다 차기 전에 예수님이 지상 재림하십니다. 그러므로 프리메이슨들이 짐승의 표를 받으면 400-500년 산다고 하는 것은 다 거짓말입니다. 그러나 잠깐 동안 즉 3년 반이 못되어 주님이 오십니다.

8. 배도(背道)의 신앙(信仰)

성경에 나타난 두 가지 신앙이 있습니다. 기사와 표적을 좇는 신앙입니다. 이는 바리새파 유대인들이 추구하는 탈무드 유대 카발라입니다. 이것이 사탄종교의 중심입니다. 다음은 믿음으로 하나님 말씀에 순종하는 인격적인 신앙입니다. 이것이 십자가 속죄의 복음입니다.

말세에 우리 앞에 두 종류의 신앙의 모델이 던져집니다. 기사와 표적을 따르는 종교인가? 하나님의 말씀인 성경을 인격적으로 믿고 순종하면서 따르는 신앙인가? 성경은 분명하게 말씀하셨습니다. 마지막 시대에 거짓 그리스도와 거짓 선지자들이 나타나 기사와 표적으로 많은 사람들을 미혹할 것이라고 했습니다. 분명히 그들도 성경 말씀을 가지고 옵니다. 분명히 그들도 유명한 목사, 박사, 장로, 권사, 집사, 교수와 같은 광명한 천사의 이름으로 옵니다.

마지막 시대 배도운동의 중심축을 이루는 것이 신사도 운동입니다. 신사도운동 안에는 늦은비 운동, 뉴 에이지 운동, 신지학, 유대 카발라, 인도 쿤달리니, 아프리카 부두이교, 예루살렘 회복운동, 시오니즘운동, 알파운동, 두 날개운동, 신부운동, 24시간 기도운동, 땅 밟기 운동, 전투기도 운동, 다윗의 장막, 킹덤나우, 7개 산 주권운동, 성시화운동, 가정교회운동, 셀운동, G-12운동, 주권운동, 아버지학교운동, 재정운동, 이머징쳐취운동, 넥스트웨이브 무브먼트 운동, 유스스페샬티스운동, 키비운동, 토라회복운동, 예언사역, 선교운동 등입니다.
  신사도운동에서 사용하는 초자연적인 현상들은 다음과 같습니다. 떨림, 넘어짐, 거룩한 웃음, 환생(幻生), 초혼(招魂), 방언, 예언(豫言), 환상(幻想), 축사(逐邪), 공간이동, 공중부양, 흑마술, 백마술, 마인드콘트롤, 텔레파시, 집단최면, 원격조정, 환청(幻聽), 유체이탈(流體離脫), 치유(治癒), 술취함, 투시(透視), 금이빨, 금가루, 뜨거움, 전생여행, 임파테이션, 영체교환(靈體交換), 신인합일(神人合一) 등입니다.

9. 배도(背道)의 신학(神學)

  무천년주의 신학, 신칼빈주의 신학, 신복음주의 신학, 신정통주의 신학, 자유주의 신학, 신비주의 신학, 예루살렘 회복 신학, 은사주의 신학, 임파테이션 신학, 뉴 에이지 신학, 신사도운동 신학, 해방 신학, 노동 신학, 바리새파 유대주의, 플라톤 철학, 신플라톤 철학, 스토아 철학, 영성 신학, 보편적 교회, 우주 교회, 윤리 신학, 기독교세계관 신학, 아브라함 카이퍼의 주권 신학 등입니다.

10. 배도(背道)의 결과(結果)

  마지막 시대에 사는 사람들은 정확하게 두 종류의 사람들로 구분이 될 것입니다. 짐승의 표를 받은 사람과 그렇지 않은 사람입니다. 성경은 창세이후 생명책에 그 이름이 기록되지 않은 사람은 모두 다 짐승에게 경배하고 짐승의 표를 받을 것을 예언하고 있습니다. 그러므로 구원받지 못한 사람들은 적그리스도에게 속아서 그 표를 받으면 오래 편하고 건강하게 살 수 있다는 말에 속아서 다 짐승의 표를 받게 됩니다.
  계13:7-10 "또 권세를 받아 성도들과 싸워 이기게 되고 각 족속과 백성과 방언과 나라를 다스리는 권세를 받으니 죽임을 당한 어린 양의 생명책에 창세 이후로 녹명되지 못하고 이 땅에 사는 자들은 다 짐승에게 경배하리라 누구든지 귀가 있거든 들을찌어다 사로잡는 자는 사로잡힐 것이요 칼로 죽이는 자는 자기도 마땅히 칼에 죽으리니 성도들의 인내와 믿음이 여기 있느니라"

성경은 누구든지 짐승에게 경배하고 이마와 오른손에 짐승의 표를 받으면 영원토록 구원을 얻지 못하고 불과 유황으로 고난을 당한다고 했습니다. 이것이 배도자들에게 임하는 심판입니다.

계14:9-12 "또 다른 천사 곧 세 째가 그 뒤를 따라 큰 음성으로 가로되 만일 누구든지 짐승과 그의 우상에게 경배하고 이마에나 손에 표를 받으면 그도 하나님의 진노의 포도주를 마시리니 그 진노의 잔에 섞인 것이 없이 부은 포도주라 거룩한 천사들 앞과 어린 양 앞에서 불과 유황으로 고난을 받으리니 그 고난의 연기가 세세토록 올라가리로다 짐승과 그의 우상에게 경배하고 그 이름의 표를 받는 자는 누구든지 밤낮 쉼을 얻지 못하리라 하더라 성도들의 인내가 여기 있나니 저희는 하나님의 계명과 예수 믿음을 지키는 자니라"

1부 배도자 지옥

제2장
배도자의 신앙

1. 과학인가? 복음인가?

2. 보편적 교회인가? 거룩한 교회인가?

3. 사회적 복음인가? 영혼 구원의 복음인가?

4. 비인격인가? 인격인가?

5. 은사인가? 말씀인가?

1부 배도자 지옥(背道者 地獄)

제2장 배도자의 신앙

1. 과학(科學)인가? 복음(福音)인가?

1) 고대 종교는 자연과학으로 시작되었다

사람은 이성적인 존재였기 때문에 고대 그리스 종교철학의 시작은 자연과학으로부터 시작되었습니다. 왜냐하면 우리 인간의 영혼 속에 있는 절대적인 무지에서 나오는 두려움을 정화시키는데 필요한 것이 종교철학이었으며 철학의 이론은 논리학이고, 논리학의 절대적인 학문이 자연과학이었습니다. 그리스 종교철학자들은 우주의 근본을 이루고 있는 것을 아르케라고 생각했습니다. 탈레스는 우주의 근본을 물이란 아르케로 보았고, 아낙시메네스는 공기, 헤라클레이토스는 불, 데모크리투스는 원자, 피다고라스는 수로 보았습니다.

영혼의 제단에 수(數)를 바친 피다고라스 교단(Pythagoras B.C 570)
피타고라스 학파는 존재하게 된 최초의 것을 모나드(theone첫째)라고 불렀습니다. 그리고 피타고라스 학파는 모나드가 뒤아드(dyad,둘째)를 낳았고, 뒤아드가 수들(numbers)을 낳았으며, 수들은 점(point)을 낳았고, 점은 선(lines)을 낳았다고 진술을 하였습니다. 그들은 '수'가 이 세계의 "아르케"라고 믿었습니다. 그렇다면 그들이 과학에 미친 영향은 무엇일까요? 피타고라스 교단의 업적은 '형상' 개념의 발견이었습니다. 이 개념은 이후 플라톤의 철학 체계에 엄청난 영향을 주었습니다. 피타고라스의 "아르케"였던 '수'는 본질적으로 이 세계에 존재하지 않는 형이상학적 존재입니다. 이것이 이 세계에 나타나기 위해서는 '형상'화되어야 합니다. 즉, 이 세계의 모든 것은 '수'가 형상화된 형태라는 것입니다. 피타고라스는 이 개념을 설명하기 위해 '음악'의 예를 들었습니다. 음악의 각 음계는 철저하게 수학적입니다. 하지만 음악이 곧 수학은 아닙니다. 수학이 음악의 음계로 형상화된 것이라는 이론입니다. 즉, 눈에 보이지 않는 형이상학적 존재가 '아르케'라고 주장하게 되면서, "그것이 어떻게 형상화되는가"의 문제가 대두된 것입니다. 이로써 인간은 본질과 현상의 구분을 시작하게 되었습니다. 또한, '이상적'인 존재를 "아르케"로 제시하여, 과학의 '이상화'를 시작하게 되었습니다. 물리법칙을 발견할 때에도 '이상적인 상태'를 가정합니다. 현실 세계에는 존재하지 않지만 형이상학적인, 상상 속에만 존재하는 상태인 것입니다. 이것이 나아가, 우주 세계를 지배하는 것이 극도로 추상화된 '수학적 법칙'이라는 개념에까지 이르게 됩니다. 이것이 현대과학, 특히 물리학을 이끌어 온 가장 기초적인 개념입니다.

피다고라스 교단이 주장한 윤회와 환생 교리

피다고라스 학파는 동물의 피를 마시며 공동체 생활을 하면서 윤회와 환생을 믿었던 비밀결사 종교단체였습니다. 피다고라스 정리를 통해 원의 둘레를 계산하는 원주율의 공식을 만들었고, 기하학을 발전시켜 우주의 본질을 종교 철학적으로 연구했습니다. 그 결과가 바로 윤회와 환생교리였습니다. 피다고라스 교단의 이런 원리를 플라톤은 철학의 원리로 적용을 했고, 아리스토텔레스에 의해서 "형상과 질료"라는 자연과학의 형이상학 이론으로 발전하였습니다. 철학은 과학이론이고 과학은 종교입니다. 사람들이 살아가면서 불안해 하는 모든 고통을 임시로 해결해 주는 영혼의 정화제입니다. 그러나 그것은 인간이 만든 자의적 종교입니다.

2) 플라톤과 피다고라스의 기하학 우주 종교론

플라톤은 아데네 아카데미 건물 입구에 기하학을 모르는 자는 출입을 금한다는 글을 써 놓았다고 합니다. 플라톤의 철학 이론도 허공을 치는 궤변에서 출발한 것이 아니라 당대 시민들이 알지 못하는 피다고라스 원리와 이를 이용한 기하학을 통해 우주의 본질을 설명하면서 본질과 현상을 설명했기 때문에 사람들은 관심을 가지고 철학자들의 통치를 받아 들였습니다.

플라톤은 수많은 삼각형을 원안에 그려서 우주의 본질과 원리를 설명했습니다. 신지식을 갈구하는 아데네 사람들에게 어떤 직각 삼각형도 빗변의 길이 제곱은 양변 길이의 제곱의 합과 비례한다는 피다고라스 원리는 신기한 능력을 발견한 것 같은 비밀이었을 것입니다.

4500년 전 이집트에 나타난 과학의 신, 바로라는 태양신

현대 과학자들은 인류의 문명의 출발이 아프리카로부터 시작되었다고 발표를 했습니다. 바로 이집트입니다. 이집트 왕인 바로는 4500년 전에 시리우스 별자리를 이용하여 우리가 지금 사용하고 있는 태양력과 같은 달력을 만들어 매년 6월초에 정확하게 나일강이 범람한다는 사실을 알고 이를 미끼로 무지한 백성들 위에 신처럼 군림할 수 있었고, 수많은 정적들을 나일강의 풍요를 안겨준 태양신에게 인신제사로 바쳤습니다. 무지한 이집트 백성들은 도무지 시간 관념이나 천문학에 대한 지식이 없기 때문에 매년마다 그들의 눈앞에 펼쳐지는 나일강 범람과 그로 말미암아 이루어진 풍년은 가히 신들의 축복처럼 느낄 수 밖에 없었던 것입니다

시리우스 달력이 가져온 바로의 권력

하늘을 가득 메운 수많은 별들 가운데 가장 밝은 별은 어느 것일까? 그것은 바로 시리우스(Sirius)라는 별입니다. 시리우스는 겨울철 밤하늘의 별자리인 큰개자리를 이루는 별 가운데 하나입니다. 태양보다 2배

정도 크고, 밝기도 20배 이상 밝다고 합니다. 인류 역사상 시리우스만큼 오래 전부터 관심을 끈 별도 별로 없을 것입니다. 그것은 시리우스의 밝기 때문이 아니라 그 정확한 주기 때문입니다. 시리우스는 일정한 계절동안 모습을 감추었다가 어느 날 갑자기 동쪽 하늘에서 떠오릅니다. 그 주기가 정확히 365일에 해당합니다. 육안으로 보이는 2,000여 개의 큰 별 가운데 365일이라는 주기를 가진 별은 이 별 뿐입니다. 정확히 말하면 365.25일로, 소수점 이하의 숫자도 맞게 딱 떨어집니다.

현재 1년 주기의 태양력보다 12분 길었던 시리우스 달력

고대 이집트 엘리트들은 나일강의 주기적인 범람을 예방하기 위해 일찍부터 천체의 운동에 주목했는데, 그들이 우선적으로 관심을 가진 것도 시리우스였습니다. 이집트인들은 이른 새벽, 동쪽 하늘에서 시리우스가 지평선에 나타나는 때가 되면 나일강의 범람이 시작된다는 것을 알게 되었습니다. 그리하여 이 시리우스의 운동을 중심으로 달력을 만들었습니다. "시리우스가 같은 곳에서 다시 떠오를 때까지"를 1년으로 삼았던 것입니다. 그것이 우리가 교과서에서 배운 이집트 태양력의 정체인데 이것은 현재 태양력의 1년보다 딱 12분이 더 깁니다.

선덕여왕 때 미실이란 독재자는 중국 당나라에서 배워온 비밀스런 천문학을 통해 달의 월식과 태양의 일식을 미리 알고 무지한 백성들에게 신의 저주라는 헛소문을 퍼뜨려 자신의 정적들을 제거하는 일에 사용하였습니다. 갑자기 밝은 보름달이 핏빛으로 변하는 것은 무지한 백성들이 보면 두렵고도 놀라운 일일 것입니다. 지금도 과학이란 지식은 현재와 미지의 세계에 두려움을 갖고 있는 우리에게 큰 힘입니다. 사탄의 세력들은 오늘도 과학이란 종교를 통해 무지한 인간을 통치하고 있습니다.

현대과학도 풀 수없는 피라미드의 과학의 비밀

피라미드는 이집트 쿠푸왕의 무덤으로서 2.5톤의 돌을 250만개를 쌓아서 만든 것입니다

그리스 역사가 헤로도토스는 10만 명의 일군들이 3개월씩 교대로 20년 동안 만들었다고 추론을 했습니다. 돌과 돌 사이의 이음새는 일정하

게 1/50인치(약 0.5mm 이하)인데 100톤이 나가는 것도 있는 것을 고려한다면 믿을 수 없는 건축 기술이라 여겨집니다.

1864년에 발간된 찰스 피아지 스미스의 〈위대한 피라미드에서의 우리의 상속〉이라는 600쪽에 달하는 두꺼운 책에서 피라미드와 지구사이에 머리카락이 곤두설 정도로 많은 연관성이 있다는 사실을 읽을 수 있습니다. 케오프스 피라미드의 높이에 10억을 곱하면 대략 지구와 태양 사이의 거리(149,504,000km)와 일치하는데, 그것은 말 그대로 정말 우연 때문일까요? 피라미드를 관통하는 자오선인 동경 31도 북위 30도는 대륙과 대양을 정확히 절반으로 나눈다는 것 역시 우연일까요? 피라미드의 밑면 둘레를 2×높이로 나누면 그 유명한 루돌프의 숫자인 원주율 파이(3.1416)가 되는 것 역시 우연일까요? 피라미드는 대륙과 대양만 둘로 똑같이 나누는 게 아니라, 아울러 대륙의 중심에 놓여 있습니다. 그리고 커다란 피라미드에서 지구 중심까지의 거리는 피라미드에서 북극까지의 거리와 정확히 일치합니다. 이것이 우연이 아니라면—이 사실을 믿기란 매우 어려운 일이겠지만—피라미드의 건축부지는 지구의 공모양과 대륙과 대양의 분포에 대해 정확히 알고 있었던 것이 사실이라는 것입니다.

우리는 여기서 피리 레이스 제독의 지도를 떠올리지 않을 수 없습니다. 4,500년 전에 만들어진 피리 레이스의 지도는 이집트 카이로를 중심으로 남극과 북극이 그려져 있습니다.

이집트인들이 피라미드가 건설되기 몇 천 년 전부터 태양, 달, 별, 행성들의 운동을 세밀하게 관측하고 있었다는 사실이 여러 자료에서 나타났습니다. 그들은 시리우스의 움직임을 관측하여 달력을 만들었으며, 매년 정기적으로 발생하는 나일강의 홍수가 시작되는 날과 큰개자리 시리우스 별이 정해진 날짜의 동트기 직전과 직후에 나타나는 것을 정확히 탐지하여, 일 년이 365.25일이 되는 것도 알았습니다. 한 달이 30일로 된 12개월에 여분으로 5일을 더해 1년으로 하였습니다. 피라미드를 건설하는데 가장 필요한 것은 체적과 표면적을 계산하고 수직을 세우는 것인데 이집트인들이 그 방법을 숙지하고 있었다는 것은 놀라운 일입니다. 대피라미드를 살펴보면 이집트인들이 원주율=3.1416과 황금비율=1.618을 알고 있었다는 것을 확인할 수 있습니다. 또한 대피라미드의 내부에서도 의식적으로 기하학 지식을 적용한 것을 발견할 수 있습니다. 그래서 중력을 이용한 피라미드의 에너지를 왕과 왕비의 방으로 모을 수 있었던 것입니다.

현대적인 측량기기로 측정

대피라미드의 밑면의 네 모서리는 직각입니다. 밑면의 남동쪽 모서리는 90°0'33", 북동쪽 모서리는 90°3'2", 남서쪽 모서리는 90°0'33", 북서쪽 모서리는 89°59'58"로서 90°에 대해서 최대 변위의 오차는 0.07% 이내입니다. 전체 건물의 방향은 그 네 밑변이 각각 정확하게 동서남북을 가리키고 있습니다. 현대의 가장 방위가 정확하고 모서리의 각이 직각에 가까운 건축물은 어떤 것입니까? 그것은 측량탑이나 천문대 정도입니다. 대표격인 건축물이, 전 세계의 시간을 정하는 기준이 되는 영국의 그리니치 천문대의 자오선 빌딩입니다. 이 건물 중앙의 남북을 잇는 선, 즉 자오선이 바로 0°이기 때문에 이건물의 남북 방위는 매우 중요한 것입니다. 그러나 실제로 측정한 결과 각 천문대는 자오선 방향에 대해 6호분과 9호분씩 틀어져 있었습니다. 이에 비해 4500년 전에 지었던 대피라미드는 3호분 남짓 어긋나 있을 뿐입니다.

원주율 π를 계산한 사람들

인류 문명의 최고 일등 공신 중 하나를 꼽으라고 하면 아마 '원'이라는 것에 이의를 제기할 사람은 거의 없을 것입니다. 우주의 자전 공전의 궤도가 모두 원입니다. 우리는 일상생활에서 동전, 시계, 공, 달 등 수많은 원을 접하고 살아갑니다. 자연에서 원이 많은 이유는 표면적이 작으면서도 가장 내용물을 많이 담을 수 있는 모양이 원이기 때문입니다. 피다고라스는 우주의 개념을 그림으로 나타낼 때 원안에 점하나를 그려 넣었습니다. 인류를 발전시킨 세 가지 원을 꼽으라고 한다면 아마도 태양, 바퀴, 숫자 0일 것입니다. 사실 숫자 0이 나오면서 인류가 소위 자리값이라는 것을 만들게 됩니다. 원에 대한 정의를 수학적으로 나타내면 평면에서 같은 거리에 있는 점들의 집합을 말합니다.

그런데 인류는 원에 있어 가장 큰 관심을 가졌던 것이 바로 원 둘레의 길이와 지름 사이의 비율 즉, 원주율 π에 대한 계산이었습니다. 원주율 π는 3.145926…인데 끝없이 계속되는 원주율은 원이 가진 신비한 비밀을 상징하기도 해서 고대 자연 과학자들은 원주 π3.145926…숫자를 신의 수라고 해서 원을 신의 나라의 모형으로 섬겼습니다. 3월 14일을 원주율의 날로 지정해 기념하고도 있습니다. 공교롭게도 화이트 데이와도 겹칩니다.

원주율의 공식은 지름 x 원주율 = 원둘레입니다. 제일 먼저 원주 π를 발견한 나라는 이집트입니다. 이집트 사람들은 나일강 근처 모래 위에서 막대와 끈을 가지고 계산했습니다. 이집트 수학책 린드 파피루스에 보면 기원전 1850년에 이집트 사람들이 원주율 3.16049…을 썼다는 내용이 쓰여져 있습니다. 아르키메데스는 원 둘레에 정 96각형까지 구함으로써 원주율을 계산하고자 하였습니다. 하나의 원 안에 96각형을 그리고 원 밖에 96각형을 그려서 피다고라스 원리를 이용해서 소수점 둘째자리까지 계산해 낸 것이 3.14입니다.

2005년 10월 20일에 일본 도쿄대학교의 야수마사(Yasumasa Kanada)는 컴퓨터를 601시간 56분 사용하여 π의 값을 소수점 1조2411억 자리까지 얻었습니다. 이 숫자는 어느 정도입니까? 보통 우리가 컴퓨터를 이용하여 문서를 편집할 때 사용하는 A4용지에 맞게 쓴다고 생각해 보면 한 줄에 모두 82개의 숫자를 쓸 수 있고, 모두 41줄을 쓸 수 있으므로 A4 용지 한 장에는 3,362개의 숫자를 쓸 수 있습니다. 결국 야수마사가 얻은 π의 값을 쓰기 위해서는 모두 369,155,265장의 종이가 필요합니다.

3) 고대과학이 종교가 된 연금술과 점성술

연금술이란 화학작용을 통해서 여러 가지 금속을 만들어 내는 기술을 말합니다. 오늘날에는 화학이 발달하여 쉽게 여러 가지 금속 뿐 아니라 원소들을 분해해서 모든 것을 만들 수 있지만 고대에는 이러한 원리를 모르는 사람들에게는 모든 것이 신비롭게 여겨 신적 조화로 생각했습니다. 프리메이슨들은 이런 것들을 이용하여 연금술로 종교를 만들었습니다. 하늘의 별자리도 마찬가지입니다. 일정한 주기로 공전과 자전을 하는 태양계와 은하계의 별자리는 무식한 사람들에게는 한없이 신비스런 것이지만 연구하는 사람들에게는 일정한 공전과 자전을 주기로 나타나는 공식일 뿐입니다. 이런 점성술도 이용하여 종교를 만들고 하늘의 해와 달과 별들을 섬기도록 했습니다.

4) 현대과학의 종교 사이언톨로지(Scientology)

사이언톨로지라는 과학 종교가 있습니다. 현재 미국과 유럽에 있는 프리메이슨 종교입니다. 사이언톨로지는 유대 카발라 종교의 일종으로 인간의 뇌를 세타파로 훈련시켜 루시퍼로부터 초자연적인 과학의 원리를 받아내는 종교입니다. 유대 카발라에서는 마약이나 커피와 같은 것들을 통해 사람의 뇌를 세타파로 변경시켜 무의식속에서 루시퍼와 만남을 통해 새로운 지혜인 소피아와 스피로트를 받았습니다.

현대에는 컴퓨터 프로그램이나 음악이나 전기 충격과 같은 방법을 사용하여 세타파를 훈련시켜 초자연 세계로 들어가는 훈련을 통해 천재들을 양산해 내고 있습니다. 헐리우드 톰 크르즈도 어린 아들을 사이언톨로지 종교로 천재교육을 시키기 위해 전기 충격을 가하는 문제로 아내와 이혼을 하는 사태가 벌어지기도 했습니다. 아인슈타인이나 에디슨 역시 세타파 훈련을 통해 천재 과학자로 만들었습니다. 빌 게이츠 마이크로 소프트 회장도 유대 카발라 종교를 통해서 성공한 천재 기업인입니다.

사탄이 사람들의 영혼을 죽이기 위해 만든 과학이란 올무

사탄은 고대 인류를 속일 때에도 과학을 사용했고, 철학을 만들어 사람을 지배할 때도 과학이란 원리를 사용했습니다. 현대에도 그러하고 미래에도 그러합니다. 지금은 인류 종말의 시대에 사탄은 마지막 과학이란 신병기를 만들어 마지막 시대 사람들의 영혼을 미혹하여 지옥으로 데려가려고 철저히 준비를 하고 있습니다. 유전공학, 컴퓨터공학, 두뇌공학, 인지공학, 생명공학 등을 융합시켜 인조인간, 사이보그 인간을 만들고, 병들고 노화된 유전자를 교체해서 영생불사 인간을 만들어 주겠다고 선전을 합니다. 현대 과학은 머리카락 하나만 있어도 체세포 복제를 통해 모든 생명체를 복제할 수 있습니다.

이젠 사람의 몸속에 스마트폰의 유심칩과 같은 칩을 우리 피부와 같은 나노칩으로 만들고, 옷과 같은 것들로 만들고, 우리 몸의 작은 악세사리와 같은 것들로 만들어 걸어 다니는 컴퓨터 인간으로 만들 것입니다. 사람들은 이것을 좋아하고, 신세계질서를 받아 들일 것입니다. 조만간에 융합과학은 인간의 이마와 머리에 생체칩을 심어 인간속에 있는 하나님의 형상인 자유의지를 지워버리고 본능으로만 살아가는 동물처럼 만들어 버릴 것입니다.

알래스카에 있는 하프라는 기상무기를 통해 지구의 전리층을 들어 올리므로 홍수, 태풍, 해일, 지진, 우박, 폭설, 토네이토, 허리케인 등과 같은 기상이변을 일으켜 지구인들에게 무서움과 두려움을 주어 사탄의 종교를 받아들이도록 할 것입니다. 핵무기, 에볼라 바이러스, 슈퍼 박테리아, 감기 바이러스, 외계인 침공과 같은 것들을 통해 인류를 하나의 정부, 하나의 경제, 하나의 종교로 통합하여 지구촌 인간 목장화 프로젝트를 완성시킬 것입니다.

5) 아브라함 카이퍼의 일반은총과 과학

네델란드 신칼빈주의 신학자 아브라함 카이퍼는 과학이란 하나님이 인류에게 주신 일반은총으로 하나님의 축복이라고 했습니다. 그러면서 하나님은 마지막 날에 과학과 같은 일반은총을 발전시켜 지구촌에 복된 유토피아와 같은 나라를 세우실 것을 주장하고 있습니다. 그러면서 지상유토피아 교리인 무천년주의 종말론을 가지고 참된 그리스도인들을 미혹하고 있습니다.

오늘날 수많은 그리스도인들이 사탄의 깊은 것을 알지 못하고 깊은 잠에서 깨어나지 못하고 있습니다. 과학이란 종교는 사탄이 인간들을 지옥으로 보내는 달콤한 사탕과 같은 것입니다. 하나님 대신 과학을 통해 스스로 인간을 치료하고 구원하고 영생하도록 살게 하는 바벨탑 탕자의 문명입니다. 뉴 에이지 종교는 과학을 기초로 만물을 하나로 묶는 사탄종교입니다.

2. 보편적 교회인가? 거룩한 교회인가?

1) 교회의 어원 에클레시아(ekklesia)

교회를 의미하게 된 그리스어 에클레시아(ekklesia)는 원래 유대인 디아스포라들이 많이 살고 있었던 소아시아 고대 그리스 시민들의 공식 모임인 폴리스(polis)를 가리켰습니다. BC 3~2세기에 번역된 그리스어 역 구약성서 70인 역은 유대인의 총회, 특히 율법을 듣는 등의 종교적 목적의 모임(신명 9 : 10, 18 : 16)을 가리킬 때 이 낱말을 사용했습니다. 〈신약성경〉에서는 알렉산드리아 오리겐에 의해서 전 세계에 걸쳐 그리스도를 믿는 신자 전체(마태 16 : 18), 특정한 지역에 있는 신자들(행 5 : 11), 그리고 특정한 사람의 집에서 갖는 모임 즉, 가정교회(로마 16 : 5)를 가리키는 데에도 이 낱말이 사용되었습니다.

2) 어거스틴에 의해서 만들어진 로마 카톨릭

초대 교회부터 교회 일치를 위협하는 여러 논쟁들이 있었지만 나타났다가 사라져 버렸고 소수 분파를 제외하면 교회는 순수성을 유지했습니다. 그러나 많은 그리스도인이 겉으로는 신앙을 가지고 있으면서도 그리스도의 제자처럼 행동하지 않는다는 사실은 교회에 대한 박해가 중단된 주후 313년 이후부터 주목되어 왔습니다. 이것을 설명하기 위해 어거스틴은 하나님의 도성이란 책에서 참 교회는 하나님에게만 알려져 있고 사람에게는 보이지 않는 실재라고 말했습니다. 그러면서 어거스틴은 하나의 국가교회를 주장했습니다. 이때부터 카톨릭(보편성)이라는 말은 하나의 국가교회라는 상징으로 로마 카톨릭이란 이름을 갖게 되었습니다. 원래 카톨릭(보편성,전체성)이란 말은 지역교회와 구분되는 전체교회를 의미했으나, 마침내는 어거스틴에 의해서 로마 카톨릭 국가교회를 의미하는 고유명사가 되었습니다.

3) 오리겐이 교회를 에클레시아(Ekklesia)로 번역한 비밀

알렉산드리아 학파는 성경을 쓸 때 교회라는 단어를 에클레시아로

107번을 사용하였습니다.

　그렇다면 왜 교회라는 말의 단어를 에클레시아라고 했을까요? "에클레시아(Ekklesia)"란 의미는 "에크"는 "안에서 밖으로"란 뜻입니다. "레시아"란 단순히 "불러내다"라는 뜻입니다. 종합해 보면 "안에서 밖으로 불러내다"라는 뜻이 됩니다. 즉 구약 유대인의 선민사상입니다.

　히브리어에 에클레시아란 뜻과 같은 단어로 에다(Edah)와 카할(Kahal)이 있습니다. 에다는 시나고그(Synagogue) 즉 회당으로 번역을 합니다. 그리고 Kahal은 교회로 번역을 했습니다. 우리가 알다시피 회당은 유대인들의 집회장소입니다. 이스라엘은 각 지역마다 회당을 세우고, 회당마다 회당장이 있고, 그 지역에 있는 장로들이 있어서 정치적인, 종교적인, 사회적인, 교육적인 기능을 했습니다. 재판도 하고, 교육도 하고, 종교행사도 하고, 정치적인 의논을 했습니다. 다시 말해서 시나고그는 유대인들의 삶의 질서를 지키고, 발전시키는 지역적인 행정기관이며 종교적인 기관으로 중추적인 역할을 한 것입니다.

　그렇다면 왜 교회라는 단어로 카할이라는 에클레시아를 사용하였을까요? 에클레시아란 헬라 단어는 선민 유대인들의 정체성을 나타내는 단어로 소아시아 지역에 흩어져 있는 디아스포라 유대인들의 지역적인 모임을 말할 때 이미 사용하고 있었던 용어입니다. 그리스 제국에서 오늘날로 말하면 가장 작은 행정구역단위의 모임을 의미하는 단어이고, 당시에는 폴리스(polis)와 같은 도시국가 개념입니다.

　에클레시아는 당시 신정정치가 이루어졌던 폴리스와 같은 신국의 개념으로 헬라 철학에서 말하고 있는 일원론 우주철학을 기준으로 하늘과 땅의 통일체를 의미하기도 합니다. 알렉산드리아 오리겐은 유대교, 헬라 문화권, 신약의 교회를 하나로 묶어서 에클레시아라는 이름을 사용한 것입니다. 이것은 다원화된 종교 공동체일 뿐만 아니라 다원화된 정치개념을 하나의 통치개념으로 적용한 구약 메시야 신국 개념의 단어입니다. 이것은 바리새파 유대인들이 추구하는 세계주의를 이룩하기 위해 만든 그들의 교리입니다.

　헬라에서 폴리스(polis)란 가장 작은 도시국가를 통해서 신정정치가 이루어졌듯이 유대인들의 에클레시아 개념도 같은 의미입니다. 다른 이방 도시국가와 차별화 시키는 용어이기도 합니다. 시나고그(Synagogue)라는 에다(Edah)의 의미는 선민중에서 또 다른 특별한 모임을 의미하지만, 에클레시아라는 카할(Kahal)은 선민과 특별한 모임을 합한 모임의 성격이 된 것입니다. 즉 이방인과 유대인이 함께 살아가는 또 다른 신국이란 의미입니다.

즉 에클레시아란 디아스포라 유대인들의 작은 도시국가 개념으로 이방 나라에서 이방인과 섞여 살아야 했던 유대인들이 자신들의 정체성을 지키기 위해 만들었던 지역 단어입니다. 그래서 시나고그와 같은 의미로 유대인들은 에클레시아라는 지역 모임 안에서 정치적인 문제와 종교적인 문제와 사회적인 문제를 해결하면서 그들의 정체성을 이어갔던 것입니다.

4) 유대 선민주의 메시야 신국 개념의 카톨릭(보편적) 교회의 비밀

특별히 알렉산드리아 바리새파 학파들이 교회를 그들이 유대 선민주의 모임으로 사용하고 있었던 에클레시아로 채택한 이유는 신약의 교회를 구약에서 예언하고 있는 메시야 유대나라의 연장선으로 이해했던 것입니다. 즉 구약의 선민주의 이스라엘과 신약의 교회를 연결시키는 단어로 에클레시아를 사용한 것입니다. 알렉산드리아 오리겐의 김요한 목표가 하나 있습니다. 그들의 목표는 이 땅에 구약에서 예언하고 있는 메시야 신국나라를 세우는 것입니다.

이것은 그들이 신약의 기독교 신앙을 접하기 이전부터 가지고 있었던 메시야 사상입니다.

그런데 이런 메시야 사상과 비전(vision)이 바벨론 포로생활을 거치면서 바벨론 탈무드라는 유대 바리새파 비전(秘傳)을 통해 바벨론 태양신과 이집트와 그리스의 영지주의 철학을 유대주의로 흡수한 것입니다. 이것을 헬라화된 유대주의 즉 세계화된 바리새파 유대주의라고 합니다. 바리새파 유대주의가 알렉산드리아 유대 디아스포라에 머물면서 기독교를 혼합시키게 되는데 그들이 바로 필로, 판테누스, 클레멘트, 오리겐, 유세비우스, 암브로스, 어거스틴, 제롬 등 입니다.

이들이 기독교를 사탄주의 바리새파 유대교에 혼합시키는 전략은 70인 성경을 변개시키고, 상징과 비유와 알레고리칼하게 해석을 하는 것입니다. 오리겐은 구약의 할례제도를 유아세례로 변개시켰습니다. 구약의 신정정치를 그대로 제도화시켜 국가교회를 만들었습니다. 오리겐은 그동안 교부들이 줄기차게 주장한 전천년주의를 무천년주의로 변개시켰습니다. 천상의 유토피아인 기독교 진리를 지상의 유토피아 왕국 건설로 바꾸었습니다. 그렇게 해서 태어난 그들의 작품이 바로 로마 카톨릭입니다.

어거스틴은 오리겐의 사상을 그대로 이어 받아 로마 카톨릭을 국가교회로 만들고 오리겐이 주장한 유아세례, 무천년주의, 보편적 교회, 연옥설, 죽은 자를 위한 기도, 마리아 숭배의 어머니 교회를 주장했습니다.

이것이 그들이 교회를 에클레시아 즉 헬라 도시국가 개념인 정치적인 단어를 도입한 음모입니다. 지난 기독교 2000년 역사가운데 이들의 세력들은 국가라는 권력안에 교묘하게 자신들의 정체를 숨기고, 믿음으로 살아보려고 발버둥쳤던 참 교회를 괴롭혔습니다. 허리의 가시와 같은 존재들이 되어서 성경적인 참 교회를 힘들게 했습니다. 그들은 줄기차게 하나의 교회인 로마 카톨릭 교회밖에는 구원이 없다고 했습니다.

그들이 말한 보편적 교회는 단지 단어일 뿐 교회의 실체가 없는 구약의 유대 선민사상입니다. 그들은 주권신앙을 줄기차게 주장했습니다. 이것 또한 구약의 선민사상입니다. 결코 유아세례를 포기하지 않았습니다. 왜냐하면 이것 또한 포기할 수 없는 구약 선민의 할례언약입니다. 그들은 지상의 국가인 적그리스도와 바벨론 음녀가 심판을 받고 난 후 이 땅에 세워질 전천년기 종말론을 2000년 동안 반대했습니다. 왜냐하면 그들이 세우기를 원하는 천년왕국은 그들 자신들이 지상에 세워야 하는 왕국이기 때문입니다.

특히 어거스틴은 하나님의 도성에서 천년왕국이 로마 카톨릭이라고 주장을 했습니다. 어거스틴은 로마 카톨릭을 구약 메시야 신국인 이스라엘 개념으로 하나님의 도성에서 기록을 했고, 존 칼빈은 어거스틴의 사상을 그대로 이어 받아 지금까지도 교회는 구약의 이스라엘이라는 언약신학을 만들어 구약의 안식일 개념으로 주일성수를 하고, 이스라엘의 선민의식의 개념을 그대로 적용한 칼빈주의 예정론과 선민사상을 주장하고 있습니다.

로마 카톨릭의 교리를 세웠던 유대인들인 필로, 판테누스, 오리겐, 유세비우스, 암브로스, 어거스틴, 제롬 등은 바티칸 성경을 만들어 2000년 동안 기독교를 공격했습니다. 영지주의 사탄철학으로 공격했습니다. 성경을 신화화시키는 원문 비평으로 공격했습니다. 사회참여복음으로 공격했습니다. 과학으로 공격하고, 은사주의로 공격하고, 종교통합으로 공격하고, 문화종교로 공격하고, 노동신학, 개방신학 등 이루 말할 수 없는 방법으로 기독교 진리를 공격했습니다.

그러나 그들은 절대로 교회를 무너뜨릴 수 없습니다. 왜냐하면 교회는 사람이 세우는 것이 아니라 이미 창세전에 하나님께서 완성하신 비밀이기 때문입니다.

어거스틴이 말한 보편적 교회는 정치적인 포괄적인 개념입니다. 어거스틴은 로마 제국 영토안에 있는 모든 사람들을 하나의 카톨릭 교회라고 했습니다. 그가 이렇게 포괄적인 보편적 교회를 주장한 이유는 신약의 교회를 이용하여 이스라엘 국가인 메시야 신국을 이 땅에 세우려 했기 때문입니다.

5) 로마 카톨릭은 어거스틴의 사기극

어거스틴은 "하나님의 도성"에서 교회란 하나님만 알고 있고, 사람이 알 수 없는 실재라고 했습니다. 왜냐하면 교회는 하나님께서 택한 사람들의 모임인데 그들은 하나님만 알고 있다는 것입니다. 즉 사람은 누가 하나님이 택한 사람인지, 택하지 않는 사람인지를 모르기 때문이라는 것입니다. 세상에 사는 사람 중에는 하나님이 택한 사람도 있고, 택하지 않는 사람이 섞여서 살고 있기 때문에 교회는 보편적이란 말입니다.

그럼에도 불구하고 교회는 세상에 실재로 존재하고 있다는 것입니다. 그것을 보편적 교회 즉 전체교회라고 말하면서 국가교회인 로마 카톨릭을 하나님의 도성 즉 교회라고 했습니다. 그리고 구원은 오직 로마 카톨릭을 통해서만 받을 수 있다고 하면서 유아세례가 곧 구원이라고 했습니다. 어거스틴은 노바티안 교회와 도나티안 교회가 재세례를 베풀어 하나의 국가교회를 분열시킨다는 이유로 왕의 군대를 동원하여 몰살시켰습니다.

사람은 동물이다. 사자도 동물이다, 그러므로 사람은 사자이다. 이것은 논리학의 기초입니다. 즉 논리학은 철학이고 철학은 사탄종교의 신학입니다. 자칭 신들이란 엘리트 인간들이 가축인간을 교육시키고 세뇌시킨 이론이 철학이란 논리학입니다. 절대로 사람은 사자가 될 수 없는데 철학을 통해서 사람이 사자가 될 수 있는 것입니다.

어거스틴은 "교회는 하나님의 택한 사람들의 모임"이다 라고 정의를 내렸습니다. 이것은 맞는 말입니다. 그리고 어거스틴은 보편적 교회란 구원받은 사람들이 구원받지 못한 사람들과 함께 살아가고 있는 세상이다. 이것도 맞는 말입니다. 어거스틴은 그래서 로마제국에서 살고 있는 모든 사람들은 로마 카톨릭 교회이다 라고 말하면서 로마 카톨릭에 반대한 참 교회를 몰살시켰던 것입니다. 이것이 바로 법이고, 이것이 바로 철학입니다. 이런 말장난을 사기극이라고 합니다. 2000년 동안 사탄의 세력들은 철학이란 뼈대를 이용하여 신학을 만들었습니다. 그 신학을 가지고 수많은 사람들을 지옥으로 보냈습니다.

논리적으로 보면 사람이 사자가 될 수 있습니다. 그러나 실제로는 절대로 사람이 사자가 될 수 없습니다. 논리적으로 보면 로마 카톨릭이 보편적인 교회가 될 수 있습니다. 그러나 보편적인 로마 카톨릭 교회는 논리적인 이름만으로 교회일 뿐 성경상의 참 교회는 아닙니다. 그런데 어거스틴은 이름만 교회인 로마 카톨릭이란 국가를 세우기 위해 참여를 반대한 수많은 참 교회를 말살시켰습니다. 이것이 어거스틴의 사기극입니다.

참고로 어거스틴의 "하나님의 도성"은 주후 410년 고트족의 침공으로 로마가 점령되자 태양신을 섬겼던 미트라교도들이 로마가 기독교를 받아 들여서 태양신이 진노하여 로마가 망하게 되었다고 하면서 그 책임을 기독교로 돌릴 때 어거스틴이 기독교를 변호하기 위해서 쓴 책입니다. 총 22권의 책으로 주후413년-426년 13년에 걸쳐 쓴 책입니다. 여기에서 어거스틴은 보이는 교회와 보이지 않는 교회를 설명하면서 보이는 로마 카톨릭 교회는 고트족의 침공으로 흔들릴 수 있지만 보이지 않는 하나님의 교회인 로마 카톨릭은 영원하다고 주장을 하고 있습니다. 로마 카톨릭 교회는 믿는 사람이나 믿지 않는 모든 사람들을 보편적인 교회라고 합니다. 그래서 그들의 성찬식을 할 때 모든 이들에게 참여를 허락하고 그것을 통해 속죄가 이루어진다고 말합니다.

6) 만물교회인 보편적 교회와 우주적(universal) 교회의 정체

로마 카톨릭의 보편적 교회론은 칼 바르트와 빌리그래함 등 수많은 신복음주의자들에 의해서 지상의 유토피아인 우주교회 도래를 주장하면서 전천년설을 부인하고 무천년설을 주장하고 있습니다. 그들이 주장하고 있는 우주교회는 만물교회입니다. 이것은 헬라철학에서 말한 우주론, 인간론, 신론입니다. 즉 우주 삼라만상이 하나의 생명체란 이론입니다. 이것이 일자(theone)의 이론이고, 원띵(onething) 사상입니다. 범신론이고 바알숭배의 물질종교이론입니다. 눈에 보이는 세상을 태양신인 루시퍼를 중심으로 신의 개념으로 체계화시킨 사탄의 종교입니다. 이것이 유대 메시야 신국론을 주장하고 있는 유대 카발라 종교입니다.

거룩한 하나님의 교회

성경은 하나님의 교회를 거룩하다고 말합니다. 즉 교회는 성령으로 거듭난 그리스도인들의 모임으로 예수님의 십자가 복음으로 구원을 받아 성부, 성자, 성령의 이름으로 세례를 받고, 성찬을 통해 한 몸된 지체로서 연합하여 삼위 하나님께서 주시는 은사의 교류를 통해 그리스도의 장성한 분량이 충만한데까지 믿음이 자라나는 하나님의 나라요, 성령의 전이요, 예수님의 몸이라고 했습니다. 구원받은 사람들을 알 수 없는 것이 아니라 분명히 알 수 있으며, 그런 영적인 분별력을 가진 사람들의 모임이 거룩한 하나님의 교회입니다. 세상과 완전히 분리된 하나님의 나라입니다. 교회안에는 젖이나 먹고 단단한 식물을 먹을 수 없는 영적인 어린아이들이 있을 수 있고, 단단한 식물을 먹고 지각을 사용하여 선악을 분변하는 믿음이 장성한 사람들이 있습니다. 거룩한 교회는 거룩한 하나님의 말씀위에 세워진 교회입니다.

교회는 구원받은 성도들의 사랑의 공동체입니다. 초대 교회 성도들은 지체들을 위해 기꺼이 자신의 목숨을 버려 순교에 동참했습니다. 절대적인 하나님의 아가페 사랑을 체험하고, 그 사랑을 실천하는 지체들이 바로 예수님의 몸된 지체들의 거룩한 교회입니다.

3. 사회적 복음인가? 영혼구원의 복음인가?

1) 기독교 구원의 본질은 사람이지 제도가 아니다.

기독교의 본질은 생명이지 제도가 아닙니다. 기독교의 본질은 목적이지 수단이 아닙니다. 그래서 본질과 목적은 같아야 합니다. 기독교회는 본질도 사람이고, 목적도 사람입니다. 사람이 중요한 구원의 대상입니다. 구원 받은 사람들이 하는 일이 중요한 것이 아니라 구원 받은 사람 자체가 중요합니다. 하나님께서 구원하시는 대상은 국가나 사회가 아니었습니다. 하나님께서 구원하시는 대상은 사람이었습니다. 그 방법이 십자가였습니다. 만일 하나님께서 구원하시는 대상이 국가나 사회였다면 십자가에 돌아가실 필요가 없으셨을 것입니다.

사람은 100조개의 세포로 이루어졌습니다. 하나의 세포들이 살아서 사람은 건강한 몸을 유지하는 것입니다. 만일 세포가 병들어 모두 죽어 버린다면 사람은 죽는 것입니다. 사람이 건강하게 살려면 세포 하나 하나가 모두 건강해야 합니다. 국가나 사회도 마찬가지입니다. 국가나 사회가 건강해서 사람이 행복해 지는 것은 아닙니다. 왜냐하면 사회나 국가를 건강하게 세우는 것은 사람이기 때문입니다. 사람이 건강해야 건강한 국가를 세우고, 사람이 행복해야 행복한 사회를 만드는 것입니다.

복음(Gospelism)과 복음화(Evangelism)의 차이

복음(gospel)은 본질을 말하고 복음화(evangel)는 수단을 말합니다. 복음은 사람의 영혼을 거듭나게 하여 변화시키는 십자가 복음을 말하고, 복음화는 정치나 경제나 문화와 같은 체제나 제도나 환경을 바꾸는 권력과 물질과 지식을 말합니다.

하나님의 나라의 본질은 사람의 마음속에 이루어지는 것이지, 세상의 제도나 체계를 변화시키는 것이 아닙니다. 이것은 기독교의 본질을 어떻게 이해하는가에 있습니다. 기독교를 복음으로 이해하는 것과 복음화로 이해하는 것은 같은 것이 아니고 전혀 다른 기독교란 사실을 확실히 알아야 합니다.

사람이 변하지 않고는 절대로 세상이 변화될 수 없습니다. 이것이 기독교 십자가 복음입니다. 다시 말해서 인간의 어떤 수단과 방법도 인간을 살릴 수 없습니다. 그래서 예수님이 십자가에 돌아가신 것입니다. 인간속에 있는 그 무엇을 통해서 인간을 구원하실 수 있었다면 예수님은 십자가 고난을 당하시지 않으셨을 것입니다.

그러나 자유주의자들은 예수님의 십자가의 비밀을 알지 못합니다. 그들은 단지 눈앞에 펼쳐진 환경만 볼 뿐입니다. 그래서 접근하는 방법이 영적이지 못하고 인간의 지식의 한계에서 벗어나지 못한 것입니다.

물과 성령으로 거듭나지 못하면 소경입니다. 아무리 박사 할아버지라도 영적으로 보면 캄캄한 밤일 뿐입니다. 성경은 거듭난 성도는 지식까지 새롭게 된다고 했습니다. 그렇다면 2000년 교회 역사에서 주도적으로 일을 했던 수많은 신학자들은 어떻습니까?

그들은 끊임없이 이 땅의 유토피아를 추구했습니다. 이 땅의 번영과 영광을 꿈꾸며 사회참여에 앞장섰습니다. 아예 교회를 국가속에 포함시켜 버렸습니다. 그들의 소망이 이 땅에 있었기 때문입니다. 그들이 그렇게 할 수 밖에 없는 것은 십자가 복음을 알지 못했기 때문입니다.

2) 영혼구원의 복음과 사회적 복음의 차이

존 스토트는 그리스도인의 책임으로 사회 참여를 주장했습니다. 그는 세상이 타락한 이유를 기독교인들의 내세주의적인 현실도피 신앙으로 결론지었습니다. 그리고 세상을 변화시키기 위해 적극적인 사회참여를 독려했습니다. 이것이 1974년 로잔선언입니다.

그렇다면 교회가 사회참여를 적극적으로 하면 세상을 변화 시킬 수 있습니까? 그렇지 않습니다. 만일 교회가 적극적으로 사회참여를 한다면 교회는 완전히 사탄의 교회가 될 것입니다. 그들이 말한 사회 참여

복음은 사탄의 복음입니다. 즉 교회를 사탄에게 통째로 헌납하라는 것입니다. 존 스토트가 말한 사회 참여 복음은 십자가 복음이 아닌 윤리신학입니다. 세상의 제도적인 구원입니다. 이것을 사회복음이라고 합니다. 유럽은 십자가 복음이 아닌 사회복음 즉 윤리복음으로 고착화 되어 버렸습니다. 겉으론 그럴듯한 사회나 국가로 보이지만 영적으로는 완전히 죽어버린 교회가 되고 말았습니다.

주후 313년 이전의 복음을 분리복음이라고 합니다. 교회는 세상의 국가와 정치와 경제와 완전히 분리되어 있었습니다. 오히려 심한 박해와 핍박을 받고 있었습니다. 그럼에도 불구하고 기독교의 복음은 그들을 핍박하고 박해한 로마를 점령했습니다.

그러나 주후 313년 이후의 복음은 혼합복음이 되었습니다. 왜냐하면 로마 카톨릭이란 국가교회를 통해서 세상의 국가와 정치와 경제와 하나되는 교회가 되었기 때문입니다. 한 마디로 사회 참여 교회가 된 것입니다. 하나님의 교회는 그 때부터 힘과 본질을 잃어버리고 말았습니다.

교회란 집단이나 건물이 아니라 거듭난 성도 한 사람 한 사람의 모임이 교회입니다. 오늘날 기독교인들은 일주일에 6일 동안 세상에서 사회참여를 하고 있습니다. 그리고 일주일에 하루, 그것도 한 시간 예배를 드립니다. 이렇게 6일 동안 교회가 사회참여를 하고 있는데 왜 세상은 변하지 않습니까? 그 이유는 오늘날 교회를 구성하고 있는 한 사람 한 사람의 영적인 생명이 죽었거나 병들었기 때문입니다. 이들이 빛과 소금이 되어 세상을 변화시키는 역할을 하기 위해서는 영적인 생명이 살아나는 본질적인 변화가 일어나야 합니다. 그러기 위해서 오히려 교회는 세상과 더 구별되어야 합니다. 세상의 것들이 교회안에 들어와 교회를 타락시켰기 때문입니다.

존 스토트의 사회참여복음은 기독교 복음이 아닙니다. 이것은 지상 유토피아를 꿈꾸고 있는 영지주의 적그리스도의 복음입니다. 즉 윤리신학, 윤리복음입니다.

빵의 복음인가? 생명의 복음인가?

말세에 윤리복음은 과학의 복음이고, 빵의 복음이고, 질병치료의 복음이고, 환경보호의 복음이고, 세계평화의 복음입니다. 이런 윤리복음은 예수회 창시자 이그나티우스 로욜라에 의해서 십자가 복음을 말살시킨 가짜 복음입니다. 말세에 나타날 배도의 복음입니다. 적그리스도의 세력들은 인류를 구한다는 명목으로 정치, 경제, 사회, 과학, 환경, 종교 등을 하나로 묶어 체제혼란을 막고 전쟁과 가난과 질병과 테러로부터 인류를 구하겠다고 하면서도 오히려 다른 한 편으로는 전쟁과 테러를 조종하고 있으며, 세계경제를 파탄으로 몰아가고, 현대과학과 엄청난 기상무기들을 사용하여 세계를 더욱 더 심하게 흔들어 배도와 심판의 시기를 앞당기고 있습니다.

4. 비인격인가? 인격인가?

1) 우주만물의 주인은 사람이다

참된 기독교는 인격적인 종교입니다. 왜냐하면 인간은 하나님의 형상대로 지은바 되었기 때문입니다. 하나님은 인간을 우주만물의 주인으로 지으셨습니다. 즉 우주만물의 주인공은 사람입니다. 하나님의 창조와 구원섭리의 주인공도 역시 사람입니다. 사람이 하나님의 목적이고, 사람이 하나님의 기쁨이십니다. 그러므로 전능하신 하나님은 사람을 인격적으로 다루십니다. 하나님은 돌을 떡으로 만드실 수 있습니다. 그러나 절대로 돌로 떡을 만드시지 않고 곡식으로 떡을 만드십니다. 하나님은 전능하신 능력으로 무슨 일이든지 마술같이 할 수 있습니다. 그러나 하나님은 절대로 마술같은 술수를 사용하시지 않습니다. 왜냐하면 사람을 사랑하시고, 사람을 소중하게 생각하시기 때문입니다.

하나님은 아담과 하와 즉 사람을 위해 우주도, 빛도, 바다도, 하늘도, 땅도 지으셨습니다. 하나님은 사람을 위해서 모든 것을 하시고 심히 기뻐하셨습니다. 하나님은 처음부터 끝까지 사람들이 알기 쉽게, 사람들이 이해할 수 있도록, 마치 엄마 품에 안긴 아기처럼 우리를 다루십니다. 사람을 너무나 사랑하기 때문입니다.

우리가 구원을 받기 위해서는 이런 하나님을 알아야 합니다. 우리가 참 믿음을 갖기 위해서는 인격적이신 하나님을 바로 이해해야 합니다. 그래야 마귀에게 속지 않을 수 있습니다.

땅에 충만하고 편만하라

하나님께서 아담과 하와에게 생육하고 번성하여 땅에 충만하라고 했습니다. 하나님께서는 노아에게 생육하고 번성하여 땅에 편만하라고 하셨습니다. 그러나 니므롯은 흩어지지 말자고 하면서 바벨탑을 쌓다 심판을 받았습니다. 하나님의 품을 떠난 인간은 끊임없는 욕심과 야망의 국가를 세워 하나님을 대적했습니다. 하나님께서는 사람을 소중하게 생각하시어 세상에서 사람들이 하나님과의 관계에서 행복하고 따뜻한 삶을 살기를 원하셨습니다. 그러나 인간은 이것을 거절했습니다. 특히 적그리스도의 세력들은 끊임없이 사람들을 미혹하고, 선동해서 하나님의 명령을 거스려 미혹의 국가를 세워 하나님을 배반하여 등지도록 했습니다.

사탄은 인간이 하나님의 통치를 받고 하나님의 품속에서 사는 것을 시기하고 투기하여 미혹을 통해 인간을 하나님의 품에서 떼어내어 자신의 통치 속에 넣고 지배하기 위해 계속해서 미혹의 국가를 세워왔습니다. 이것이 제국(帝國)의 역사입니다. 마지막에 지상에 세워질 제국(帝國)이란 나라도 역시 적그리스도의 나라입니다.

2) 짐승과 사람의 차이

짐승과 사람의 차이점은 인격(人格)과 비인격(非人格)으로 구분할 수 있습니다. 인격이란 지(知), 정(情), 의(意) 즉 알고, 느끼고, 뜻을 정하여 행동하는 것입니다. 바른 지식과 바른 감정과 바른 행동이 일치할 때 이를 인격적이라고 합니다. 만일 바른 지식을 가지고도 바른 행동을 하지 않으면 이는 위선자 즉 인격자가 아닙니다. 바른 지식을 가지고 바른 행동을 하는 사람은 바른 감동 즉 기쁨을 맛볼 수 있습니다. 그러나 바른 지식을 가지고 바른 행동을 하지 않으면 바른 감정 즉 기쁨을 맛볼 수 없고 오히려 근심이나 후회와 같은 감정을 느낄 수 있을 것입니다. 이처럼 사람은 인격적으로 살아갈 수 있도록 하나님의 형상대로 지은

바 되었습니다. 그래서 마지막 날에 하나님의 뜻 즉 인격적으로 살지 않는 모든 사람은 지옥이라는 심판을 받게 되는 것입니다.

믿음의 사람들의 특징

왜 다윗은 수많은 죄를 짓고 많은 사람을 죽였는데도 하나님은 다윗을 자신의 마음에 합한 종이라고 하셨습니까? 왜 죄를 범한 어떤 죄인도 자신의 죄를 뉘우치면 의롭다 함을 얻을 수 있습니까? 다윗은 잠시 욕심과 욕망에 눈이 어두워 인격적으로 바른 지식을 가지고 바른 행동을 하지 못해 죄를 지었을지라도 나중에 이로 인한 고통과 책망을 받을 때 자신의 잘못을 인정하고 회개 즉 돌이켰기 때문입니다. 잘못된 행동으로 인한 죄를 바른 지식으로 돌이켰기 때문에 이런 다윗은 인격자의 대우를 받은 것입니다. 그러나 죄를 짓고도 자신의 죄를 인정하지 않고 숨기고 돌아서지 않는 사람은 하나님께 죄사함을 받지 못하고 심판을 받는 것입니다.

예수님은 베드로에게 일흔 번에 일곱 번이라도 죄를 짓고 돌이킨 자를 용서하라고 하셨습니다. 다윗은 회개한 죄인을 영원토록 용서하시고 받아 주시는 하나님을 알았습니다. 그래서 다윗의 찬송과 감사의 제목은 여호와의 인자하심과 자비하심과 긍휼하심이 영원하다는 것이었습니다.

그렇습니다. 성경에 기록된 대로 바른 지식으로 바른 행동을 한 의인은 하나도 없습니다. 그래서 의인은 없나니 하나도 없다고 하셨습니다. 성경에 기록된 수많은 의인들이 있습니다. 아브라함, 다윗, 바울 등입니다. 이런 사람들은 자신의 죄를 뉘우치고 용서받은 의인들입니다. 성경에서 말한 죄인의 정의는 죄가 많은 사람이 죄인이 아니라 자신의 죄를 뉘우치지 않는 사람이 죄인이며, 성경에서 말한 의인은 행동으로 죄를 짓지 않는 사람이 아니라 자신의 죄를 돌이키고 회개한 사람을 말합니다. 하나님은 십자가 한 편의 강도와 같이 마지막 죽는 순간이라도 자신의 죄를 인정하고, 회개한 사람을 기뻐 구원하십니다.

3) 사탄의 전략은 사람을 짐승으로 만드는 것

사탄은 뱀을 통해 하나님의 형상대로 지음 받은 인간을 유혹하여 넘어뜨렸습니다. 그런데 창세기에서 하와를 넘어뜨린 뱀은 저주받고 난 이후 파충류와 같은 뱀이 아닌 네 발 달린 짐승입니다. 그래서 히브리어 "하이"라는 단어를 사용하였습니다. 즉 사탄은 네 발 달린 짐승을 통해 하와를 넘어뜨렸습니다. 즉 타락이란 짐승화입니다. 하나님의 형상대로 지은바 된 인간이 짐승이 되는 것입니다. 이것이 사탄의 목적입니다. 사탄은 흙으로 지어진 인간이 하나님의 형상을 입고, 하나님의 사랑을 받아 우주만물과 자신까지도 통치할 수 있는 존재로 나타나자 인간을 시기하고 투기해서 뱀이란 짐승을 통해 미혹하여 넘어지게 했던 것입니다.

6000년 성경의 역사는 하나님의 구속의 역사입니다. 하나님은 인간이 넘어질 때마다 은혜를 베푸셔서 용서하시고 일으키셨습니다. 그리고 마지막으로 아들까지 인간의 죄값으로 십자가에 내어 주시고 우리 인간에 대한 자신의 영원한 사랑을 확증하셨습니다. 사탄은 에덴 동산에서부터 지금까지 하나님의 사랑을 받고 일어서는 인간들을 계속해서 넘어지게 하여 인간을 짐승으로 만들어 왔습니다. 그러나 예수님이 십자가의 죽으심과 부활하심으로 사탄의 머리를 깨뜨리셨습니다. 그래서 모든 영적인 전쟁은 끝났습니다. 사탄은 사형선고를 받고 영원한 불못에서 형벌을 받을 자로 집행을 기다리고 있습니다. 이 시기를 성경은 마지막 때라고 했습니다. 은혜의 시대입니다. 이 시대에 사탄은 더욱 더 인간을 미혹합니다. 그래서 마지막 때가 되면 디모데 후서에서 말한 짐승화된 인간들이 나타납니다.

딤후3:1-5 "네가 이것을 알라 말세에 고통하는 때가 이르리니 사람들은 자기를 사랑하며 돈을 사랑하며 자긍하며 교만하며 훼방하며 부모를 거역하며 감사치 아니하며 거룩하지 아니하며 무정하며 원통함을 풀지 아니하며 참소하며 절제하지 못하며 사나우며 선한 것을 좋아 아니하며 배반하여 팔며 조급하며 자고하며 쾌락을 사랑하기를 하나님 사랑하는 것보다 더하며 경건의 모양은 있으나 경건의 능력은 부인하는 자니 이같은 자들에게서 네가 돌아서라"

짐승은 본능으로 살아가는 존재이다

짐승이란 정의는 본능으로 살아가는 존재입니다. 다시 말해서 비인격체(非人格體)입니다. 짐승은 배가 고프면 아무거나 먹고 싶은 대로 먹습니다. 짐승의 세계는 약육강식입니다. 즉 힘의 논리가 지배하는 세계입니다. 그래서 짐승의 세계는 내일이란 소망이 없는 세계입니다. 언제든지 끝이 날 수 있습니다. 짐승이란 세계는 선과 악에 대한 개념이 없습니다. 그래서 그들에게는 울타리가 필요하고 그들을 가두어 둘 수 있는 감옥같은 우리가 필요하고, 자갈과 굴레가 필요한 것입니다.

4) 마지막에 나타날 짐승의 표의 정체

사탄은 마지막 시대에 자기에게 속한 자들에게 자신의 소유권의 표를 찍습니다. 그 표가 요한 계시록 14장11절에 기록된 짐승의 표(the mark of beast)입니다. 이 짐승의 표는 짐승의 소유권의 표시로 너는 짐승이다, 즉 너는 내 것이다 라는 표입니다. 이 표는 멸망의 표입니다. 이 표를 받는 사람은 영원히 구원을 받을 수 없습니다. 왜냐하면 그 사람은 인격이 말살되고 짐승으로 바뀌었기 때문입니다. 참다운 회개는 지정의(知情意)라는 인격속에 있는 바른 지식과 바른 행동과 바른 감정에서만 이루어 질 수 있습니다. 그러나 지정의라는 인격이 말살될 때 더 이상 사람 즉 인간이 아닙니다. 짐승이 되어 버린 것입니다. 이것이 사탄이 마지막 자기에게 속한 사람들에게 짐승의 표를 찍는 이유입니다. 하나님도 자기 사람들에게 자신의 소유권의 표를 찍습니다. 이것이 거듭난 그리스도인들에게 주어진 성령의 인침과 보증입니다.

마지막 적그리스도가 인간 짐승화에 사용할 전략인 기사와 표적

사탄이 마지막으로 사용하는 인간 짐승화 전략은 기사와 표적입니다. 기사와 표적은 무엇입니까? 인간들에게 초자연적인 현상을 경험하게 하는 것들입니다. 전생(前生)을 여행하는 환생, 자신과 다른 사람들의 마음을 움직이게 하는 마인드 콘트롤, 우주와 귀신들의 소리를 듣게 하는 환청(幻聽), 죽은 자들의 영혼을 불러서 점을 치거나 미래를 예측하는 초혼(招魂), 자신과 다른 사람들을 지배하는 최면(催眠), 자신의 마음을 멀리 있는 사람들에게 보내는 텔레파시, 벽이나 사람들의 육체를 통과해서 볼 수 있는 투시(透視), 신기한 능력으로 병을 치료하는 치유(治癒) 등과 같은 초자연적인 능력을 기사와 표적이라고 합니다. 사탄은 마지막에 이런 능력들을 사용하여 수많은 사람들을 미혹하여 단순화 시키고, 집단화 시켜서 많은 사람들을 마치 한 사람처럼 움직이게 조종하고, 자신들이 원하는 목적대로 이끌어 갑니다. 이렇게 해서 전 세계 사람들에게 하나님을 배도(背道)하도록 합니다. 이것이 사탄의 전략입니다.

예수 믿고 거듭난 그리스도인들에게는 이런 초자연적인 현상들이 나타나지 않습니다. 왜냐하면 성령께서 마음에 계시기 때문입니다. 이런 초자연적인 현상은 구원받지 못한 멸망의 사람들에게 나타납니다. 그들은 하나님이 누구이며, 구원이 무엇인지 알지 못하기 때문에 닥치는 대로 나타난 현상들을 추종하게 됩니다. 말세에 나타나는 이런 비인격적(非人格的)인 기사와 표적은 하나님의 말씀에 순종하지 않고 개인의 욕심과 탐욕을 좇아 사는 불의를 좋아하는 사람들에게 나타나는 멸망의 징조입니다. 하나님께서는 말세에 이와 같은 것들을 사탄의 세력들에게 허락하사 세상에서 알곡과 가라지를 골라 내십니다. 특히 마지막 때에 심판은 교회에서부터 시작됩니다. 세상에 속한 교회와 하나님께 속한 교회, 하나님의 말씀에 순종하는 인격적인 교회와 기사와 표적을 추구하는 비인격적(非人格的)인 교회로 갈라져서 심판을 받게 됩니다.

살후2:9-12 "악한 자의 임함은 사단의 역사를 따라 모든 능력과 표적과 거짓 기적과 불의의 모든 속임으로 멸망하는 자들에게 임하리니 이는 저희가 진리의 사랑을 받지 아니하여 구원함을 얻지 못함이라 이러므로 하나님이 유혹을 저의 가운데 역사하게 하사 거짓 것을 믿게 하심은 진리를 믿지 않고 불의를 좋아하는 모든 자로 심판을 받게 하려 하심이니라"

5. 은사인가? 말씀인가?

1) 기독교의 본질은 말씀종교, 영지주의 본질은 초자연적인 능력

만일 창조주 되신 예수님이 초자연적인 능력으로 우리를 구원하시려고 하셨다면 십자가의 죽음은 없으셨을 것입니다. 그러나 아무 일에든지 능치 못하심이 없으신 예수님께서 십자가에서 고난을 당하시고 친히 생축으로 자신의 몸을 우리를 위해 바치셨습니다. 이것이 기독교의 본질입니다. 왜 그렇게 하셨습니까? 십자가 밖에는 우리를 구원하실 수 있는 방법이 없으셨기 때문입니다.

기독교는 철저하게 말씀 중심의 종교입니다. 사탄 종교인 영지주의 기독교는 초자연적인 능력입니다. 하나님은 말씀으로 천지를 창조하셨습니다. 지금도 말씀에 의해서 하나님의 창조와 구속의 섭리가 이루어지고 있습니다. 마지막 심판도 말씀으로 됩니다. 기독교는 알파도 말씀이고 오메가도 말씀입니다. 예수님도 말씀이 육신이 되어 이 세상에 오셨고, 기록된 말씀대로 사시다가 기록된 말씀대로 십자가에 돌아가셨습니다. 바울도 하나님의 말씀을 이루기 위해 부르심을 받아 사역을 마쳤습니다. 노아도 말씀대로 준행하여 방주를 만들었고, 아브라함도 말씀을 좇아갔으며, 모세도 말씀대로 성막을 지었습니다.

기독교는 말씀 밖에 없습니다. 아무리 나타난 현상이 기묘해도 말씀에서 벗어나면 이단입니다. 사탄은 교회를 파괴시키기 위해 은사주의 운동을 일으켰습니다. 은사를 추구하고 은사에 집중하는 것은 바른 신앙은 아닙니다. 교회성장이 제일 목적이 아닙니다. 은사는 우리가 하나님의 말씀대로 살아가는 동안 자연스럽게 필요에 따라 나타나는 현상들입니다. 말씀이 주인이 되고, 말씀이 강조되고, 말씀에 대한 순종의 인격적인 신앙이 우리에게 심어져야 합니다.

지금까지는 우리가 현실적인 당면한 문제인 교회 부흥을 위해 은사주의를 용납했습니다. 그러나 말세지말에 은사주의는 사탄의 전략입니다.

2) 은사주의에 나타난 비인격

사탄에게 속한 사람과 하나님께 속한 사람을 알아보는 방법은 간단합니다. 인격인가, 비인격인가를 분별하면 됩니다. 인격에는 지(知)·정(情)·의(意)가 있습니다. 다시 말해서 분명한 지식과 분명한 감정과 분명한 행동이 하나로 통일을 이룹니다. 만일 알고 있는 지식과 느끼는 감정이 다르면 비인격입니다. 알고 있는 지식과 따른 행동이 다르면 역시 비인격입니다. 성경은 비인격을 죄라고 합니다. 알고도 행치 않는 것이 죄입니다. 죄를 범하고도 죄를 인정하지 않는 것이 죄입니다. 구원받은 성도가 가지고 있는 최고의 인격은 성경 말씀에 따라서 내 자신이 죄인임을 고백하는 것입니다. 하나님은 분명한 지(知)·정(情)·의(意)를 가지신 분이십니다. 그래서 분명하게 우리는 하나님을 인격적으로 경험하고 인격적으로 교제할 수 있습니다.

그러나 사탄은 비인격적입니다. 물론 사탄도 지(知)·정(情)·의(意)가 있지만 거짓의 아비로 서로 충돌하기 때문에 비인격체입니다. 사탄은 알고 있는 지식을 모른다고 합니다. 사탄은 진리를 비진리로 속입니다. 사탄은 무질서의 상징이고 비인격의 왕입니다. 아무리 기적이 일어나고 죽은 자가 살아난다 하더라도, 그 일을 행하는 자가 비인격자라면 그는 사탄의 종입니다.

우리의 지식의 기준은 성경입니다. 우리가 느끼는 감정의 기준도 성경입니다. 우리가 행한 모든 행위의 기준도 성경입니다. 인격적인 신앙과 비인격의 신앙의 분별은 하나님의 말씀대로 순종하는지 그렇지 않은지를 보면 알 수 있습니다. 성경에서 말씀하고 있는 최고의 신앙은 마음을 다하고, 목숨을 다하고, 뜻을 다하고, 힘을 다하여 하나님의 말씀을 순종하는 것입니다.

3) 성령의 인격적인 사역과 성경적인 진리

성령이 오셔서 하시는 주요 사역은 하나님의 말씀을 이루어 드리는 사역을 하는 것입니다. 성령은 독자적으로 새로운 사역을 하시는 분이 아닙니다. 이미 창세전에 세 분의 하나님은 인간 창조와 구속의 섭리를 계획하셨습니다. 그래서 성령 하나님은 성부 하나님과 성자 하나님의 말씀을 이루기 위해 오신 것입니다. 하나님의 말씀은 구약에서 하나님께서 선지자들을 통해서 기록하여 주신 구약의 말씀이고, 예수님께서 오셔서 제자들에게 하신 예수님의 말씀을 말합니다. 성령이 오셔서 하시는 사역의 기준은 이 두 가지 말씀을 이루어 드리는 사역을 하시는 것입니다.

요14:26 "보혜사 곧 아버지께서 내 이름으로 보내실 성령 그가 너희에게 모든 것을 가르치시고 내가 너희에게 말한 모든 것을 생각나게 하시리라"

보혜사 성령이 오셔서 하실 사역을 예수님께서 미리 말씀하셨습니다. 모든 것을 가르친다는 말의 의미는 예수님께서 제자들에게 해 주신 말씀과 구약에서 선지자들을 통해서 말씀하신 모든 것을 바로 가르치시겠다는 의미입니다. 뿐 만 아니라 보혜사 성령의 하나님은 예수님께서 제자들에게 말씀하신 모든 것을 생각나게 하사 제자들이 예수님께서 말씀하여 주신대로 살 수 있도록 도와주시겠다는 뜻입니다.

4) 기록된 성경 외에 더 이상 직통계시는 없다

오늘날 신사도 운동을 하는 사람들이 여러 가지 방법으로 하나님의 음성을 듣고 새로운 기독교 운동을 하고 있습니다. 이것을 직통계시라고 합니다. 이들이 직통계시를 받는 방법은 환상, 환청, 방언, 꿈, 그리고 직접 귀로 듣는 음성 등 입니다. 성경은 이와 같은 것들을 모두 부정합니다. 하나님께서는 신구약 성경이 기록된 이후 어떤 방법으로도 직통 계시를 하시지 않습니다. 왜냐하면 이미 기록된 성경을 통해 하나님의 구원역사의 섭리는 모두 끝이 났기 때문입니다. 이제 성령으로 말미암아 기록된 하나님의 구원 섭리를 이루는 것 밖에 남지 않았습니다.

요16:13-14 "그러하나 진리의 성령이 오시면 그가 너희를 모든 진리 가운데로 인도하시리니 그가 자의로 말하지 않고 오직 듣는 것을 말하시며 장래 일을 너희에게 알리시리라 그가 내 영광을 나타내리니 내 것을 가지고 너희에게 알리겠음이니라"

사도 요한은 성령이 오셔서 하신 일에 대하여 말하기를 성령은 자의 적으로 말씀하시지 않고, 즉 새로운 말씀인 직통계시를 말씀하시지 않고 오직 들었던 말씀을 가지고 말씀 하시며, 예수님의 말씀을 가지고 장래일을 말씀 하시고, 모든 진리를 가르치실 것을 말씀 하셨습니다.

이른 비와 늦은 비의 목적

봄에 내리는 이른 비는 씨를 뿌리고 씨가 발아하여 자라나게 하는 비입니다. 그리고 추수 때에 내리는 늦은 비는 곡식을 잘 익게 하고 여물게 하는 심판의 비입니다. 봄에 이른비를 통해 모든 식물과 나무는 잎사귀를 내고 꽃을 피웁니다. 그리고 추수 때에 내린 비는 모든 나무와 식물의 무성한 잎사귀를 떨어지게 하고 익을 열매를 더욱 더 충실하게 익도록 만듭니다.

같은 비라도 이른 비와 늦은 비는 그 목적이 다릅니다. 초대교회에 부어졌던 성령의 이른 비는 사도들이 전한 십자가 복음을 증거 했으며, 예루살렘에서부터 시작된 성령의 복음증거를 유대와 사마리아와 전 세계로 확장시키는 역할을 했습니다. 초대교회를 뿌리내리게 하고 신구약 성경을 정경으로 채택하도록 했습니다. 그리고 이제 말세 지말에 내리는 늦은 비는 이 땅에 세워진 교회와 알곡 성도들을 더욱 더 충실한 열매로 만드시고, 알곡이 아닌 쭉정이들을 골라 내시는데 사용하시는 하나님의 심판의 비입니다.

그래서 데살로니가 후서에서는 하나님이 유혹을 저희 가운데 역사하게 하사 거짓 것을 믿게 하심은 진리를 믿지 않고 불의를 좋아하는 모든 자로 심판을 받게 하려 하심이라고 하셨습니다.

살후2:9-12 "악한 자의 임함은 사단의 역사를 따라 모든 능력과 표적과 거짓 기적과 불의의 모든 속임으로 멸망하는 자들에게 임하리니 이는 저희가 진리의 사랑을 받지 아니하여 구원함을 얻지 못함이니라 이러므로 하나님이 유혹을 저의 가운데 역사하게 하사 거짓 것을 믿게 하심은 진리를 믿지 않고 불의를 좋아하는 모든 자로 심판을 받게 하려 하심이니라"

5) 적그리스도의 세력들이 사용하는 임파테이션 은사주권주의 운동

적그리스도의 세력들이 임파테이션이라는 은사주권주의 운동을 통해서 전 세계 교회를 사탄의 교회로 점령해 가고 있습니다. 임파테이션 은사주권주의 운동이란 기사와 표적의 능력이 사탄으로부터 시작하여 임파테이션을 통해 다단계 피라밋과 같은 방법으로 퍼져나가 동일한 조직과 집단이 형성되어져 가는 것을 의미합니다. 사탄은 이런 임파테이션 은사주권주의 운동을 통해서 종교를 통합하고 배도의 교회를 세우게 합니다.

1960년 노틀담 교회에서부터 시작된 로마 카톨릭 종교통합 운동의 전략은 초자연적인 은사운동이었습니다. 개신교 안에서도 신복음주의와 신정통주의 운동을 통해서 윤리신학과 체험 신학이 정립이 되고 빈야드운동, 늦은비운동, 베뢰아운동, 다락방운동, 추수군운동, 알파운동, 24시간 기도운동, 신부운동, 가정교회운동, G12운동, 셀운동, 아버지학교운동, 평화운동, 땅밟기운동, 전투기도운동, 성시화운동, 신사도운동, 이머징 쳐취 운동으로 뿌리를 내리게 되었습니다.

타종교에서도 일어나고 있는 임파테이션 은사주권주의 운동

무서운 것은 임파테이션 은사주권주의 운동이 기독교에서만 아니라 다른 종교에서도 활발하게 진행되고 있다는 사실입니다. 로마 카톨릭, 티벳 불교, 힌두교, 바하이교, 일본 일연종교, 유대 카발라, 이슬람 수니파, 아프리카 토속종교, 인도 요가종교, 사이언톨로지 종교, 심령과학 종교, 신지학 종교, 뉴 에이지 종교 등 수많은 이방 종교에서도 임파테이션 은사주권주의 운동이 일어나고 있으며 이를 통해서 세계 종교가 하나의 종교로 묶어져 좁혀지고 있다는 사실입니다.

임파테이션 은사주권주의 운동에 나타난 현상들

임파테이션 은사주권주의 운동에서 나타난 현상들은 다음과 같습니다. 방언, 초혼, 마인드 콘트롤, 환생, 집단최면, 텔레파시, 투시, 환청, 공중부양, 유체이탈, 공간이동, 원격조종, 치유, 거룩한 웃음, 뜨거움, 떨림, 입신, 쓰러짐 등입니다.

임파테이션 은사주권주의 운동을 통해 이루어져 가고 있는 세계 종교제국

이런 초자연적인 능력들이 사탄으로부터 계보를 형성하면서 안수와 교육과 훈련과 같은 임파테이션을 통해 거대한 사탄의 종교제국이 되어 가고 있습니다. 끊임없는 단조로운 주문식 기도와 방언기도, 집단찬양과 예배, 주입식 교육과 단체 훈련 등을 통해 집단 최면이란 방법으로 자유로운 영혼들을 노예화 시키고 있습니다. 이런 운동의 특징은 혼적(魂的)인 운동이기 때문에 점차적으로 영혼이 죽어 가면서 하나님의 말씀과 거룩한 은혜로부터 떨어져 나가게 됩니다. 이런 사람들의 특징은 영혼이 죽어 가면서 생긴 영적인 고갈 상태를 사탄이 공급한 달콤한 미끼로 채우려 합니다. 그러면 그럴수록 더욱 더 끊임없이 반복되는 영적인 갈증을 채우기 위해 점점 더 깊이 관계를 쌓아가면서 기존의 교회를 멀리 하면서 임파테이션에 몰입하게 됩니다. 결국 이런 일이 반복되면서 임파테이션 능력이 증가되고, 자신만의 또 다른 임파테이션 계보를 형성하여 거느리게 됩니다. 이렇게 사탄의 왕국은 교회와 교파와 종교의 국경을 넘어 세계화되어 가고 있습니다.

6) 혼합종교로 시작한 로마 카톨릭

요한 계시록에 기록된 바벨론 음녀는 로마 카톨릭입니다. 로마 카톨릭은 주후 313년 시작할 때부터 로마에 있는 모든 종교를 하나로 통합하여 콘스탄틴 대제가 페르시아 고레스왕이 선포했던 자유원통 선언문처럼 팍스로마 제국을 세우기 위해 밀라노 칙령을 발표하고 박해하던 기독교를 자유화했습니다. 그의 의도는 로마에 있는 모든 종교를 통합하여 지상 유토피아를 만들어가는 것이었습니다. 그리고 그는 태양신 미트라 대제사장의 이름인 폰티팩스 막시무스라는 지존의 태양신의 대제사장인 종교 지도자와 로마 제국의 정치적인 황제 자리를 겸하여 통치를 했습니다. 그리고 종교 간에 갈등이 있을 때마다 친히 회의를 주관하면서 조율을 했습니다. 그는 321년에 일요일을 "태양신의 숭엄한 날"로 정하고 모든 로마인들에게 휴업을 법제화하고 지킨 자들에게 포상금을 주었습니다. 그는 성 라테란 성전을 로마에 세우고 로마 제국 전역에서 가정에서 드리는 모든 예배를 철폐했으며 로마의 하나의 종교에 반대하는 제도들을 금지시켰습니다. 뿐만 아니라 미트라 태양신의 아들의 부활절로 지켰던 12월 25일을 기독교 성탄절로 지키게 했으며, 초대교회가 매년 1월 6일 유월절에 지켰던 기독교 부활절은 태양신인 봄의 대지의 여신에게 제사했던 이스타르 봄 축제로 바꾸었습니다.

교회가 유월절에 예수님의 죽음과 부활을 기념하는 것이 콘스탄틴에게는 거스리는 것이었습니다. 그는 주후 325년 니케아 공의회에서 아타나시우스를 통해 부활절을 불법화하고 그리스도의 죽음과 부활은 춘분점 이후의 첫 보름달이 뜨고난 후 첫 번째 일요일에 기념되어야 한다고 지시 했는데, 그것은 로마가 지키는 태양신의 봄의 풍요의 제전이었습니다. 로마인들은 매년 풍요의 여신을 위한 축제를 지켰는데, 가나안인들은 이 여신의 이름을 "아세라"라고 불렀고, 페르시아인들은 "이스타르테", 바벨론인들은 "이슈타르"라고 불렀습니다. 고대 브리튼인들은 "이스터"라고 불렀습니다. 풍요의 여신 이스터의 상징은 달걀이었습니다. 고대 이교도들은 달걀로 장식을 하고 이 축제를 기념하는 뜻에서 달걀을 선물로 주곤했습니다. 니케아 공의회가 성경적 근거로 지켜졌던 예수님의 부활기념 축제를 이교 여신의 축제로 바꾸어 놓은 것입니다.

콘스탄틴 대제는 철저하게 기독교와 태양신의 로마종교를 하나의 종교로 만드는 일에 열중을 했습니다. 그는 죽기 직전 주후375년에 세례를 받고 377년에 죽었습니다.

7) 임파테이션 은사주권주의 운동에 앞장 선 로마 카톨릭

로마 카톨릭은 완전 혼합주의 종교입니다. 필로-판테누스-클레멘트-오리겐-유세비우스-암브로스-어거스틴-제롬으로 이어지는 계보는 알렉산드리아 신비주의 비밀 종교 학교로부터 신비주의 대부 예수교 창시자 이그나티우스 로욜라와 장미 십자단 마틴 루터까지 계속되었습니다. 어거스틴은 2000년 기독교 역사상 첫 번째로 손꼽히는 신비주의 운동가입니다. 어거스틴 수도원은 신비주의 운동가들을 길러내는 산실이었습니다. 그는 그리스 태양신 마니교도로서 이미 많은 신비 체험을 했으며, 특히 영혼 상승의 빛의 신비 여행은 그의 어머니 모니카와 함께 그의 모든 생애 전체를 통해서 이루어 졌습니다.

장미 십자단 수장인 모라비안 진젠도르프에 의해서 100년 동안 24시간 신비주의 기도운동이 계속 되다가 미국으로 건너간 24시간 신비주의 기도운동은 릭 조이너와 리차드 포스트, 마이크 비클, 신디 제이콥스 등을 통해서 전 세계로 보급이 되고 있습니다. 아이합(IHOP) 기도의 집이란 사역은 CCC, 예수 전도단, 피터 와그너 등과 함께 밥 베켓의 "영적도해", 존 도우슨의 "도시를 점령하라", 땅 밟기 선교 운동으로 확장되었습니다.

땅밟기 운동은 '영적도해'라는 신사도운동의 사상으로부터 출발합니다. 신사도운동이란 좁은 의미로는 피터 와그너와 그의 연맹을 뜻하며, 넓은 의미로는 마이크 비클의 IHOP과 빈야드, 늦은비 운동(윌리엄 브래넘, 폴 케인) 등의 다양한 유사운동을 뜻합니다. 그들은 신부운동, 다윗의 장막, 요엘의 군대, 지저스 아미, 예언적 중보기도, 개방신학, 임파테이션, 트랜스포메이션, 킹덤나우, 백 투 예루살렘, 일곱산 등의 용어와 사상을 가르치며, 사도와 선지자의 현대적 활동과 함께 직통계시와 예언의 지속성을 주장합니다. 신사도 운동을 하는 사람들은 신복음주의 운동을 하는 사람들과 함께 사회참여 운동과 은사운동을 혼합하여 종교통합운동으로 몰아가고 있습니다. 이런 운동을 하는 진원지가 로마 카톨릭입니다. 개신교 안에서 은사운동을 사회참여운동과 함께 열심히 하는 사람들과 단체는 모두 로마 카톨릭과 함께 사역을 하는 사람들입니다.

8) 자유주의 신학의 감정이입과 신정통주의 칼 바르트의 체험 신학

자유주의 신학자 슐라이어마허는 감정이입이란 체험신학을 도입을 했습니다. 슐라이어마허는 1799년에 쓴 그의 처녀작 종교론(On Religion)에서 "종교"는 교리의 문제가 아니라 느낌, 직관, 경험의 문제라고 주장했습니다. 종교적 감각은 사고 능력과는 독립된 인간 본성의

한 부분이고, 이를 통해 모든 인간은 '우주 정신'과 하나가 된다는 것입니다. 슐라이어마허는 기독교가 다른 종교보다 '가장 탁월'하다고 생각했지만, 그렇다고 배타적 진리로 인정하지 않았습니다. 모든 인간 안에 종교적 감각이 있다면, 하나님은 어떤 종교를 믿는 사람과도 하나가 될 수 있었기 때문입니다. 심지어 슐라이어마허는 아예 인간 외부에서 오는 구원은 받을 필요가 없다고 주장한 것입니다.

신정통주의 칼바르트 역시 인카네이션이란 체험신학을 주장했습니다. 특히 칼 바르트는 기록된 성경은 종이에 불과하고, 체험된 내용만 하나님의 말씀이라고 하면서 성경의 문서설을 동조했습니다.

칼 바르트가 주장한 체험의 말씀신학은 모든 사람들에게 각기 다르게 나타나기 때문에 감정이입을 주장한 자유주의 슐라이어마허와 같이 성경이 하나님의 말씀인 것을 부인한 것과 같습니다. 칼 바르트의 인카네이션 신학은 철저하게 체험을 주장하여서 초대교회부터 시작된 영지주의 체험신앙과 한 맥을 이루고 있습니다. 영지주의에서도 참 신지식은 경험된 것만을 한정하므로 칼 바르트의 신학 역시 영지주의 기독교의 일부라고 할 수 있습니다.

이처럼 감정을 중요시 하는 현대신학은 감정을 소중하게 여기는 포스트모더니즘의 철학과 합쳐져서 현대는 감정의 시대가 되었습니다. 이것이 사탄의 전략입니다. 본능을 앞세운 인간의 존재는 결국 인간의 동물화, 본능화, 짐승화라는 사탄이 파놓은 함정에 인간 모두가 다 빠져버린 것입니다. 신학과 철학 뿐 아니라 예술도 정치도, 경제도, 과학도 인간을 쉽게 통제할 수 있도록 단순화 작업을 하고 있습니다.

은사는 열매가 나타나면 끝난다

은사는 꽃과 같습니다. 꽃이 화려하게 피는 것이 자체가 목적이 아닙니다. 꽃이 피어 수정이 되고 열매를 맺는 것이 꽃의 목적입니다. 고린도전서 13:1-3, 8 "내가 사람의 방언과 천사의 말을 할찌라도 사랑이 없으면 소리나는 구리와 울리는 꽹과리가 되고 내가 예언하는 능이 있어 모든 비밀과 모든 지식을 알고 또 산을 옮길만한 모든 믿음이 있을찌라도 사랑이 없으면 내가 아무 것도 아니요 내가 내게 있는 모든 것으로 구제하고 또 내 몸을 불사르게 내어 줄찌라도 사랑이 없으면 내게 아무 유익이 없느니라 사랑은 언제까지든지 떨어지지 아니하나 예언도 폐하고 방언도 그치고 지식도 폐하리라"

사랑이란 열매가 없는 은사는 아무런 가치가 없습니다. 천사의 말과 같은 방언도, 산을 옮길만한 믿음도, 모든 비밀을 알고 내 몸을 불사르게 내어 준 희생도 사랑이 없으면 아무것도 아닙니다. 사랑이란 성령의 열매를 맺으면 은사는 끝이 납니다. 우리 그리스도인들은 은사를 가지고 사는 것이 아닙니다. 하나님의 말씀을 가지고 사는 것입니다. 하나님의 말씀은 바로 사랑이란 열매입니다. 용서하는 것, 이해하는 것, 희생하는 것, 인내하는 것들은 모두 사랑의 열매입니다. 하나님은 하나님의 자녀들이 하나님의 뜻대로 사는 것을 기뻐하십니다. 하나님의 뜻은 하나님을 사랑하고 내 이웃을 내 몸처럼 사랑하는 것입니다. 이것이 기독교의 황금율입니다. 우리가 전도하는 방법도 교회가 그리스도 예수님의 몸된 지체가 되어 이웃에게 주님의 아름다운 것을 보여줌으로 그들이 주님을 믿게 되는 것입니다.

사탄은 말세 교회를 그리스도를 잃어버린 교회로 만들고 말았습니다. 눈앞에 펼쳐진 세상것들을 얻고 누리며 살 수 있도록 하나님의 교회를 능력으로 채웠습니다. 세상에서 성공할 수 있는 지식으로 채웠습니다. 인간이 스스로를 구원할 수 있도록 초자연적인 능력을 추구하는 교회로 만들어 버리고 말았습니다. 이것이 사탄의 음모이고 적그리스도의 배도의 전략입니다.

9) 말세지말의 최고의 신앙은 말씀의 순종과 복종이다

신13;1-5 "너희 중에 선지자나 꿈 꾸는 자가 일어나서 이적과 기사를 네게 보이고 네게 말하기를 네가 본래 알지 못하던 다른 신들을 우리가 좇아 섬기자 하며 이적과 기사가 그 말대로 이룰지라도 너는 그 선지자나 꿈 꾸는 자의 말을 청종하지 말라 이는 너희 하나님 여호와께서 너희가 마음을 다하고 성품을 다하여 너희 하나님 여호와를 사랑하는 여부를 알려하사 너희를 시험하심이니라 너희는 너희 하나님 여호와를 순종하며 그를 경외하며 그 명령을 지키며 그 목소리를 청종하며 그를 섬기며 그에게 부종하고 그 선지자나 꿈꾸는 자는 죽이라"

배도자 적그리스도가 사용할 기사와 표적

마24:23-27 "그 때에 사람이 너희에게 말하되 보라 그리스도가 여기 있다 혹 저기 있다 하여도 믿지 말라 거짓 그리스도들과 거짓 선지자들이 일어나 큰 표적과 기사를 보이어 할 수만 있으면 택하신 자들도 미혹하게 하리라 보라 내가 너희에게 미리 말하였노라 그러면 사람들이 너희에게 말하되 보라 그리스도가 광야에 있다 하여도 나가지 말고 보라 골방에 있다 하여도 믿지 말라 번개가 동편에서 나서 서편까지 번쩍임 같이 인자의 임함도 그러하리라"

예수님께서는 마지막 때 거짓 그리스도가 나타나서 기사와 표적으로 많은 사람을 미혹하고 택한 자까지 미혹할 것을 경고했습니다.

살후2:3-4 "누가 아무렇게 하여도 너희가 미혹하지 말라 먼저 배도하는 일이 있고 저 불법의 사람 곧 멸망의 아들이 나타나기 전에는 이르지 아니하리니 저는 대적하는 자라 범사에 일컫는 하나님이나 숭배함을 받는 자 위에 뛰어나 자존하여 하나님 성전에 앉아 자기를 보여 하나님이라"

살후2:9-12 "악한 자의 임함은 사단의 역사를 따라 모든 능력과 표적과 거짓 기적과 불의의 모든 속임으로 멸망하는 자들에게 임하리니 이는 저희가 진리의 사랑을 받지 아니하여 구원함을 얻지 못함이니라 이러므로 하나님이 유혹을 저의 가운데 역사하게 하사 거짓 것을 믿게 하심은 진리를 믿지 않고 불의를 좋아하는 모든 자로 심판을 받게 하려 하심이니라"

마지막 때 배도자 적그리스도가 나타나서 예루살렘 성전에 앉아 자기를 하나님이라 하면서 배도를 할 것을 말씀하시면서 적그리스도가 배도할 때 사용할 무기가 하나님이 허락하신 기사와 표적이라고 하셨습니다. 마지막 때 적그리스도는 엄청난 기적을 일으키면서 지구촌의 사람들을 미혹할 것입니다. 그러나 이것이 하나님께서 말씀에 순종하는 알곡과 말씀에 순종하지 않고 불의를 좋아하는 거짓신자를 골라내시는 심판의 방법이라고 하셨습니다. 오늘날 전 세계적으로 일어나고 있는 신사도운동과 기도운동, 은사운동들은 하나님께서 알곡을 추수하시기 위해서 적그리스도의 세력들을 타작기로 사용하시는 전략입니다.

1부 배도자 지옥

제3장
배도자의 신학

1. 신학의 뿌리가 된 철학
2. 니케아 종교회의와 아타나시우스, 안토니, 어거스틴
3. 에베소 종교회의와 하나님 어머니 마리아
4. 어거스틴의 하나님의 도성과 교황권 1000년 왕국
5. 마틴 루터의 배반과 아우크스부르크 종교회의
6. 존 칼빈의 종교개혁과 분리주의 마녀사냥
7. 유럽의 30년 종교전쟁과 근대국가 출현 국가교회 소멸
8. 진젠도르프의 경건주의 킹덤나우
9. 영국의 종교개혁
10. 영국 분리주의 청교도들이 세운 미국 플리머스 식민지
11. 영국과 미국의 종교 개혁의 평가

1부 배도자 지옥(背道者 地獄)

제3장 배도자의 신학

1. 신학(神學)의 뿌리가 된 철학(哲學)

1) 철학은 인류문명을 지배한 사탄신학이다

하나님의 품을 떠난 탕자의 인류문명을 10층 건물로 비유한다면 그 건물을 유지하고 있는 뼈대(frame)는 철학이란 학문입니다. 세상을 지배한 사탄의 세력들은 철학이란 학문을 만들어 세상을 지배하고 있습니다. 정치철학에 의해서 정치제도가 결정되고, 경제철학에 의해서 경제정책이 결정되고, 종교철학에 의해서 수많은 종교들이 만들어졌습니다. 이렇게 사탄의 세력들은 철학이란 학문을 만들어 죄를 범한 무지한 인류 역사를 지배해왔습니다. 그래서 그들은 철학을 모든 학문의 면류관이라고 속였습니다.

사탄은 하나님을 잃어버린 인간들에게 철학이란 학문을 만들어 주어 스스로 신을 만들게 하고, 스스로 인간의 존재의 가치를 정하게 하여 인간 스스로 자족(自足)하고, 자위(自慰)하고, 자수(自守)하도록 만들었습니다.

철학이란 학문의 네 가지 연구분야

철학은 사탄이 인간을 합리적으로 지배하기 위해 만든 사탄 신학으로 4가지 연구 분야가 있습니다. 인간 스스로 신적인 존재를 발견할 수 있는 존재론(存在論), 인간 스스로 신을 만들 수 있는 가치론(價値論), 인간 스스로 신을 설명할 수 있는 인식론(認識論), 인간 스스로 만든 신을 만나게 해주는 방법론(方法論)입니다.

자연과학인 수(數)라는 개념으로 존재론(存在論)을 확립시켜 최초로 논리적으로 성문화된 종교를 탄생시킨 사람이 수학자이자 종교철학자인 피다고라스입니다. 엘리트 인간을 신인간이라는 가치론(價値論)으로 인간 중심의 절대종교를 만든 사람이 소크라테스입니다. 피다고라스의 존재론(存在論)과 소크라테스의 가치론(價値論)을 통해 만들어진 종교를 사람들에게 이해하기 쉽게 인식론(認識論)으로 체계화시킨 사람이 플라톤입니다. 존재론(存在論)과, 가치론(價値論)과, 인식론(認識論)으로 잘 만들어진 종교로 신을 만날 수 있는 방법론(方法論)을 만든 사람이 바로 뉴 플라톤 철학자 플로티누스입니다.

사탄 철학은 인간지배 전략

지난 신약(新約) 시대 2000년 동안 사탄이 인간을 지배하는 방법은 각 시대마다 다가올 100년 후의 가치를 정해 철학을 만들고, 그들이 발전시킨 교육과 과학을 통해 인간들을 세뇌시켜 지속적으로 세계를 지배해 왔습니다. 그들은 철학이란 학문을 통해 금이란 보석에 가치를 부여해 세계 경제를 장악했고, 한낱 작은 돌맹이에 불과한 다이아몬드 속에 엄청난 가치를 부여해서 비싸게 팔아 세계 최고의 부자들이 되었습니다. 왕권신수설이란 철학을 만들어 황제를 신으로 만들었고, 절대군주론을 통해 독재를 했습니다. 자연주의와 인문주의를 만들어 중세를 무너뜨렸고, 아담 스미스는 국부론을 만들어 자본주의를 만들었습니다.

신플라톤 철학을 만들어 신학을 만들고, 스콜라 철학을 통해서 중세를 세웠습니다. 플라톤의 이상국가와 칼 마르크스의 자본론을 통해 공산주의를 만들고, 다윈은 종의 기원을 통해 진화론을 만들었습니다. 헤겔의 정반합 변증법적 역사 통합의 학문을 만들어 진보와 보수, 공산주의와 자본주의, 이편과 저편을 만들고 양편의 갈등을 극대화시켜 모두를 전쟁터로 몰아가서 그들이 원하는 하나의 세계를 만들어 가고 있습니다. 소크라테스를 통해 엘리트 인간과 가축인간을 만들고, 플라톤의 공산주의 이론을 기초로 적그리스도의 나라인 신세계질서를 설계하고, 포스트 모더니즘을 통해 인간을 동물화시키고 있습니다. 히틀러의 스승 네오스트라우스를 통해 네오콘 사상을 만들어 모든 전쟁을 정당화하고, 교황 무오설을 만들어 교황을 하나님으로 만들었습니다.

영지주의 기독교를 만들어 십자가 복음을 말살하고, 어거스틴은 무천년주의를 만들어 지상의 중세 천년왕국을 만들었습니다. 무한경쟁의 신자유주의 경제이론을 시카고 대학의 경제학 교수들을 통해 만들어 세계의 모든 경제를 장악했습니다. 프란시스 베이컨(1561-1626년)은 플라톤의 이상국가론을 정리하여 뉴 아틀란티스라는 책을 만들어 미국이란 거대한 적그리스도의 나라를 세우게 했습니다. 놀라운 것은 미국 건국 200여 년 전에 기록한 뉴 아틀란티스 내용에는 현재 미국이 보유한 가공할 만한 첨단 무기들이 설명되어 있습니다. 절대주의와 낭만주의라는 골이 깊은 사상을 만들어 흔들고, 계몽주의의 이상과 포스트모더니즘의 감성을 충돌시켜 흔들어서 그들이 꿈꾸던 세계를 만들어 가고 있습니다.

교리를 만들어 같은 편끼리 싸우게 하고, 교회 성장학이란 번영신학을 만들어 기독교를 개독교로 만들었습니다. 신사도운동, 은사운동, 기도운동, 영적도해, 땅밟기 운동이란 교리를 만들어 세계 교회를 사탄교회로 만들어 가고 있습니다.

이처럼 철학이란 학문은 사탄이 인간을 지배하는데 사용하는 최고의 병기입니다. 그런데 왜 인간은 속고만 살아 왔을까요? 그것이 바로 철학에서 말한 논리학이란 무기입니다. 싸움하면 말을 잘하거나 힘이 센 사람이 이깁니다. 시험을 보면 머리 좋은 사람은 합격하고 머리가 나쁜 사람은 떨어집니다. 역사 이래 힘이 있는 사람이 왕이 되었고, 머리가 좋은 사람들이 부와 명예와 권력을 차지했습니다. 이들이 바로 적그리스도의 세력들입니다.

2) 철학은 루시퍼 신학

창세기에 가인의 후예들은 에녹성을 쌓고 최초로 도시를 만들었습니다. 가축을 모아 키우고, 기계를 만들고, 무기를 만들고, 악기를 만들어 예술을 발전 시켰습니다. 이처럼 사탄의 세력들은 모든 일에 앞장서서 세상을 이끌어 왔습니다. 그들의 신이 바로 세상 임금 루시퍼 즉 뱀입니다. 루시퍼(뱀)는 빛을 나르는 자로, 지혜를 상징하는 소피아와 스피로트를 발산하는 존재입니다. 그가 최초로 아담과 하와를 에덴동산에서 넘어지게 하고 인간을 지배하게 되었습니다. 철학은 바로 인간을 넘어 뜨리고, 인간을 쉽게 지배하는 루시퍼의 신학입니다. 사탄종교의 신학입니다.

철학(哲學, philosophy)의 정체(지혜 ; 뱀을 사랑하는 학문)

철학(哲學, philosophy)은 지혜를 사랑한다는 의미인 필로소페인(philosophein)으로 헤로도토스의 저서 〈역사〉 속에서 그리스의 현인(賢人) 솔론을 언급할 때 처음 나옵니다. BC 6세기 후반의 피타고라스 학파는 명리(名利)를 떠나 지혜를 간구하는 것이 애지(愛知)라고 말했습니다. 애지의 의미가 확정된 것은 BC 5세기 후반 소크라테스와 그의 제자 플라톤이었습니다. 헬라 철학의 근본은 이집트로부터 전해 내려온 피라미드와 태양신(루시퍼 ; 룩소르,범신론)의 종교이론으로 지혜를 상징하는 소피아는 이시스 여신과 뱀을 상징하는 것이었습니다.

철학의 영어 명칭 'Philosophy' (필로소피)는 고대 희랍어 필레인($\varphi\iota\lambda\epsilon\iota\nu$, 사랑하다)과 소피아($\sigma o\varphi\iota\alpha$, 지혜)의 합성어로서 직역하면 지혜를 사랑한다 라는 뜻입니다. 여기에서 말한 지혜의 본질은 뱀입니다.

철학의 발전

고대종교는 자연주의 철학이다

소크라테스 이전, 철학의 연구 대상은 자연이었습니다. 이것을 헬라 자연주의 철학이라고 하는데 자연을 대상으로 생각하였습니다. 자연을 대상으로 발전한 자연주의 철학은 오늘날 과학이 되었습니다. 그래서 인간 최초의 철학은 과학입니다. 이들 과학중에는 피다고라스의 삼각형 원리와 기하학의 피라미드 원리가 가장 중요한 원리였습니다. 피다고라스는 윤회설을 믿은 영지주의 종교 철학자이자 수학자입니다.

헬라 일원론 모나드라고 하는 신은, 하나인 존재(theone), 절대 존재, 아이온 텔레오스(Aion teleos, 완전한 아이온), 프로아르케($προαρχη$, Proarkhe, 태초 이전의 존재), 그리고 에 아르케($η$ $αρχη$, E Arkhe, 태초의 존재)라고 알려져 있습니다. 신은 플레로마, 즉 빛의 세계의 시원입니다. 신의 다양한 발출물들은 아이온들이라고 말합니다.

영지주의 모나드(theone)

영지주의의 모나드는 플레로마를 발출한 만물의 영적 근원(theone)입니다. 그리고 모나드는 물질을 지배하는 구약의 창조자 데미우르고스(얄다바오트)와 대비될 수 있습니다. 피다고라스는 하나의 원안에 하나의 점을 찍고 신적(神的) 우주관을 설명했습니다. 그리고 원주 파이(3.14.…)를 신의 수라고 정의를 했습니다. 피다고라스는 삼각형 피라미드를 통해 기하학을 만들었고, 플라톤은 이 기하학을 이용하여 우주 철학을 만들어 신의 세계를 설명했습니다. 그래서 플라톤의 아데네 아카데미 문 앞에는 "기하학을 모르는 사람들은 출입하지 마시오"라는 문구를 적어 두기도 했습니다. 이 모든 것들은 종교이자 철학이고, 과학이자 신(神)이었습니다. 아데네의 무지한 사람들에게 지혜자라고 하는 철학자 소피스트들은 대단한 신들이었습니다. 즉 엘리트 인간들이었습니다.

3) 소크라테스의 엘리트 신인간(神人間) 중심의 절대철학

자연주의 철학에 지배받고 있었던 아데네 민주정치

기원전 5세기 후반, 즉 소크라테스 시기 철학은 인간의 혼을 통한 신적인 접근이 연구 대상이 되었고, 특히 절대적인 신인간 문제를 다루었습니다. 소크라테스는 상대적인 희랍의 자연주의 철학과 반대되는 절대적인 생각을 하였고 소크라테스 이후 플라톤과 아리스토텔레스가 스승 소크라테스의 절대적인 철학을 계승발전 시켰습니다. 이들은 소크라테스 시기 철학의 대상과 희랍 철학 대상을 동시에 연구하여 철학 체계를 정립하였습니다.

절대주의 신정(神政)정치 철학인 엘리트 인간론 주장한 소크라테스

소크라테스는 부친이 카르타고 출신 유대인 메이슨으로 당시 아데네에서 자연주의 철학과 반대되는 철학을 가르치기 시작했습니다. 그 철학이 바로 "너 자신을 알라"라는 인간을 대상으로하는 철학을 시작한 것입니다. 당시 자연주의 스토아 철학을 상대주의 궤변철학이라고 혹평하면서 소크라테스가 제시한 신인간 중심의 절대철학은 큰 파문을 일으켰습니다.

소크라테스는 영혼 불멸론을 주장하는 영지주의 철학자로 자신의 죽음까지도 자신의 철학을 통해서 행동화했던 철인입니다. 소크라테스는 소피스트들의 활동과 자유투표를 통해 민주주의가 발달한 아데네에서 카르타고 군주제와 같은 엘리트 인간 통치를 주장하면서 수많은 젊은 이들에게 자신의 철학을 주입시키면서 3차례 아데네 민주정부를 전복시키는 혁명을 일으키게 되면서 법정에 기소가 되어 사형 언도를 받고 독배를 마시고 죽은 철인입니다.

그럼 소크라테스가 주장한 철학 이론은 무엇입니까? 소크라테스는 인간을 엘리트 인간과 가축 인간으로 분류를 하고 아데네 사람들을 가축 인간으로 정의를 했습니다. 소크라테스가 정의한 가축인간은 "계몽이 불가능한 인간"이었습니다. 스스로 계몽이 불가능한 가축인간은 다른 사람들을 다스리는 지도자가 될 수 없고 양떼와 같이 지배를 받고 살아야만 한다는 내용입니다. 그러면서 소크라테스는 엘리트 인간은 하늘이 내려준 "아는 자" 즉 "현자(賢者)"라는 것입니다. 이것은 직접 민주주의를 하고 있는 아데네 정부를 거부하고 군주제를 하고 있는 스파르타를 지지한 정치 철학이었습니다.

페르시아 스파르타 비밀결사인 소크라테스

신인간(神人間) 중심의 절대적인 철학의 이정표를 세운 철학의 아버지 소크라테스는 최초의 사탄의 비밀 결사였습니다. 소크라테스 당시 아데네는 스파르타와 적대적인 관계를 가지고 있었습니다. 아데네는 밀레토와 시칠리아를 통해 이집트 문명을 받아들인 그리스 도시국가였습니다 반면 스파르타는 페니키아 카르타고 문명을 받아들인 페르시아 도시국가였습니다. 소크라테스 부친은 카르타고 출신으로 소크라테스 철학은 민주주의를 발전시키면서 세력을 키워나간 그리스 제국의 도시국가인 아데네를 전복시키고 스파르타의 공산주의 독재정부를 세우기 위한 페니키아-페르시아-카르타고 문명의 비밀 결사들의 활동 전략이었습니다. 프리메이슨들은 자신들을 신들이라고 합니다. 그리고 보통 인간을 가축인간이라고 합니다. 이런 사상으로 무장하여 체제운동을 하는 사람들을 비밀결사들이라고 합니다. 철학은 세계를 절대적인 하나의 독재체제로 지배하려는 비밀결사들에 의해서 학문으로 만들어진 사탄신학입니다.

스파르타는 가나안 7족속들이 세운 가짜 유대인 국가였습니다. 이들이 가짜 유대인 바리새파 유대인들입니다.

플라톤의 이상국가와 철인 정치 모델은 스파르타

바리새파 유대인들은 회당이나 학교를 세워 교리와 철학을 가르쳤습니다. 이것이 아데네에서 플라톤에 의해서 시작된 스콜라(학교)철학 즉 플라톤 아카데미 철학입니다. 그는 스승 소크라테스의 엘리트 인간론을 철인으로 바꾸어 철인정치를 주장했는데 스파르타의 군사독재정치를 염두에 둔 주장이었습니다.

플라톤은 스승 소크라테스의 신인간 정치철학을 발전시켜 이상국가의 모델인 "공화국"이란 책을 썼습니다. 그도 이 책에서 스파르타와 같은 군주 독재정치 제도와 공산주의 경제사회를 이 세상에서 가장 이상적인 국가로 추천을 했으며 당시 아데네와 같은 민주정부는 가장 최악의 정부로 서열을 정했습니다. 그리고 플라톤 역시 최고의 정치가를 철인(엘리트, 신인간)으로 정했습니다. 플라톤의 철인(哲人)정치는 그의 스승 소크라테스의 엘리트 정치이론과 동일한 것이었습니다. 플라톤의 "공화국"은 프란시스 베이컨에 의해서 "뉴 아틀란티스"로 만들어졌고 미국이란 신세계질서를 이룩할 적그리스도의 나라 건국의 설계도가 되었습니다. 플라톤의 "공화국"은 토마스 모어의 "유토피아"와 루소의 "자연으로 돌아가라"는 자연주의 철학에서 다시 강조 되었고, 루소는

"인간 불평등의 기원"이란 책을 통해서도 공산주의 국가 건설의 이론을 주장했습니다. 오늘날 공산주의 정치이론은 신세계질서의 설계자 플라톤입니다.

4) 플라톤의 이원론 철학의 비밀

플라톤은 이데아 세계와 현상세계라는 이원론 철학을 집대성한 사람입니다. 이데아 세계는 영적인 세계로 보이지 않는 세계입니다. 현상세계는 인간이 살고 있는 세계입니다. 플라톤의 이 두 세계는 완전히 분리된 세계입니다. 그래서 이원론이라고 합니다. 알렉산드리아 클레멘트는 플라톤의 이데아 세계를 지배한 신을 절대신이라고 했습니다. 절대신의 정의는 사람이 말로 표현할 수 없는 신이요, 사람이 글로 설명할 수 없는 신이라고 했습니다. 만일 사람이 절대신에 대하여 글을 쓴다거나 설명을 하는 순간 그 신은 절대신이 아니라는 것입니다. 인간의 현상세계 저 너머 있는 독립된 세계입니다. 플라톤의 현상 세계를 지배한 신은 가짜신입니다. 즉 부정신입니다. 이렇게 가짜신이나 부정신이라고 표현한 것은 절대신이 아니기 때문입니다. 그런데 클레멘트는 인간이 절대신을 만날 수 있는 유일한 방법은 가짜신을 통해서만 절대신을 알 수 있고, 이해 할 수 있다고 했습니다. 이 가짜신이 플라톤이 티마이오스에서 주장한 제작신(製作神) 데미우르고스입니다.

플라톤은 우주 창조의 원리를 설명하고 있는 티마이오스에서 눈에 보이는 현상 세계인 우주를 만든 신을 제작신(製作神), 장인신(匠人神) 데미우르고스라고 했습니다. 그리고 인간은 데미우르고스라는 신을 만나기 위해 관상이라는 방법을 사용해야 하는데 관상은 신의 존재를 찾아갈 수 있는 신의 혼(魂)이라고 했습니다. 이것을 상기설(想起設)이라고 했습니다. 신의 혼을 가진 자들이 바로 철학자(哲學者)라는 것입니다. 철학자들만 신을 찾아 만나게 할 수 있는 존재들입니다. 플라톤이 창세기에 나온 창조신을 제작신으로 낮춘 이유는 창조주 하나님을 가짜신으로 만들기 위함입니다. 로마 카톨릭에서 말하고 있는 하나님의 개념은 플라톤의 제작신 데미우르고스입니다. 그래서 사도신경에 창조

(creator)라는 단어대신 천지를 만들(maker)였다고 고백합니다. 신인간들인 사탄의 세력들은 절대신인 태양신을 믿고, 가축인간은 가짜신인 제작신을 믿게한 것입니다.

플라톤의 이원론 철학의 인류역사

플라톤의 이원론 철학의 뿌리는 스승 소크라테스의 엘리트인간과 가축인간의 이원론에서 시작되었습니다. 그리고 소크라테스 가축인간론은 바리새파 유대인들의 탈무드에서 나온 이론입니다. 유대인들은 이방인들을 지옥의 땔감이라고 정의했습니다. 이들이 바로 소크라테스가 말한 "계몽이 불가능한 가축 인간론" 입니다. 탈무드에서는 유대인들은 이방인들을 수 천명 죽여도 죄가 안되고, 유대인 1명당 28,000명 노예를 가질수 있다고 기록되었습니다. 우리가 닭장에 들어가 닭을 잡아 모가지를 비틀어 잡아 먹어도 죄가 되지 않습니다, 왜냐하면 내가 키운 가축이기 때문입니다. 마찬가지로 이방인들은 유대인들의 가축입니다. 그러므로 아무리 많은 이방인을 죽여도 죄가 되지 않습니다. 유대인들은 신인간(神人間)들이라서 3세 여아와 결혼 할 수 있고, 9세 여아와 결혼식을 올릴 수 있습니다.

플라톤의 이원론 철학의 비밀은 바리새파 유대인들의 분리주의 철학입니다. 인류 6000년 역사 이래 지금까지 세계를 지배하고 있는 1%의 신인간인 프리메이슨들은 무법자로 살아갑니다. 이들은 힘(power)이 진리입니다. 그들 자신이 바로 법입니다. 정치계도 경제계도, 종교계도 모두 이중구조로 되어 있습니다.

철학이란 가축인간을 키우는 축사(畜舍)

사탄의 세력들은 철학이란 축사(畜舍)를 만들어 인간들을 가두고 자기들을 위해 농사짓고, 땅을 지키고, 청소하는 노예와 같이 부려 먹고 있는 것입니다. 그리고 그들의 세계는 눈으로 보지도 못하게 하고, 마음으로도 생각조차도 할 수 없도록 폐쇄시켜 놓고 그들은 마치 구름위에 사는 신선들처럼 살아 왔던 것입니다. 이것이 제국주의 역사입니다. 그들은 전쟁을 통해서 그들의 식민지를 마치 축사(畜舍)를 지어 넓혀 가듯이 침략전쟁을 계속했습니다.

기독교 이원론 종교, 엘리트 태양신 기독교와 가축인간의 로마 카톨릭

주후 313년 이전에는 기독교는 하나였습니다. 그러나 주후 313년 이후에 두 개의 기독교가 만들어졌습니다. 하나는 태양신 영지주의 기독교이고, 또 하나는 로마 카톨릭이란 기독교입니다. 태양신 영지주의 기독교는 로마의 황제들과 소수 엘리트 인간들이 가지고 있는 고급종교입니다. 바로 바벨론 삼두신 일체론의 태양신 삼위일체를 믿는 사탄의 세력들입니다. 로마 카톨릭은 가축인간들의 기독교로 어거스틴은 로마 카톨릭 교회의 신학을 만들었던 사람입니다. 카톨릭이란 말은 보편적이란 뜻입니다.

보편적이란 세상에 흩어져 있는 교회를 말하는데 그 속에는 비신자도 포함되고, 살인자도 포함되고, 알콜중독자도 포함되어 있습니다. 로마 카톨릭이란 말은 로마제국안에 있는 보편적 교회로 로마 제국안에 구원받은 성도를 비롯해서 모든 타종교인들을 포함한 광의적인 국가교회를 상징한 이름입니다. 어거스틴은 로마 카톨릭 교회안에만 구원이 있다고 선포하고 국가주도의 유아세례와 성찬식에 참여하기를 거부한 도나티안 성도와 노바티안 성도들을 다 죽였습니다. 사탄은 로마 카톨릭이란 가짜 교회를 만들어 놓고 그 안에서 가짜 예수 즉 태양신 미트라를 믿게 해서 아무도 구원을 받을 수 없도록 했습니다.

이것이 플라톤의 이원론의 비밀입니다. 누구든지 접근이 금지된 영역에 그들의 허락이 없이 들어가려는 자는 언제든지 죽음을 면치 못하는 것이 그들의 철학입니다. 아담이 타락한 후 지금까지 비밀의 베일에 가려져 있었던 그들의 정체가 이제 서서히 드러나고 있습니다.

5) 플라톤의 신의 존재론과 어거스틴의 신의 존재론

플라톤의 존재론은 신의 존재를 증명하는 종교철학으로 태양을 소재로 삼아 존재론을 전개했습니다. 어거스틴 역시 신의 존재론의 철학을 전개할 때 플라톤의 태양을 소재로 하는 종교철학을 도입하여 성경에 나타난 하나님을 증명 했습니다. 플로티누스의 신플라톤 철학은 이런 종교철학을 계승 발전시킨 것으로 플라톤의 현상세계를 지은 데미우르고스라는 제작신을 플라톤의 이원론 철학에서 말한 이데아 세계의 절대신으로 둔갑시켜 일원론 종교 철학을 만들었고 어거스틴은 이것을 이용하여 기독교 신학을 만들었습니다.

아리스토텔레스는 스승 플라톤의 현상세계를 형이상학이란 고차원적인 철학용어를 사용하여 스승인 플라톤 철학의 이원론 철학을 형상과 질료라는 원리를 차용해 가짜 통합철학인 자연과학 철학을 만들었습니다. 중세에 토마스 아퀴나스는 뼈대가 약한 뉴플라톤 철학에 아리스토텔레스의 자연과학철학을 도입시켜 자유주의 신학의 다리를 놓았습니다.

중세철학의 대상은 신(神)이었다

한편 중세 철학에서 대상은 신이었습니다. 어거스틴의 신중심의 종교철학이 토마스 아퀴나스가 나타날 때까지 대세를 이루었습니다. 중세는 기독교 사상이 주류였기에 종교상 주관을 강하게 띠어 신을 향한 고찰이 결국 중심 문제였습니다.

토마스 아퀴나스에 의해서 자연주의 철학을 가미시킴

토마스 아퀴나스(주후 1224-1274년)에 의해서 다시 신중심의 철학에서 아리스토텔레스의 자연주의 철학인 형이상학이 도입되었습니다. 이러한 사상이 중세를 무너지게 하는 르네상스를 낳았습니다. 르네상스와 종교개혁 시대 이후에는 다시 인간이 철학의 대상이 되었습니다. 문예부흥을 주도했던 피렌체 메디치가에서 플라톤 철학의 모든 서적을 그리스어에서 라틴어로 번역을 하여 르네상스 즉 인문주의 철학을 통해 중세 신중심의 세계를 무너뜨린 것입니다.

근대철학은 인간이 여러 사물을 어떤 범위로 인식할 수 있는지가 연구 대상이라서 데카르트의 합리론과 로크의 경험론이 나오게 되었으며, 그 후 칸트의 철학이 나왔는데 합리론과 경험론을 동시에 종합하였습니다. 이것은 19세기와 20세기의 철학에서의 과제가 되었습니다. 현대철학은 언어 철학과 구조주의와 포스트모더니즘이 주요 쟁점이 되고 있습니다.

중요한 것은 실존주의 철학까지 내려간 현대철학은 다시 완전히 유턴을 하여 소크라테스와 플라톤의 "엘리트 인간"과 "공화국" "공산주의" "군주 독재정치" "이상국가" "신세계질서" "뉴 아틀란티스" 등과 같은 철학 사상을 이룩하기 위해 마키아벨리의 군주론과 같은 철권통치의 네오콘 정치철학의 이론과 같은 힘의 논리의 정의가 서서히 역사 전면에 나타나고 있습니다. 이 국가가 적그리스도의 나라 즉 신세계질서입니다.

6) 신플라톤 철학 플로티누스(Plotinus, 205-270)

이원론 플라톤 철학

플라톤의 철학적 체계는 이데아 세계와 감각적 세계로 이원론적으로 분리해서 보고 있습니다. 이런 이원론을 토대로 영지주의 철학에서는 영적인 것을 선으로, 물질적인 것을 악으로 정의를 했습니다. 플라톤은 우리가 살고 있으면서 경험할 수 있는 세계인 '현상계'와 현상계 너머에 있는 경험할 수 없는 본질적인 세계인 '이데아의 세계'를 구분하고 있습니다. 플라톤에 의하면 육체라는 감옥에 갇힌 인간의 영혼은 신과의 합일을 꿈꾼다고 했습니다. 몸에 갇히기 전 영혼은 모든 만물의 참된 모습, 즉 실재를 이데아의 세계에서 이미 경험을 했습니다. 그리고 몸을 입고 생을 살아가면서 문득 문득 잊혀진 실재에 대한 기억이 떠오르는데, 이것이 플라톤의 유명한 '상기설'(Anamnesis)입니다. 플라톤은 자신의 저서 '파이돈'(Phaidon)에서 영혼은 신체 안으로 떨어진 후 어떤 이유로 실재, 즉 이데아를 상기하게 되는데 그것을 철학자의 혼이라고 했습니다. 이 혼을 따라서 신과 합일을 이룰 수 있는 것입니다.

이원론 플라톤 철학을 일원론으로 재정립한 플로티누스

이 같은 플라톤의 철학적 체계를 바탕으로 하여 플로티누스는 새로운 철학적 사유를 펼쳐나가는데, 플라톤이나 플로티누스 뿐만 아니라 대부분의 철학자들은 세계를 이루고 있는 실체가 무엇인지에 대한 질문을 던졌고, 각각 다른 사유를 펼쳐 세계에 대한 다른 그림들을 그리고 있었습니다. 플라톤의 스승인 소크라테스 이전의 그리스 철학자들은 세계를 구성하는 본질을 물질로 규명하려는 시도를 하였습니다. 어떤 이는 '물' 또 어떤이는 '원자' 라는 개념을 세계의 본질로 규정했습니다. 그래서 초기 그리스 철학자들을 자연철학자들이라고도 부릅니다. 그런데 소크라테스 이후에 등장하는 철학자들의 사유를 따라가다 보면 이들은 세상의 본질을 우리의 경험 세계를 넘어선 무언가에서 찾고 있습니다. 그래서 우리가 경험할 수 있는 현상계의 너머에 있는 무언가를 사유하는 철학적 영역을 형이상학이라고 부릅니다.

플로티누스의 신(神)의 유출설

우선 플로티누스의 생각을 간단하게 정리해 보면, 플로티누스는 만물이 흘러나오는 원천이 되는 '일자(theone)' 라는 개념을 상정하고 있습니다. '일자(theone)' 에서 '정신' (nous), '영혼' (psyche) 그리고 '물질' (hyle)이 단계적으로 유출됩니다. 즉 초월적 존재인 '일자(theone)' 에서 흘러나온 '정신' 이 '일자' 의 성격에 가장 가깝고, 유출의 가장 마지막 단계에 있는 '물질' 은 일자와 가장 다른 모습을 하고 있는 낮은 단계의 상태입니다. 플라톤은 '현상계' 와 '이데아' 를 양분하는 이원론적인 세계관을 보여줌과 동시에 이 양자는 어떠한 측면에서 서로 대립적인 관계를 가지고 있는데 반해, 플로티누스의 체계에서 정신과 영혼 그리고 물질의 단계는 서로 이동이 가능한 일원론적인 성격이 강합니다. 예를 들어 사람의 혼이 가장 낮은 단계인 물질계를 벗어나 가장 상위의 정신적인 단계에 도달하기 위해서는 영혼의 정화가 필요한데, 영혼의 정화는 '관상, 명상' (contemplation)을 통해서 가능합니다. 이것을 영혼의 상승이라고 합니다.

이러한 플로티누스의 사상을 '유출설' 이라고 합니다. 신(神)인 '일자' 에서 완전히 순수한 '빛' 이 흘러나옵니다. 그리고 그 빛을 통해 '마음' 과 '영혼' 그리고 '물질' 의 위계가 만들어집니다. 위계의 단계가 낮을수록 신으로부터의 거리가 멀기 때문에 신적인 빛의 강도가 약해져 완전성의 정도가 희박해집니다. 플로티누스의 일자는 신(神)이며, 신(神)은 완전한 빛입니다.

영혼의 정화와 신인합일

플로티누스가 말하는 참다운 아름다움은 형체도 없고 색도 없으며 크기도 없습니다. 참다운 아름다움이란 눈에 보이지 않는 사유로만 인지할 수 있는 예지적인 것입니다. 아름다움 그 자체는 개별 물체가 가진 아름다움을 넘어선 이데아로서만 존재합니다. 미의 이데아는 현상을 넘어선 형이상학적인 실재이며 지상에 존재하는 물체가 가진 아름다움은 참다운 아름다움에 대한 반영일 뿐입니다. 그러면 인간이 현상계의 개별자를 통해서 어떻게 참다운 아름다움에 대한 관념을 가질 수 있습니까? 이에 대해 플로티누스는 아름다움에 대한 이데아가 우리의 마음속에 하나의 이미지로 선재되어 있기 때문이라고 말합니다. 즉 신은 아름다움의 이데아에 대한 인상을 우리의 영혼속에 심어 두었다는 것입니다. 따라서 우리가 무언가를 아름답다고 느끼는 것은 우리의 감각을 통해 감지되는 현상계의 미와 신이 심어놓은 이데아의 미에 대한 인상이 일치할 때 일어난다는 것입니다. 예술가는 정신적인 활동을 통하여 미를 찾아다니는 사냥꾼입니다. 플로티누스는 진정한 아름다움은 영혼이 정화과정을 통해 깨끗하고 순수할 때 가능하다고 말합니다. 이러한 플로티누스의 사상을 신플라톤주의라고 하는데, 이 사상은 어거스틴에 의해서 기독교 신학으로 재탄생했습니다.

관상기도를 통한 영혼 상승의 신인합일

오늘날 한국교회 내에서는 관상기도(혹은 향심기도, 구심기도, 침묵기도, 센터링 침묵기도, Centering Prayer)에 대한 관심이 점차로 고조되고 있습니다.

관상기도의 철학적 전통은 플라톤-플로티누스-어거스틴으로 연결되는 신플라톤주의의 신의 초월과 내재의 철학적 기초의 바탕 위에서 생성되었습니다. 인간의 본질은 영혼입니다. 영혼은 신과 동족성(syngeneia)을 갖고 있습니다. 따라서 영혼은 신 아래에 있는 그 어떤 것에도 만족할 수 없습니다. 본성적으로 영혼은 감각계를 떠나 영혼의 본래 고향인 신에게로 회귀하려고 합니다. 이런 영혼의 상승의 종국은 신과의 합일입니다. 절대자에게로 귀의하는 것을 플라톤은 테오리아(theoria, 관상)이라고 했습니다. 플라톤은 관상을 위한 단계를 제시합니다. 각성, 교육, 정화(윤리적 정화, 지성적 정화)를 거친 이후 영혼은 절대선과 합일하게 됩니다. 합일의 단계가 테오리아, 즉 관상인데, 이는 지성적 활동이 아닙니다. 영혼은 절대선을 결코 인식할 수 없으며, 단지 접촉하고 합일 할 수 있을 뿐입니다. 그런데 플라톤 철학에서의 신과의 합일조차도 절대신이 아닌 가짜신 데미우르고스를 만나는 것입니다. 그런데 플로티누스는 플라톤의 가짜신인 데미우르고스를 절대신의 개념으로 바꿨습니다. 결국 프로티누스가 만나게 한 절대신은 가짜신 데미우르고스입니다. 이 신이 로마 카톨릭의 하나님입니다. 소피아, 뱀, 빛의 신, 태양신 루시퍼입니다.

플로티누스의 신적복귀 관상기도

플로티누스는 플라톤의 구도를 좀 더 세분해서, 세계의 과정은 일자의 유출(흘러넘침)과 회귀(epistrophe)로 설명했습니다. 유출되어 감각계에 존재하는 영혼은 영혼의 고향인 일자에게로 회귀하려고 합니다. 플로티누스는 기독교 신비학의 중요한 단서를 제공했습니다. 일자(theone)는 개념도 없고 학문도 가능하지 않은 존재 저편에 있습니다. 그러므로 신학은 부정신학이 됩니다. 부정신학은 기독교 신비학의 일반적인 신학적 관점이 됩니다. 부정신학은 임의로 설정한 절대신을 말합니다. 기독교 신비학에 대한 플로티누스의 다른 공헌은 영혼의 상승을 내면화 한 것입니다. 영혼이 자신에게서 벗어나 일자에게로 향하는 상승은 자아의 내면으로 깊이 들어가는 것입니다. 어거스틴이 '당신은 내 마음의 깊이 보다 오히려 깊은 곳에 계시고, 내 마음의 높이 보다 오히려 높은 곳에 계십니다' 라고 쓰는 것은 플로티누스의 말입니다. 플로티누스는 영혼의 회귀를 정화(katharsis)−조명−합일(unio mystica)의 3단계로 설명했고 이는 어거스틴이 기독교 신비학의 구도로 그대로 차용하여 신학을 만들었습니다.

관상기도와 부정 신학에서 만든 가짜신의 정체

플라톤에게서 시작된 부정신학의 전통은 필로−클레멘트를 통해 플로티누스에게서 꽃을 피웁니다. 부정신학에서는 신의 초월성이 강조됩니다. 인간은 초월적인 신을 인식할 수도 없고, 그 분에 다가갈 수도 없습니다. 말로 표현할 수도 없고, 마음으로도 상상할 수도 없습니다. 만일 절대적인 신이 인간의 말로 표현된다거나 인간의 지식으로 이해 할 수 있다면 그 시로부터 그 신(神)은 절대신이 아닙니다. 절대적인 신은 인간 저 편 너머에 있습니다. 그렇다면 인간은 어떻게 절대신을 찾아 갈 수 있을까요? 인간이 절대신을 찾아가는 방법은 가짜신을 통해서만 가능합니다. 그렇게 해서 만든 임의의 가짜신이 바로 일자(theone)입니다. 관상기도를 통해 영혼상승 과정을 거쳐 그들이 만든 가짜신 일자(theone)을 만나게 되어 신인합일을 이루게 되는데 그 만난 가짜신이 바로 뱀인 루시퍼 사탄입니다. 사탄주의자들은 절대적인 창조주 하나님을 믿지 못하게 숨겨버리고 대신 루시퍼를 만나게 하려고 철학을 만들었고 그 철학을 통해서 부정신학을 만들었습니다.

관상기도하는 방법

관상가들은 부정신학의 근거 위에서 묵상 등의 지성적 기도나 의지적이며 정서적 기도로는 일자에게 다가가는 것에 명백한 한계가 있음을 말합니다. 인간의 능력에 의존하는 이런 긍정적 관점(긍정신학) 대신 인간적인 모든 능력을 내려놓을 때에만, 즉 자아가 한없이 작아져서 아무 것도 아닌 것인 무(無)가 될 때에만 하나님의 현존을 충만히 체험할 수 있다고 가르칩니다. 이런 관점에서 관상기도는 '침묵' 속에서 이루어지는 기도가 됩니다, 침묵이란 언어가 없는 상태 뿐 아니라 개념(지성)과 상상과 기억과 의지 등이 작동하지 않는 상태입니다.

그런데 이런 내려놓음과 영혼상승의 관상기도에서 빠질 수 없는 필수는 바로 내 속에 있는 신적인 요소와 위로부터 내려오는 소피아와 스피로트와 같은 지혜와 만남을 주선해 주는 영적인 가이드가 있어야 합니다. 이 사람을 대사, 또는 마스터라고 합니다. 대사와 마스터 역할을 할 수 있는 사람은 반드시 먼저 영적인 신비체험을 한 사람이 중재 역할을 가능하게 합니다. 그래서 이들을 채널러라고 하기도 합니다. 오늘날 기독교 안에서 일어나고 있는 모든 신사도 운동의 원리가 이와 같은 관상기도 원리에 의해서 초자연적인 역사들이 일어나는데 그 배후에는 사탄 루시퍼입니다.

7) 어거스틴에 의해서 확립된 정화, 조명, 합일의 관상기도 신학

플라톤의 관상의 단계인 각성, 교육, 정화, 합일이란 과정을 받아들여 기독교 관상학의 단계를 최초로 체계화한 인물은 오리겐입니다. 어거스틴은 정화, 조명, 합일이란 과정을 통해 신비체험을 했습니다, 이런 전통 위에서 5세기의 위(僞) 디오니시우스 역시 관상의 단계를 정화(katharsis), 조명(photismos), 완전(teleiosis) 또는 합일(henosis)로 설명했습니다. 이후 중세 신비주의자들은 디오니시우스의 영향을 받지 않은 경우가 없었으므로, 정화, 조명, 합일이 하나님께 다가가는 관상기도를 설명하는 구조적 틀로 사용되었습니다.

신플라톤 철학에서 말한 데미우르고스와 창조주 하나님

데미우르고스는 '제작자(製作者)'라는 뜻으로, 플라톤의 우주 생성론에서 우주의 창조신을 이르는 말입니다. 데미우르고스라는 우주의 창조신은 무질서로 해체되려는 성향을 지닌 물질을 원형인 이데아에 맞춰서 질서를 지닌 존재자로 만들어 낸 창조주입니다. 플라톤의 "티마이오스"에는 세계 제작에 관한 이야기가 나오는데 1부에서는 천문학적 설명이 나오고 2부에서는 4원소 이론과 그 이론을 응용한 화학 이론이, 3부에서는 생물학적 설명이 나옵니다. 데미우르고스는 "티마이오스" 1부에 나오는 창조신입니다.

반면 영지주의자들은 플라톤의 '데미우르고스'(demiourgos)라고 불리는 창조신을 구약의 엘로힘 신으로 정의를 내리고 악하고 추한 신으로 정죄합니다. 그리고 참된 소피아 지혜를 인간 아담과 하와에게 전달했던 뱀인 루시퍼를 참 신으로 섬기고 있는 것입니다. 그들은 소피아에 의해서 창조된 데미우르고스(demiourgos)가 잘못 창조되어서 결국은 그가 창조한 물질의 세계가 타락하게 되었다고 했습니다. 그리고 인간은 물질이란 악한 감옥에 갇히게 되었다고 합니다.

플라톤 철학의 창조신 데미우르고스를 오리겐은 성경 창세기에 나온 엘로힘 하나님으로 봅니다. 이런 이론은 뉴 플라톤 철학에서 말한 일자(theone)란 신을 데미우르고스라는 창조신을 대입을 시킨 것입니다. 어거스틴 역시 데미우르고스라는 플라톤의 창조신 개념을 엘로힘 하나님의 개념으로 차입을 해서 신학을 만들었습니다. 플라톤의 존재론, 인식론, 가치론 등에서 말한 절대신의 개념이 어거스틴의 철학과 신학의 근간이 된 데미우르고스입니다.

플라톤 데미우르고스와 신플라톤 주의에서 말한 일자(theone)는 엘로힘 하나님

우리가 아주 중요하게 간과해서는 안될 사실은 오늘날 철학이나 신학의 근간을 이루고 있는 절대신의 개념이 관상(theoria)이란 것입니다. 즉 내속에 거하는 신의 개념인 내재신이라는 것입니다. 내재신(內在神)은 구원받은 성도들에게 영원히 함께 하신 성령님을 두고 이해 할 수 있습니다. 그러나 플라톤이 말한 창조신, 데미우르고스와 절대신의 개념은 영혼선재론을 주장한 관상입니다. 다시 말해서 플라톤은 인간은 이데아 신으로부터 창조될 때 창조주의 이데아를 소유하고 창조되었기 때문에 그 창조주의 흔적인 인간 안에 있는 신의 이데아를 찾아가면 신을 만날 수 있다고 하는 것이 관상신학입니다.

이것을 어거스틴은 사랑의 신학 즉 에로스 신학으로 정리를 했습니다. 하나님께로 내려오는 사랑은 아가페요, 인간이 아가페 사랑을 타고 올라가 만날 수 있는 사랑은 에로스라는 것입니다. 이것이 어거스틴의 영혼 상승의 신인합일 구원론입니다. 영성훈련의 원리도 마찬가지입니다. 인간 속에 일으켜 세워 쓸만한 영성은 없습니다. 왜냐하면 인간은 타락할 때 완전히 타락했기 때문입니다. 인간의 자유의지조차도 타락해서 인간은 자신의 자유의지에 따라서 결정한 것을 하나도 지킬 수 없이 완전부패했습니다. 그래서 오직 은혜로만 구원을 얻을 수 있습니다. 이것이 참 기독교입니다.

그러나 사탄의 기독교는 영성훈련을 통해서 인간속에 일으켜 세워 쓸만한 영성이 남아 있다고 합니다. 이것이 바로 영혼이 창조되기 전에 신속에 내재되어 있었다는 영혼선재설입니다.

필로와 오리겐은 요한복음 1장 1절에 나타난 말씀인 로고스를 데미우르고스라고 했습니다. 그들이 말한 로고스의 개념은 "말씀"이 아니라 "이성" "원칙"이라는 것입니다. 그들은 창조신을 절대신으로 보지 않고 종속신으로 정의합니다. 즉 가짜 신입니다. 즉 루시퍼입니다. 철학을 따라가서 만난 신은 루시퍼입니다. 신학을 따라가서 만난 신도 루시퍼입니다. 영성훈련을 따라가서 만난 신도 루시퍼입니다. 내 안에 있는 초자연적인 신적 능력을 따라가서 만난 신도 루시퍼입니다. 이것이 사탄의 세력들이 인본주의 철학과 신학과 심리학을 만든 목적입니다.

8) 삼위일체 신학의 철학

바벨론 삼신론과 이집트 일신론의 기독교 2000년 역사

기독교 2000년 역사 속에서 가장 뜨거운 논쟁의 주제는 삼위일체 논쟁입니다. 즉 삼신론과 일신론입니다. 그런데 아이러니하게도 삼위일체 신앙은 바벨론이 원조이고 단성론의 원조는 이집트입니다. 현대 종교 역사에 가장 큰 두 줄기의 뿌리가 바로 바벨론 종교와 이집트 종교입니다. 바벨론과 이집트는 종교 뿐 만 아니라 정치, 경제, 사회, 과학 등 전 인류의 문명의 두 기둥이라고 해도 과언이 아닙니다. 수메르 문명과 메소포다미아 문명의 바벨론, 나일강 중심으로 피라미드 문화를 꽃피운 이집트는 현대 세계를 지배하는 엘리트 혈통들의 조상이기도 합니다.

바벨론 태양신의 삼위일체론은 태양신 영혼상승의 구원론입니다. 죽은 니므롯이 세미라미스를 통해서 환생하여 다시 니므롯과 같은 신이 되어 가는 과정에서 여황후신인 세미라미스가 절대적인 섭리신으로 확정이 되는 과정입니다. 이것이 뉴 플라톤 철학에서 영혼 상승의 원리인 일자, 정신, 영혼의 삼위일체 신앙의 신적복귀를 이루는 윤회의 원리입니다. 이런 삼위일체 종교이론은 피다고라스 종교에서 시작된 것입니다. 피다고라스는 삼각형의 원리를 가지고 원주 파이를 구하는 법칙을 종교철학에 도입을 하여 최초로 성문화된 종교이론을 만든 사람입니다. 이것이 플라톤과 플로티누스에 의해서 어거스틴의 삼위일체 이론이 되었습니다.

바벨론 종교는 니므롯과 세미라미스와 담무스를 시작으로 시날평지에서 가나안으로 가나안에서 페니키아 문명을 통해 지중해, 카르타고- 스파르타-로마로 들어갔습니다. 이것을 라틴 종교라고 합니다.

로마에 들어간 바벨론 종교는 로마 바티칸을 중심으로 오늘에 이르고 있습니다. 반면에 이집트에서 출발한 이집트 종교는 지중해 밀레토를 통해 그리스에 뿌리를 내리고 알렉산드리아와 이스탄불 비잔틴으로 들어가 오늘에 이르고 있습니다. 이것을 비잔틴 또는 헬라문화라고 합니다. 로마 바티칸은 서방 기독교, 이스탄불인 콘스탄티노플은 동방 기독교로 명명되었습니다.

그런데 신기하게도 동서 기독교는 같은 기독교이면서도 원수와 같이 등을 돌리고 이제까지 왔습니다. 특히 라틴 교부들은 절대로 헬라어를 사용하지 않습니다. 반대로 헬라 비잔틴 교부들은 절대로 라틴어를 사용하지 않습니다. 비록 그들은 상대방의 언어에 능통하더라도 절대로 상대방의 언어로 글을 쓰지 않는 것입니다. 헬라 교부들은 라틴어를 노예들의 언어로 생각하고 멸시합니다. 반대로 라틴의 교부들은 이런 헬라 교부들의 태도를 피해의식의 발로로 해석을 합니다. 그런데 이것보다 더 중요한 반목의 원인은 철학과 신학의 뿌리가 서로 다름에 있습니다.

플라톤의 이원론 철학과 비밀 종교

플라톤 철학의 우주관은 이원론입니다. 이데아 세계와 현상세계, 관념론과 유물론, 이상세계와 경험세계, 엘리트 세계와 평민 세계, 철인독재정치와 평민민주정치, 정과 반, 진보와 보수, 선과 악, 순수이성과 실천이성 등입니다. 이런 이원론 철학 사상은 인류가 걸어온 정치, 경제, 종교, 철학, 학문 등 모든 영역에서 적용되어 왔습니다. 아리스토텔레스는 이것을 형이상학이란 이론으로 형상과 질료라는 법칙을 만들어 역사발전의 원리로 삼았습니다. 철학의 아버지 소크라테스로부터 지금까지 인류의 문명은 이런 철학자들이 만들어 낸 가치관을 따라서 춤을 추기도 하고 통곡하기도 했습니다. 우리가 잘 알고 있는 헤겔의 역사 통합의 법칙 정반합, 자본론 칼 마르크스, 진화론 다윈, 루소 자연법, 실존주의 철학, 계몽주의 철학들이 모두 다 플라톤과 아리스토텔레스의 철학 이론을 그대로 답습해온 것입니다. 이때마다 반복해서 가치관을 반목시켜 흔들어서 자신들이 원하는 세계를 만들어 왔던 것입니다.

현재 전 세계를 지배하고 있는 비밀결사들은 지금도 정과 반, 아군과 적군, 너와 나, 진보와 보수, 가진 자와 못 가진자를 나누어 세계를 마음대로 조정하며 통치하고 있습니다. 세계는 정의가 다스리는 것이 아니라 6000년 동안 세계를 다스리고 있는 이집트와 바벨론 엘리트들이 다스리고 있습니다. 이들이 바로 프리메이슨이고 일루미나티입니다. 프리메이슨은 이집트를 중심으로 장미 십자단이란 비밀 결사로 종교적, 문화적, 철학적, 사상적인 활동을 주로 하고 있습니다. 바벨론을 중심으로 일어난 일루미나티는 정치적, 군사적, 경제적인 활동을 통해 전 세계를 통치하고 있습니다.

플라톤의 이원론 철학은 바리새파 유대인들의 분리주의 비밀이고 아리스토텔레스의 자연주의 일원론 철학은 그리스 알렉산더 대왕의 신국 철학입니다.

9) 이원화된 세계 통치구조와 이원화된 기독교

엘리트 인간들은 플라톤의 이원론 철학을 중심으로 세계를 둘로 나누어 통치를 합니다. 그들은 항상 최상위 그룹에서 하늘에 떠다니는 구름처럼 초법적으로 살아갑니다. 그러면서 가축인간들에게는 도덕을 가르치고, 윤리를 가르치고, 종교를 갖게 합니다. 마치 사람이 가축을 키울 때 울타리를 치고, 먹이통을 만들고, 물통을 만들고, 크고 작은 우리를 만들어 키워 팔기도 하고 잡아먹기도 하는 것처럼 말입니다.

특히 그들은 종교를 이원화 시켰습니다. 사탄의 종교는 지난 6000년 동안 하나도 변한 것이 없습니다. 인신제사, 사탄숭배, 초혼, 환생, 초자연적인 현상들은 옛날이나 지금이나 동일합니다. 이것을 비밀 종교라고 합니다. 이런 비밀 종교의 특징은 해, 달, 별, 나무, 풀, 바다, 산들을 섬기는 범신론입니다. 그러나 실상은 빛의 신 루시퍼 뱀종교입니다.

엘리트 인간들이 기독교로 세계 모든 종교를 통합하려고 종교통합운동을 하고 있습니다. 많은 기독교인들은 기독교로 통일이 된다고 하니 무척이나 좋아합니다. 그리고 곧 세상에 그리스도의 계절이 올것이란 장미빛 꿈을 꾸기도 합니다. 그러나 그들이 모든 종교를 통합하려고 하는 기독교는 성경이 말하는 기독교가 아닙니다. 사탄 종교입니다. 광명한 천사로 가장한 가짜 기독교입니다. 이런 가짜 기독교를 탄생시킨 것이 바로 신학이라는 그들의 전략이었습니다.

로마 카톨릭과 함께 시작된 이원화 종교

주후 313년을 시작으로 기독교는 이원화된 종교로 변질되기 시작했습니다. 이원화된 기독교란 의미는 태양신을 섬기는 기독교(바벨론 태양신을 섬기는 기독교와 이집트 이시스 여신을 섬기는 기독교를 합친 것)와 십자가 예수님을 믿는 기독교로 이원화 시킨 것입니다. 다시 말해서 같은 하나의 기독교란 이름 안에 두 개의 기독교 교리를 공통으로 만들어서 혼합한 기독교를 만들었던 것입니다. 철학을 만든 엘리트 인간들이 그렇게 한 이유는 주후 313년 이전에 로마 황제들의 박해 속에서 불화산처럼 타오르는 기독교의 부흥을 그들은 무서워 했고, 그렇게 기독교란 이름 안에 그들이 숨지 아니하면 그들 자신도 살아남을 수 없고, 부흥하는 기독교 복음을 중단시킬 수 없었기 때문입니다. 이는 기독교를 타락시켜 생명없는 기독교로 만들면서도 기독교인들에게 그 사실을 모르도록 감추고, 자신들도 아무런 의심없이 자신의 신들을 섬길 수 있도록 하기 위함입니다. 이것이 어거스틴에 의해서 만들어진 로마 카톨릭입니다. 그리고 종교 개혁후 나타난 개혁교회입니다. 이들은 자신들의 종교의 신학인 철학을 변개시켜 기독교 신학을 만들었고, 시대마다 철학을 변개시켜 기독교 신학을 변질시켜왔습니다.

신지학 협회 창설로 일루미나티 프리메이슨의 협력

신지학 협회가 만들어지기 전에는 바벨론 일루미나티와 이집트 장미십자단 프리메이슨들이 서로 자신들의 필요에 따라 대립하기도 하고 협력하기도 했지만 신지학 협회가 만들어지고 난 후부터는 이 두 단체가 하나가 되어 활동을 하고 있습니다.

신지학 협회(Theosophical Society)는 1875년 소련의 점쟁이 헬레나 블라바스키(Helena Blavatsky), 헨리 스틸 올코트(Henry Steel Olcott)에 의해 뉴욕에 자리잡게 되었습니다. 신지학 협회가 유명한 것은 모든 종교를 통합하여 엄청나게 유명한 뉴에이지 운동을 시작한 기관이기 때문입니다. 뉴에이지 운동은 우리의 모든 영역에 걸쳐, 이루마, 유키 쿠라모토 등의 음악과 신-자연-인간의 융합의 아름다움과 유미를 추구하며, 인간 존중 사상이 기본 바탕이 되는 것입니다. 그들은 처음부터 강신술(Mediumistic Phenomena)의 능력을 따라 서열을 정하기 위해 결성이 되었습니다. 사탄을 섬기는 모든 종교인들이 가지고 있는 임파테이션의 능력대로 서열을 정해서 사탄의 모든 종교를 하나로 묶기 위함이었습니다. 이것을 하이어라키라고 합니다. 신지학 협회가 만들어진 후에 블라바스키와 올코트는 인도에 국제 본부를 설치하게 되었으며, 그것이 국제 신지학 협회 아드아(International Theosophical Instiute of Adyar)이었습니다. 신지학 협회는 막대한 회원을 가지고 있으며, 회원수의 증가는 수많은 뉴에이지 종교의 탄생에 밑바탕이 되었습니다. 대표적으로 위카(Wicca), 네오오리엔탈리즘, 단학, 강령술 등 수많은 신비주의적 사고의 교단 성립에 기여를 하게 되었습니다. 이런 수많은 회원수의 원천이 된 것은 바로 이런 논리의 사고와 초능력의 임파테이션이었습니다.

이집트 일신론 장미 십자단

이집트 신은 이시스 여신을 섬기는 단성론입니다. 오시리스, 이시스, 호루스가 이집트 신인데 오시리스가 세트에게 죽임을 당하고 세트는 오시리스의 시체를 14토막으로 나누어 나일강에 버립니다. 이시스는 남편 오시리스의 시체를 찾았는데 13토막을 찾고 마지막 남근을 못찾았는데 나무로 남근을 만들어 호루스를 낳습니다. 호루스는 장성하여 아버지 오시리스의 원수를 갚았는데 이때 호루스는 한 쪽 눈을 잃어 어머니 달신이며 지혜의 신인 이시스는 검은 뱀눈을 끼워줘 전능한 바로가 되게 해서 흰눈은 낮을 지배하고, 검은 눈은 밤을 지배한 신이 되게 했습니다.

이처럼 이집트 여신인 이시스는 지혜의 신이자 달신입니다. 그래서 이집트인들은 단성론을 믿었으며 이것이 밀레토를 거쳐 그리스로 들어가 그리스 신화를 만들어 냈습니다. 그리스 신화는 여성적이며 부드럽고 심미적입니다. 그리고 역사적으로 이집트 여신을 섬기는 단성론은 기독교가 동서 로마를 지배할 때 마리아 숭배 사상으로 변신을 해서 마리아 무죄론, 동정녀 마리아, 하나님 어머니, 마리아 승천, 마리아 기도, 어머니 교회, 마리아 무염설 등으로 변천해서 지금도 장미 십자단이란 비밀 결사들은 이런 방법으로 그들의 여신을 섬기고 있습니다.

바벨론 삼두신일체론 태양신 삼위일체

니므롯, 세미라미스, 담무스는 바벨론 태양신 삼위일체입니다. 고대문헌에 보면 니므롯은 아버지 구스의 아내인 세미라미스를 빼앗아 아내로 삼자 셈은 구스를 죽여 시체를 토막내어 부족에게 보내고 경고를 했습니다. 남편을 잃은 음탕한 세미라미스는 과부로 아들을 낳고 그 이름을 담무스라고 했는데 이는 죽은 남편 니므롯이 환생했다는 의미입니다. 담무스가 성장하고 세미라미스를 통해 태어난 담무스 자손들이 바벨론 비밀 종교를 섬기는 주 혈통들이 되었습니다. 그 후 바벨론 비밀 종교는 아들 담무스를 품에 안고 있는 세미라미스를 콜럼바 여신으로 섬기게 되었습니다. 결국 바벨론 종교는 니므롯과 세미라미스, 담무스를 섬기는 세미라미스 여신 중심의 삼두신일체론의 종교가 되었습니다.

이런 바벨론 태양종교는 가나안 7족속들을 통해 바벨론과 두로를 통해 페니키아 문명을 이루고 지중해를 통해 카르타고, 스파르타에 정착하여 로마에 안착을 했습니다. 그리고 프랑크 왕국인 메로빙거 왕조를 통해서 유럽의 왕족의 혈통을 이루게 되었습니다. 그래서 유럽의 의회 건물은 바벨탑 모양으로 설계되었습니다.

바벨론과 페르시아를 거쳐 카르타고와 스파르타에 정착한 라틴종교

라틴 문화는 카르타고와 스파르타를 통해 로마에 정착한 문명을 말합니다. 라틴어는 이태리의 한 부족들이 사용한 언어로 영어, 이태리어, 불어, 스페인어, 포르투갈 언어의 모체라고 합니다. 지금은 로마 바티칸 외에 어떤 나라에서도 사용하지 않습니다. 로마 카톨릭이 나홀로 라틴어를 종교적인 미사언어로 채택한 이유는 언어가 가지고 있는 고대성과 분리성 때문입니다. 로마 카톨릭은 처음부터 자신들만의 종교를 만들기 위한 전략입니다. 중세 때 수많은 주교나 추기경들조차도 라틴어를 몰라 입술만 우물거리곤 했다는 수많은 기록이 있습니다. 엘리트 인간들만이 소유할 수 있는 고급종교로 만들기 위해 차별화된 언어를 사용했습니다. 일반 평민들이 접근하는 것을 막기 위해 어려운 라틴어를 공용어로 만들었습니다.

엘리트 종교의 특징은 비밀 종교입니다. 그래서 그들은 어떤 방법을 통해서라도 일반 대중과 차단막을 형성하여 분리를 추구합니다. 엘리트 인간들이 가짜 유대인으로 가장을 한 이유도 일반 가축인간들과 차별화를 시킨 목적 외에 또 그들이 가진 특별한 비밀종교의식 때문입니다. 라틴 종교인 로마 카톨릭은 탈무드, 카발라, 힌두교, 바벨론 태양신, 페르시아 미트라교, 그리스 마니교와 같은 종교를 혼합한 비밀 종교입니다.

10) 알렉산드리아 학파에서 시작된 최초의 개신교 신학교

주후 1년부터 주후 313년까지 당시 세계문명을 주도적으로 이끌고 있었던 도시가 바로 알렉산드리아입니다. 알렉산드리아 학파는 바리새파 유대인들이 탈무드를 중심으로 형식적인 종교를 배격하고 회당이나 학교를 세워 율례와 규례를 가르치고 종교적인 원리와 철학이란 학문을 만든 주역들입니다. 알렉산드리아는 세계 최대 도서관을 비롯해서 당시의 동서 세계 무역, 학문교류, 종교활동, 국제정치 무대가 되는 도시였습니다.

특별히 알렉산드리아는 아리스토텔레스의 제자였던 알렉산더 대왕이 디아스포라 유대인들을 위해서 세워준 도시입니다. 예수님 당시에도 예루살렘 유대인들과 알렉산드리아 유대인들이 가장 큰 집단을 형성하고 있었습니다. 특별히 가나안 7족속의 페니키아 문명이 지중해 연안에서 꽃을 피울 때 카르타고, 알렉산드리아, 시칠리아는 최대 무역도시로 명성을 떨친 곳입니다.

주후 33년 예수님이 승천하신 후부터 주후 313년 로마가 기독교를 공인할 때까지를 초기 기독교가 형성되어 가는 시대라고 하는데 이때 가장 기독교 신학에 가장 많은 영향을 준곳이 바로 알렉산드리아와 안디옥입니다. 안디옥에서는 바른 성경이 보존되어 로마 카톨릭 탄생 이후에 비밀 교회로 보급이 되어서 개혁자들에게 연결이 되었는데 비해 알렉산드리아에서는 성경 본문이 변개되고 성경해석을 알레고리칼하게 할 뿐 아니라 비밀종교와 유대교와 헬라 철학과 혼합하는 일들이 벌어지게 되었습니다. 이 사람들을 알렉산드리아 학파라고 합니다.

알렉산드리아 학파의 주요 멤버는 필로-판테누스-클레멘트-오리겐-유세비우스 등입니다. 이들은 유대인들로 히브리어와 헬라어에 능통했으며 유대교의 세계화를 위해 헬라철학과 기독교 교리를 혼합하여 태양신-영지주의 기독교를 만들었습니다.

특히 판테누스때부터 시작된 교리문답학교는 탈무드 유대비밀종교를 학습한 학교였는데 나중에 교리문답학교로 이름을 바꾸어 판테누스-클레멘트-오리겐으로 이어지면서 영지주의 가짜 기독교가 탄생한 곳입니다. 특히 필로는 바울 시대 사람으로 유대교와 헬라철학을 혼합하여 유대교 세계화를 위해 힘을 썼습니다. 그 후 판테누스 클레멘트 오리겐은 유대교와 헬라철학과 기독교를 혼합한 영지주의 기독교를 만들었고 이를 토대로 콘스탄틴 대제는 기독교를 공인하고 혼합종교인 영지주의 기독교를 만들었습니다. 그 후 어거스틴을 통해 동서양의 모든 사상들을 통합하여 로마 카톨릭이란 국가종교를 만들었습니다.

특히 오리겐은 연옥설, 유아세례, 죽은 자를 위한 기도, 무천년, 문서설, 고해성사 감독사제권, 자연만물구원, 예수님 신성부인, 창세기1, 2, 3장 신화, 해와 달을 포함한 우주교회 등을 주장하여 오늘날 뉴에이지 종교 즉 영지주의 기독교의 원조가 되었고 이러한 교리로 어거스틴은 로마 카톨릭을 만들었습니다.

2. 니케아 종교회의와 아타나시우스, 안토니, 어거스틴

1) 니케아 종교 회의(주후 325년 5월 20일-7월 29일)

오랜 기간에 걸친 기독교에 대한 박해가 종식되고 로마제국에서 기독교가 공인되면서 수많은 이교도들이 교회 안으로 몰려들어 왔습니다. 그래서 내부적인 많은 문제가 발생하였습니다. 초대 기독교 교리 논쟁의 최대 주제는 "삼위일체" 문제와 "그리스도론" 이었습니다. 이 논쟁은 아리안 논쟁(Arian Controversy)이라고 불렸습니다. 당시 정치적 안정을 이룬 콘스탄틴 대제는 로마 안에 있는 모든 종교가 안정되기를 바랐습니다. 그래서 그는 친히 300명이 42일 동안 머물면서 썼던 모든 비용과 공공 교통을 이용하도록 후원을 했습니다. 특히 콘스탄틴 대제가 이렇게 기독교 종교 회의를 위해 크게 신경을 쓴 것은 그의 어머니 헬레나가 기독교인이었으며 그의 절친한 친구이자 교회 역사가인 가이사랴 감독이었던 유세비우스가 그의 황제등극을 위해 오래 전부터 협력한 결과입니다. 콘스탄틴 대제는 그 당시 폰티펙시 막시무스라는 로마 태양신 대제사장이란 칭호를 가지고 있었지만 친히 니케아 종교회의에 참석하여 축사를 했습니다.

아리우스(Arius)

아리우스는 리비아 사람으로 알렉산드리아의 장로였습니다. 아리우스(Arius)는, 성부 하나님은 시작이 없지만 성자 예수는 시작이 있었으며, 그리스도의 출현은 영원 전이 아니고 특정한 시간에 창조되었다고 했습니다. 성자(聖子)는 성부(聖父)에 의해서 창조된, 죄가 없는 최초의 피조물이라는 것이었습니다. 그는 성부만이 하나님이며, 성자 예수는 본질과 영원성에서 성부와는 다른, 제2의 신이라고 하였습니다. 아리우스의 가르침은 예수님을 반신(半神)으로 전락시켰습니다. 이러한 가르침은 오늘날 여호와의 증인들에게서 발견할 수 있습니다.

아타나시우스(Athanasius)

4세기 초, 교회의 위대한 인물 가운데 한 사람이 우뚝 서 있습니다. 그는 알렉산더의 뒤를 이어 알렉산드리아의 감독이 된 아타나시우스였습니다. 아타나시우스는 니케아 회의의 결정을 이끌어내는데 기여했고, 그의 여생을 그것을 옹호하는데 바쳤습니다. 강직하고 고결한 성품을 소유한 그는 신학자, 행정가로서도 탁월한 능력을 발휘했던 교회 지도자였습니다.

니케아 종교회의 당시 아리우스파에 정면으로 맞서 삼위일체 교리를 수호한 소수 감독들의 지도자는 알렉산더였습니다. 알렉산더를 따르는 무리 가운데 젊은 집사 한 사람이 있었는데, 그가 아타나시우스였습니다. 그는 참 믿음을 변호하고 이단 교리의 문제점을 날카롭게 파헤쳐 정통 교리의 수호자로서 명성을 떨치게 되었습니다. 니케아 회의 당시 라틴어권에서 온 서방교회 감독들은 니케아 회의의 관심사가 '오리겐의 전통을 잇는 동방교회의 문제'로 보고 큰 관심을 갖지 않았습니다. 서방교회 감독들은 터툴리안이 오래 전에 가르친 '3위와 1본질'에 대한 답을 이미 갖고 참석했기 때문입니다. 회의에 참석한 대다수의 사람들은 회의 초두에 화해를 모색하다가, 박해 후 새로운 시대에 교회의 연합을 위협하는 교리 논쟁이 발생한 것을 개탄했고, 알렉산더를 보좌하러 회의에 참석했던 아타나시우스는 이 논쟁의 무대에서 주역으로 등장하였습니다. 공의회는 결국 예수님은 완전한 신성을 소유한 분으로 본질상 하나님과 동일하다는 신조를 작성하기로 하고, 아리우스주의를 이단으로 정죄하였습니다. 이것이 '니케아 신조'로 불리고 있습니다.

헬라어의 정경(kavav)이라는 단어를 최초로 사용한 인물도 아타나시우스(AD 352년경)입니다. 또한 아타나시우스는 27권 신약성경 체제의 목록을 처음으로 만들었습니다. 아타나시우스가 남긴 "인간은 본성상 필멸(必滅)의 존재이나, 은총으로 불멸(不滅)의 존재가 되었다."는 말은 짧지만 그가 복음적 신앙의 기초 위에 서 있었음을 엿보게 합니다.

니케아 종교회의의 개최 배경

주후 313년 콘스탄틴 대제가 기독교를 공인하고 12년이 지나면서 알렉산드리아에서 교리논쟁이 일어났습니다. 예수님의 신성을 부인하는 아리우스는 알렉산드리아 장로였고, 예수님의 신성을 찬성하는 알렉산더 역시 알렉산드리아 감독이었고, 아타나시우스는 그의 집사였습니다.

아리우스의 안디옥 신학교 동문으로 루시안에게서 배웠으며 당시 대단한 권세를 가졌던 니코메디아(Nicomedia, 당시 동로마제국의 수도)의 유세비우스(Eusebius)는 아리우스를 지지했습니다. 유세비우스는 황제의 측근으로 당시 헬라어권 교회의 최고 지도자로 존경받던 자였습니다. 동방의 교인들도 대부분 아리우스의 주장에 동조하고 있었습니다. 그러나 알렉산드리아의 감독 알렉산더와 그의 집사 아타나시우스, 코르도바(Cordova)의 호시우스(Hosius, 황제의 기독교 자문)는 아리우스 주의에 반대하고 있었습니다.

콘스탄틴 황제는 스페인 감독인 호시우스를 파견하여 분쟁을 해결하고 종교적 일치를 도모하고자 했으나 그 시도는 실패하고 말았습니다. 그러자 황제는 최후 수단으로 주후 325년 5월 20일 니케아(Nicea, 터키의 이즈니크)에 있는 황제의 화려한 별장에서 전 로마제국의 기독교 감독 회의를 소집하기로 합니다. 콘스탄틴은 각 지방의 감독들에게 약 400장의 안내장을 띄웠습니다. 각 지방에서 감독 외에 2인의 장로와 3인의 수행원이 회의에 참석하는데, 국가의 운송 수단을 사용하도록 하고, 체재비용과 왕복 여비는 모두 황실에서 지출해 주었습니다. 그리하여 325년 니케아에서 최초의 세계 회의가 소집되었습니다. 회의는 42일 동안 계속되었습니다. 이것은 최초로 황제가 주도적으로 기독교 회의를 주관함으로 영향력이 교회에 작용하는 계기가 되었습니다.

니케아 회의에는 각처에서 온 약 300명의 감독들이 모였는데, 대부분 헬라(그리스)어를 사용하는 동방교회에서 왔으며, 라틴어를 사용하는 서방교회에서는 겨우 6명만 왔습니다. 그 이유는 길이 먼 데에다 헬라어를 몰랐기 때문입니다. 또 서방 감독들 중에는 박해 때 투옥되고 고문을 당한 이들이 있었는데, 그로 인해 몸에 장애를 얻어서 참석이 어려운 탓도 있었습니다.

회의의 전개 과정과 결과

개회일이 되자 콘스탄틴 황제가 회의장에 참석하였습니다. 사회는 아리우스 주의에 대한 중립입장을 견지한 콘스탄틴 대제의 절친한 친구이자 가이사랴의 감독이었던 교회사가 유세비우스가 맡았고, 황제가 라틴어로 개회사를 하였습니다. 회의의 의사 진행은 아리우스 주의에 반대하고 있었던 황제의 기독교 자문인 코르도바(Cordova)의 호시우스(Hosius) 감독과 아리우스 주의를 찬성하는 니코메디아(Nicomedia, 당시 동로마제국의 수도)의 감독이자 황제의 측근인 유세비우스(Eusebius)가 맡았습니다.

먼저 아리우스파의 거장이었던 니코메디아 감독 유세비우스가 18인의 감독과 함께 기초한 그들의 주장을 제출하였습니다. 알렉산드리아 아리우스는 감독이 아니어서 공의회의 공식석상에 앉을 수 없었기 때문입니다. 그 내용은 '그리스도는 피조물로서 다만 최고의 존재일 뿐 영원성은 없다. 하나님과 그리스도는 그 본질이 비슷할 뿐(homo-iousios, 유사본질=like substance) 본질이 동일한 것(homo-ousios 동일본질=one substance)은 아니다'라고 하였습니다.

유세비우스의 중재안 거부

이와 같은 아리우스의 주장은 즉각 반대에 부딪히고 회의가 중단되었고, 그때 사회를 맡았던 가이사랴의 감독 유세비우스가 절충안을 제출하였는데, 그가 쓴 '교회사'로 인하여 그를 따르는 사람들이 많았습니다. 유세비우스는 교회가 나뉘어 싸우기보다는 서로 양보하고 평화를 유지하자고 제의하고 적당한 절충안을 제출했습니다. 그 내용은 '그리스도는 지음을 받은 분이 아니라 하나님의 독생자시니 아버지와 비슷한 본질을 가졌을 뿐이다'고 하였습니다.

아타나시우스의 신인 동일 본질 위격

이에 아타나시우스는 하나님 아버지와 아들은 동일한 본질과 위격(位格)을 가지고 계시며, 아들도 아버지와 같이 영원하신 분이라고 주장하였습니다. 또 아들은 시간 속에서 나신 분이 아니기 때문에 아버지와 아들의 관계는 영원하다고 하였습니다. 그는 구원자가 하나님이 아닌 인간이라면 어떻게 인간으로서 인간을 구원할 수 있느냐고 반문했습니다. 인간을 구원할 수 있는 분은 신성(神性)과 인성(人性)이 결합된 '성육신(成肉身, Incarnation)'한 분이라야 한다고 주장했습니다.

아타나시우스는 체구가 왜소한 당시 30세의 젊은 집사였습니다. 그는 니케아 논쟁의 중심은 구원론이라고 생각했습니다. 그리스도는 죄로 인해 죽어 있는 우리 인간을 거룩하게 하고 영원한 생명을 주시기 위해 인간이 되신 하나님이라는 것입니다. 이같은 아타나시우스의 주장이 회의의 대세를 주도하였습니다.

그래서 결국 아타나시우스의 동일 본질론이 다수의 동조로 가결되었습니다. 그 결과로 유세비우스가 제출한 것을 수정하여 니케아 신조를 채택했습니다. 이 신조에 참석한 회원들이 전부 서명했는데, 이집트의 감독 데오나스와 세쿤두스는 서명을 거절하였으므로 아리우스와 함께 일루리아 지방으로 추방되었습니다. 니케아 총회는 아리우스파를 이단이라 선포하였습니다.

이 외에 니케아 회의는 교회 정치에 관한 22개조를 결정하고, 부활절을 아타나시우스가 주장한 대로 춘분 후 만월 다음의 일요일로 결의했습니다. 5월 20일에 시작한 니케아 회의는 7월 29일, 황제의 아우구스투스 즉위 20주년 기념 축연을 갖고 폐회되었습니다.

2) 콘스탄틴 황제가 주도한 니케아 종교회의 종합 평가

황제가 소집하고 제반 경비를 지불한 공의회

명목상으로는 니케아 공의회는 초대교회의 교리 논쟁에 있어서 바른 교리를 정립하는 역할을 한 것 같았습니다. 그러나 콘스탄틴 황제가 직접 사비를 들여 300명의 교통비와 42일간 체재비를 지불하고 친히 공의회에 참석하여 축사를 하고 황제의 절친한 친구 가이사랴 유세비우스가 사회를 보고, 당시 황제의 기독교 자문역을 맡고 있었던 코르도바(Cordova)의 호시우스(Hosius) 감독과 황제의 최측근이었던 니코메디아(Nicomedia, 당시 동로마제국의 수도)의 감독인 유세비우스(Eusebius)가 의사진행을 맡아서 회의를 진행했습니다.

바벨론 태양신 3위1체 이론을 통과시키기 위한 치밀한 계획

다시 말해서 니케아 종교 회의는 명목상으로는 교회분열을 막고 기독교 바른 교리를 천명한 목적으로 개최하였지만 처음부터 황제와 가까운 측근들에 의해서 정확하게 기획된 어용 종교 회의였습니다. 그렇다면 콘스탄틴 황제는 무슨 목적을 이루기 위해 막대한 비용을 지불하고 국교도 아닌 로마 종교 중 한 종파에 불과한 기독교 회의에 그 많은 시간과 재물을 투자했습니까? 첫째는 예수님의 신성을 인정하게 하므로 삼위일체 교회를 만들어 로마 종교를 통일시키려 한 것입니다. 동로마 지역은 알렉산드리아 교부들의 활동으로 단성론을 받아들였습니다. 이것은 이집트에서부터 시작하여 그리스 헬라 제국을 거쳐 형성된 신관이 기독교가 유입되면서 혼합된 신관입니다.

예수님의 신성을 지렛대로 목적을 달성한 공의회

그러나 로마는 기독교가 들어오기 전부터 바벨론 태양신의 삼위일체 신관을 이미 가지고 있었기 때문에 라틴 교부들에 의해서 기독교의 다른 교리들보다 먼저 삼위일체 교리가 뿌리를 내렸던 것입니다. 당시 미트라 태양신의 대제사장이었던 콘스탄틴 대제는 황제의 기독교 자문역을 맡았던 코르도바(Cordova)의 호시우스(Hosius) 감독을 통해 가이사랴 유세비우스 감독과 그의 측근인 니코메디아 유세비우스와 함께 동로마 지역의 단성론을 삼신론으로 바꾸기 위해 친히 측근들을 통해 회의를 주관하게 해서 결국 예수님의 신성을 지렛대로 하여 동로마 지역의 단성론을 잠재우는 쾌거를 이룩했던 것입니다.

뿐만 아니라 아리우스는 알렉산드리아 장로였지만 공식 회의에 참석할 수 없었습니다. 그래서 그는 니코메디아 감독인 유세비우스를 통해 자신의 소견서를 제출할 수 있었습니다. 그러나 니케아 종교회의를 통해 일약 신데렐라와 같은 스타로 떠올랐던 아타나시우스는 알렉산더 감독의 집사였지만 직접 회의에 참석해서 감독 대신 자신의 소견을 발표할 수 있었습니다.

아타나시우스가 주장한 태양신 여신 이스터 봄축제를 부활질로 결의함 뿐만 아니라 니케아 종교회의에 가장 중요한 것은 신데렐라로 떠오른 아타나시우스를 통해 바벨론 여신인 세미라미스를 기리는 봄철 춘분 축제를 예수님의 부활절로 결의한 사건입니다.

아타나시우스는 니케아 종교회의 승자라는 여론몰이를 이용하여 세미라미스 즉 이스타르(이스터)를 숭배한 봄 축제인 춘분이 지난 후 만월이 찬 첫 번째 일요일을 부활절로 정하자고 공식으로 제안을 했고 만장일치로 결의를 보았습니다. 태양신 미트라교 이스터 봄 축제는 대지의 신인 이스터 여신이 남자를 상징한 태양신의 정기가 시작된 춘분으로부터 여자를 상징한 달이 만월이 되어 남자의 씨를 받을 준비가 끝나면 돌아온 첫 번째 일요일(태양일)을 합궁일로 정해서 축제를 했습니다.

마리아를 여신으로 만든 아타나시우스

이외에 아타나시우스는 카톨릭에서 마리아를 신으로 숭배하는 사상을 정립한 교부로 칭송을 받고 있습니다. 아타나시우스가 예수님의 신성을 주장한 목적은 예수님의 모친 마리아를 신의 어머니로 만들기 위함이었습니다. 이것이 비밀결사들이 사용하는 약주고 병주는 전략입니다. 반드시 사탄의 세력들은 먹기 좋은 미끼를 사용하여 큰 대어를 낚곤 합니다. 개신교의 교회역사는 아타나시우스를 예수님의 신성과 삼위일체 교리를 사수하기 위해 5번이나 추방되어 수많은 죽음의 위험을 무릅쓴 순교자와 같은 교부로 기록하고 있습니다. 그러나 기독교를 위해 치료약을 주었을 뿐 아니라 더 큰 독약을 주어 기독교를 산 송장이 되게 만든 장본인입니다.

니케아 종교회의는 연출: 콘스탄틴 황제, 주연: 아타나시우스. 기획: 콘스탄틴 황제의 기독교 자문역을 맡았던 코르도바(Cordova)의 호시우스(Hosius) 감독, 조연: 황제의 절친 가이사랴 유세비우스 감독과 네코메디아 유세비우스 감독, 엑스트라: 300명의 감독,장로, 수행원들, 악역: 아리우스.

추가로 서방 감독들은 단 6명 밖에 회의에 참석을 하지 않았습니다. 여러가지 이유들이 있지만 가장 큰 이유는 니케아 공회의 진정한 주제가 예수님의 신성에 대한 아리우스 논쟁이 아니었다는 것입니다. 왜냐하면 이미 서로마 기독교 감독들은 이미 삼위일체 신앙을 받아 들였기 때문입니다. 서로마 감독 6명은 회의를 진행하는 필수요원들만 참석을 한 것입니다.

콘스탄틴 대제의 태양신 아우구스투스(태양신 제사장) 대관식 20주년 기념행사

그리고 니케아 종교회의가 소집된 또 하나의 목적은 325년 7월 19일 콘스탄틴 대제의 20주년 대관식을 축하하는 기독교 지도자들의 축하연이었습니다. 당시 콘스탄틴 대제는 두 가지 칭호를 가지고 있었습니다. 로마국의 황제와 로마 제국의 아우구스투스(태양신의 대제사장)라는 이름입니다. 아우구스투스라는 뜻은 절대자, 지존자란 뜻으로 막시무스란 뜻과 같습니다. 아우구스투스는 로마 황제에게 붙여준 신적인 권위를 인정해 주는 칭호입니다. 콘스탄틴은 폰티펙스 막시무스(절대적인 태양신의 대제사장)라는 이름을 가졌습니다. 이것이 아우구스투스라는 뜻입니다. 즉 절대적인 중보자(대제사장)란 뜻입니다. 그러니까 콘스탄틴 대제는 태양신의 절대적인 대제사장의 자격으로 니케아 공회를 주관했으며 피날레(finale)로 자신의 아우구스투스(태양신 대제사장) 즉위 20주년의 축제를 열었던 것입니다.

사실은 콘스탄틴 대제가 태양신으로 추앙을 받는 축제를 펼친 것입니다.

3) 신플라톤 철학으로 마니교도에서 기독교인이 된 어거스틴

밀라노에서 만난 신플라톤 철학자들

어거스틴은 381년에 밀라노로 가기 전 로마에서 아데네 스토아 철학자들을 만났습니다. 그들의 사상은 근대 철학의 데카르트의 사상과 비슷하였습니다. 그들의 사상도 절대적인 진리는 없기 때문에 모든 사물에 대해 의심의 눈으로 바라보고 의심이 다 거두어지기 전에 믿어서는 안 된다는 것이었습니다. 그러한 영향을 받아 어거스틴 자신이 믿었던 마니교도 완전하지 못하고 문제가 있다는 생각을 하게 되었습니다.

그런 생각을 품고 그는 밀라노로 건너가서 신플라톤 철학을 접하게 되었습니다. 신플라톤 철학은 종교적 철학으로 명상을 통해 무아지경의 황홀을 강조하는 신비주의 신학입니다. 신플라톤주의의 사상을 한마디로 유출설이라고 할 수 있습니다. 이것은 악이라는 것은 선한 일자(theone)로부터 멀어지는 가운데 생겨나는 현상이라는 것입니다. 그 동안 늘 자신의 마음속에서 해결되어지지 않았던, 선한 하나님의 악의 창조의 문제가 여기서 해결됩니다. 악이라는 것은 일자인 하나님이 만든 것이 아니라, 유출되어 나오면서 나타난 현상으로 선의 결핍이 곧 악이라는 생각을 하게 됩니다. 마니교에서 이야기하는 것처럼 하나님이 악의 조성자가 아니라는 것은 유출설이 제공하는 선물이었습니다.

밀라노 감독 신플라톤주의자 암브로스를 만나다

어머니가 밀라노에 사는 어거스틴을 찾아 왔고, 밀라노 감독이었던 신플라톤 주의자 암브로스의 설교를 듣기 위해 갔습니다. 어거스틴이 암브로스의 설교를 듣는 중에, 그가 기독교인이 되는데 방해가 되던 것 중에 하나인 성경이 조잡한 언어로 기록되었고 내용도 조잡하다는 것에 대한 생각이 극복되었습니다. 유다와 며느리 다말간에 태어난 베레스와 같은 혐오스러운 기록을 어떻게 성경이라 할 수 있느냐는 것입니다. 그러나 암브로스의 설교는 열정적이었습니다. 특히 암브로스는 당대 가장 유명한 수사학자요 웅변가였습니다. 그의 설교를 듣는 사람은 모두 다 신비롭게도 그의 설교에 빠져 들어갔던 것입니다. 이것은 신플라톤 철학자들이 가지고 있는 영적인 마술과 같은 것이었습니다. 어거스틴은 생애 처음으로 암브로스의 영적이고 우화적 해석을 듣는 가운데 성경이 하나님의 말씀이 될 수 있다는 사실을 알게 되었습니다.

 암브로스는 뉴 플라톤 철학자로 알렉산드리아 오리겐의 영향을 받아 비유와 우화로 성경을 해석했습니다. 당시 설교는 문자적, 역사적 해석을 하던 안디옥 학파와 영적이고 우화적인 해석을 하던 알렉산드리아 학파가 있었습니다.

아타나시우스의 '안토니 생애'를 통해 변화를 경험한 어거스틴

 이때부터 접한 신플라톤 철학에 심취한 어거스틴은 신플라톤 철학을 근거로 해서 자신의 신앙을 체계화시켜 나가게 되었습니다. 이것이 어거스틴의 신학입니다. 어거스틴은 하나님을 신플라톤 철학을 통해 영혼의 심연 속에 깊이 들어가서 만났습니다. 그의 마음속에 빛이 비추어지고 점점 흘러 넘쳐 하나님을 바라보게 되었다고 고백록에서 이야기하고 있습니다. 그는 회심을 경험하기 전에 먼저 하나님의 빛을 보았고 하나님의 사랑을 알았다고 했습니다.

 어거스틴은 로마의 황실 관리였다가 한 책을 읽고 수도사가 되었다는 이야기를 듣고 그 책을 읽었습니다. 그 책의 이름은 아타나시우스가 쓴 '안토니의 회심'이라는 책이었습니다. 알렉산드리아 교구의 감독인 알렉산더를 따라 니케아 종교회의에 참석한 집사 아타나시우스는 후에 감독이 되어 수도사의 지원을 받아 정통 기독론을 교회 안에 정통 신학으로 받아들이게 한 사람입니다. 호모이우시우스(성부와 성자의 본질은 같다)라는 말을 만든 사람은 아타나시우스가 가장 존경한 안토니입니다.

고향으로 돌아와 재산을 처분하고 수도원운동을 시작함

어거스틴은 384년에 "안토니의 생애"를 읽으면서 그리스도를 만났습니다. 388년 고향 타가스케에 돌아온 어거스틴은 안토니처럼 자신의 모든 재산을 팔아 한 작은 수도회를 세웠습니다. 이 수도회가 발전한 것이 바로 어거스틴파 수도회가 되었습니다. 일부에서는 마틴 루터파로 알려져 있기도 합니다. 그는 또 아들 아데오다투스를 잃고 크게 슬픔에 잠기기도 했습니다. 그렇지만 그는 개종을 체험한 387년 이후부터 집필해 온 많은 작품들 이외에도 철학적인 작품과 신학적인 작품을 더 저술했습니다.

히포감독이 된 어거스틴

나이가 많았던 히포(Hippo)의 발레리우스(Valerius) 감독은 391년에 어거스틴을 사제로 안수하여 자기 교구의 여러 가지 종교적 문제들을 해결하는 조수가 되어줄 것을 요청했습니다.

어거스틴은 히포에서도 수도회를 세웠습니다. 히포는 정통 교회와 도나투스(Donatus)파 사이에 알력이 있는 도시였습니다. 어거스틴은 사람들 사이에서 순식간에 유명하게 되었습니다. 그의 생활방식, 설교, 신령한 수석들 그리고 신학적인 저술 등을 통해서 목회자들에게서도 크게 존경을 받았습니다. 감독은 자기의 임종이 가까운 것을 알고 어거스틴을 히포의 부감독으로 임명했습니다. 1년 뒤에 감독이 죽자 어거스틴은 그를 이어 396년에 히포의 감독이 되어 34년간 그 자리에 있었습니다.

어거스틴의 저서

히포의 감독이 된 어거스틴은 열과 성을 다하여 도나투스파와 싸움을 벌였습니다. 그러면서도 그는 자신의 최고의 걸작들인 '참회록'(397-400), '삼위일체론'(399-419), '신국론'(413) 등을 집필하였습니다. 그는 게르만민족의 일파인 반달족의 왕 가이세릭(Gaiseric)을 앞세우고 침공해 들어오는 세력에 맞서서 시민들을 지휘하고 독려하여 도시방어에 가담을 했습니다. 그러나 어거스틴은 도시가 포위된 지 3달만인 430년 8월 28일 그의 나이 76세에 숨을 거두었습니다.

어거스틴 수도원에서 일어난 신비주의 운동

그는 평생 동안 수도원 운동을 했는데 이것이 기독교 신비주의 중심이 된 어거스틴 수도원입니다. 어거스틴은 43년 동안 134개의 크고 작은 신학 논문을 썼습니다. 중세신학은 어거스틴의 책을 편집한 것에 불과합니다. 중세 이전까지 신학은 목회자의 책상에서 나왔습니다. 중세 이후에 대학에서 신학 교육이 생겼습니다. 어거스틴이 중세기까지 미친 신학의 영향은 지대합니다. 존 칼빈을 통해 어거스틴의 신학은 중세와 오늘에 이르기까지 신학의 중심축을 이루고 있습니다. 그러므로 오늘날 생명없는 보편적 교회를 이해하기 위해 어거스틴의 신학사상과 철학사상을 아는 것은 오늘날 교회를 다시 성경위에 세우는 일에 시작이 될 것입니다.

어거스틴을 통해서 집대성된 동서양의 교리들

어거스틴의 신학과 철학은 고대 동서 철학이 한 곳에 모인 저수지와 같습니다. 그리고 그의 저서 안에는 이 모든 것이 무너진 건물의 파편처럼 흩어져 있습니다. 신비주의에서부터 시작해서 고대 자연주의 철학, 플라톤 철학, 뉴 플라톤 철학, 마니교, 미트라교, 태양신, 사막교부 영성, 아리스텔레스의 정치학, 성경, 초대교회 교부들의 교리, 그리스 신화, 로마신화, 일신론, 삼신론 등 이루 말할 수 없습니다. 마치 신학과 사상과 철학의 백화점과 같습니다. 그래서 모든 신학자들이 자기 입맛에 맞는 사상만 뽑아서 어거스틴을 이용해 왔습니다. 결론으로 말하면 모든 종교와 사상과 철학은 어거스틴 저서에 다 가득차 있다는 것입니다.

4) 알렉산드리아 교부 아타나시우스의 정체

바벨론 세미라미스 여황후신을 숭배한 아타나시우스

어거스틴이 가장 큰 영향을 받은 사람이 알렉산드리아 감독 아타나시우스와 사막 수도원의 아버지 안토니입니다. 이 두 사람의 신앙의 정체성을 파악하는 것은 어거스틴을 이해하는데 결정적인 증거가 될 것입니다. 먼저 "성 안토니"라는 책을 쓴 사람은 아타나시우스입니다.

아타나시우스는 325년 니케아 종교회의 당시 알렉산드리아 감독 알렉산더와 함께 집사의 직분으로 참석했다가 예수님의 신성을 부인하고 단성론을 주장하는 아리우스파와 함께 격론을 벌인뒤 만장일치로 승리를 거둔 니케아 종교회의 영웅입니다. 그는 니케아 회의에서 바벨론 태양신이 이스타르의 봄 축제일인 춘분절을 부활절로 바꾸는 안건을 입안하여 만장일치로 통과시킨 사람입니다. 그 후 알렉산더 감독이 죽고 난 후 알렉산드리아 감독과 총대주교가 되었습니다. 그는 예수님과 성부 하나님은 본질상 한 분이라는 호모오우시오스(homoousios)를 주장하였으며 이 교리는 성부 고난설로 파급되었습니다. 아타나시우스가 성부와 성자가 본질상 한 분이라는 주장을 하는 것은 마리아를 성부와 성자위에 있는 여신으로 만들기 위함이었습니다. 그래서 그는 마리아를 하나님의 어머니라는 뜻으로 데오토코스(deotokos)라고 불렀습니다.

성모 마리아 중심의 신학을 만든 여신숭배자

로마 카톨릭 신학에서는 성 아타나시우스를 성모 마리아를 여신으로 만드는 신학을 집대성한 성자로 미사곡까지 만들어 추앙을 하고 있습니다. 아타나시우스는 사막교부 성 안토니의 제자로서 신비주의 기독교의 대가입니다. 사막교부들은 신플라톤 철학을 이용한 관상기도로 신비적인 종교체험을 하는 기독교 신비주의입니다. 특히 아타나시우스는 바벨론 여신중심의 태양신 삼위일체신을 섬기는 교부입니다. 그가 주장한 삼위일체는 말만 성부,성자,성령을 말하지만 속뜻은 니므롯, 세미라미스, 담무스를 상징하는 성부,성자,성모입니다. 그는 태양신 교부입니다. 즉 영지주의 기독교 교부입니다. 참고로 알렉산드리아는 신비주의 교리를 전수하는 무료 교리학교가 있었습니다. 이것이 나중에는 기독교 교리문답학교로 둔갑해서 오리겐, 아리우스, 아타나시우스가 교장을 역임했습니다.

신플라톤 철학은 암모니우스사카스가 만든 혼합주의 종교철학입니다.

5) 안토니(Anthony)(251-365년) 사막 수도원

(1) 수도생활의 어원

우리는 보통 '수도원' 하면 여러 사람이 모여 함께 생활하는 공동체를 연상합니다. 수도생활을 뜻하는 영어의 Monasticism은 헬라어 '모노스'에서 유래된 말입니다. 라틴어로는 '모나쿠스'(monachus)이며 '독신주의' '금욕주의' 입니다. 수도원·수도사·수녀·은둔자·수도원 제도 등 수도생활에 관련된 모든 단어가 여기서 파생되었습니다. 곧 수도생활이란 어원 그대로 세상과 관계를 끊고 인간적인 애정과 세상의 물질과 자유 등의 포기를 요하는 희생의 생활이며, 자신을 하나님께 전적으로 드리는 봉헌의 생활이라고 볼 수 있습니다. 특히 기독교적 수도의 특징은 청빈·순결·복종·금욕·기도·노동·묵상·독거입니다. 그리스도가 이끄는 삶을 모방하고 그리스도를 따르기 위해서 자기 자신을 버리고 위의 덕목들을 실천하며 수도하는 것입니다.

이집트 사막 수도원은 이교도 수도승들의 기도처

이집트 사막 수도원은 페르시아 시대에서부터 시작된 인도 힌두교와 불교도 수도승들이 관상기도하는 곳으로 이집트 사막에 많은 곳에 분포되어 있었습니다. 그중에서도 특히 알렉산드리아 암모니우스 사카스는 유명한 힌두교 수도승으로 플로티누스와 오리겐의 스승입니다. 이들에 의해서 알렉산드리아 교리문답학교는 비밀종교를 체험하는 훈련학교로 판테누스, 클레멘트, 오리겐으로 이어져 왔습니다. 그 후 아리우스, 아타나시우스, 암브로스, 어거스틴, 제롬등이 영향을 받았습니다.

알렉산드리아 암모니우스 사카스는 사막 수도원 관상기도를 중심으로 탈무드, 조로아스터교, 카발라, 기독교, 바벨론 3위1체 태양신의 교리를 혼합하여 뉴 플라톤 철학을 만들었습니다. 이것은 나중에 1875년 블라바츠키에 의해서 신지학 협회가 되었습니다.

신지학협회는 만물신인 범신론으로 뉴 에이지 종교가 시작되었습니다. 신사도운동은 뉴 에이지 종교로 유엔을 중심으로 프리메이슨들의 종교통합의 원리이기도 합니다.

관상(觀想)기도란 마음을 비우는 기도

관상기도는 마음을 완전히 비우는 기도입니다. 그래서 귀신으로 하여금 자신을 완전히 지배하도록 준비시키는 것입니다. 이런 상태가 되면 채널러들에 의해서 마음대로 귀신들이 드나들면서 전생여행이나 초자연적인 세계를 경험할 수 있게 됩니다.

(2) 영적인 아버지와 어머니(abba, amma)

수도원에서 가장 중요시 여기는 사람은 영적인 아버지(abba) 혹은 어머니(amma)인 '사부'의 역할입니다. 다시 말해서 사부들을 통해 능력이 주어졌습니다 사부(abba,amma)란 자신의 체험을 통해 자신들이 경험한 세계를 다른 사람에게 전수시켜 주었습니다. 사부란 후대의 서방세계에서 영적 지도자를 의미한 것은 아니지만 사부들은 자기들이 그리스도 안에서 잉태한 아들들인 제자들의 아버지였습니다. 이것은 관상기도에서 중요한 원리입니다. 채널러입니다.

최면을 걸어서 자신의 영적 체험을 제자들에게 심어주는 것입니다. 이것을 영적인 임파테이션이라고 합니다.

(3) 안토니의 생애

안토니의 생애를 살펴보면 자연스럽게 수도생활과 수도원에 대해 더욱 자세히 알 수 있게 됩니다. "안토니의 생애"는 알렉산드리아 감독이었던 아타나시우스에 의해 저술되었습니다. 아리우스와 논쟁을 하면서 무려 그의 생애에 다섯 번이나 추방당하였던 아타나시우스는 이집트 수도사들의 집중적인 지원을 받습니다. 세상과 멀어져 사막으로 들어갔던 수도사들 무리가 아타나시우스를 위해서 도시로 들어와 농성을 하는 것은 아주 밀접한 관계가 아니면 일어날 수 없는 일이었습니다.

사실은 아리우스는 이집트 단성론자였고, 아타나시우스는 바벨론 삼신론자였습니다. 아리우스 논쟁은 신학적인 논쟁이 아니라 이집트와 바벨론 태양신의 헤게모니 싸움이었습니다. 그래서 일부 학자들은 아타나시우스가 쓴 "안토니의 생애"는 단순한 한 수도사 안토니의 생애를 그린 것이 아니라 아타나시우스 자신의 정치신학이라고까지 말했습니다. 아타나시우스의 정치적인 의도 때문에 안토니가 부각되었다는 것입니다.

안토니의 은둔생활 이전

안토니는 251년경 이집트 중부 헤라클레오폴리스의 부유한 그리스도교 가정에서 태어났습니다. 안토니가 스무 살이 되기 전 부모님이 돌아가셔서 안토니는 여동생과 단 둘이 남겨지게 됩니다. 부모님이 돌아가신지 여섯 달 쯤 지난 어느 날, "예수께서 가라사대 네가 온전하고자 할찐대 가서 네 소유를 팔아 가난한 자들을 주라 그리하면 하늘에서 보화가 네게 있으리라 그리고 와서 나를 좇으라 하시니-마 19:21"는 말씀을 통해 변화를 경험하게 됩니다.

안토니는 부모님에게서 물려받은 재산을 마을 사람들에게 나누어주고 여동생을 신망이 높은 수녀원에 맡깁니다. 이후 안토니는 이웃 마을에 젊어서부터 은자의 삶을 실천해온 노인에게 수도의 삶을 배웠습니다. 세속적인 능력을 부인하고 금욕을 추구하는 사람들과 수련의 길을 걷기 시작한 것입니다.

무덤 생활

수 년 후에 안토니는 자신을 가르치던 스승과 주위에 살던 수도사들을 떠나 16년 동안 홀로 버려진 무덤에서 생활하기 시작합니다. 안토니가 머물던 무덤에는 그 귀신들의 소리로 진동하고 있었다고 합니다. 마귀들은 밤마다 안토니에게 그를 잡아먹으려고 달려드는 사자, 곰, 황소, 늑대 등의 모습으로 나타났습니다. 그러나 안토니는 동요하지 않았습니다. 얼마 후 찬란한 빛이 비쳤습니다. 그 빛의 광채와 함께 마귀들의 모습은 사라지며 안토니의 육체를 괴롭히던 고통도 멈추었습니다. 안토니는 고통에서 해방시켜주신 주님께 "주님은 어디에 계셨습니까? 왜 처음부터 나타나셔서 저의 고통을 멈추게 하시지 않으셨습니까?" 하고 묻습니다. 이에 주님의 음성이 들렸습니다. "안토니, 나는 이 자리에 있었다. 그러나 너의 투쟁을 보기 위해 기다리고 있었다. 네가 그 싸움에서 지지 않고 승리하였기 때문에 나는 언제나 너의 도움이 되어 줄 것이며 어디서든지 너로 하여금 명성을 얻게 할 것이다."

무덤에서 나온 안토니는 산을 향해 출발합니다. 가는 중에 마귀가 환영을 통해 그를 유혹하지만 안토니는 마귀를 물리칩니다. 다음에는 진짜 금을 보게 됩니다. 하지만 걸음을 멈추지 않고 자신의 길을 갑니다. 안토니는 무덤 생활을 통해 그리스도는 죽음과 마귀를 정복하신 승리자라는 것을 알게 되었습니다.

사막 생활

안토니는 사막으로 점점 더 들어가 버려진 요새를 발견하고 거기에서 살았습니다. 그가 머문 곳은 나일강 동쪽 델앨 메둔산 위에 있는 황폐한 성읍이었고, 여기서 20여 년간 독거 생활을 했습니다. 몇몇 사람이 요새의 문을 강제로 열었을 때, 안토니는 하늘나라의 신비에 이끌려 갔다가 하나님의 계시를 받고 나오듯 나타났습니다. 주님은 안토니를 통해 몸이 아파 고생하는 많은 사람들을 치유하셨고, 마귀들을 몰아내셨습니다. 또한 말의 은사를 주셔서 슬픔에 빠진 많은 사람들을 위로하고, 서로 적대시하는 사람들을 화해시켜 친구가 되게 하였습니다.

안토니는 하나님의 사랑을 마음에 새기도록 촉구하면서 많은 사람들이 은둔의 삶을 시작하도록 권유했습니다. 그래서 그때부터 사막으로 많은 사람들이 몰려왔고, 산속에는 수도원들이 생겨났습니다.

공동체 생활

안토니는 많은 사람들을 감동시켜 수도생활을 향한 열망을 품게 했으며, 수도사가 된 많은 사람들을 격려했습니다. 그의 설교에 영향을 받아 많은 수도원들이 생겨났습니다. 안토니의 가르침은 수도자들이 더욱 성실하게 수도할 것을 권하였고, 사단과 강력하게 투쟁할 것을 요구하였습니다. 안토니는 세상으로부터 은둔의 삶을 사는 사막일지라도 사막에는 치열한 사단과의 투쟁이 있고, 이 투쟁에서 승리하라고 설교하였습니다.

105세나 되는 노령이 되어서도 그는 산 속에서 평소처럼 수도생활을 계속했습니다. 얼마 되지 않아 그는 병이 들었고, 그는 15년 동안 수도생활을 같이 하던 두 수도자에게 마지막 유언을 하고 죽음을 맞이했습니다. 안토니는 수도생활을 지속할 것과 분파론자와 교제를 피할 것과 아리우스파와 어울리지 말 것을 당부하였고, 자신의 옷을 나누어 주고,

아타나시우스 주교에게 양가죽 한 개와 자신이 깔고 누워있는 망토를 보낼 것을 유언했습니다. 105세의 나이로 356년에 죽었습니다.

6) 어거스틴 회심에 결정적인 영향을 준 뉴 플라톤주의자 폰티키아누스

어거스틴이 안토니와 수도사들에 관한 이야기를 듣고 감동을 받았으며, 이것이 그의 회심에 큰 영향을 끼쳤다는 것을 "고백록"을 통해 알 수 있습니다. "폰티키아누스가 안토니에 대한 이야기를 하는 동안 내 속은 썩어 들어가는 듯 괴로웠고 나는 부끄러움과 두려움에 압도되어 몸 둘 바를 몰랐습니다." 폰티키아누스는 로마황실의 높은 벼슬을 하는 사람인데 안토니 전기를 읽고 수도사가 되었던 뉴 플라톤 철학의 신봉자였습니다. 폰티키아누스는 암브로스의 친구였으며 밀라노에 와 있었던 어거스틴을 찾아가 안토니에 대한 이야기를 하면서 안토니가 사막 수도원에서 또는 무덤에서 수도자로서의 삶을 훈련하고 능력을 받아 병자를 치료하고 초능력을 행할 때 수많은 사람들이 그를 보기위해 몰려갔다는 이야기해 주었습니다. 그 때 어거스틴은 엄청난 충격을 받고 울먹이기 시작했고 로마서 13장 11절 말씀을 읽으라는 음성을 듣고 회심을 경험합니다.

어거스틴은 밀라노에서 회심을 경험 한 후 고향으로 돌아와 안토니처럼 부친의 유산을 정리하여 가난한 사람들에게 나누어주고 살던 집은 수도원으로 만듭니다. 이러한 영향은 안토니와 수도자들의 지식에서가 아니라 그들의 삶을 통해 많은 영향을 받았음을 주목할 필요가 있습니다.

고행을 통해서 얻은 "부동심" 아파테이아(apatheia), 열반(涅槃)
스토아 철학의 금욕주의 운동이나 진젠도르프의 경건운동은 모두 고행을 통해 열반에 이르는 "부동심" 아파테이아(apatheia), 열반(涅槃)운동입니다. 이것은 힌두교, 불교, 이집트, 바벨론 태양신, 유대 카발라에서 시도하고 있는 신인합일의 종교입니다.

안토니가 40년 동안 무덤과 텅 빈 성(城)에서 은수자(隱修者)로서 삶을 살았던 이유는 당시 유행했던 신플라톤 철학의 관상철학과 스토아 철학에서 가르친 신인합일을 이루기 위해 고행을 통한 정화기간을 갖는 것이었습니다. 이러한 사막 수도원의 영성은 기독교 영성이 아닙니다. 이교(異敎)에서 말한 열반(涅槃), 복귀(復歸), 이데아, 영혼상승(靈魂上昇), 행복, 부동심(不動心), 신인합일(神人合一) 등의 종교 이론의 공통점은 모두 고행(苦行)이란 정화작업의 과정을 통해서 이루어집니다. 이는 불교, 유교, 힌두교, 브라만교, 마니교, 태양신, 유대 카발라, 심리학, 치유학, 종교학 등 모든 종교이론과 철학에서 말한 공통적인 평정심의 원리들입니다. 그러나 기독교의 구원이나 성화과정은 오직 하나님의 은혜로 이루어집니다. 왜냐하면 이미 예수님의 십자가 구속의 은총은 창세전에 교회를 통해서 완성된 것이기 때문입니다. 즉 예수님의 십자가 구속은 영원한 속죄의 제사입니다. 단번에 우리를 영원히 거룩하게 하신 것입니다. 이는 우리의 행위에 의해서가 아니라 하나님의 은총으로 하신 것입니다. 그래서 구원받은 성도의 성화는 사람의 고행을 통해서가 아니라 나를 통해서 사시는 예수 그리스도를 통해서 나타나는 은혜의 열매인 것입니다.

고행(苦行)이란 정화(淨化)를 통해 나타난 신인합일은 사탄종교

어거스틴에게 영향을 끼친 아타나시우스와 안토니 역시 신플라톤 철학과 스토아 철학에서 말한 고행을 통해 정화로 이어지는 초자연적인 능력을 성령의 능력으로 착각한 사람들입니다. 이것은 기독교 영성이 아니라 사탄의 영성입니다. 기독교 영성이 무덤에서 20년 동안 살았던 안토니 생애를 통해서 완성이 되었다면 오늘날 모든 구원받은 성도는 산속이나 공동묘지에서 살아야 할 것입니다.

스토아 학파의 금욕주의를 통한 초자연적인 세계를 경험한 신비주의는 진젠도르프의 경건주의 운동의 금욕주의 기도운동과 같은 사탄종교 체험 운동입니다.

자연주의 영성으로 가장한 로고스 윤리신학의 정체

스토아 철학에서는 기본적으로 자연의 질서를 중심에 놓고 세계를 생각했고, 인간 역시, 자연의 질서 속에서 살아가는 존재라고 보았습니다. 따라서 자연의 질서는 곧 인간의 질서이며 우주를 지배하는 신의 법칙은 '로고스'였습니다. '로고스'는 ' 자연법칙 ' '자연원리'란 뜻입니다. 이것을 자연주의 영성이라고 합니다. 유진 피터슨이나 C.S 루이스, 칼 바르트, 김세윤 등이 말한 자연주의 영성 즉 윤리주의 영성입니다.

희랍어 아파테이아(apatheia)는 언어학적으로 욕정들(passions)의 부재(不在)를 의미합니다. 이러한 상태에 이르는 것은 고대 그리스인들의 철학적인 이상이었습니다. 이 용어는 무엇보다도 스토아 학파의 어휘군에 속해 있습니다. 스토아적인 지혜는 욕정들, 특별히 네 가지 주된 욕정들(현재의 선과 연결된 좋아함, 미래의 선과 연결된 갈망, 현재의 악과 연결된 근심, 미래의 악과 연결된 두려움)로부터 해방되고 이 세상의 유혹들과 역경들 앞에서 고요히 머물러 있는 것입니다.

그리스도교 전통 안에서는 교회의 교부들(알렉산드리아의 클레멘트, 오리겐, 닛사의 그레고리오, 에바그리오 등)에 의해서 사용되었습니다, 그들 가운데 특별히 에바그리오는 아파테이아의 가장 위대한 스승이라 할 수 있습니다. 에바그리오에 의하면 아파테이아는 감각, 감동, 혹은 느낌의 부재가 아니라, 온화와 순결에 의해서 도달된 이성적인 영혼의 고요한 상태를 뜻합니다.

열반(涅槃)이란 이교도들의 교리인 뉴 플라톤 철학

그것은 바로 '공격성'과 '육욕'에 대한 승리인 것입니다. 따라서 아파테이아는 온갖 욕정들로부터 해방(정화)된 영혼의 내적 평정 또는 고요함의 상태를 의미한다고 볼 수 있습니다. 일부에서는 아파테이아를 마치 무감각, 무감동 등으로 번역하는데 이러한 번역은 이 용어가 지니고 있는 본래의 의미를 벗어난 것이라 할 수 있습니다. 요한 가시아노는 오리겐 논쟁에 연루될 수 있는 오해의 소지 때문에 이 용어를 피하고 대신 마음의 순결(puritas cordis) 혹은 사랑(caritas) 등의 용어를 사용하였는데, 이는 모두 아파테이아와 같은 의미를 지니고 있습니다. 사탄은 우리 마음을 무장해제 시킨 후 들어옵니다. 이것이 사탄종교의 철학이자 신학입니다.

7) 신플라톤 철학의 플로티누스와 어거스틴의 신비주의

어거스틴이 신플라톤 철학으로 만난 데미우르고스 하나님

플로티누스는 영혼의 회귀를 정화(katharsis)–조명–합일(unio mystica)의 3단계로 설명했고 이는 어거스틴이 기독교 신비학의 구도로 차용했습니다. 어거스틴은 플라톤이 티마리우스에서 말한 장인(匠人)의 신 데미우르고스와 플로티누스가 말한 일자를 하나님으로 해석을 해서 신학을 체계화시켰습니다.

플로티누스(205-270년)는 신비주의자였습니다. 그러나 그의 신비주의는 新피타고라스학파나 그노시스주의자들과 같은 신비적 종파들의 신비주의와는 큰 차이가 있었습니다. 그것은 결코 유한한, 그리고 가시적인 세계를 물리치지는 않았습니다. 오히려 그것은 유한하고 가시적인 세계 속에 무한하고 불가시적인 것이 내려오고 있음을 느끼는 신비주의였습니다. 그의 주장에 의하면, 一者는 초월적인 신입니다. 그러나 플로티누스는 역시 진지하게 一者는 내재적이기도 한 것이라고 주장하였습니다. 플로티누스는 현대인들이 신비한 경험이라고 일컫는 것을 경험했습니다. 그의 제자 포르피리는 스승에 대해 저술한 매력적인 전기에서 이렇게 증거합니다. "그 분의 목적과 목표는 만물 위에 있는 神과 연합하는 것, 그에게 나아가는 데 있었다. 그분은 나와 함께 있는 동안 네 차례 그 목표에 도달했다"(Life of Plotonus, 23).

유체이탈을 거듭한 플로티누스

플로티누스 자신도 "엔네아즈"(4.8.1)의 서두 중 몇 곳에서 자전적인 어조로 이렇게 말하였습니다. "종종 나는 내 몸 밖으로 나왔다가 자신 안으로 들어갔으며 다른 모든 사물 밖으로 나갔다. 나는 엄청난 아름다움을 보았으며, 내가 대체로 더 좋은 부분에 속했다는 확신을 느꼈다. 나는 실제로 최상의 삶을 살았으며 그 신성과 일치되기에 이르렀다. 그 안에 확고히 자리 잡은 나는 그 최고의 현실에 도달했으며, 지성(Intellect)의 영역에 있는 다른 모든 것 위에 자리잡았다. 그 후 신성 안에서 휴식을 취한 후 지성을 떠나 논설적인 추론으로 내려왔는데, 어떻게 내려왔는지 어리둥절하다"(LC 4:396-97).

플로티누스의 많은 기본 존재들 가운데 가장 중요한 것이 세 가지 있습니다. 즉 영혼의 단계와 예지(叡智)의 단계와 그리고 끝으로 一者 자체인 것입니다. 예지의 단계는 一者로부터 유출된 것이요, 영혼의 단계와 유한한 가시적 세계는 예지의 단계로부터 유출된 것들입니다. 그는 영혼이 숙려(熟慮)단계를 통해서 예지의 단계로, 그리고 신비적 合一을 통해서 一者 자체 속에 흡수되는 단계로 올라가는 생활을 구하였습니다.

플라톤은 이 세계 안에서 이데아에 관한 인식에 의하여 이루어질 수 있는 성취를 목표로 삼은데 대하여, 플로티누스는 유한한 세계를 전적으로 등지고 점차 높은 정도의 존재로 올라가는 것을 목표로 삼았습니다. "덕을 통하여 예지에로, 그리고 지혜를 통하여 一者에로 올라갈 것입니다. 신들의 생활이나 신과 같은 축복된 생활이란, 즉 이 속계의 온갖 것으로부터의 해탈, 모든 지상적 쾌락을 버리고, 고독한 자가 고독한 자에로의 비약과 같은 것들이다."

유체이탈을 경험하여 빛의 세계를 여행한 어거스틴

어거스틴은 플로티누스에게서 사상적 도움을 많이 받았습니다. 하르낙은 어거스틴이 신플라톤주의의 도움으로 마니교로부터 해방될 수 있었다고 말합니다. 틸리히는 어거스틴이 신플라톤주의로 말미암아 회의주의(skepticism)에서 벗어났다고 말합니다. 어거스틴은 플로티누스와 같이 수많은 빛의 세계를 여행을 했습니다. 자신의 몸밖에서 일어나는 수많은 체험들을 통해 영혼의 상승을 경험했습니다. 그때마다 어거스틴은 하나님을 찬양했습니다.

어거스틴의 신비주의 신학

어거스틴은 그의 자서전 '고백록'에서 그는 그의 영적 여정을 상세히 기술합니다. 그가 따랐던 신비적 길을 명료하게 글로 묘사한 그는 신비가일 수밖에 없습니다. 그의 길은 고전적 신비 단계인 플로티누스의 정화, 조명, 그리고 합일을 포함합니다. 그뿐 아니라, 여기에는 이블린 언더힐의 부가적 단계인 '각성'과 '영혼의 어두운 밤'도 포함됩니다. 어거스틴은 또한 윌리엄 제임스의 신비체험의 특성들과 일치하는 '조명'의 세가지 사례를 기술함으로써, 그가 그에게 주어졌던 환상들의 영적

효과를 통한 신비가였음을 확인해 줍니다.

하나님의 형상 회복(Imago Dei)

어거스틴은 형상(imago)에 대해서 말하면서 형상이란 그 원형과 관련되며, 또한 그 원형을 표현하는 기준이 되는 특별한 종류의 닮음(similitudo)이라는 개념으로 설명을 했습니다. 근접함(proximity) 때문만이 아니라, 그것의 본성이 회심을 통해서, 즉 창조의 순간 안에 있는 근원으로 돌아가는 힘을 통해서 형성되기 때문에, 그러한 형상은 그 근원의 표현이 됩니다.

관상(안을 바라봄)의 회복과 영혼의 상승

어거스틴에게서 하나님에 대한 신비적 관상신학 즉 바라봄의 신학은 인간 영혼이 하나님께 상승하여 그와 접촉하고 체험하는 기도와 관상(contemplatio)의 절정입니다, 이러한 하나님에 대한 비전을 향해 나아가는 영혼은 내면으로의 여행에서 먼저 자신을 창조하신 하나님, 본향과 같은 주님에게 돌아가려는 동경과 열망을 품게 됩니다. 그는 '영혼의 위대함에 관하여(De quantitate animae)' 라는 글에서 빛과 진리 자체의 관상에로의 인식적인 7가지 상승 단계를 말합니다. ① 가장 낮은 단계에서 몸에 생명력을 고취하는 것(animatio) ② 신체의 감각(sense)을 통한 감지 ③ 예술적 기술(art)의 사용 ④ 가치 혹은 덕목(virtus)에서 비로소 영적, 도덕적 성장과 진보가 시작되는데, 이는 인간의 노력의 정화를 가져온다. ⑤ 영혼이 자신 안에서 고요히 안식하는 평온(tranquilitas)의 단계 ⑥ 영혼이 비전의 최고의 대상을 향해 주목하는 것(ingressio) ⑦ 영혼은 진리를 평온히 관상하는 비전(contemplatio)에 도달합니다.

자신을 회복하여 자신의 내면속에 있는 신의 지식을 따라 시작된 영혼상승구원

어거스틴이 말하는 영혼의 상승이란 사물을 보되 그 사물을 통과하여 자신의 내면세계로 들어가야 하며, 자신을 통과하여, 하나님과 만나는 일련의 과정을 말합니다. 그것은 피조된 외적 대상들의 세계를 떠나서 자기 자신의 내면으로 들어가는 것이며, 이것을 자아의 회복 내지는 귀환 또는 복귀라고 부릅니다. 그는 "인간은 먼저 자기 자신이 회복되어야 한다. 그것은 자신 안에 일종의 디딤돌을 만들어 두는 것으로, 그때부터 그는 비로소 자랄 수 있으며, 하나님께로 성장할 수 있는 것이다." 어거스틴이 인간 내면에로 관심을 집중하고 있는 이유는 인간의 내면에 진리의 형상화된 반영이 깃들이고 있다고 보았기 때문입니다.

이러한 어거스틴의 신학은 뉴 플라톤 철학에서 나온 관상철학입니다. 내 안에서부터 연결되어 있는 일자(theone)라는 절대신과 합일하는 과정을 좀 더 세분화시켜 나눈 것입니다.

8) 어거스틴의 삼위일체 교리는 영지주의 삼위일체 교리

성경에서는 분명하게 삼위일체 하나님을 언급하고 있습니다. 기독교 교리 중 가장 중요한 교리는 삼위일체 교리임이 틀림없습니다. 그러나 어거스틴의 삼위일체 교리는 성경에서 말한 삼위일체 교리가 아닙니다. 뉴 플라톤 철학의 영혼 상승을 통한 신인합일의 교리입니다.

어거스틴은 삼위일체 교리를 여러 가지 비유로서 설명하고자 하였는데 그 실례로서, 기억(memory), 이해(understanding), 의지(will), 아니면 좀 더 잘 알려진 사랑하는 자(lover), 사랑 받는 자(loved), 사랑(love) 등을 들 수 있습니다.(윌리스턴 워커, 세계기독교회사, 16판(서울: 대한기독교서회, 1988) p. 129.)

알렉산드리아 오리겐의 철학적 개념의 3위1체론

어거스틴의 삼위일체 이론은 영지주의 종교 알렉산드리아 학파의 삼위일체 이론입니다. 알렉산드리아 학파는 삼위일체의 본질을 선(善) 자체로 보았습니다. 지성적인 삼위일체론으로 "존재, 진리, 지성적인 진리"의 합일로 보았습니다. 또 "생각하는 존재, 생각되는 존재, 생각자체"가 합일하는 원리로 해석을 했습니다. 이 모든 것들은 삼위일체론을 철학적인 방법으로 접근한 것으로 성경에서 말한 인격적인 삼위일체론이 아닙니다.

초대교회 교부들이 말한 성경에 나와 있는 3위1체론

성경에 나와 있는 성부, 성자, 성령이 한 분이신 삼위일체 하나님은 인간의 언어나 방법으로 설명할 수 없습니다. 그래서 초대교회에서는 삼위일체론에 대해 그렇게 많은 언급이 없었습니다. 단 예수님의 신성(神聖)이 공격을 받은 경우에만 그 교리가 사용되었습니다. 이레니우스나, 터툴리안 같은 교부도 삼위일체론보다 예수님의 신성과 인성에 대한 교리를 더 중요하게 다루었습니다. 이것이 삼위일체론의 전부였습니다.

뉴 플라톤 철학의 영혼상승 교리인 3위1체론

그러나 어거스틴 이후에 삼위일체론이 엄청나게 기독교의 중요한 교리가 되었습니다. 그 후 삼위일체론은 명목적으로 이단을 처단하고 로마 카톨릭을 지켜내는데 일등공신 역할을 했습니다. 어거스틴의 삼위일체론의 설명은 철학적입니다. 그 이유는 바벨론의 신학이론입니다. 바벨론 삼위일체 신학이론이 중요한 것은 신비주의 철학인 뉴 플라톤 철학에서 영혼 상승의 원리가 삼위일체 신론이라는 논리학에 근거를 두고 있기 때문입니다.

피다고라스의 삼각형의 원리는 원둘레의 길이를 재는데 필수입니다. 피다고라스 고대 신비종교에서는 삼각형의 원리로 원의 둘레를 구하는 원주 파이의 원리로 영혼상승을 통한 신인합일의 신비종교를 만들었습니다. 그 종교가 바로 윤회와 환생의 종교입니다. 윤회와 환생의 종교가 바로 플라톤과 뉴 플라톤 철학의 교리입니다. 그러기 때문에 삼위일체 교리는 영지주의 종교에서 더 중요하게 다루는 원리입니다.

어거스틴의 3위1체론은 비밀종교 영혼상승의 원리

어거스틴의 걸작 중 하나가 "삼위일체론"입니다. 그는 피다고라스 신비종교의 원리인 삼각형의 원리로 성부, 성자, 성령의 삼위일체론을 설명을 하고 있습니다만 실상은 피다고라스와 플라톤과 뉴 플라톤 철학에서 말한 신일합일을 이루기 위한 비밀 종교인 영혼상승의 원리를 그대로 사용하고 있는 것입니다.

어거스틴의 뉴플라톤 철학의 삼위일체론 정리

어거스틴의 삼위일체는 철학적 개념으로 전개되었다

"어거스틴의 삼위일체 개념은 신앙이 철학적 사유에서 확인될 수 있고 철학과 신앙이 하나가 될 수 있도록 하기 위해 신앙을 이성적으로 만들려고 하는 하나의 단계로 시도 되었다고 할 수 있습니다.
 어거스틴은 A.D. 399년부터 삼위일체에 대한 글을 쓰기 시작하여 A.D. 419년에 그 자신의 삼위일체론을 정립한 책 'De Trinitate contra Arianos libli quindecim'을 저술하였습니다.
 어거스틴은 이 책에서 하나님의 존재성(내재론적 삼위일체)을 전제로 하여 그 관계성(경륜적삼위일체)을 설명하였습니다. 즉 어거스틴의 삼위일체론은 관계적 삼위일체라고 할 수 있습니다. 또한 그의 삼위일체에 대한 설명은 인간의 '마음'이라는 내재적, 심리적 관점을 가지고 진행되었습니다. 어거스틴은 알 수 없는 하나님의 삼위일체의 흔적을 그 형상을 가진 인간, 특히 인간의 마음에서 찾고자 했습니다.
 어거스틴은 인간 마음속에 있는 하나님의 신성한 삼위일체 흔적을 "정신(mens) - 지식(notitia) - 사랑(amor)", "기억(memaria) - 이해력 (혹은 지성intelligentia) - 의지(voluntas)", "사랑하는자 - 사랑받는자 - 사랑"으로 정리를 했습니다.

뉴 플라톤 관상철학으로 연결시킨 어거스틴의 삼위일체론

 뉴 플라톤 철학은 인간속에 있는 신지식을 연결고리로 관상기도라는 줄기를 통해 신을 만나 신인합일을 이룬 영혼상승의 구원교리를 체계화시킨 이론입니다. 어거스틴이 성경에 나와 있는 삼위일체 신앙을 철학적으로 설명을 하고 인간 내면에 있는 삼위일체 흔적을 찾는 이유는 뉴 플라톤 철학의 관상기도를 통해 하나님을 찾아가는 교리로 접목을 시키고 있기 때문입니다.

사랑과 성령, 제 3위격을 강조한 어거스틴의 3위1체론

 어거스틴의 삼위일체 신학의 주요 주제는 사랑의 신학이며 성령을 강조한 신학입니다. 그래서 어거스틴은 삼위일체를 설명할 때 사랑하는 자 성부와 사랑을 받는 자 성자와 사랑자체이신 성령을 말합니다. 그러면서 성부, 성자, 성령을 사랑이란 본질로 하나라고 정의를 합니다.
 즉 사랑이신 성령이 삼위일체의 본질이라는 것입니다. 그러면서 하나님께로서 내려오는 사랑을 아가페, 인간이 하나님을 찾아가는 사랑을 에로스라 했습니다. 인간이 에로스라는 사랑속에 있는 아가페 하나님의 사랑의 흔적을 따라 올라가면 사랑자체이신 아가페 사랑의 하나님을 만날 수 있다고 했습니다. 이것이 어거스틴의 영혼상승 사랑의 신학입니다.

성령 하나님을 강조한 어거스틴의 삼위일체

어거스틴은 "성부와 성자는 성령으로 말미암아 결합되며, 그로 말미암아 낳은 이가 난 이를 사랑하고, 난 이가 낳은 이를 사랑하며, 그로 말미암되 그것은 그에 참여하기 때문이 아니라 그들 자신의 본질로 인함이라고 하여 성령도 동일한 하나의 본질과 동일한 동등성으로 존재하신다"고 주장합니다. 또한 "성령은 성부와 성자를 결합하는 완전한 사랑"이라고 하였습니다. 어거스틴의 삼위일체론에서 사랑은 매우 중요한 요소입니다. 그는 이 사랑의 관계가 삼위의 통일성을 보여준다고 여겼습니다. 그러므로 삼위일체는 사랑의 관계라고도 할 수 있습니다.

어거스틴의 삼위일체의 주체를 성령이라고 한다

"한편 거룩이라는 이름에 대해서 어거스틴은 이 이름이 '영'처럼 삼위일체의 다른 위격들에도 적용될 수 있다는 사실을 지적하면서 이렇게 말했습니다. …그러나 하나님은 영이시라(요4:24)는 말씀에 따라서 삼위일체를 전체적으로 '거룩한 영'으로 부를 수는 있습니다. 성부께서 영이시고 성자께서 영이시요 성부께서 거룩하시며 성자께서 거룩하시기 때문입니다. 그러므로 성부와 성자와 성령께서 한 하나님이시고 물론 하나님께서는 거룩하시며 영이시므로 삼위일체를 '거룩한 영' 즉 '성령'이라고 부를 수도 있습니다. 그렇더라도 삼위일체가 아니라 삼위일체 안에 계신 것으로 이해되는 제3위 '성령'에 대해서는 관계적, 상대적으로 그 고유명사로 '성령'이라고 부릅니다. 이 '성령'께서는 성부와 성자의 영으로서 성부와 성자에 관련되시기 때문입니다."
(김석환, 교부들의 삼위일체, 기독교문서선교회, 2001, 314-315쪽).

어거스틴이 말하는 성령의 이중 발출 (the double procession)

어거스틴은 성령은 성부와 성자로부터 발(유)출하신다(proceed). 성령은 성부와 성자의 공통된 선물(common gift)과 같으며, 성부와 성자 사이의 사랑이며, 성부와 성자께서 함께 우리에게 부어주시는 사랑이라고 말합니다.

어거스틴은 성령의 이중 발출(the double procession)을 말하면서도 여전히 신성 내에서의 성부를 첫 원리(the first principle)로 말하고 있습니다. 이중 발출(filioque, and from the Son)이란 "성령은 성부와 성자로부터 발출했다(The Spirit is from the Father and the Son). 성부 역시 성령의 발출의 한 원인이시다. 왜냐하면 성부께서 성자를 낳으셨으며, 성자를 나으실 때 그가 성령의 발출의 원인이 되도록 하셨기 때문이다." (삼위일체 8-15권에서)

이와 같은 어거스틴의 성령의 이중 방출의 교리는 성부 하나님 중심의 삼위일체가 아니라 성령중심의 삼위일체 교리로 바벨론의 태양신 여신 세미라미스 중심의 삼위일체를 체계화시킨 것입니다. 바벨론 태양신 삼위일체는 여신중심의 여황후 삼위일체입니다. 유대 카발라 생명나무에서도 여신의 방출인 쉐키나를 가장 중요한 구원교리의 원인(原因)으로 봅니다.

그리고 뉴플라톤 철학에서는 창조개념을 일자(一者, the one)라는 신의 분출 또는 유출의 결과로 봅니다. 어거스틴이 성령의 분출과 유출을 말하는 것은 성령의 하나님의 인격성을 강조하는 것이 아니고 성령의 물리적인 능력을 강조한 것입니다. 이것이 영지주의 종교의 특징입니다.

뉴플라톤 철학의 삼위일체 이론

플로티누스는 만물이 흘러나오는 원천을 '일자'라는 개념을 상정하고 있습니다. '일자'에서 '정신'(nous), '영혼'(psyche)이 나오게 됩니다. '물질'(hyle)이란 일자의 유출의 최종단계로부터 '관상'(contemplation)이란 과정을 통해 일자로 오르는 것을 영혼의 상승이라고 합니다.

뉴플라톤 철학에서 일자라는 신의 분출로 이루어지는 삼위일체이론이 바로 일자(一者), '정신'(nous), '영혼'(psyche)입니다. 이것이 바로 어거스틴이 설명한 "정신(mens)-지식(notitia)-사랑(amor)", "기억(memaria)-이해력(혹은 지성intelligentia)-의지(voluntas)", "사랑하는자-사랑받는자-사랑" 이고, 이중 성령의 방출이론입니다.

피다고라스 원리에 의해 만들어진 영혼상승 3위1체론

뉴플라톤 철학의 플로티누스는 영혼상승의 구원교리를 역시 피다고라스 삼각형인 삼단논법을 통해서 삼위일체 교리를 사용하고 있습니다. 영혼의 회귀 과정을 "정화(katharsis) – 조명 – 합일(unio mystica)"의 3단계로 설명했습니다. 어거스틴은 이런 철학적 종교이론을 가지고 기독교 신비학의 교리인 삼위일체론을 만들었습니다.

그리고 이런 삼위일체론을 근거로 신학이란 학문이 만들어졌습니다. 어거스틴의 삼위일체론은 단어만 성부, 성자, 성령으로 바꾼 뉴플라톤 철학의 사탄종교 이론입니다. 그렇게 해서 만난 하나님은 유일하신 창조주 하나님이 아닌 플라톤의 제작신인 데미우르고스 즉 루시퍼입니다.

플라톤 철학과 뉴 플라톤 철학의 뿌리는 유대 신비주의 카발라 사탄종교

1843년 출판된 "유대신비주의 카발라"는 프랑스 동방학자 '아돌프 프랑크'라는 저자가 쓴 책으로 존.C. Wilson이란 사람에 의해 영어로 번역된 책입니다. 저자는 이 책에서 유대 신비주의 "카발라"와 "조하르", "세페르 예치라", "미슈나"와 같은 유대 신비주의 책들이 구전으로 이어 내려온 탈무드에서 나온 책으로 에덴 동산으로부터 시작된 이스라엘의 비밀 종교를 기록한 책이라고 했습니다.

저자는 이 책에서 피다고라스 신비철학, 플라톤 철학, 아리스토텔레스 철학, 플로티누스의 신비주의 신플라톤 철학, 알렉산드리아 유대인 철학 등의 뿌리가 바로 탈무드라고 했습니다. 영혼 선재설, 윤회설, 신인동형론, 존재론, 상기설, 형이상학이론, 빛의 유출을 통한 창조, 아인 소프라는 절대신, 이원론 등이 탈무드에서 시작되어 "조하르", "창조의 책", "세페르 예치라"와 같은 책에 기술이 되었다고 했습니다. 특히 아리스토텔레스는 그의 제자 알렉산더와 함께 예루살렘에 와서 솔로몬의 지혜서를 읽고 그의 정치 철학을 습득했다고 합니다. 알렉산더가 유대인들을 위해 기념비적으로 세워준 도시가 알렉산드리아입니다.

참고로 유대 카발라 종교는 하와가 선악과를 따먹고 인간이 신이 되게 하는데 지혜(sophia)를 제공한 뱀을 선한 신으로 섬기는 사탄종교입니다.

3. 에베소 종교회의와 하나님 어머니 마리아(431년 6월 7일)

1) 세미라미스 여신의 도시 에베소

에베소 지역은 아데미라는 세계 7대 불가사의에 등재되어 있는 아데미 여신전이 있는 곳입니다. 풍요와 다산의 여신인 아데미는 세미라미스 여신입니다. 세미라미스가 바벨탑을 쌓아서 사람들을 보호했듯이 아데미 여신도 탑을 머리에 쓴 여신으로 에베소 지역에서는 수호여신으로 숭배를 받고 있는 세미라미스와 같은 창녀 여신이었습니다. 아세라 여신 역시 몸을 파는 창녀 여신이었습니다. 모두 세미라미스의 다른 이름입니다.

이와 같은 여신을 섬기는 에베소에서 종교회의가 열렸는데 중요한 주제는 과연 마리아가 하나님의 어머니인가? 라는 주제로 모인 것입니다. 마리아가 하나님의 어머니가 되기 위해서는 반드시 예수님이 하나님이 되어야 합니다.

알렉산드리아 아타나시우스는 니케아 종교 회의에서 예수님의 신성을 주장하여 아리우스에게 승리한 후 알렉산드리아 감독이었던 알렉산더가 죽고 난 후에 알렉산드리아 감독이 됩니다. 그리고 그는 예수님이 하나님이시기 때문에 마리아는 당연히 하나님의 어머니가 되어야 한다고 주장을 했습니다. 이런 가르침을 받은 알렉산드리아 시릴 감독은 마리아는 하나님의 어머니라고 주장했습니다.

당시 비잔틴 동방 콘스탄티노플 감독이었던 네스토리우스는 이렇게 주장한 사람들을 이단으로 몰아 시릴등을 파면시켰습니다. 이런 주장을 했던 알렉산드리아 시릴과 로마 감독이었던 켈레스텐은 데오도시우스 2세 황제에게 요청해서 네스토리우스파를 이단으로 파면해 줄 것을 요구하여 열린 종교회의가 주후 431년 에베소 공의회입니다.

2) 안디옥 참 기독교와 알렉산드리아 영지주의 기독교와 충돌

콘스탄티노플 감독이었던 네스토리우스는 예수님은 하나님의 신성과 인간의 몸을 동시에 입은 분이시고, 마리아는 단지 예수님을 낳는 매개체와 같은 도구로 사용되었기 때문에 절대로 하나님의 어머니가 될 수 없다고 주장했습니다. 이들의 논쟁이 깊어지자 데오도시우스 2세는 431년 오순절, 즉 6월 7일에 에베소에서 범종교회의를 개최한 것입니다.

431년 5월 7일 서신에서 로마 감독 켈레스틴은 자신이 에베소로 여행할 수 없기 때문에 이집트 감독들로 하여금 자신이 원하는 대로 네스토리우스를 파면할 것을 요구했습니다. 그리고 세 명의 사절단으로 감독 아르카디우스(Arcadius), 프로젝투스(Projectus), 그리고 사제 필립(Philip)을 자신을 대신하여 종교회의에 파송을 했습니다. 이들은 시릴과 뜻을 확고하게 같이 했습니다. 그들은 논쟁자로 온 것이 아니라 재판자들로 참석했습니다. 로마 감독은 네스토리우스에 관한 가르침과 그것에 관한 질문을 준비했습니다.

알렉산드리아 감독과 로마 감독의 합동작전

마침내 431년 범종교회의 개최가 공포되자, 시릴은 예상보다 며칠 먼저 에베소에 50여명의 감독들과 함께 도착했습니다. 예루살렘 감독이 15명과 함께 왔습니다. 네스토리우스는 16명의 감독들과 함께 참석했는데, 불의의 사고를 예상하여 무장한 경비원을 대동했습니다. 그리고 에베소 감독 멤논은 약 40명의 부감독과 함께 참석했습니다. 백작 칸디디안(Candidian)은 동로마 황제를 대표하여 참여했습니다. 대부분의 사람들은 네스토리우스에 반대하였습니다.

회의가 진행되는 동안 네스토리우스 소수파들은 폭동을 일으켰습니다. 에베소 감독은 네스토리우스에게 거처할 교회를 허락하지 않았지만, 시릴에게는 활동의 자유를 제공했습니다.

그런데 정해진 날이 되었지만 로마감독 사절단과 안디옥 감독 존도 날씨와 교통편 때문에 도착하지 못했습니다. 6월 21일 시릴은 참지 못하고 세인트 마가 교회에서 범종교회의를 개최시키고 개회를 선언했습니다. 하지만 네스토리우스는 아직도 참석할 사람들이 오지 않았기에 불법이라고 주장했습니다. 하는 수 없이 다음 날 6월 22일, 즉 오순절 이후 16일이 지난 후 시릴은 범종교회의를 다시 열었습니다.

일사천리로 통과된 네스토리우스 파면

알렉산드리아 감독직은 동방교회에서 최고의 명예를 갖고 있었기에 시릴은 황제의 참석을 감독들이 거부하도록 했고, 서기는 네스토리우스에 반대하는 시릴과 켈레스틴의 글들을 간략하게 읽도록 했습니다. 네스토리우스는 불법회의라고 참석을 하지 않았습니다. 공식적으로 세 번이나 참석명령을 받았지만 모두 거절했습니다. 그리고 초기 교부들의 저서들로부터 여러 인용들도 읽혔습니다. 이제 니케아 신조를 읽었고, 네스토리우스에게 보낸 시릴의 서신도 읽었습니다. 시릴이 일어나서 서신에 기록된 자신의 신학이 니케아 신조와 일치하는지 감독들에게 물었습니다. 125명의 감독들은 각자가 니케아 신앙을 고백하면서 시릴의 견해가 그 신조와 일치함을 지지한다고 했습니다. 그러자 감독들은 만장일치로 외쳤습니다.

"네스토리우스를 파문내리지 않는 자마다 파문을 받게 될 것이다. 참된 신앙을 가진 자는 그를 파문한다. 거룩한 종교회의는 그를 파문한다. 네스토리우스와 교제하는 자에게 파문이 내려질 것이다. 우리 모두는 네스토리우스의 서신과 교리들을 파문을 내린다. 우리 모두는 네스토리우스와 그를 추종하는 자들을, 그리고 그의 불경건한 신앙과 불경건한 교리를 파문한다. 우리 모두는 네스토리우스에게 파문을 내린다. 네스토리우스를 정죄하지 않는 자는 모두 파면한다"

이렇게 하여 에베소 범종교회의는 안디옥 감독들과 로마 감독의 사절단이 도착하기 전에 업무를 처리했습니다. 네스토리우스가 정통신앙이었다고 주장하는 감독은 한 명도 없었습니다. 아데미 여신을 숭배한 에베소 시민들은 이런 결정을 매우 환영했습니다. 그들은 온 도시를 횃불로 밝히면서 그리스도에 대한 진리와 그의 모친에 관한 영예를 위해 빛의 축제를 벌였습니다.

3) 안디옥 감독 존이 다시 시릴을 파면하다

네스토리우스는 자신들이 파면된 것을 알고 황제에게 서신을 보내 무효화를 선언하고 동로마 황제를 대신해서 종교회의에 참석한 백작 칸디디안(Candidian)도 이를 받아 들였습니다. 며칠 후 6월 27일 안디옥의 감독 존이 마침내 42명의 감독들과 함께 도착하여 칸디디안과 함께 시릴이 개최한 범종교회의에 반대하는 종교회의, 즉 '반역회의'(rebel council)를 개최했습니다. 여기서 안디옥의 존은 시릴과 에베소의 감독 멤논(Memnon)이 아리우스와 아폴리나리스의 이단성을 지적하고 이에 순응하는 자들을 출교시킨다고 결의를 했습니다. 이런 결정을 동로마 황제에게 보고했습니다.

다시 뒤집혀진 네스토리우스 파면

하지만 7월 10일에 로마감독 켈레스틴이 보낸 사절단이 도착했습니다. 그리하여 6월 22일의 범종교회의에 참석한 감독들과 시릴은 다시 한 번 세인트 마가교회에 모여 안디옥 감독들의 결정을 부정하고 종교회의는 켈레스틴과 시릴을 새로운 바울이며 믿음의 보호자임을 천명했습니다. 네스토리우스에 반대하는 성명서가 다시 한 번 읽히고, 이런 결정이 황제에게 보고됐습니다. 안디옥인들은 종교회의 앞에 3차례 소환되었고 7월 17일 모두 출교를 명했습니다.

이 모든 것이 마무리되자 공식적으로 황제 데오도시우스 2세는 431년 10월 말에 범종교회의가 끝났다고 공포했습니다. 이상한 것은 그가 시릴의 정죄와 네스토리우스의 정죄를 한꺼번에 인정했다는 것입니다. 하지만 후에 시릴은 황제의 인준을 회복했고, 431년 10월에 황제는 시릴에게 이집트로 되돌아가 알렉산드리아 감독직을 이행토록 했습니다. 하지만 황제는 네스토리우스 정죄를 바꾸질 않았습니다. 결국 네스토리우스파는 파면을 당한 후 페르시아로 도망가서 동방 기독교를 만들었습니다.

4) 에베소 종교 회의 평가

(1) 네스토리우스파를 파면하였다

니케아 종교 회의에서 3위1체론과 에베소 회의에서 마리아 숭배사상을 채택하고 비잔틴 동로마 제국의 네스토리우스파를 파면해서 하나님 어머니 마리아를 거부한 비잔틴 네스토리우스파는 완전히 서로마 바티칸과 등을 돌리게 되었습니다.

(2) 성부 고난설과 마리아가 하나님 어머니(데오토코스, deotokos)가 되었다

니케아 종교회의를 통해서 예수님의 신성이 인정되었습니다. 그리고 주후 381년 콘스탄티노플 종교회의에서 삼위일체 논쟁이 인정되었습니다. 그러나 알렉산드리아에서 성부 고난설과 마리아가 하나님의 어머니(데오토코스, deotokos)란 주장이 나오게 되었습니다. 성부 고난설을 주장한 사람들은 예수님이 성부와 '동일본질', 즉 호모오우시오스(homoousios)이란 것입니다. 예수님이 곧 하나님이시기 때문에 성부가 고난을 당했다는 것입니다. 그러면서 마리아를 하나님의 어머니라고 주장을 했던 것입니다. 그 의미는 예수님은 완전한 하나님이 되는 것입니다. 그래서 예수님을 낳은 마리아는 하나님의 어머니(데오토코스, deotokos)가 되었던 것입니다.

(3) 로마 카톨릭안에서 기독교 진리가 완전 말살된 공의회

에베소 공의회가 기독교 역사에 가장 중요한 이유는 로마 카톨릭안에 있는 기독교 진리가 완전히 말살되는 사건이기 때문입니다. 초대교회 예루살렘교회 다음으로 기독교 신앙의 보루였던 안디옥 교회가 사탄에게 삼킴을 받은 사건이 바로 에베소 공의회입니다. 안디옥 감독인 존은 바른 삼위일체 이론과 예수님의 신성과 인성을 정확하게 성경대로 주장을 했습니다. 왜냐하면 이것이 기독교 구원의 근본이기 때문입니다. 그런데 사탄의 세력들은 황제의 힘을 이용하여 기독교 십자가 복음의 진리를 창녀 세미라미스 여신숭배로 갈아치웠습니다. 네스토리우스파의 순수한 기독교 복음은 페르시아로 추방되어 들어간 후 일부는 수많은 박해와 핍박으로 지하 기독교 역사 뒤편으로 숨어버렸고, 일부는 페르시아 조로아스터교인 미트라 태양신과 혼합되어 동방의 경교라는 이름으로 당나라에서 흥왕하다가 사라지고 말았습니다. 당나라와 교류를 했던 신라에 경교가 들어온 것은 경주에서 발견된 십자가를 통해서 확인이 되고 있습니다. 그러나 경교는 태양신을 섬기는 영지주의 기독교에 불과합니다.

(4) 로마 카톨릭의 이교 신앙은 이시스와 세미라미스 여신숭배

사탄의 세력들이 마리아를 하나님의 어머니로 만들어 여신숭배의 성지로 만들었던 에베소 지역은 서두에서 말한바와 같이 세미라미스 여신과 동일한 풍요와 다산의 신 창녀 아데미 신전이 있었기 때문입니다. 에베소는 26만의 엄청난 도시였지만 지진으로 완전히 폐허가 되어 망하고 오늘날에는 비참하게 무너진 건물만 남아 있습니다. 그곳에는 25,000명 들어갈 수 있는 원형 경기장도 있었습니다.

바울 서신중에 에베소서는 신약성경에서 가장 심오한 교회의 비밀이 기록된 성경입니다. 사도바울이 가장 오랜 세월동안 공들여 사역을 했던 곳입니다. 그런데 그 곳에서 기독교회의 참 진리는 무참하게 에베소 도시와 함께 사라지고 말았습니다.

참고 : 아데미 신전과 니므롯 세미라미스

주전 1000년에 세운 신전 폭55m 길이110m 높이 19m 파르테논 신전의 4배로 파르테논 신전의 기둥은 46개 아데미 신전은 127개 모두 대리석으로 이어 만든 건물 기둥의 폭은 2m.

아데미 여신의 음란 축제

아데미 여신은 가슴에 남자고환으로 만든 유방이 24개가 달린 풍요와 다산의 여신입니다.

아데미 여신의 머리에는 바벨론을 상징하는 성이 있고, 몸에는 특이한 사냥꾼 니므롯을 상징하는 사자, 호랑이, 사슴 등의 다양한 짐승들의 부조로 새겨져 있습니다. 매년 5월 아데미 여신의 축제날이 되면 남자고환과 유방과 같은 수의 24명의 흰 옷을 입은 여자 사제들이 앞에 서고, 뒤에는 자신의 고환을 아데미 여신에게 바친 남자 사제들이 여신의 호위병처럼 뒤 따릅니다.

축제의 행렬은 아데미 신전에서부터 출발한 아데미 신상과 축제 행렬은 에베소 시의 동쪽에 있는 마그네시아 문을 통해 입성하고, 동방 체육관과 시장, 음악당을 지나서 에베소 시청에 이릅니다. 에베소 시청 앞에는 또 하나의 아데미 여신상이 밖을 향하여 서 있는데 두 개의 여신상이 만나게 되면 군중들의 열광은 절정에 이르게 됩니다. 이때, 에베소의 총독은 관저에서 나와서 아데미 여신에게 경의를 표하게 됩니다. 총독의 인사를 받은 아데미 여신상은 크레테 도로를 지나 셀수스 도서관을 거쳐 에베소 광장에 이릅니다.

광장에서 왼쪽 방향으로 항구대로를 지나 부두에 이르게 됩니다. 부두에 이르면, 드디어 소들을 바치는 희생 제사가 드려지고, 남자 사제들이 24마리의 황소 고환을 잘라 아데미 여신의 목에 걸어 주면, 군중들은 열광적인 함성을 터뜨리기 시작합니다. 무용수들은 음악에 따라 춤을 추고, 도살된 소들이 제단에 올려지면, 이때부터 본격적으로 아데미 축제가 무르익게 됩니다.

세미라미스의 다른 이름들

아데미 여신의 이름은 처음에는 킬벨레 또는 씰벨레(Cylbele)라고 불렸는데 그 뜻은 성탑을 쌓는 여신이란 뜻입니다. 수호여신입니다. 바벨론에서는 이스타르, 이스라엘에서는 아세라, 아랍인은 라트, 이집트인은 이시스, 그리스인은 다이애나, 로마인은 비너스로 불렸으며 이오니아인들이 아데미라고 불렀습니다. 에베소 지역에는 아데미 여신들을 숭배하려고 온 순례자들에게 몸을 파는 창녀들이 수천 명이 있었다고 합니다. 사도 바울은 3년 동안 이곳에 머물면서 전도하여 수 만권의 마술책을 불사르기도 했습니다,

5) 제 4차 십자군 원정과 비잔틴제국의 멸망(1204년)

제 4차 십자군(1202년~1204년)은 교황 인노첸시오 3세의 촉구로 원래 이슬람 세력을 물리치기 위해 기획되고 예루살렘이 아닌 이슬람교의 본거지인 이집트 공략을 목표로 하였습니다. 그러나 종교적·신앙적 동기보다는 세속적, 경제적 목적이 더욱 강하게 작용하여 이슬람이 아닌 같은 기독교국가인 동방 정교회의 비잔티움 제국을 목표로 하였습니다. 베네치아 공화국이 개입한 이 십자군은 1204년 비잔티움 제국의 수도 콘스탄티노폴리스를 침공하여 처참하고 무자비하게 이 도시를 유린했고 수많은 문화재와 보물을 약탈하고 파괴했습니다. 이 약탈과 파괴는 단일 사건으로 역사상 최대의 문명적 재앙을 낳았습니다.

제 4차 십자군 원정의 처음의 계획은 이집트 침공이었다

제 4차 십자군의 원정의 목표는 (1) 이집트의 카이로를 점령한다. (2) 원정로는 해로로 한다. (3) 십자군 전군의 수송은 베네치아에 의뢰한다는 것이었습니다.

이것을 의뢰받은 베네치아는 8만 5천마르크(신성로마제국 은화)를 요구합니다. 이것은 제노바에 비해 훨씬 싼 가격이라 했습니다. 그러나 당시 최고의 해군력을 지니고 있던 베네치아도 이 사업은 엄청난 것이어서 국력을 총동원해 배를 만들었다고 합니다. 그런데 프랑스 기사들과 그의 주군인 백작들이 잇달아 십자군 원정약속을 파기하고 불참함으로써 원래 병력 중 1/3만이 베네치아에 오게 됩니다. 당연히 8만5천마르크를 지불할 수 없게 되었습니다. 8만5천마르크는 유럽대륙국가중 최강이었던 프랑스의 연수입의 4배라고 합니다. 이미 베네치아는 십자군과 1201년의 약속한대로 1년분의 식량, 기사 4천 5백 명, 그들이 쓸 말(馬), 종자(從者) 9천 명, 보병(步兵) 2만 명을 수송할 수 있는 배들을 확보하고 지불금을 기다리는 상황이었습니다. 그러나 1만 명중 부유한 기사들과 백작들이 소지품까지 팔며 빚을 갚았지만 그래도 4천마르크가 모자랐다고 합니다.

빗나간 협상들과 사탄의 검은 음모

그러던 중 베네치아 통령(統領) 엔리코 단돌로는 오리엔트로 가는 도중에 헝가리 '자라'를 침공하도록 해주면 빚을 갚을 기한을 연기해주겠다고 제안했습니다. 백작들은 모두 찬성했지만 기사들의 일부는 다른 배로 가겠다면서 떠나는 바람에 1만 명중 또 수가 줄었습니다. '자라'는 헝가리의 도시국가로 베네치아의 통치를 받다가 배반하고 헝가리로 복속된 기독교 국가입니다. 1202년 10월8일 베네치아를 출발하여 1주일 만에 헝가리 '자라'를 함락시켰습니다. 이 소식을 들은 교황 인노첸시오 3세는 격노하여 십자군 전체를 파문하였습니다. 나중에 십자군으로부터 비잔틴 제국이 로마 카톨릭 국가로 들어 왔다는 보고를 받고서 파문을 풀기는 했지만, 같은 기독교 국가인 '자라'를 공격함으로 이미 십자군의 대의명분을 잃고 말았습니다. 그해 겨울철 항해는 위험하니 부활절까지 기다리자고 하는 바람에 '자라'에 머물게 되었습니다.

돈받고 전쟁하는 용병으로 타락한 십자군

그때 동로마제국으로부터 망명한 황태자인 알렉시우스 앙겔루스는 십자군의 대표인 보니파체를 만나, 현 동로마 황제인 삼촌 알렉시우스 3세를 몰아내고 자신과 자신의 아버지인 이사키우스 2세의 제위를 되찾아 달라고 도움을 청했습니다. 그 댓가로 20만 마르크의 사례금과 동로마군 1만 명의 십자군 참가를 비롯한 이집트로의 십자군 원정에 대한 지원은 물론이고, 콘스탄티노플을 로마 카톨릭 관할로 주겠다는 제안을 했습니다. 보니파체와 엔리코 단돌로는 막대한 보상금과 그리스 정교회와 로마 카톨릭이 통일될 수 있다는 말에 머뭇거림 없이 찬성하여 십자군의 다음 목표를 이집트에서 콘스탄티노플로 정하였습니다.

결국 베네치아 함대를 세내어 시작한 제 4차 십자군 원정은 돈을 받고 전쟁을 해주는 용병으로 변질되고 말았습니다. 십자군 전쟁은 3차나 6차를 제외하면 대부분이 재물을 약탈하는 전쟁이었습니다. 수많은 국가를 침략하여 재물을 약탈하여 분배하고 귀중품들을 가지고 장사를 했습니다. 심지어 소년 십자군들을 상인들에게 노예로 팔아 넘기고 수많은 포로들을 잡아 노예로 팔아 넘기는 장사를 했습니다.

같은 기독교 형제의 나라 콘스탄티노플을 침공한 십자군

1203년 6월 23일에 콘스탄티노플에 도착한 십자군은 아시키우스 2세를 황제에 복귀시키라고 동로마제국에 요구했지만 거절당하여, 다음 달에 공격을 시작하였습니다. 무능한 알렉시우스 3세는 두터운 콘스탄티노플의 성벽과 3만 명의 병력이 있음에도 불구하고, 베네치아의 우수한 해군력과 악화된 콘스탄티노플의 민심에 밀려 엄청난 보물을 훔쳐 도망쳐 버렸습니다. 십자군은 아시키우스 2세를 제위에 복귀시키고 그의 아들인 알렉시우스 4세(알렉시우스 앙겔루스)도 공동 황제로 임명하여, 알렉시우스 4세가 약속을 이행하기를 기다렸습니다. 하지만, 그들은 약속을 이행할 수 없었습니다. 재정은 바닥난 상태라 20만 마르크를 지불할 수가 없었고, 콘스탄티노플의 시민들은 로마 카톨릭으로 개종하기를 반대하였습니다. 10만 마르크 밖에 모으지 못한 황제는 십자군 사이의 관계가 험악해져 갔으며, 사례금을 모으기 위해 엄청난 세금을 매김으로써 민심은 멀어져 가고 있었습니다. 이러던 와중에 1204년 2월에 두카스 무르추플루스는 아시키우스 2세와 알렉시우스 4세를 살해하고, 스스로를 알렉시우스 5세라 칭하는 사건이 발생했습니다. 알렉시우스 5세는 십자군에 대한 약속을 이행하기를 거부했고, 십자군은 다시 콘스탄티노플을 공격하였습니다.

인류 역사상 가장 처절한 약탈과 파괴를 당한 1000년의 고도(古都) 비잔틴

1204년 4월 9일에 십자군은 공격을 개시하였고 며칠 동안 콘스탄티노플은 공격을 버텨내긴 했으나 결국 침입을 허용하였고 알렉시우스 5세는 트라키아로 도망갔습니다. 이후 사흘 동안 동로마제국의 수도에서는 십자군에 의한 학살과 화재, 약탈이 벌어졌습니다. 수많은 문화재와 예술작품들이 파괴되고 약탈당하였으며, 성직자는 살해되고 성소는 희롱 당했습니다. 이미 십자군은 신(神)의 징벌도 두려워하지 않는 악마들이 되어 버렸습니다. 이 약탈자들로 인해 1000년의 고도(古都) 콘스탄티노플은 씻을 수 없는 상처를 입었습니다. 역사가들은 인류 역사상 가장 규모가 큰 약탈이라고 기록했습니다. 이때 네 마리의 청동 마상도 베네치아의 산마르코 대성당으로 옮겨졌습니다.

십자군들의 비잔틴 약탈과 학살로 도시 전체가 파괴되고, 성직자 뿐 아니라 노인, 어린이, 여자, 남자 가릴 것 없이 죽고, 희롱과 조롱을 당했습니다. 성 소피아 성당 중앙 제단 의자에 창녀들을 벌거벗겨 앉게 하는 만행까지 서슴치 않았습니다. 약탈자들은 성 소피아 성당 안으로 말이나 당나귀를 끌어들여 성물과 보물을 실어 나르고 당나귀가 미끄러져 넘어지면 가차 없이 그 자리에서 죽여 버렸습니다. 십자군들에게는 이제 눈앞의 보물만 보일뿐 신의 징벌도 두렵지 않았습니다.

전리품을 나눈 사탄의 세력들

약탈은 사흘간 계속되었고 약탈이 끝나자 십자군은 약탈품을 나누었습니다. 4분의 1은 새 황제의 몫으로, 나머지는 프랑크군과 베네치아군이 반반씩 나누었습니다. 그리고 자신들의 새로운 황제를 뽑기로 하였는데 몬페라토의 보니파치오는 새 황제가 되려고 했으나 엔리코 단돌로가 반대하여 새로운 황제로는 플랑드르 백작 보두앵을 선출했습니다. 프랑스 백작 보두앵은 5월 12일 소피아에서 황제가 되었고 이로써 라틴 제국이 건국되었습니다. 동로마제국의 영토는 베네치아와 몬페라토 등의 제후국에게 분할되었습니다. 이 소식을 들은 교황 인노첸시오 3세는 격노했지만, 어쩔 수 없이 이를 승인했습니다. 그 이후 예루살렘과 이집트로 원정할 것을 명했으나 십자군은 동로마제국의 정복에 만족하여 따르지 않았습니다. 한편 동로마제국의 황족들은 각지로 망명하여 니케아 제국, 에페이로스 공국, 프라페주스 제국을 세웠습니다.

원수로 갈라진 동서 기독교 제국

제4차 십자군 원정은 초기 십자군 원정보다도 몹시 세속적이고 탐욕스런 전쟁이었습니다. 동로마에 있던 많은 수의 미술품, 고대의 유물과 서적들이 파괴되거나 약탈당했습니다. 그 이후 십자군은 교황의 제어로부터 멀어져 왕과 제후의 이해에 좌우되는 면이 더욱 강화되었고, 동로마제국 사람들의 서유럽인에 대한 반감은 커져갔으며, 그리스 정교에서는 로마 카톨릭에 대한 깊은 불신감을 안게 되어 이후 여러 번의 동서 교회 결합 시도는 실패로 끝났습니다.

무엇보다도 몇 백년 동안 이슬람 세력으로부터 서유럽의 방파제가 되어 왔던 동로마제국의 국력은 이번 참사로 인력과 재력을 빼앗겼기 때문에 급속히 약화되었습니다. 1261년에 니케아 제국이 라틴 제국을 멸망시키고 콘스탄티노플을 수복하여 동로마제국을 부활시켰지만, 중흥을 이루지 못하고 결국 1453년에 오스만투르크에 의해 멸망당하고 말았으며, 이후 유럽 세계는 한동안 이슬람 세력의 침입에 시달려야 했습니다.

베네치아 공화국의 번영과 황금기의 시작

한편, 이 원정에서 유일하게 이득을 본 세력은 베네치아 공화국이었습니다. 동로마제국의 영향력이 사라지면서 지중해와 동지중해 일대의 해상권은 베네치아에게 넘어갔으며, 베네치아는 이후 150년 동안 막강한 해군력을 통해 해상 무역을 장악하고, 동로마 제국을 식민지화 해서 세계 최고의 부유한 공화국으로 성장하게 되었습니다. 그 후 오스만투르크의 발흥에도 불구하고 해상권을 지속적으로 확보하였습니다.
　콘스탄티노폴리스 공방을 둘러싼 내용에 대해서는 동시대의 뛰어난 기록자가 두 명 있었는데 십자군 측에서는 빌라르두엥의 조프루아였고 비잔티움 측에서는 니케타스 코니아테스라는 두 명의 역사가가 기록을 남겨 귀중한 역사가 보존되고 있습니다.

6) 비밀스런 유대인 나라 베네치아(Venezia) 공화국

　베네치아는 118개 크고 작은 석호섬을 연결하여 바다위의 도시를 만들었습니다. 그래서 베니스를 수중도시 즉 물위의 도시라고 불리웁니다. 시내버스도 배요, 택시도 곤도라라는 작은 배들입니다. 이웃집에 갈 때도 작은 택시 배를 타고 이동하는 세계에서 가장 안전하고 난공불락의 도시입니다. 베네치아를 영어로는 베니스(Venice)라고 합니다. 지중해 카르타고와 스파르타가 망하면서 그들은 이태리 대륙으로 들어가 베네치아, 제노바, 피렌체, 밀라노 등으로 퍼져 나갑니다. 특히 카르타고 뱃사람들은 그들이 가진 항해술로 베네치아에 관심을 갖게 됩니다. 그 후 5세기 로마가 망하고 훈족이 침입하면서 이민족들에게 도망치려 했던 사람들이 안전한 석호지역에 모이기 시작하면서 거대한 도시가 탄생했습니다. 7세기경에 규모가 발전해 자신들의 지도자를 선출하고 로마 황제에게 자치를 인정받게 되었으며, 전하는 바에 따르면 697년에 최초의 도제가 선출되었다고 합니다. 베니스는 세계에서 가장 신비로운 공화국입니다.

베네치아의 정치 경제제도

　베네치아 공화국의 정치체제는 카르타고와 같은 엘리트 인사들 간의 집단 지도체제인 과두 공화정이었습니다. 군주 독재 경찰국가로 사실상 야당이 없는 일당 독재였지만, 중세인들이라고는 믿어지지가 않는 합리적이고 유연한 발상으로 경제발전을 구가할 수 있었습니다.
　도제란 통령(統領)이라는 군주와 같은 지도자인데 한번 선출되면 종신제인데 정치구조와 경제구조는 카르타고와 똑같습니다. 군주 독재 경찰국가이며, 경제는 일부 사유재산을 인정하는 국가주도의 경영 경제로 공산주의입니다. 투표를 통해 지도자인 도제(doge, 한국어로는 '통령(統領)', '원수(元首)' 등으로 다양하게 번역)를 선출했으며, 일단 선출된 도제의 임기는 종신이었습니다. 하지만 실제 국가 최고 권력은 소수의 엘리트들이 소유하고 있는데 도제와 그 보좌관 6인, 그리고 임기 1년의 위원 10명으로 구성되는 10인 위원회에 있었으며 도제도 10인 위원회 내에서는 다른 위원들과 동등하게 단 1표 만을 행사할 수 있었습니다. 심지어 친위 쿠데타를 일으키려다 10인 위원회에게 체포되어 사형당한 도제도 있었습니다.

플라톤의 공화국, 이상국가를 그대로 실현시킨 베네치아 공화국

이런 정치, 경제제도는 이상국가 플라톤이 모델로 지목한 카르타고와 스파르타 독재정치와 국가가 주도적으로 경영하는 공산주의 경제제도였습니다. 플라톤은 소크라테스와 같이 1인 철인정치와 엘리트 독재정치를 이상국의 모델로 주장했습니다.

그들은 철저하게 플라톤의 공화국과 같은 이상국가의 철학을 그대로 적용하여 공화국을 운영했습니다. 즉 자신들만의 독보적인 유토피아를 1000년 동안 가장 안전한 석호섬을 개발하여 세계 최고의 부자나라로 만드는데 성공을 했습니다. 그들은 오스만 터키와 스페인과 포루투갈과 같은 제국들이 일어나기 15세기 이전까지는 전 세계 해상무역을 거의 독점했습니다.

7) 네델란드 습지를 제 2의 베네치아로 만든 천재들

그러나 15세기 항해술이 일반화되고 신대륙이 발견되면서 베네치아 공화국은 더 크고 더 넓고, 더 온 세계를 누비고 다닐 수 있는 요충지를 찾았는데 그 땅이 바로 네델란드입니다. 베네치아 공화국은 육지가 바다 수면보다 낮아 아무도 관심을 갖지 않았던 네델란드 습지를 거저 얻어 제방으로 바닷물을 막아 제 2의 베네치아 공화국을 만들었습니다. 베네치아의 부가 네델란드로 옮겨 가면서 세계의 모든 부와 경제활동은 네델란드로 집중되었습니다. 그리고 이들은 영국에 동인도 회사를 세우고 엘리자베스 1세를 지원하여 스페인의 무적함대를 물리치고 다시 한번 세계 해상무역을 독점했습니다.

네델란드 유대인들은 윌리암 크롬웰의 청교도 혁명을 철기군을 파병하여 승리로 이끌어 영국의 조폐공사와 중앙은행을 장악했습니다. 또 명예혁명 당시에도 철기군 15,000명을 영국에 파병하여 윌리암 2세를 영국왕으로 등극시켜 영국을 통한 세계화에 성공을 해서 해가 지지 않는 영국을 만들었습니다. 그 후 메이플라워호를 타고 미국 신대륙으로 들어가 오늘의 세계 정치 경제를 좌지우지하고 있는 것입니다.

제 4차 십자군 전쟁의 역사적인 평가

사탄의 세력들의 경제법칙은 전쟁입니다. 고대로부터 현대에 이르기까지 제국들은 반드시 전쟁을 통해서 세워졌습니다. 즉 침략과 약탈입니다. 남의 것을 빼앗아 부자가 되는 것은 가장 쉬운 경제법칙입니다. 그들은 전쟁을 통해서 약탈하기 위해서 명분을 찾습니다. 인권, 평화, 질서, 번영, 종교의 자유, 평등, 분배, 정의 등입니다. 그러나 그 모든 명분은 속임수입니다. 그 속에 감춰진 검은 마음은 오직 약탈입니다.

제 1차 세계대전도, 제 2차 세계대전도 모두 금은 보화를 빼앗기 위한 전쟁이었습니다. 지금도 먹을 것이 풍부한 곳에는 전쟁이 있습니다. 앞으로도 그럴것입니다. 이것이 사탄의 역사입니다. 중세는 제후들이 전쟁을 했습니다. 왕들이 전쟁을 했습니다. 교황도 역시 전쟁을 했습니다. 그리고 그것을 십자군 성전이라고 했습니다. 그러나 성전은 거짓말이었습니다. 모든 전쟁이 땅을 빼앗고, 영지를 넓히고, 농민과 노예를 더 많이 거느리고, 내 교회 백성의 숫자를 늘리기 위해 수많은 전쟁을 통해 피를 흘리게 했습니다.

제 4차 십자군 원정을 통해 서로마가 동로마를 멸망시켰습니다. 이것은 바벨론 3위1체 태양신이 이집트 이시스의 일신론 태양신을 이긴 것입니다. 이들은 같은 태양신을 믿었지만 그들의 문화와 전통과 영토를 지키려는 자존심 싸움에서 결국 동서로마가 갈라서게 된것입니다. 이것이 세계 교회사의 비밀입니다.

4. 어거스틴의 하나님의 도성과 교황권 1000년 왕국

1) 암브로스 밀라노 감독의 활약(주후340-397년)

생애

희랍어로 '불멸의, 신적인'의 뜻을 지닌 암브로스(Ambrose) 감독은 340년(혹은 339년) 트리어(Trier)에서 태어났습니다. 그의 아버지는 갈리아 지방 총독이었던 아우렐리우스 암브로스로, 부모가 다 기독교인이었습니다. 특히 아버지는 로마제국의 행정과 군사 대권을 장악한 집정관 출신으로 로마의 최고 권력을 가진 사람이었습니다.

밀라노 총독

암브로스는 정통파 신자인 프로부스(Probus) 밑에서 일하면서 법률을 공부하고 변호사와 수사학자로서 크게 이름을 떨친 후 372년 32세의 나이에 밀라노 총독에 임명되었습니다. 그 당시 밀라노의 주교직은 아리우스파의 아욱센티우스(Auxentius)가 차지하고 있었습니다. 아욱센티우스는 '고트족의 사도'라 불리우는 울필라(Wulfila)의 자식과도 같은 인물로 내색은 않았어도 아리우스파로 분류되는 감독이었는데, 암브로스의 총독부임 후 얼마 지나지 않아 죽게 되자(374년), 후임자 선정 문제로 도시는 시끄러워졌습니다.

밀라노 감독

교회 내 회중은 서로 우위를 점하려는 정통파(니케아파)와 아리우스파로 갈라섰으며, 일종의 소요사태까지 벌어졌습니다. 이 불안한 상태를 진정시킬 책임이 총독인 본인에게 있다고 생각하여 사태를 진정시키려고 교회에 들어갔을 때 한 어린이의 목소리가 교회 안에 울려 퍼졌습니다. "암브로스를 감독으로!" 신기하게도 이 말은 일파만파로 확대되었으며 대립관계인 두 파는 동일한 목소리를 내기 시작하여 암브로스를 밀라노 감독으로 추대했습니다. 당시 암브로스는 세례를 받기 위해 세례문답 교육을 받고 있었습니다.

암브로스는 세례도 받기 전에 성직자가 되기 위해서 거쳐야 할 모든 절차를 8일 동안에 마치고 374년 11월 24일 세례를 받은 뒤, 12월 1일

밀라노의 감독이 되었습니다.

데오도시우스 황제를 굴복 시킨 암브로스

390년 마게도냐 데살로니가에서 유명한 전차경기 선수 하나가 죄를 지어 로마 지역 사령관에게 체포되어 있을 때 이 선수의 경기를 보고 싶은 시민들은 그 선수를 석방시켜 달라고 탄원을 했습니다. 그러나 지역 사령관은 이를 거절했습니다. 그러자 시민들이 폭동을 일으켜 지역 사령관을 살해했습니다. 사건을 보고 받은 데오도시우스 황제는 폭동을 일으킨 사람들을 모두 죽이라는 명령을 했고 로마 군인들은 경기장 문을 잠그고 세 시간동안 7000명의 데살로니가 시민들을 죽였습니다.

밀라노 감독 암브로스는 이 충격적인 소식을 듣고 신중하게 황제에게 공개 편지를 써서 파문을 당하든지 회개하든지 둘 중의 하나를 요구했습니다. 당시 데오도시우스 황제의 관저가 밀라노에 있었기 때문에 황제 역시 암브로스가 목회를 하고 있는 교회에 출석을 하고 있었습니다.

암브로스는 자신의 교인인 황제의 사건을 목회와 연관된 문제로 보았기에 데오도시우스에게 회개를 촉구하였습니다. 황제는 별 반응을 보이지 않았습니다. 로마제국이 아무리 기독교 제국이라 해도 황제를 향한 공개적인 질책과 출교시키겠다는 경고는 암브로스의 목숨을 거는 일이었습니다. 그는 황제를 파문시킨다는 용단을 내리고 그에게 성찬 참예 금지령을 내렸습니다. 황제는 자신의 행위를 후회하며 암브로스의 준엄한 책망을 달게 받아들였습니다.

암브로스 앞에 무릎을 꿇고 회개한 데오도시우스 황제

황제는 성급한 분노로 야만적 행위를 한 부분에 대해 통회하고 암브로스를 찾아가 자비를 간청했습니다. "진실로 참회하는 모든 자들에게 문을 여시고 결코 닫지 않으시며, 이 모든 죄악의 사슬에서 풀어주시는 자비로우신 주님의 뜻 안에서 당신의 용서를 구합니다." 암브로스는 현관에서 그를 만나 "당신이 사람의 피로 물든 손을 그대로 지닌 채 이곳에 들어올 수는 없습니다." 하고 황제가 참회의 증거를 보일 때까지는 교회에 결코 발을 들여놓을 수 없다고 하였습니다. 황제는 자신이 통회하고 있음을 확신시키려 하였으나, 암브로스는 사사로운 후회는 공적인 죄를 사함 받기에 불충분하다고 했습니다.

황제는 이후 심적으로 매우 고통스러워했습니다. 황제는 감독에게 굴복하고 8개월 간 회개의 은둔생활을 했으며, 홧김에 일을 처리하는 일이 없도록 어떤 사람이 죄를 지었을 때 30일이 지나기 전에는 절대로 사형을 집행하지 않겠다고 약속했습니다. 이런 배경 아래서 로마제국 역사상 최초로 사형선고에서 사형집행까지 유예를 주는 제도가 만들어지게 되었습니다.

황제는 예복을 벗고 평민 복장으로 교회에서 자신의 죄를 고백했고, 공중이 보는 앞에서 하나님과 사람들에게 죄의 용서를 호소하였습니다. 전에는 꼿꼿이 선 채로 기도하였지만 땅에 꿇어 엎드려 하나님의 은혜를 구하는 기도를 드렸습니다. 사람들은 울면서 그와 함께 기도했고, 그의 슬픔과 겸손에 감동 받았습니다. 황제는 성찬 금지를 당한 지 8개월 만인, 그 해의 성탄절에 다시 교회의 예배에 참석할 수 있었습니다.

교황권 확립과 로마 카톨릭 국가교회 탄생

동방에서는 황제가 교회를 지배했으나 서방에서는 교회가 황제를 제어하게 되었습니다. 암브로스는 국가로부터 교회의 독립을 주장하고 이를 실현시켰습니다. 사실상 교회의 권위를 국가의 권위 위에 올려 놓는 토대를 구축했습니다. 이후에 카톨릭 교회는 교황 지상주의를 내세울 때 항상 암브로스를 활용했습니다. 그래서 역사가들은 암브로스가 정착시킨 '교회와 국가와의 관계'를 '카톨릭주의' 또는 '교황주의'라고 합니다.

암브로스는 세례도 받기 전에 그가 가진 정치적인 배경을 힘입어 밀라노 감독으로 추대 되었습니다. 암브로스는 영적인 감독이 아니라 가난한 자들을 구제하고 사회제도를 평등화 시키는 정치적인 감독이었습니다. 그는 법학자와 수사학자와 정치가로 언변이 뛰어났으며 감독으로 우렁찬 설교를 했습니다. 그러나 그는 거듭난 그리스도인은 아니었습니다.

암브로스의 영향을 받아 어거스틴이 탄생했습니다. 암브로스는 아버지로부터 이어 내려온 막강한 정치적인 권력과 종교적인 권력을 가지고 로마 카톨릭 교황권의 기초를 놓았던 주인공이 되었습니다. 그리고 그의 제자 어거스틴은 하나님의 도성이란 책을 통해 국가 교회 즉 교황의 국가를 제도화 시켰습니다.

2) 데오도시우스의 업적 기독교 로마 국교화
(서기 347년 1월 11일 출생, 395년 1월 17일 사망)

밀라노 칙령의 참 의미
콘스탄틴 대제가 밀라노 칙령을 통해 기독교를 공인한 것은 국교화한 것이 아니었습니다. 로마 정부가 인정하는 여러 종교 중 하나로 공인된 것입니다. 단지 박해를 면해주는 수준이었습니다. 콘스탄틴 대제가 기독교를 공인한 가장 큰 목적은 로마에 있는 모든 종교를 통합하여 팍스로마를 세우려 한 것입니다. 주일을 지키게 한 것도 태양신을 섬기기 위한 것이었습니다. 그는 스스로를 폰티 펙스 막시무스라는 미트라 대제 사장의 이름과 대제라는 이름을 가지고 로마를 정치적으로 종교적으로 통치했습니다.

기독교를 로마 국교로 정한 데오도시우스 황제
388년, 41세가 된 동방제국의 황제 데오도시우스는 브리타니아(영국)에 주둔한 로마군 사령관 막시무스를 제압하고 처형한 공적을 등에 업고 처음으로 수도 로마를 방문합니다. 그는 곧장 원로원으로 가서 회의장에 모인 의원들 앞에서 질문형식으로 선택을 강요했습니다.

"로마인의 종교로서 그대들은 유피테르(제우스 신)가 좋다고 보는가, 아니면 그리스도가 좋다고 보는가?" 44세가 되는 심마쿠스는 청원서를 보냈던 4년 전에 모든 공직에서 은퇴하여 그 자리에 없었고, 토의가 어떤 식으로 전개되었는지 알려진 게 없지만 결국 건국초기부터 로마인과 함께 걸어온 원로원은 1,141년 만에 전통적인 신들을 버리고 그 자리에 그리스도가 앉기로 결정됨으로써 기독교가 앞으로 로마 제국의 국교가 된다는 선언을 하게 됩니다.

그래서 지금까지 로마인들이 모셨던 신상들은 파괴되고, 신전도 다행히 살아남은 것은 교회로 바뀐 신전뿐이었습니다. 그 좋은 예가 판테온

인데, 2세기 로마 건축의 걸작인 이 거대한 건조물은 모든 신들에게 바친다는 의미로 "판테온"이라고 이름 지어져 있었지만, 4세기말부터 단 하나의 神에게만 바쳐진 교회로 바뀌었습니다.

392년, 이교와 기독교의 투쟁 역사상 로마 원로원의 유피테르 유죄판결 못지않게 올림피아 경기대회를 완전폐지 한다는 법률을 공포하게 되었습니다. 그리스의 올림피아에서 4년에 한번 개최된 이 경기대회가 제우스(라틴어로는 유피테르) 신에게 바쳐진 것이었기 때문이었습니다.

제 1회 올림픽은 BC 776년에 열렸다고 하니, 무려 1,169년 만에 막을 내리게 된 셈이고, 따라서 서양 역사에서는 392년이라는 해가 "그리스와 로마의 문명이 공식적으로 끝난 해"라고 불렸습니다. 그 후 올림픽 경기는 1,500여년의 세월이 지난 뒤 부활시켜 1,896년 4월 6일에 그리스의 아테네에서 제1회 현대 올림픽 경기가 개최되었습니다.

반전을 거듭한 로마의 기독교

콘스탄티누스 황제 시기만 하더라도 기독교(가톨릭)와 로마의 태양신 숭배는 어느 정도 균형을 유지하고 있었습니다. 그의 사후(337년) 권력을 잡은 아들들은 이교 신전을 폐쇄하고 신들에게 제물을 바치는 것을 금지하는 한편 기독교 성직자들과 그 가족들에게 공적인 의무를 면제해 주는 등 친기독교적인 정책으로 기울었습니다. 그러나 율리아누스 황제(재위 355~363)가 등극하면서 다시 로마의 종교정책은 반기독교적으로 바뀌었습니다.

그리스 철학 특히 신플라톤주의에 큰 감명을 받았던 율리아누스는 그리스 로마의 지적인 전통과 종교적 전통을 지키기 위해 노력하였습니다. 선제(先帝)들이 교회에 부여한 특권을 몰수하고 폐쇄되었던 이교신전을 복구하였습니다. 그는 법 앞에 모든 종교가 평등하다는 엄숙한 선언을 하여 기독교로 경도된 제국의 정체성을 되찾고 그 위에서 황제권력을 강화하려 하였습니다.

주후 392년 기독교가 로마 국교가 되다

율리아누스 사후 시계추는 다시 반대방향으로 향했습니다. 여러 황제들에 의해 친기독교적 정책이 취해지다 결국 데오도시우스 황제 때에는 기독교를 국교로 만들었습니다(392년). 그는 로마의 전통적인 종교를 '불법 종교'로 선포하고 그 신전들을 파괴하였습니다. 이 기독교 황제의 치세에 니케아 교리를 제외한 어떠한 교리 해석도 모두 이단으로 선언되고 탄압을 받았습니다.

예전에 이교신앙을 옹호하던 황제들이 표면적으로는 '종교적 자유'와 '종교적 평등'을 내건 것과는 달리 이제는 기독교 정통에서 약간이라도 벗어나는 일체의 신앙과 사상 그리고 문화는 모조리 탄압의 대상이 되었습니다. 집안 내에서도 이교신앙 의식을 금지한 것, 오랫동안 내려오던 그리스의 올림피아 제전(올림픽 경기)을 폐지한 것도 바로 이 기독교 황제에 의해서였습니다. 다른 신앙과 신들, 다른 종교에 관대한 태도를 보였던 그리스 로마의 지적 전통은 이로써 막을 내리게 되었습니다. 이제 이교 신앙에 대한 기독교도의 대중 폭력 사태가 빈발하였습니다. 모두 국가의 방조가 있었기 때문에 가능한 것이었습니다. 그래서 우리는 테오도시우스 황제의 통치에서 종교적 자유와 사상의 자유가 사라진 중세 암흑시대의 어두운 그림자를 보게된 것입니다.

암브로스의 종이된 데오도시우스 황제

시오노나나미의 로마인 이야기에서 데오도시우스 황제는 밀라노 감독이었던 암브로스의 정치적인 후원을 받아 강력한 군주로서 기독교를 국교로 정하고 이교신전을 파괴하고 올림픽 경기를 중단시켰다고 했습니다. 결국 데오도시우스와 암브로스는 서로의 목적을 이루기 위해 의기투합한 결과가 로마 카톨릭의 교황권 확립에 기초를 놓게 되었습니다.

3) 어거스틴(Aurelius Augustinus. AD 354.11.13.-430.8.28)

어거스틴의 하나님의 도성(413-426년)

어거스틴은 하나님의 도성이란 책을 통해서 하나님 나라의 예시를 보여주는 곳이 바로 교회라고 주장하였습니다. 그러면서 하나님의 교회를 가시적 교회와 불가시적 교회로 나누고 불가시적인 완전한 교회는 망하지 않고 영원하며 하나님만이 아신다고 주장하였습니다. 어거스틴은 교회는 하나님이 택한 자들의 모임이라고 정의를 하면서 하나님이 택한 자들은 눈에 보이지 않는 교회로 눈에 보이는 교회 즉 가시적 교회 안에 숨어 있기 때문에 이를 보편적인 교회라고 정의했습니다. 즉 로마 카톨릭은 로마라는 국가 안에 흩어져 있는 하나님의 택한 백성들인 보편적 교회라는 것입니다.

로마는 영원히 망하지 않는 보편적 교회이다

어거스틴은 보이지 않는 하나님의 나라는 하나님이 세운 교회이기 때문에 영원히 망하지 않는다고 했습니다. 그리고 이런 불가시적인 영원한 나라가 로마 안에 숨어 있기 때문에 로마는 영원히 망하지 않는다고 주장했습니다. 그러면서 로마 카톨릭은 하나님의 나라의 천년왕국이라고 했습니다. 이것이 그가 주장한 지상의 천년왕국 즉 무천년주의 이론입니다. 게르만 지배 시대의 교회는 이러한 어거스틴의 논리에 따라서 로마 제국은 멸망한 것이 아니라 교회를 통해서 계속되고 있다고 이해했던 것입니다.

중세 천년왕국이 열리다

이런 주장은 교회를 통해서 세상에 대한 지배가 새롭게 시작되었으며 이것은 하나님 나라가 교회를 통해서 이루어지는 시작점이라고 생각했습니다. 이런 주장의 배경에 기독교와 교회가 세상을 지배한다는 의식이 자리잡게 되었고 이런 해석을 계기로 교회는 지금까지와는 전혀 다른 특별한 자의식 즉 천국을 대표하는 기관, 천국의 비밀과 영광을 가진 곳이라는 특별한 위치를 부여받게 되었습니다. 그리고 이러한 모든 이해들은 교회의 영향력이 더욱 커져 가면서 마침내는 중세라는 시대 자체를 특징짓는 요소들이 되었습니다. 이와 같은 어거스틴의 업적으로 따라서 태어난 것이 일천년 역사의 교황제도요, 일천년 역사의 신성로마 제국입니다.

로마 카톨릭 교회밖에는 구원이 없다

어거스틴은 "로마 카톨릭 교회 밖에는 구원이 없다"고 주장했습니다. 그러면서 거듭난 순결한 성도들인 자신들이야말로 참 교회를 이루고 있다는 노바티안 성도들을 살해했습니다. 어거스틴이 말한 교회는 공간적으로는 로마라는 보편적 가톨릭교회요, 시간적으로는 현재뿐만 아니라 과거와 미래를 망라하며, 또한 착한 사람들과 나쁜 사람들, 성자와 술주정뱅이를 다 포괄하는 "섞여진 공동체"를 지칭하는 것입니다. 성경에서 언급한 곡식과 가라지의 비유에 보여 주듯이 지상의 현실 교회에는 "탐욕스러운 자들, 돈을 횡령한 자들, 도둑놈들, 고리대금업자들, 술 주정뱅이들, 또한 시기하는 자들"도 있다는 사실을 그는 하나님의 도성에서 인정했습니다. 이것이 그가 말한 보편적 교회의 실체입니다. 즉 국가교회였습니다. 국가교회는 군주의 신앙에 따라 영지에 사는 주민들의 신앙이 결정되었습니다. 군주의 영토가 곧 교회였습니다.

로마 카톨릭의 어머니 교회가 생명을 출생시키고 영혼을 양육을 한다

어거스틴은 또한 어머니로서의 교회에 대한 이해를 중시했습니다. "하나님을 자신의 아버지로 모신 사람은 반드시 교회를 자신의 어머니로 모셔야 안전하다"(On Baptism I, 15) "아담과 이브가 우리를 낳았으나 죽음에 이르게 했다. 그러나 그리스도와 그의 신부되는 교회는 우리를 낳아서 영생에 이르게 하셨다" 물론 이때의 교회는 보편적 교회로서 이 로마 카톨릭만이 성례를 소유하고 있기 때문에 세례를 통하여 많은 생명을 탄생시킬 수 있다고 했습니다.

어거스틴은 예수 그리스도의 십자가 복음이 새 생명을 탄생시키고, 십자가 복음이 믿음에서 믿음으로 성도를 양육한다고 생각하지 않고 교회가 영적인 어머니로서 영혼을 출생시키고 양육한다고 생각을 했습니다. 이것은 어거스틴이 마리아 숭배를 지지한 이론이며 교회를 국가 권력화하는 이론으로 유아세례가 제정되었습니다. 어거스틴은 노바티안이나 도나티안 성도들이 주장한 성인 세례를 부인하고 오직 유아세례만을 고집했습니다. 그리고 성인 세례를 주장하는 사람들을 하나의 교회, 하나의 세례를 거부한 이단으로 몰아 죽였습니다.

이와 같은 어거스틴의 가르침은 루터나 칼빈도 그대로 이어 받았습니다. 칼빈도 어머니 교회를 강조했습니다. 특별히 어거스틴은 교회의 권위를 성경보다 높였으며, 교회 머리되신 예수님보다 높였습니다. 어거스틴은 "교회를 어머니로 받아들이지 않는 사람은 하나님을 아버지로 받아들일 수 없다"라고 하면서 교회의 절대적인 권위를 높였습니다. 그 이유는 마리아 숭배사상이요, 마리아는 태양신 여황후 세미라미스입니다.

이런 기독교 교리는 태양신 기독교를 말하고 있습니다. 실제로 어거스틴이 말하고 있는 교회는 이름만 교회입니다. 그 내용은 태양신을 섬기는 로마의 국교를 성경적인 이름만으로 사용할 뿐입니다. 철저하게 기독교의 가면을 쓴 태양신입니다. 로마 카톨릭은 기독교가 아닙니다. 전혀 다른 이교일 뿐입니다. 예수는 실패한 메시야였고, 콘스탄틴은 성공한 메시야라고 믿는 것이 당시 로마 기독교입니다. 이렇게 쓴 사람은 교회역사가 콘스탄틴의 친구 유세비우스입니다. 그들이 생각하는 정치적인 메시야는 박해받은 예수가 아닌 해방자 콘스탄틴이었습니다. 그들이 찾았던 기독교는 현 세상에서 정치적으로 경제적으로 안정을 누리는 종교를 추구했던 것입니다. 그래서 기독교가 로마 황제의 종교인 미트라 태양신과 혼합된 것입니다. 그리고 이름만 기독교로 정리된 것입니다. 이것이 바리새파 유대인들의 킹덤나우사상입니다.

4) 레오 1세(Flavius Valerius Leo, 401년-474년)

최초로 교황이란 명칭을 쓴 레오1세

로마 황제를 '아우구스투스' 라고 합니다. 이는 지존자, 절대자라는 뜻입니다. 이것을 로마 교회지도자들이 빌려 쓴 단어가 교황이란 단어입니다. 로마 제국이 기독교 국가가 되면서 이제 로마황제는 로마 교황이 된 것입니다.

레오(Leo) 1세는 최초로 '교황' 이라는 칭호를 사용했던 인물로 알려지고 있습니다. 서로마 제국이 야만족들의 침입을 받는 가운데 가장 혹독한 공격을 받은 것은 452년 흉노족의 침입입니다. 이때 서로마 제국은 자체 방어할 능력을 가지지 못하고 있었습니다. 당시 게르만 출신의 장군들이 황제를 마음대로 임명하고 권력 싸움으로 제국을 지켜갈 만한 힘을 잃고 있었습니다. 훈노족의 지도자 아틸라(Attila)의 군대가 로마에 침입하였을 때 로마의 운명을 걸고 아틸라와 담판을 벌인 자가 바로 로마의 대주교 레오1세(Leo 440-461)였습니다.

레오가 아틸라를 찾아가 간청한 것은 로마를 파괴하지 말 것을 간청했으나 레오의 간청은 받아졌으나 약탈까지는 막지 못했습니다. 그러나 레오로 인해 로마가 파괴되는 것을 막을수 있었습니다. 서로마는 서고트족과 동맹하여 훈노족을 간신히 물리치지만 455년 반달족이 서로마를 공격했습니다. 이때 반달족의 장군 젠세릭(Genseric)이 로마 전체를 불질러 버리겠다고 했을 때 이때도 레오가 나서서 젠세릭과 협상하여 로마 파괴를 막았습니다. 레오가 이렇게 세속 문제에 개입한 것은 개인의 재능 때문이기도 하였지만 세속의 행정 체계가 마비되었기 때문이었습니다.

그러나 레오 자신은 이것보다 더 큰 이유가 있었습니다. 레오는 예수님께서 베드로와 그의 후계자들을 교회의 기초로 삼으셨으므로 베드로의 직계 후계자인 로마의 감독이야말로 교회의 우두머리이고 그러므로 이 모든 문제에 주도적으로 나서서 해결해야 할 권리와 의무를 갖고 있다는 것이었습니다. 로마의 정치적인 왕들이 백성들을 지켜주지 못하게 되자 감독들이 일어나서 세속정치에 개입하기 시작하므로 교황정치가 뿌리 내리게 되었습니다.

로마 카톨릭은 처음부터 정치적인 제도로 출발했습니다. 유아세례는 곧 로마 시민이 되는 첫 번째 국가적인 행위입니다. 그리고 각 지역마다 주교들이 구제사업, 때로는 전쟁이 일어나면 전투까지 지휘를 했습니다. 어거스틴도 역시 히포를 지키다가 죽었습니다. 왜냐하면 로마제국은 로마 카톨릭과 같은 국가였습니다.

밀라노 총독이면서 밀라노 감독이 된 암브로스는 정치적인 지도자 뿐아니라 종교적인 지도자로서 사역을 감당했습니다. 로마 카톨릭에서 사제가 되는 것은 로마 제국의 정치가가 되는 것과 같은 의미였습니다. 기독교가 미트라교에 편입이 되어 있을 때는 이원화된 구조로 가다가 점차적으로 로마 카톨릭이 기독교로 일원화 되면서 로마 황제는 없어지고 로마 교황이 나타나는 것은 자연스런 일이었습니다. 이렇게 될 것을 미리 예견한 자가 바로 어거스틴의 하나님의 도성이란 교리입니다. 어거스틴은 세상에 나타날 정치적인 로마제국을 로마 카톨릭으로 해석한 책이 하나님의 도성이란 신국론입니다. 그도 역시 메시야를 정치적으로 해석을 했습니다.

5) 그레고리 1세(Gregory 540-604년)

레오 사망 후 130년이 지난 590년 레오가 가진 교황제의 이상을 실천에 옮긴 교황이 등장하게 되는데 역사는 이 사람을 교황제의 창시자와 로마 교황 중에서 가장 위대한 교황 중 하나로 평가받고, 중세 교황권의 아버지라고 칭호를 받는 그레고리 1세입니다.

540년경 로마 귀족의 아들로 태어난 것으로 알려져 있는 그는 소년 시절에 동로마와 동고트족이 이탈리아에서 전쟁하는 모습을 보고 자랐습니다. 그가 28세 가량 되었을 때 롬바르드족이 로마에 침입하였는데 이때 그레고리는 로마의 행정을 담당하는 장관이었습니다.

574년 그레고리는 관직을 버리고 수도원에 들어갔다가 579년 로마 감독 베네딕트 1세의 명령으로 서로마 감독 대사로 콘스탄티노플에 파견되었습니다. 586년에 로마로 돌아와 로마 감독을 보좌하여 행정을 맡다가 590년 로마 감독 펠라기우스 2세가 죽은 후 로마 감독으로 선출되었습니다. 그레고리는 교황이 되지 않기 위해서 도망까지 쳤으나 시민들이 찾아내어 교황에 취임하도록 했다고 합니다.

롬바르드족과 직접 협상한 교황

그레고리는 아주 정열적으로 교황의 일을 처리해 나갔는데 그레고리가 교황이 된 6세기 말에 로마시는 롬바르드족의 침략은 계속되고 있었지만 방어할 힘도 없었고 백성들은 먹지 못해 굶주렸습니다. 이때 그레고리는 롬바르드족과 직접 협상을 해서 평화를 보장받았습니다.

그는 백성들을 위한 구제 사업을 성공적으로 실시하였고, 시민들에게 식량을 주기 위해서 남부 이탈리아 교황령을 대폭 개편하여 각 속주의 관리를 성직자 관리들에게 맡기고, 작은 영지들은 평신도 관리인을 고용해서 경영을 합리화하고, 이집트에는 목재를 수출하고, 콘스탄티노플에는 곡물을 수출함으로 로마교회의 수입을 크게 늘렸습니다.

그는 예배 의식서를 정리해서 예배를 단순 간결하게 정리했는데 이것은 후대에 카톨릭 미사전서의 기초가 되었습니다. 그레고리(Gregory)는 히에로니무스, 어거스틴(Augustine) 암브로스(Ambrose)와 함께 라틴 교회가 낳은 4명의 박사로 추앙받고 있으나 신학적인 면에서는 특별한 것이 없습니다.

어거스틴의 신학교리를 현실화한 교황

그레고리는 어거스틴을 존경하였는데 평소에 어거스틴 가르침에서 벗어나지 않는 것을 자랑으로 여겼으며, 그레고리는 어거스틴을 무오한 스승으로 만듦으로써 어거스틴의 위상은 그레고리 교황제와 함께 높아졌습니다. 어거스틴의 연옥교리를 확정시켰습니다. 그레고리는 인간이 지은 죄에 관하여 어떤 방식으로 하나님이 만족하실 만한 대가를 지불하는가에 관심을 두었습니다. 그리고 그 방식을 고행에다 두고 대가를 지불하기 위해 진정한 회개, 고해, 실제적 처벌, 그리고 사제로부터 고해성사를 통해 죄의 대가가 만족하게 지불되면 상관없지만 불충분하면 최종 구원을 얻기 전에 연옥에 가게 된다고 주장했습니다. 그리고 살아있는 사람들은 미사나 기도를 통해서 연옥에 있는 사람들을 도울 수 있다고 주장했습니다. 그레고리는 미사 혹은 성찬식에서 그리스도가 새로이 희생된다는 화체설을 믿었습니다.

이러한 그레고리의 후계자들 아래서 교황청은 타락과 부패의 길을 걸었습니다. 그리고 더욱 중요한 것은 그레고리가 교황에 즉위했을 때부터 로마시를 위협하고 있는 롬바르드족과 직접협상을 했다는 사실입니다. 왜 이것이 중요한 역사적 사건이 되었는가 하면 서로마가 멸망한 후 서로마는 행정적으로 동로마에 귀속되어 있었습니다.

592년 그레고리는 총독과 상의 없이 롬바르드족과 협상을 벌여 조공을 지불하는 조건으로 휴전을 맺었고 그 이후 그레고리는 동로마와 상의 없이 독자적으로 롬바르드족과 상대하였습니다. 당시에 동로마 역시도 더 이상 서로마를 도와줄 군사력도 힘도 없었기 때문에 그레고리의 행동을 보고만 있을 수밖에 없었습니다. 이런 가운데 그레고리는 단지 로마 교구의 감독이 아니라 로마시와 그 일대의 통치자 역할을 하게 되었는데 그레고리는 로마의 감독이나 로마의 대주교라는 역할을 단지 종교적이고 신앙적인 면에서 끝나지 않고 세속 군주의 역할과 같은 것으로 올려놓았던 것입니다.

이제 로마의 교황은 중부 이탈리아의 독립 군주가 되었습니다. 그리고 이런 활동은 후임 교황들에게도 영향을 미치게 되었고 그 후 8세기 중반에 다시 롬바르드족의 위협이 있을 때 로마 교황은 동로마에게 구원을 요청한 것이 아니라 북부의 프랑크 왕국에게 도움을 청하므로 로마는 동로마와 결별을 하게 되었습니다.

이런 결과로 인해 로마는 서유럽의 하나의 문화권으로 성장하는 배경을 만들어 내었고 더 나아가서 이것은 곧 동방 교회와 서방 교회가 당시에 서로 다투고 있던 교리적인 부분에서도 즉 단일론이나 화상논쟁 등으로 독자적인 노선을 걷게 하는 계기가 되었으며, 정치적인 결별도 하게 되는 결과를 가져왔습니다. 이런 이유로 그레고리를 실질적 초대 교황이라고 말하고 있는 것입니다.

그레고리 교황 이후에도 로마가 동로마 즉 콘스탄티노플과 격렬한 신학 논쟁을 벌이게 되고 이러한 신학 논쟁은 동로마와 손을 끊고 북쪽의 프랑크 왕국과 손을 잡는 계기가 되었습니다. 바로 이러한 것을 통하여 중세 특유의 특징인 교황권이 세속 세계를 지배할 체제가 마련되었습니다.

암브로스와 어거스틴 그리고 레오를 거쳐 그레고리에 의해 구체화된 교황권은 차츰 세속 군주로서의 역할을 이렇게 해서 역사적 모습을 만들어 갔던 것입니다. 교황제는 기독교가 새로운 문화 접촉을 겪으면서 만들어진 역사적 산물입니다. 그리고 이것은 바로 중세의 특징이 되었습니다. 이렇게 교황제를 특징으로 나타난 로마 카톨릭은 중세 내내 지배자로 군림하게 되었습니다.

그리고 드디어 교황 레오 3세가 A.D 800년 성탄절에 프랑크 왕 샤를마뉴를 서방 제국의 황제에 임명하므로 교황의 권위는 더욱 커질 수밖에 없었습니다. 그레고리1세(주후 590년)부터 마틴 루터가 종교 개혁(주후1517년)을 할 때까지 1000년 동안 중세는 명실상부한 교황제가 지배한 나라가 되었습니다.

6) 레오 3세와 신성로마제국

프랑크 왕국 메로빙거 왕조로 시작한 유럽 중세 역사
　주후 476년 로마가 고트족에게 망한 후 동서 로마가 분열되었는데 주인을 잃어버린 서로마 제국을 손에 넣은 왕국이 지금 프랑스 영토에 세워진 프랑크 왕국입니다.
　메로빙거라는 이름은 창시자로 알려진 프랑크족 족장 메로베에서 유래합니다. 메로빙거 왕조를 건국한 건국자는 힐데리히 1세의 아들 클로비스 1세로 세력을 쌓고 수와송 전투에서 승리함으로써 프랑크족을 통일했습니다. 그는 파리로 수도를 옮겼으며 이전까지 믿던 아리우스파 기독교를 버리고 가톨릭을 받아들여 486년 교황 펠렉스 3세에게 세례와 왕관을 받아서 서로마제국 프랑크 왕국을 세웠습니다. 그는 최초로 로마인이 아닌 이방인으로 로마의 주인이 되었습니다.
　그가 로마 카톨릭으로 개종한 것은 순전히 정치적인 당시 유럽의 제5교구인 로마의 주인이 되기 위함이었습니다. 메로빙거 왕들은 말로만 카톨릭 신자였지 머리를 길게 기르고, 황소를 타고 외출하였으며 그들만의 비밀 종교에 심취해서 최면, 환상, 치유, 초능력을 행하기 위한 관상기도를 즐겨 했습니다. 뿐 만 아니라 비밀 종교를 섬겨서 사탄숭배와 인신 제사와 같은 이교적인 종교 활동으로 동로마 교황청으로부터 거부를 당하여 궁내대신 피핀으로부터 왕이 암살당하므로 300년 왕조역사를 마감했습니다.
　프랑크 왕국을 모체로 출발한 유럽의 역사 한 편은 다빈치코드와 성혈과 성배에서 언급하고 있는 유대혈통을 가진 메로빙거 왕조입니다.
　북부 프랑크 왕조에 의해서 카로링거 왕조 즉 신성로마제국이 출발하기 전까지 300년 동안 메로빙거 왕들이 힘있는 궁정대신들을 통해서 유럽을 통치했습니다. 쉽게 말하면 제도화되지 않는 이원 집정제 정치제도였습니다. 그리고 메로빙거 왕족들은 비밀종교에 빠져서 현실정치를 등한히 하게 되었기 때문에 이 틈새를 로마 카톨릭의 주교와 감독들이 파고 들어와 정치적인 영향력을 키워올 수 있었던 것입니다. 그리고 카롤링거 왕조가 자손이 없이 죽자 교황이 오토1세를 황제로 임명하면서 독일을 중심으로 신성로마제국이 탄생한 것입니다.

7) 신성로마 제국을 세운 샤를대제와 교황 레오3세

메로빙거 왕조는 병약한 왕들과 기도와 칩거생활에 집중한 왕들의 습관 때문에 국왕의 실권은 약화되고 일종의 궁정 대신인 궁재(maior domus)의 손에 넘어가게 되었습니다. 메로빙거 왕조의 궁재 중에서도 강력한 가문이 등장했는데, 바로 피핀 1세의 가문이었습니다. 680년경 메로빙거 왕실과 인척관계를 형성한 카롤링거 왕조의 피핀 2세가 실권을 장악했고, 714년에는 그의 사후 왕실 지지파가 피핀의 세력을 누르려 하였으나 실패하고 카롤링거 왕가 출신의 카를 마르텔이 실권을 잡기도 했습니다.

카롤링거 가문의 영화는 메로빙거 프랑크 왕국 북쪽지역(벨기에, 룩셈부르크, 네델란드) 아우스트라시아(Austrasia)의 궁재 피핀 1세에서 시작되었고, 피핀 1세의 외손자 피핀 2세는 687년 텔토리 전투에서 프랑크 왕국의 실권을 잡았으며 피핀 2세의 서자였던 샤를 마르텔이 732년 투르 푸아티에 전투에서 우마이야 왕조를 격퇴하고 이슬람군의 침략을 막아내면서 군사적 권위를 얻었습니다. 이는 이슬람의 침입으로부터 서유럽을 수호했다는 의의가 있습니다. 샤를 마르텔은 내란으로 잠시 공석이 되었던 왕위를 대신하여 메로빙거 왕조를 통치하기도 했지만 감히 왕위까지는 넘보지 않았습니다.

하지만 그의 아들 피핀 3세는 메로빙거 왕조의 다고베르 2세를 폐위시키고 스스로 왕위에 올랐습니다. 교황 자카리아는 피핀 3세에게 메로빙거 왕조의 이단적인 행위 때문에 다고베르 2세의 폐위를 종용했기 때문에 그의 왕위를 인정했습니다. 피핀 3세는 754년 롬바르디아 왕국을 격파하고 교황 스테파노 2세에게 라벤나 일대의 토지를 기증하여('피핀의 기증'이라 함) 교황령의 시초가 되었습니다. 이에 대한 댓가로 교황은 피핀 3세의 아들 샤를마뉴에게 황제라는 칭호를 내렸습니다.

피핀 3세의 아들이 바로 그 유명한 샤를마뉴이며 800년 교황 레오 3세에게 로마 제국 황제의 칭호를 받아 프랑스 중심의 신성로마제국의 시초가 되었습니다. 레오 3세는 교황중에 최초로 황제에게 교황이라는 섬김을 받은 자가 되었고, 카를 대제 역시 교황에 의해 황제 자리에 오른 최초의 왕이 되었습니다. 이것이 신성로마제국의 출발입니다. 그 후 843년경 베르뎅 조약으로 프랑크 왕국은 3개의 국가로 분열이 되었습니다. 장남 로타리 1세는 중프랑크로 현재 이탈리아, 삼남 루트비히 2세는 동프랑크 오늘의 독일, 서프랑크는 오늘의 프랑스로 분열이 되었습니다.

로마 제국 칭호는 모두 서프랑크 왕국의 샤를 2세가 가졌다가 877년 샤를 2세가 사망하자 그의 조카이자 동프랑크 왕국의 카를만에게 넘어갔습니다. 이탈리아는 동프랑크 왕국이 대대로 소유하다가 동프랑크 왕국 멸망 후 962년 신성로마제국의 오토 1세가 가지게 되었습니다.

신성로마제국의 출발

루트비히 2세의 증손자 유아왕 루트비히 4세가 911년 후계자 없이 사망하면서 망했고, 유력한 제후인 오토 1세를 왕으로 선출하게 되었습니다. 이 시기에 선출된 오토 1세는 독립적인 지배권을 갖고 있던 제후들의 힘을 꺾어 왕권을 강화했으며 마자르족의 침략을 막아내고 이탈리아 지역을 점령하였습니다. 또한 교회를 적절히 이용하여 지배력을 강화하기 시작합니다. 당시의 독일 지역의 교회와 수도원은 귀족들에게 재산을 빼앗기고 간섭을 받고 있었습니다.

이에 오토1세는 토지를 교회에 돌려주고 여러 가지 특권을 주었을 뿐 아니라 성직자를 직접 임명해 자신에게 충성하도록 유도 하였습니다. 이렇게 해서 오토 1세는 영토를 넓히고 교회를 자기편으로 만들어 왕권을 강화하여 제국의 토대를 마련하였습니다. 오토1세는 로마 교황의 요청을 받고 이탈리아로 가서 교황을 괴롭히던 현지 귀족을 토벌하게 되었습니다.

그러자 감사의 뜻으로 교황 요한 12세는 962년에 오토1세에게 황제의 제관을 씌워 주었는데 이것이 독일중심의 신성 로마 제국의 시초입니다. 이후 신성 로마 제국은 1806년 프란츠 2세가 나폴레옹에 패하여 제위에서 물러날 때까지 독일의 정식 명칭이었습니다. 신성 로마 제국은 고대 로마의 전통 보존자인 로마 카톨릭과 일체라는 의미를 지니고 있습니다. 이탈리아 로마에서 시작된 중세 종교는 프랑스를 거쳐 독일에서 신성로마 제국이라는 이름으로 뿌리를 내리고 1000년의 역사를 계속했습니다.

8) 마틴 루터와 칼빈에 의해서 시작된 종교개혁 운동과 30년 종교전쟁

독일에서 일어난 장미 십자회 마틴 루터의 종교 개혁운동과 제네바에서 일어난 바리새파 유대 장로들을 중심으로 일어난 칼빈의 종교 개혁운동은 수많은 제후들을 자극시키면서 로마 카톨릭으로부터 분리 독립운동으로 폭발했습니다. 독일을 중심으로 한 신성로마제국은 약 300개의 속국으로 이루어진 나라로 분열이 되었습니다. 수많은 왕들과 제후들이 그들이 새로운 종교를 받아 들임으로 전에 속한 종교영지로부터 해방을 선언했습니다. 이렇게 해서 1618-1648년에 일어난 30년 종교전쟁입니다. 이 전쟁은 루터와 칼빈파와 로마 카톨릭을 중심으로 한 영토 확장 전쟁으로 유럽의 인구 절반이 희생된 엄청난 전쟁이었습니다. 당시에는 통치자의 종교에 의해서 영지가 결정되고, 영지가 결정되면 그 영지에 사는 사람들은 모두 통치자의 종교를 따랐기 때문에 피비린내 나는 영토전쟁이 종교전쟁이란 미명아래 30년 동안 계속되었습니다. 결국 루터와 칼빈의 종교개혁은 이름만 종교개혁이었지 사실은 왕들과 제후들과 상공업자들의 영토전쟁이었습니다.

5. 마틴 루터의 종교개혁과 아우크스부르크 종교회의

1) 마틴 루터 종교 개혁의 역사적 중요성

1524-5년에 있었던 독일농민운동은 종교개혁의 내적 발전에 있어서 매우 중요한 사건입니다. 우선 독일어권을 중심으로 전개되고 있던 종교개혁 내에서 있었던 운동의 이론과 실천을 둘러싸고 각기 상이한 방

향들이 선명하게 드러난 것입니다. 성만찬론을 둘러싼 루터와 칼스타트의 대립이 그것입니다. 루터의 실제적 임재론에 반대해서 칼스타트는 기념설을 주장함으로써 이들 오랜 친구이자 동료였던 두 사람은 갈라섰던 것입니다.

그리고 다른 또 하나의 신학적 갈등은 농민전쟁이 끝난 다음 루터와 쯔윙글리 사이에 성인세례 혹은 재세례를 중심으로 해서 벌어진 논쟁이었습니다. 루터는 유아세례를 통해 루터국가 교회왕국을 만들었고, 쯔윙글리는 유아세례와 국가주의를 반대하다가 순교를 했습니다.

이러한 신학적 갈등들보다 종교개혁운동에서 더욱 커다란 파장을 일으켰고 오늘날 우리 시대에까지도 영향을 주고 있는 문제는 마틴 루터와 토마스 뮌쳐 사이의 농민운동을 둘러싼 갈등이었다고 할 수 있습니다. 이 갈등은 사실상 농민운동이 막강한 군주들의 세력에 의해서 진압됨으로써 해소된 것이 아니라 오히려 오늘날까지도 교회의 본질과 책임에 대한 심각한 문제로 남아있는 것입니다. 그리고 마틴 루터의 종교개혁의 진실성과 역사성을 판단하는 기준이 되고 있습니다.

토마스 뮌쳐와 마틴 루터의 대립

토마스 뮌쳐는 카톨릭 신부였는데 마틴 루터의 도움으로 목사가 되어서 루터와 함께 종교개혁에 앞장선 사람입니다. 그런데 마틴 루터는 1517년 종교개혁을 시작하여 토마스 뮌쳐와 같은 농민들의 절대적인 지지를 받으면서 종교개혁을 성공하자 돌연히 태도를 바꾸어 왕과 제후들의 대변인이 되어 자신과 함께 종교개혁을 했던 토마스 뮌쳐의 종교개혁을 급진적 재세례파 개혁으로 몰아서 박해를 시작했고 이에 뮌쳐가 루터와 결별을 선언하고 독일 농민운동의 지도자가 됩니다.

토마스 뮌쳐는 어떤 사람인가?

1523년부터 튀링겐 지방의 알스테트와 뮐하우센에서 목사로 일하던 토마스 뮌쳐는 카톨릭 교회와 루터교 그리고 영주라고 하는 세 개의 적수들에 대한 그의 무차별적인 공격으로 더 이상 목회활동을 할 수 없게 되자 농민운동의 근원지가 되기도 했던 남부독일로 도망칩니다. 그는 1524년 이러한 와중에서 "비텐베르그의 영을 상실하고 안일을 탐하는 자에 반대하여"란 제목의 글을 통해서 자신들을 배반한 마틴 루터에게 선전포고를 합니다. 뮌쳐는 루터를 향해서 거짓말쟁이, 간교한 타협쟁이, 낮부터 짖어대는 불여우 등 입에 담을 수 없는 말로 욕설을 퍼부었습니다.

2) 마틴 루터와 토마스 뮌쳐가 갈라선 이유

그렇다면 루터와 뮌쳐의 관계를 이렇게까지 악화시킨 원인들은 어디에 있습니까?

루터에 대한 이러한 비판의 배후에는 무엇보다도 루터가 영주들과 결탁을 했고 복음의 대의를 그들에게 팔아 먹었다는 것입니다.(Richard Friedenthal 511). 우리는 여기에서 이 두 사람이 기존하는 정치적 권력의 본질에 대한 현격한 입장 차이를 보여주고 있다는 것을 발견하게 됩니다. 루터는 전술전략의 측면에서 뿐 만 아니라 그의 사상세계에 있어서 그의 사회윤리적 근간을 이루고 있는 "두 왕국설"의 틀 안에서 움직이고 있음을 볼 수 있습니다. 말하자면 어거스틴의 로마적 보편주의와 카톨릭의 보편주의를 그는 종교개혁 당시 유럽을 휩쓸고 있던 민족주의의 물결을 이용하여 해체시키려 했다는 것입니다. 그는 당시의 반로마적인 군주들, 예를 들면 헷센이나 작센의 영주들의 지원이 사실상 그가 시작한 종교개혁의 성패를 좌우한다고 보았던 것입니다. 권력 정치적으로 판단할 때 루터는 농민들의 "대의"를 배반한 "영주들의 종"이라고 할 수 있습니다(Hans Mayer 126). 그는 이런 의미에서 "종교의 개혁자"라고 말할 수 있을 것입니다. 루터는 모범적인 수도사에서 종교개혁자로 변신한 것입니다. 이것이 뮌쳐가 루터를 영주들의 "간교한 타협꾼"으로 비난한 원인입니다. 결국 마틴 루터는 영주들을 이용하고 영주들은 루터를 이용하여 각기 자신들의 꿈을 이루려 했던 것입니다.

마틴 루터와 토마스 뮌쳐가 갈라선 이유 뮌쳐가 꿈꾸던 성경적 교회

그러나 토마스 뮌쳐의 입장은 달랐습니다. 뮌쳐는 처음부터 성경에 나타난 평등적인 삶을 추구하고 소망했습니다. 35세의 젊은 나이로 농민운동을 이끌다가 형장의 이슬로 사라진 뮌쳐는 "내면의 빛"을 설교하고 어린이 세례를 거부했습니다. 성경에 따라 해석하고 하나님과의 영적인 교제를 강조했습니다. 그는 또한 100년 전에 불구덩이에서 죽어간 보헤미아의 개혁자 존 후스의 사상을 따라서 새로운 세상을 원했습니다. 이러한 그의 새로운 세계를 향한 그의 설교는 당시의 "천대받던 자들, 가난한 자들"에게 커다란 반응을 얻게 되었습니다. 그는 쯔비카우에서 수많은 방직공들과 수공업자들에게 설교했습니다. 그는 루터가 설교하는 "꿀같이 단 그리스도와 안일한 신앙"을 부정하고 "새로운 그리스도가 다스리는 나라"를 선언했습니다. 알스테트에서만 그는 500명 이상의 농부들과 수공업자들을 지지자로 끌어 모을 수 있었습니다. 이것이 그로 하여금 단순한 "종교 개혁자"로 머물게 하지 않고 "교회의 개혁자"로 만든 성경적 신학적 배경입니다.

수많은 신학자들과 역사적으로 정통한 로마 카톨릭 교회는 토마스 뮌쳐와 그가 행한 농민운동을 시한부 종말론자들의 급진적 천년왕국으로 몰아 매도하고 심판을 했습니다. 그것이 사탄이 오늘날까지 참 교회와 참 진리를 통째로 말살시키는 전략이었습니다. 이것을 마녀 사냥이라고 합니다. 이렇게 해서 토마스 뮌쳐를 따라 성인 세례를 받고 농민반란으로 죽은 자들이 무려 10만 명이 됩니다.

그들이 꿈꾸며 이룩하기를 원하는 것은 단지 가난과 불평등과 착취와 짐승같은 삶에서 자유롭게 되는 것 외에는 아무것도 없었습니다. 그들은 꿈같은 하늘나라를 기대하지 않았습니다. 그들이 기대한 작은 소망은 사람답게 살아가는 것이었습니다. 그들의 바라는 세상은 성경에서 말한 그리스도인들의 자유스런 신앙이었습니다. 이런 작은 소망은 농민들이 요구한 12개 항을 보면 알 수 있습니다.

3) 토마스 뮌쳐의 농민들이 원하는 12개 조항

제 1조 국가교회 해체와 자유로운 교회 운영, 제 2조 영주들에 대한 십일조 거부, 제 3조 성경의 가르침에 따라 농노제 폐지, 제 4조 사냥과 고기잡이의 자유, 제 5조 자유로운 벌목, 제 6조 세금 증대 거부, 제 7조 부역 증대 거부, 제 8조 토지세의 적절한 징수, 제 9조 영주 마음대로 하는 처벌 금지, 제 10조 촌락 공동체 허가, 제 11조 과부와 고아 약탈 금

지, 제 12조 이러한 조항에 대한 자유로운 토론 허가.

이러한 농민들의 요구는 국가교회 해체와 영주제도와 봉건제도 붕괴를 의미합니다. 당시의 농민들은 종교적으로, 정치적으로, 경제적으로 노예와 같은 삶을 살았습니다. 마틴 루터의 종교 개혁은 이런 자신들을 해방시켜 줄 것이라고 기대를 했는데 마틴 루터는 종교개혁에 농민들의 지지로 성공하자 도리어 태도를 바꾸어 이런 주장을 하고 있는 농민들을 영주들은 용병군대를 동원하여 핍박하고 죽였던 것입니다. 그 결과 루터와 뮌쳐는 철천지 원수가 되었던 것입니다.

토마스 뮌쳐는 초대 교회와 같은 그리스도가 주인이 되는 공동체를 소망했습니다, 그는 "모든 물건들은 공동의 소유가 되어야 하며 각자의 필요에 따라서 분배되어야 한다"고 선언했습니다. 지금은 우리가 이런 주장을 해도 저항감이 없습니다. 그러나 종교권력을 가지고 모든 부와 명예를 가진 당시의 루터와 제후들에게는 상상할 수 없는 요구였을 것입니다. 뮌쳐와 농민들이 바라는 종교개혁은 진정 이런 것들이었습니다. 그들은 시한부종말론자들이 아니었습니다. 그들이 바라고 꿈꾼 세상은 성경에서 말한 그리스도인들의 삶이었습니다.

4) 자신의 절대적인 후원자 농민을 배반한 마틴 루터

마틴 루터는 유능한 제후들과 왕들의 권력을 등에 업고 다수의 농민들의 절대적인 지지를 통해 빠른 시간에 종교개혁에 성공을 할 수 있었습니다. 만일 농민들의 절대적인 지지가 없었다면 마틴 루터의 종교 개혁은 성공할 수 없었을 것입니다. 프랑스 혁명을 통해 절대권력의 상징인 루이 16세를 폐위시켰던 힘도 자유, 평등, 박애라는 노동자와 농민을 흥분시킨 구호가 있었기에 가능한 일이었습니다. 그러나 루터도 프랑스 혁명을 일으켰던 부르죠아들도 그들의 목적만 따먹고 농민과 노동자들을 그 전보다 더 비참하게 얽어매고 말았던 것입니다. 이것이 사탄의 전략입니다. 대중은 이렇게 항상 속아만 왔습니다.

마틴 루터의 보편적 교회의 진실

마틴 루터는 높은 지식과 그가 가진 언어적, 학문적 능력으로 신부가 되고, 신학자가 되어 진리의 선구자와 같은 시늉을 했지만 그도 또한 다른 먹이 사슬에 이용을 당하고 난 후 토사구팽이 되어 안일과 일락의 노예가 되고 말았습니다. 이것이 바로 보편적 교회요, 보편적 신학이요, 보편적 구원입니다. 신학이란 이름만 있고 진짜 신학이 없는 것, 구원이란 이름만 있고 진짜 구원은 없는 것, 껍질만 있고 내용이 없는 것, 신앙이란 이름만 있고 진짜 신앙이 없는 것을 보편적이라고 합니다. 보편신학은 철학자요, 신비가요, 영적 사기군인 어거스틴에 의해서 시작되었습니다. 그가 만든 생명 없는 보편적 교회는 로마 카톨릭이 독일루터교회라는 문패만 바꾼 것이 그의 떠들었던 종교개혁의 모든 것입니다.

지상교회가 반드시 돌아가야 할 초대교회 공동체

영적인 소경인 그들의 눈에는 토마스 뮌쳐가 꿈꾸던 성경적인 교회는 정신병자나, 몽상가들이나, 급진적 종말론자들이나 생각할 수 있는 것이라 생각했을 것입니다. 그러나 그것은 몽상이 아니라 하나님의 약속이고 명령입니다. 이 땅의 교회는 반드시 초대교회처럼 되어야 합니다. 예수가 그리스도가 주인이 되는 교회, 구원받은 성도들이 연합하여 한 몸을 이룬 교회, 만일 땅에 있는 성도들이 스스로 그런 교회를 세우지 못한다면 반드시 주님은 오셔서 그런 교회를 세우실 것입니다.

오늘날 종교 개혁도 역시 루터시대와 같습니다. 번영신학과 세상의 풍요속에 빠져 목사나 성도가 자신의 욕망에서 벗어나지 못한다면 성경적인 교회를 이룩할 수 없을 것입니다.

마틴 루터는 어용 목사로 수많은 사람들의 피를 흘리고 로마 카톨릭으로부터 모든 재산을 빼앗아 이름이 바뀐 등기부 등본을 1555년 아우크스부르크 화의(和議)를 통해 루터 종교 개혁의 스폰서인 독일의 제후들에게 바쳤습니다. 그래서 태어난 교회가 독일 루터국가교회입니다.

5) 17세기 유럽의 인구 절반을 살육한 30년 전쟁으로 몰아간 종교개혁

마틴 루터가 종교 개혁을 선포함으로 시작된 300개 속국으로 분열된 독일, 신성로마제국의 소용돌이는 이것으로 끝난 것이 아닙니다. 마틴 루터를 이용하여 제몫을 챙긴 제후들과 왕들의 욕심과 탐욕은 그들의 자손들 절반을 모두 지옥으로 떨어지게 만든 30년(1618－1648년) 종교영토 전쟁에 기름을 부었습니다

6. 존 칼빈의 종교개혁과 분리주의 마녀사냥

1) 칼빈과 미카엘 세르베투스(Michael Servetus)
(1511년 9월 29일~1553년 10월 27일)

(1) 세르베투스의 생애

세르베투스는 스페인 의학자이자 신학자입니다. 그는 의학, 문학, 신학, 약학 등에도 관심이 있었으며, 세르베투스는 폐(肺)를 통한 혈액의 순환 즉, 폐로 연결된 혈관들을 통해 혈액에 산소가 공급된다는 것을 최초로 알아낸 서방의 의학자였습니다.

그 어느 사건보다도 칼빈에 대한 역사적 평가에 가장 많은 영향을 주어 온 것은, 스페인 태생의 의사이자 신학자였던 그의 체포와 처형, 그리고 칼빈이 그 사건에서 한 역할입니다. 이 사건은 칼빈이 이룩한 업적에 어두운 그림자를 드리워 왔고, 그에 대한 현대의 찬미자들을 당황시키고 있습니다.

1903년에 행해진 바 있는 세르베투스 처형 360주년 추모 행사의 경우가 그 좋은 예인데, 그 당시 칼빈주의 학자들 중 최고 권위자였던 에밀 두메르그(Emile Doumergue)는 일단(一團)의 칼빈주의자들을 대동하고 세르베투스가 처형된 장소를 방문해, 그 곳에 "칼빈의 아들들"의 이름으로 속죄비를 건립했습니다.

(2) 세르베투스가 주장한 삼두신(三頭神) 일체론(一體論)

한편 세르베투스 처형 사건은 16세기에 있었던 이른바 관용논쟁이라고 알려진 열띤 논쟁을 불러 일으키기도 했습니다. 그 논쟁은 상식과 기독교적 사랑이라는 이름으로 칼빈주의 신학을 오래도록 물고 늘어진 집요한 공격이었습니다.

칼빈의 생애에서 많은 논란을 야기하는 것은 세르베투스의 처형에 있

어 칼빈의 역할입니다. 세르베투스는 1530년에 "De Trinitatis Erroribus"
"삼위일체의 오류에 대하여"라는 제목으로 책을 출판하였습니다. 거기
서 그는 삼위일체의 존재 방식은 "머리 셋 달린 케르베루스(Cerberus,
그리스 신화에 나오는 머리가 셋 달린 개)이며, 어거스틴의 망상이고,
마귀의 착상이다 라고 적고 있습니다. 이것은 고대 바벨론 태양신의
'삼두신 일체론' 이었습니다.

(3) 로마 카톨릭으로부터 사형선고를 받았던 세르베투스

이러한 세르베투스의 주장은 사람들 사이에 알려져 있었고 칼빈 역시
알고 있었습니다. 세르베투스는 1534년에 칼빈과 파리에서 만나 토론
하자고 제의했고 칼빈은 수락했으나, 알 수 없는 이유로 세르베투스는
나타나지 않았습니다. 그 당시 이교도들에 대해서 무자비했던 로마교
회가 두려웠던 것으로 보입니다. 1533년에 이미 세르베투스는 스페인
종교재판소로부터 공석 상태에서 사형을 선고 받았습니다.

(4) 칼빈과 세르베투스의 충돌

1546년에 세르베투스가 칼빈에게 편지를 보냄으로써 약 2년간 서신
교환이 계속되었습니다. 첫 편지에서는 세르베투스는 'Michel de
Villeneuve' 라는 필명을 사용하였습니다. 논쟁은 뜨거워졌고 세르베투
스는 갖은 모독을 하였습니다. 심지어 세르베투스는 자신의 신변을 보
장해 준다면 칼빈이 있는 제네바에 가겠다고 제안을 했습니다. 그러나
칼빈은 거절했습니다.

한 편지에서 칼빈은 다음과 같이 쓰고 있습니다: "나는 당신을 미워
하지도 경멸하지도 않습니다. 또 탄압 받게 하고 싶지도 않습니다. 그
러나 당신이 바른 교리를 그토록 후안무치하게 모욕하는 것 앞에서 저
는 강철과 같이 굳세게 맞설 수밖에 없습니다."

결국 칼빈이 편지를 그만 쓰겠다고 전함으로써 서신 교환은 끝나게
됩니다. 이 당시 칼빈은 (Institutio Christianae Religionis)(기독교 강요)
를 발표하였습니다(라틴어 초판은 1536년, 프랑스어 초판은 1541년).
세르베투스는 이에 대한 반론격인 (Restitutio Christianismi)(기독교 회
복)를 1553년에 출간하였습니다. 거기서 그는 기독교의 여러 가르침을

반대했는데, 몇 가지 예를 들면 사람이 신성모독을 하지 않는 한 지옥에 가지 않는다고 주장했고, 믿음에 의한 구원과 삼위일체론을 공격하였습니다.

특히, 하나님의 삼위일체적인 존재에 대해 공격한 것을 중심으로 훗날 종교재판을 받게 됩니다. 세르베투스는 원고를 미리 칼빈에게 보냈습니다. 그는 책의 출판이 가져올 위험 때문에 자기 이름을 숨기고 책 끝에 M.S.V.라고만 적었습니다 (Michael Servetus, Villanovanus의 약자). 그러나 그의 이론을 전에 들었던 사람들은 그 책이 세르베투스의 것임을 알았습니다.

그 당시 리용의 감옥에는 개신교도들이 많았습니다. Villanovanus라는 가명으로 활동하던 세르베투스와 그의 책을 인쇄한 업자가 로마교회 종교재판소에서 심문을 받았으나 그들은 (Restitutio Christianismi)(기독교회복)의 출판을 부인했습니다. 그는 재판장에서 끝까지 자신이 세르베투스라는 사실을 부인하였습니다. 울면서 자신은 가톨릭 교인으로 살고 죽기를 원한다고 외쳤습니다. 그러던 가운데 감시의 틈을 타 그는 탈출하게 되었습니다. 결국 그의 공석 상태에서 그의 초상만 놓은 채 재판이 진행되었고, "산 채로, 천천히, 그의 몸이 숯으로 변할 때까지 불사른다"는 사형선고가 내려졌습니다. 그리고 그 날 그의 책들은 불살라졌습니다.

제네바에서 충돌한 세르베투스

로마교회로부터 이단자로 낙인찍힌 세르베투스는 몇 개월 후 제네바에서 나타났고 거기서 체포되었습니다. 1946년에 칼빈이 그의 동료 파렐에게 쓴 편지를 보면 이렇게까지 단호한 말을 적고 있습니다: "세르베투스가 제네바에 온다 하여도 그의 안전을 보장할 수 없습니다. 제게 그런 권한이 주어진다면 그가 살아서 나가게 하는데 동조하지 않겠습니다."

그럼에도 불구하고 세르베투스가 제네바에 나타난 것은 그 당시 제네바 시의회의 다수를 차지하고 있던 것이 자유당(Libertine) 사람들이었기 때문이었습니다. 자유당의 방종주의자(Libertine)들은 정치에 신학을 적용하려는 칼빈에 대해 적대적인 사람들이었습니다. 그래서 자유당 방종주의자들은 세르베투스의 글들을 이용해 칼빈을 반대하기도 했었습니다.

이런 상황 가운데 제네바 시의회는 세르베투스를 위해 다시 재판을 열었고 칼빈은 세르베투스의 이론을 철저히 논박해야 했습니다. 칼빈에겐 증인의 자격은 있었지만 재판의 자격은 없었습니다. 왜냐하면 칼빈은 프랑스 국민으로서 스위스 제네바에 거주하는 외국인이었습니다.

제네바 성시화를 위해 고액(高額)의 연봉(年俸)을 받고 제네바에서 사역한 존 칼빈

그에게는 시민권이 없었고 공무원도 될 수 없었습니다. 다만 교사나 목사의 경우엔 적격한 시민이 없을 때 비시민이 그 직책을 맡을 수 있었고, 그래서 칼빈은 그곳에서 목회를 하였습니다. 칼빈은 제네바 시의 종교국에서 지불한 연봉(年俸) 250 플로린스(florins), 12섬의 밀, 1,000리터의 포도주를 받고 존 칼빈의 이름으로 제네바 성시화 개혁을 단행한 월급쟁이 목회자 일 뿐이었습니다. 칼빈이 세르베투스의 판결에 영향을 미칠 수 있었던 것은 종교회의에서 뿐이었고, 세르베투스의 재판은 시의회 주관이었습니다. 거기서 칼빈은 세르베투스를 정죄할 권리는 없었습니다.

세르베투스는 재판에 상당한 자신감을 갖고 있었습니다. 일단 제네바에서의 재판은 비엔나에서 열렸던 로마교회의 종교재판과는 다른 것입니다. 그리고 제네바에는 정부에 대한 교회의 영향을 제거하려는 방종주의자들이 큰 세력을 이루고 있었습니다. 여기서는 세르베투스에게 승산이 있었습니다.

제네바 법정에서 강한 자신감을 보인 세르베투스

재판 관련 기록들을 보면 세르베투스의 어조에서 강한 자신감을 볼 수 있습니다. 그의 종교적 이단성을 증명할 증언자로 선 칼빈에게 던진 그의 공격들 중엔 다음과 같은 것을 볼 수 있습니다: "마술사 시몬 같은 자, 범법자, 살인자여 … 자신이 이해하지 못하는 것을 판단하는 불쌍한 자 … 거짓말장이이며 사악한 말다툼꾼 … 너의 뻔뻔함은 눈이 희다는 사실도 논쟁하려는구나 … 웃기는 난쟁이 같으니라고 … 너의 짖음으로 재판장들의 귀를 막을 수 있으리라 생각하느냐? 불쌍하구나, 불쌍해!"

기록에 의하면 짜증이 난(unnerved) 칼빈은 "애송이들(little chickens) … 그의 두 눈알을 수십만 번이라도 파버려라"라고 외쳤다고 합니다. 유죄 판결 후 처형을 앞두고, 그는 칼빈에 대한 고발 사항들을 작성했는데, 그는 거기서 칼빈 자신이야 말로 처형돼 마땅한 악한 마법사(evil sorcerer)라고 썼습니다. 그 고발사항들 중에는 이런 질문도 들어 있었습니다. "법정에서 사형이라는 중형을 요구하고 한 사람을 죽이려 드는 것이 복음 사역자가 할 일이 아니라는 걸 칼빈이 과연 모른단 말인가?"

(5) 제네바 법정에서 화형선고를 받은 세르베투스

그러나 세르베투스는 기독교 정통교리인 삼위일체를 계속 부정하였는데, 그 가운데 한 말을 보면 자신이 밟고 있는 "발등상도 하나님을 이루고 있는 물질 중 하나"라고 주장하였습니다.

세르베투스의 재판은 제네바와 자매 관계를 맺은 네 도시인 취리히, 베른, 바젤, 샤프하우젠에 자문을 구하는 등, 두 달이 넘는 시간에 걸쳐 조심스럽게 이루어졌습니다. 네 도시 모두 세르베투스는 사형에 해당한다고 편지를 보내왔습니다. 베른은 자기 도시였다면 세르베투스가 화형에 처해졌을 것이라고 답변했습니다.

제네바 시의회는 최종 단계에서 삼 일에 걸친 논의 끝에 만장일치로 "가장 고통스런 사형" 곧 화형을 선고하였습니다. 이 때 칼빈은 의회 쪽에 감형을 요청하면서, 적어도 고통 없이 죽을 수 있는 참수형으로 바꿔달라고 구했습니다. 그러나 시의원들은 거절하였습니다. 세르베투스는 결국 1553년 10월 27일 (역주 : 산펠 광장에 마련된) 화형장으로 끌려가게 되었습니다. 그를 수행한 파렐이 세르베투스가 발걸음을 떼어 놓을 때마다 그의 주장을 철회하도록 설득했으나, 그는 끝내 그것을 거부한 채, 쇠사슬로 형주(刑柱)에 묶여 "성 삼위일체와 하나님의 아들에 대한, 그리고 유아 세례와 기독교의 근본 사항들에 대한 모독"이라는 죄명 하에 화형에 처해졌습니다. 그 처형에 뒤이어 일어난 논쟁에서, 카스텔리용은 그 일화에서 수많은 동시대인들이 느꼈던 것이 무엇인지를 기억하기 쉽게 요약했습니다. 그는 "어느 교리를 수호하기 위해 사람을 죽인다는 것은 교리의 수호가 아니고, 그저 살인일 뿐이다"라고 썼습니다.

이 사건은 현재에 이르기까지 격론이 계속되고 있습니다. 칼빈을 비난하는 사람들 중 많은 수가 칼빈은 권력을 탐하고 반대를 절대 용납 못하는 사람으로 그리며 그에게 일반적으로 주어지는 존경이 부당하다고 주장합니다. 또 칼빈을 세르베투스의 화형과 연결시켜서 주로 이야기를 하는데, 그 당시 세르베투스의 사형에는 찬성했지만 화형에 반대한 것은 칼빈밖에 없었다는 사실은 무시됩니다.

2) 칼빈의 세르베투스 사형선고에 대한 평가

(1) 사보이 유대왕국 제네바

당시 제네바는 사보이 유대왕조의 도시국가로 돈을 좋아하는 유대인들 즉 바리새파 유대인들의 국가였습니다. 상공업과 무역, 그리고 은행업을 통해서 돈을 벌었던 사람들이 집중적으로 모여 살았던 도시국가입니다. 오늘날 스위스가 세계은행의 메카가 된 사유도 이와 같은 역사적인 기초에서 발전된 산업입니다. 중세 유럽은 흑사병으로 인구 절반이 죽어 노동력이 상실되므로 농민이 없는 영주들 중심으로 서서히 폐쇄사회가 붕괴되기 시작했습니다. 그리고 르네상스와 인문주의 운동을 통해서 종교개혁이 곳곳에서 일어났습니다.

(2) 은행가, 상공업자들의 메카 제네바

이와 같은 시대적인 흐름에 있어서 종교개혁은 로마 카톨릭의 강력한 제국주의 정치, 경제, 종교의 틀을 깨고 왕들, 제후들, 은행가들, 상공업자들이 자신들만의 국가를 세우기 위한 몸부림이었습니다. 특히 문예부흥 르네상스를 주도적으로 이끌었던 피렌체, 밀라노, 베네치아, 제네바 등은 오랜 세월동안 비축해둔 막대한 부를 가지고 공룡같은 로마 카톨릭의 체제를 흔들었습니다.

그러나 그들이 원하는 진실은 종교개혁을 통한 진리회복이 아니라 로마 카톨릭으로부터 부와 권력을 빼앗는 것입니다. 그래서 종교개혁이 성공한 후에도 그들이 로마 카톨릭의 잘못된 교리들을 하나도 버리지 않고 교회국가를 세웠던 것도 로마 카톨릭이 가지고 있는 강력한 통제 조직이 가진 교리들의 매력 때문이었습니다.

(3) 칼빈을 앞세워 악을 도모한 비밀결사 바리새파 장로들

특히 제네바 시의회를 점령한 바리새파 장로들은 베네치아와 동일하게 집단지도체제를 유지하면서 철저하게 군주독재정치를 엄격하게 실시했습니다. 겉으로 보면 시의회가 민주적으로 운영이 된 것처럼 보였지만 플라톤의 정치 철학에서부터 시작된 엘리트 군주 독재정치는 소수의 장로들로 구성된 민회나 원로원과 같은 위원회를 통해 철저하게 통제독재정치를 했던 것입니다. 이것이 스파르타, 카르타고, 로마, 로마 카톨릭이 가진 형태입니다. 칼빈에 의해 만들어진 장로교 정치도 역시 스위스 제네바 소수 엘리트 독재정치의 유형에서 나온 신정정치 제도입니다.

특히 비밀조직의 유대인들은 어떤 일을 하든지 뒤에서 조정하지 절대로 전면에 나서는 일이 없습니다. 제네바 종교개혁도 칼빈이라는 당대 가장 유명한 신학자의 이름을 내세워 로마 카톨릭이란 굴레에서 벗어나고자 하는 유대인들의 해방전략이었습니다. 그래서 그들은 종교개혁이라는 이름만 내걸었지 제네바에서 일어난 종교개혁의 실체는 아무것도 없었습니다. 제네바는 스위스 알프스 깊은 곳에 들어가 있는 무풍지대로 로마 카톨릭의 통치가 약한 곳입니다. 그래서 이곳에서 중세 시대에 교황에 의해 금지된 고리대금 은행업이 발달하게 된 것입니다.

존 칼빈은 은행가들에게 최초로 5% 이자를 받도록 법제화 했습니다. 직업 소명론을 통해 바리새파 유대인들의 직업인 은행업, 여관업, 제조업, 식당업, 판매업, 무역업, 고리대금 전당포 등의 직업들에게 붙여진 불명예스런 중세의 천민들의 직업이란 이름을 제거하려 했습니다.

(4) 보편적 윤리 도덕 개혁으로 끝난 제네바 종교 개혁

제네바는 도덕적으로 타락한 도시입니다. 술집, 창녀촌, 여관, 식당, 댄스촌 등 수많은 퇴폐업소가 난립되어 있었는데 바리새파 유대인들이 칼빈을 목회자로 청빙하여 막대한 연봉을 주면서 종교 개혁이란 미명 아래 술집을 문닫게 하고, 댄스교습소를 철거하고, 몸을 파는 창녀들을 처벌했습니다. 이런 일들을 할 때 명분은 종교개혁이었는데 안식일 지키기, 십계명 지키기, 삼위일체 지키기, 유아세례 지키기 등이었습니다.

바리새파 유대인들이 칼빈을 앞세워 실시한 종교 개혁의 방법은 과거 로마 카톨릭이 추진했던 것과 다를 바 없었습니다. 로마 카톨릭은 그들의 신조에 반대하는 세력들을 무력으로 무참하게 살해했습니다. 로마 카톨릭의 선교는 전쟁을 통해서 이루어졌습니다. 칼빈도 제네바 개혁에 대항한 사람들을 국가의 권력을 이용하여 무참한 방법으로 죽였습니다. 칼빈은 4년 동안 (1542-1546년) 제네바시를 통치하며 58명의 사람을 죽였습니다. 그리고 76명을 추방했습니다. 칼빈이 불과 1만3천명인 제네바시를 4년 동안 통치하며 그 자신은 물론 그가 장악한 종교국을 통해 종교개혁을 반대한 사람들을 심판한 것입니다. 35명을 화형으로 죽였습니다. 13명은 교수형으로 목을 매달아 죽였습니다. 10명을 목을 잘라 죽였습니다.

그들이 처형 당했던 재판기록을 보면 예정설을 비난하고 반대했다고 사형시켰습니다. 삼위일체를 부인한 자들을 처형했습니다. 칼빈을 위선자라고 불렀다는 이유로 사형시켰습니다. 아이들에게 세례 주는 것을 거부했다는 이유로 처형했습니다. 부모를 구타했다고 소녀를 목 잘라 처형시켰습니다. 자신의 신학이론에 반대하는 자들을 국사범으로 취급하여 처형했습니다. 살인자, 매춘자, 알콜 중독자, 강도 등을 처형했습니다.

역사가들은 칼빈이 사람들을 처형시킨 유형들을 공통적으로 동일하게 증언하고 있습니다. 칼빈의 예정설, 성서 권위의 문제, 삼위일체설, 유아세례, 성만찬, 심각한 도덕과 윤리적인 문제 등 칼빈과 의견을 달리했기 때문이었습니다.

(5) 칼빈의 지배시기 스위스 전역에서 일어났던 마녀(이단자) 사냥의 희생자

칼빈이 지배했던 당시 스위스에서 자행된 마녀(이단자) 사냥을 보면, "16세기 동안, 보(스위스 서부의 주)에서만 무고하게 잡혀온 마녀(이단자)들이 년 40명 비율로 처형되었습니다. 인구가 고작 7백 명에 불과했던 오베르 마르흐탈이라는 마을에서는 단 2년 동안 43명의 여자가 화형을 당했는데"--(The Guiness Books of Historical Blunder Geffrey Regan : "세계사의 대실수" 세종서적. pp.180)라고 기록하였습니다 "유럽의 마녀사냥"의 저자 브라이언 레벡(Brian P. Levack)에 의하면 칼빈사상이 지배하였던 스위스에서는 8,800명 이상의 마녀가 재판을 받고 5,000명 이상이 처형되었다.(Brian P. Levack. op.cit. p.267)고 기록을 하고 있습니다.

(6) 신정정치를 통한 왕국 건설을 위한 성시화(聖市化) 개혁

칼빈의 제네바 종교 개혁의 목적은 제네바 시의 성시화에 있었습니다. 이런 사상은 이미 알렉산드리아 학파에서 로마 카톨릭을 세울 때 채택한 신정정치라는 구약 메시야 나라에 대한 킹덤나우 개념입니다. 이것은 유세비우스가 말한 지상의 천년왕국이요, 어거스틴이 신국론(神國化)에서 말한 지상에 세워질 하나님의 나라 왕국 개념입니다. 그래서 그들은 무천년을 주장하고 이 세상의 국가를 성국화(聖國化)하고 이 세상의 도시들을 성시화(聖市化)해서 지상의 유토피아라는 메시야 왕국을 세우려 했던 것입니다. 칼빈이 제네바 성시화(聖市化)를 위해 사용한 방법은 국가교회, 유아세례, 성만찬입니다. 이것은 신정정치를 사용했던 로마 카톨릭의 수단입니다. 바리새파 유대인들의 천년기 킹덤나우 사상입니다.

유아 세례가 탄생한 배경은 로마 카톨릭입니다. 한 아기가 태어나면 세례를 주어 국가와 교회의 구성원이 되는 조건입니다. 왕이 다스리는 한 백성이 되고, 교회의 한 영혼이 되는 것입니다. 국가로 보면 국력이요, 교회로 보면 교세가 되는 것입니다. 유아세례라는 수단을 통해 교회와 국가는 더욱 더 사이가 깊어졌습니다. 이것은 구약에 나타난 이스라엘의 신정정치의 모델입니다. 바리새파 유대인들의 종교와 정치는 신정(神政)정치였습니다. 지상에 낙원을 건설하는 바알종교입니다.

(7) 칼빈의 국가 개혁교회

칼빈이 제네바 개혁에 사용했던 국가교회 개념은 역시 로마 카톨릭에서 추진했던 정책입니다. 콘스탄틴은 비 기독교인이었지만 로마 교회

수반이 되었습니다. 칼빈의 개혁교회도 말로는 국가와 교회를 분리시켰지만 오히려 실제로는 교회권력을 가지고 국가권력을 지배하여 이상 국가를 만들어 갔습니다. 암브로스가 국가와 교회의 분리를 주장하면서 데오도시우스 황제를 통치한 것과 같은 원리입니다.

기독교 강요 초판에서 프란시스왕에게 보낸 내용이 바로 칼빈이 추구하는 국가관인데 그는 국가와 교회를 분리시키는 재세례파들을 공격하면서 자신이 추구하는 개혁은 국가를 돕고 세우는 개혁임을 강조하였습니다.

(8) 칼빈이 주장한 영적 임재설

칼빈이 주장한 성만찬의 영적 임재설은 로마 카톨릭이 주장한 화체설과 루터가 주장했던 공재설을 절충한 이론입니다. 자유교회에서 주장한 기념설이 있습니다. 기념설은 성만찬 떡과 포도주가 여전히 떡과 포도주로서 오직 영적인 예수님의 구속의 역사를 기념하는 것으로만 보는 것입니다. 화체설은 떡과 포도주가 예수님의 살과 피가 된다는 것입니다. 공재설은 떡과 포도주에 예수님의 살과 피가 함께 한다는 의미입니다. 영적 임재설은 떡과 포도주에 예수님의 몸과 피가 영적으로 임한다는 의미입니다. 이렇게 보면 화체설이나 공재설이나 영적 임재설은 단어만 다를 뿐 내용은 동일합니다. 그래서 성경적인 교회들은 오직 기념설만을 따르고 있습니다.

그렇다면 왜 화체설과 공재설과 영적 임재설을 주장합니까? 그것은 교회의 권위와 연결이 되어 있습니다. 로마 카톨릭은 구원의 방편으로 7성사를 주장합니다. 즉 7가지 성례를 통해서 교회가 구원을 주도적으로 이끌어가는 교리입니다. 그런데 루터와 칼빈도 동일하게 교회의 권위를 말씀과 성례에 두었습니다. 즉 성만찬이나 세례를 통해서 지상 교회의 구원받은 일원이 되는 것입니다. 이것은 그들의 개혁이 정치적인 킹덤나우인 국가교회라는 틀을 벗어버리지 못한 결과입니다.

(9) 칼빈이 주장한 유아세례

유아세례는 성인세례를 부인하는 제도로 영혼구원을 영적인 거듭남의 기독교적인 비밀에 두지 않고 국가교회 기초를 둔 집단적 구원교리입니다. 이는 유아세례를 반대하고 기념설 성만찬을 주장하는 성경적인 교회가 구원을 인정하는 기준으로 교회에서 행한 유아세례와 성만찬에 두지 않고 영적인 개인의 영혼 거듭남을 구원으로 강조하는 것과 전혀 다른 차이가 있는 것입니다. 칼빈은 영적인 거듭남을 강조한 성인세례를 재세례파 이단으로 처벌했습니다.

성경적인 교회는 최종 권위를 성경에 둡니다. 그러나 로마 카톨릭은 최종 권위를 교회에 두었습니다. 존 칼빈의 제네바 개혁의 원리는 성경적인 교회를 따르지 않고 로마 카톨릭의 교회를 따랐습니다. 그 이유는 바리새파 유대인들의 신정정치에 따른 성국화에 있었기 때문입니다.

(10) 장로들을 통한 엘리트 정치를 위한 교회 개혁

바리새파 유대인들의 탈무드 정신은 장로들의 엘리트 정치이론입니다. 엘리트 정치 이론의 철학적 대부는 소크라테스였습니다. 소크라테스는 아테네 민주정치를 비판하면서 엘리트 독재정치를 주장했습니다. 그때 소크라테스가 주장한 것은 인간 양떼 이론입니다. 인간은 계몽이 불가능한 가축인간이기 때문에 아무나 정치를 하면 그 나라는 망하고 만다는 것입니다. 그래서 그가 주장한 것이 엘리트 신정정치 이론입니다. 이것은 플라톤의 철인정치, 니체의 초인정치, 마키아벨리의 군주정치 레오스트라우스의 독재정치 이론이 되었습니다.

칼빈은 교황이나 군주와 같은 독재자들의 횡포를 막기 위해 민주정치를 해야 한다고 하면서 장로정치를 주장했습니다. 그리고 제네바 개혁에 도입을 했습니다. 당시 제네바 시의회와 제네바 교회 지도자들이 제네바 시를 다스렸던 장로들입니다. 이들에 의해서 모든 법들이 만들어지고 집행 되었습니다.

그런데 장로 정치에는 무서운 술수가 있습니다. 바리새파 유대인들은 자신들의 비리와 죄악을 감추기 위해 철저하게 장로정치를 했습니다. 다시 말해서 소수 엘리트 집단을 통해 통치를 하면 한 사람의 개인 통치자가 실수하여 순식간에 무너질 수 있는 체제를 구할 수 있는 것입니다. 그리고 많은 피지배자들에게도 안심할 수 있는 명분을 주는 것입니다. 무엇보다도 개인에서 나온 독재 권력보다 더 설득력있게 철권통치를 수행할 수 있는 제도가 장로정치 즉 집단 지도체제인 것입니다. 이것을 과두정치라고 합니다. 중간에 여러 지도자들을 통해서 다스리는 정치입니다. 로마 제국이 채택했던 정치이론입니다. 공산주의에서 행한 정치이론입니다. 칼빈은 이와 같은 장로 정치를 통해서 제네바 시를 강력하게 개혁을 할 수 있었던 것입니다.

3) 칼빈의 기독교 강요 초판 1536년

기독교 강요 초판

칼빈의 기독교 강요 초판은 1536년에 출판되었습니다. 칼빈이 1509년에 출생을 했으니 꼭 27세 되는 나이였습니다. 혼란하던 시기에 저술된 기독교 강요 초판은 제 6장으로 구성되었습니다. 칼빈은 초판을 쓰고 헌사에서 프랑스 왕 프란시스에게 기독교 강요의 저술 동기와 로마 카톨릭의 불합리성을 언급하고 있습니다. 칼빈은 프랑스 왕 프란시스 1세에게 모두 8가지의 제목으로 헌사를 올렸습니다.

칼빈과 로마 카톨릭의 충돌

1533년 10월 만성절(All Saints Day)날 칼빈의 친구인 니콜라스 콥(Nicolas Cop)이 마튀렝(Mathurins)교회에서 파리 대학교 총장 취임 연설을 하게 되었는데, 이 연설문을 칼빈이 작성하여 주었습니다, "기독교 철학"이란 제목 하의 연설은 루터의 산상수훈 설교를 그대로 반영하고 있습니다. 이 연설은 루터가 주장한 것과 마찬가지로 복음과 율법을 비교해서 복음의 절대성을 강조하고 하나님이 값없이 베풀어주시는 은혜를 강조했습니다. 그리고 종교의 이름으로 상대방을 박해해서는 안 된다고 주장했습니다.

칼빈은 검이 아니라 말씀에 기초한 교회의 평화, 모든 학문의 유용성, 성경적이고 복음적인 개혁을 주장한 것입니다. 그는 다음과 같이 말했습니다. "세상과 악한 자들은 신자들의 마음에 복음으로 순수하고 진지하게 침투하려는 자들을 이단, 미혹하는 자들, 악한 말을 하는 자들 그리고 사기꾼이라고 불러왔습니다.… 그러나 환난 가운데서도 하나님께 감사하면서 이 모든 것을 태연히 견디는 자들은 복이 있는 자들입니다.

그 분은 '기뻐하라, 하늘에서 너희 상이 큼이니라'고 말씀하십니다."
콥의 학장 취임 연설은 왕실의 진노를 초래하였습니다. 대노한 프란시스 I세는 12월 10일 의회에 다음과 같은 서한을 보냈습니다. "우리의 사랑하는 도시 파리, 우리 왕국의 수도에서 일어난 사건 때문에 심히 불쾌합니다. 우리 왕국의 최고 대학에는 저주받을 루터파 이단들이 득실거리고 있습니다. 우리는 그들이 더 이상 확산되는 것을 막기 위해서 모든 대책을 강구하여야 하겠습니다."

칼빈의 기독교 강요 초판 배경

1525년 독일에서 끝난 농민전쟁으로 10만 명이 죽었고, 수 많은 사람들이 인근 국가인 프랑스로 넘어와 프랑스 왕 프란시스 1세는 무척 긴장하고 있었습니다. 칼빈과 콥은 파리대학 총장 취임 설교문제로 당국의 소환 명령을 받았습니다. 소환에 응하면 처형될 것을 짐작한 콥은 바젤로 피신하였고, 칼빈은 경찰들이 갑작스럽게 그의 집을 포위하자 침대보를 꼬아서 옆 빌딩으로 도망하여 피신한 후 파리 남서부 250마일에 있는 앙그렘(Angouleme)에 있는 친구 뒤 티에의 집에 은신처를 정하였습니다.

뒤 티에의 집에는 4천여 권의 장서가 있어서 연구하기에 최적의 장소였습니다. 칼빈은 이곳에서 계속 연구하면서 그의 불후의 명저 "기독교 강요"를 썼습니다. 칼빈은 1534년 5월 4일 노용에 가서 사제직을 반납하므로, 공식적으로 로마교회와 결별을 했습니다. 두 차례나 잠시 동안 투옥 당하는 경험을 맛보았으며, 파리에도 들르고 오를레앙과 포이티에르도 방문하였는데, 포이티에르 근처의 한 석굴 속에서 최초로 개혁주의 신조에 따른 성찬식에 참여하기도 하였습니다. 이때 판판한 돌을 성찬상 대신 사용하였습니다.

프랑스에서의 종교개혁의 충돌

프랑스 내에서는 날로 긴장이 고조되어 가는 상태였던 차에 마침 발생한 플래카드 사건(the Affair of the placards)으로 드디어 종교개혁 문제는 폭발하게 되었습니다. 1534년 10월 18일 과격파 프로테스탄트들은 "교황제 아래서 실시되는 미사의 잘못된 사용에 관한 조문"으로 시작되는 벽보들을 파리 및 기타 다른 도시들에 붙이게 되었습니다. 그중 하나는 암보아즈(Amboise)에 있는 왕궁안 왕의 침실 문 앞에까지 붙어 있는 형편이었습니다. 프란시스 1세는 이 사태를 더욱 극화시켜서, 이러한 더러움으로부터 다시 파리시를 정화시킨다는 의미로 촛불을 켜들고 노트르담 사원까지 엄숙한 행렬을 진행하기도 하였습니다. 또한 주교의 저택에서 벌어진 향연에 참석한 국왕은 자기 영토에서 이러한 해독을 제거시키겠노라고 서약하기도 하였습니다.

그 후 발생한 일반 대중들의 폭발은 더욱 고조되어 수백 명의 프로테스탄트들이 투옥되고, 이중 35명을 화형에 처하였으며, 칼빈의 친 형제 중 하나도 처형되었습니다. 그 다음 해에는 교황 바오로 3세의 마음을 보다 즐겁게 해 주기 위해 자기 영토 내의 모든 이단들을 완전 섬멸하겠노라는 칙령을 반포하기도 하였습니다. 그들에 대한 박해 이유는 로마 교회의 미사와 교리 그리고 성직자에 대한 비난 때문이었습니다. 칼빈도 결국 망명자로 프랑스를 떠날 수밖에 없었습니다.

기독교 강요 초판 저술 목적

칼빈은 기독교 강요 저술 동기를 "우선 주님께서 보실 때에 너무나도 값진 내 동생의 죽음의 의미를 의롭지 못한 자들 앞에서 옹호하며, 또한 똑같은 위협이 수많은 사람들 앞에 놓여 있으므로 이들의 슬픔과 안타까움을 위로하기 위해서"라고 밝히고 있습니다. 그는 이 작품을 국왕 프란시스 1세에게 헌정하면서 다음과 같은 헌정사를 썼습니다.

4) 기독교 강요 초판에 있는 칼빈이 프란시스 1세 왕에게 쓴 헌정사

"고명하신 왕이시여, 제가 처음 이 일에 착수하였을 때는 나중에 폐하께 헌정할 책을 쓰겠다는 생각은 전혀 없었습니다. 저는 단지 경건에 관심이 있는 사람들을 위하여 경건으로 덕을 세우기에 적합한 기본적인 책을 써낼 생각이었습니다. 그리고 이러한 저의 노력은 특히 저의 동포인 프랑스인들에게 유익을 줄 생각으로 시도되었습니다. 그러나 저는 어떤 악한 사람들이 맹위를 떨쳐 폐하의 나라로부터 건전한 교리를

추방해 버린 것을 알았을 때 저의 저작을 폐하 앞에서 우리의 신앙고백
으로 삼음으로써 폐하로 하여금 그 교리가 저 악한 사람들이 불과 칼로
써 그토록 위세를 부리고 있는 것과 어떻게 다른지를 알 수 있게 하는
것이 가치 있겠다고 생각하게 되었습니다.… 우리의 대적들이 이른바
'새로운 복음'은 단지 폭동을 선동하고 악을 방종 되게 행하게 하는 것
이 목적이라고 넌지시 얘기하는 말에 동요되지 마십시오. 우리의 하나
님은 분열이 아니라 화평을 가져오는 분이십니다. 그리고 우리는 하나
님의 은혜로 말미암아 복음 안에서 진보를 이루었기 때문에 우리의 삶
은 순결, 관용, 자비, 절제, 인내, 중용을 비롯한 모든 미덕의 본보기로
서 우리를 중상 모략하는 자들을 섬길 것입니다.…"

칼빈은 이 책을 출판하면서 신변 보호 차원에서 자신의 이름 대신 마
르티누스 루카니우스(Martinus Lucanius)라는 가명을 사용하였습니다.

5) 칼빈의 교회와 국가의 분리의 비밀

칼빈은 기독교 강요에서 국가와 교회의 분리를 주장하였습니다. 많
은 사람들은 이것을 오늘날과 같은 민주적인 정교(政敎)분리로 이해를
합니다. 그러나 칼빈이 말한 국가와 교회의 분리의 참 뜻은 국가가 교회
를 통제해서는 안된다는 것입니다. 이 말을 처음으로 주장한 사람은 밀
라노 감독 암브로스였습니다. 그는 콘스탄틴 대제에 의해서 시녀 노릇
했던 로마 카톨릭을 교황이 지배할 수 있는 제도를 만든 교황제 창시자
입니다. 암브로스 감독은 당시 데오도시우스 황제를 향해서 황제는 국
가의 왕이지만 교회 안에서는 한 사람의 죄인이라고 정의하고 왕이라
할지라도 잘못하면 교회 앞에 회개를 해야 한다고 주장했습니다. 그래
서 데오도시우스 황제는 데살로니가에서 벌어진 학살에 대하여 감독
앞에 무릎을 꿇고 회개를 했습니다. 이렇게 암브로스는 국가는 교회를
간섭해서는 안된다는 정교분리를 선언했습니다. 이것을 칼빈은 그대로
제네바에 적용하여 신정정치를 펼쳤고 이렇게 매력적인 신학교리를 이
용한 왕들이 제네바 아카데미에 학생들을 보내 칼빈주의 종교개혁을
통해 로마 카톨릭의 영지에서 독립을 하는 수단으로 사용하여 자신들
이 소유하는 국가교회를 만들어 갈 수 있었던 것입니다.

6) 존 칼빈의 종교 개혁 평가

칼빈의 두 얼굴의 정체는 무엇인가?

칼빈은 542년부터 546년 4년간 제네바 성시화 운동을 할 때 자신의 교리를 따르지 않는 사람들을 무자비하게 처형했습니다. 이는 로마 카톨릭이 그들의 신조에 반대하는 세력들을 무력으로 무참하게 살해한 것과 같았습니다.

역사가들은 칼빈이 사람들을 처형시킨 유형들을 공통적으로 동일하게 증언하고 있습니다. 칼빈의 예정설, 성서 권위의 문제, 삼위일체설, 유아세례, 성만찬, 심각한 도덕과 윤리적인 문제 등 칼빈과 의견을 달리했기 때문이었습니다. "유럽의 마녀사냥"의 저자 브라이언 레벡(BrianP.Levack)에 의하면 칼빈 사상이 지배하였던 스위스에서는 8,800명 이상의 마녀가 재판을 받고 5,000명 이상이 처형되었다.(Brian P. Levack. op.cit. p.267)고 기록을 하고 있습니다.

물론 바리새파 유대인들이 칼빈의 이름을 이용하여 그런 악한 일을 했다하더라도 당대의 위대한 신학자요, 목회자인 칼빈이 목숨 걸고 이런 만행을 막지 못한 것은 어떤 이유로도 변명할 수 없을 것입니다.

프란시스 1세에게 관용을 호소한 존 칼빈

칼빈은 1533년 자신이 작성해서 니콜라스 콥(Nicolas Cop)이 파리대학 총장 취임연설을 한 내용을 통해서 복음과 율법을 비교해서 복음의 절대성을 강조하고 하나님이 값없이 베풀어주시는 은혜를 강조했습니다. 그리고 종교의 이름으로 상대방을 박해해서는 안된다고 강력히 주장했습니다.

뿐만 아니라 칼빈은 기독교 강요 초판을 만들어 프랑스 왕 프란시스 1세에게 보내면서 폭력이나 무력으로 종교 탄압을 해서는 안될 것을 주장하고 있습니다. 기독교 강요 초판에서 칼빈은 검이 아니라 말씀에 기초한 교회의 평화, 모든 학문의 유용성, 성경적이고 복음적인 개혁을 주장한 것입니다. 그는 다음과 같이 말했습니다.

"왕이시여, 다시 폐하게 말씀드리오니, 우리의 대적들이 이른바 '새로운 복음'은 단지 폭동을 선동하고 악을 방종 되게 행하게 하는 것이 목적이라고 넌지시 얘기하는 말에 동요되지 마십시오. 우리의 하나님은 분열이 아니라 화평을 가져오는 분이십니다. 그리고 하나님의 아들은 죄를 행하시는 분이 아닙니다. 왜냐하면 그분은 마귀의 일을 멸하기 위하여 오셨기 때문입니다. 그리고 우리는 하나님의 은혜로 말미암아 복음 안에서 진보를 이루었기 때문에 우리의 삶은 순결, 관용, 자비, 절제, 인내, 중용을 비롯한 모든 미덕의 본보기로서 우리를 중상모략 하는 자들을 섬길 것입니다.…"

제네바 성시화에서 나타난 칼빈의 잔혹사

그러나 칼빈은 이런 글을 쓴지 불과 6년이 지난 후 542-546년 자신이 제네바 통치를 할 때 자신의 교리와 통치이론에 따르지 않는 사람들을 58명이나 무참하게 살해했습니다. 이것이 칼빈의 두 얼굴입니다. 불과 6년 전 자신이 프란시스 1세에게 종교적 박해를 받고 망명생활을 할 때는 단호하게 종교적인 교리가 좀 차이가 있다 할지라도 무력이나 물리적인 힘으로 탄압해서는 안된다고 하면서 이런 물리적인 방법은 마귀의 일이라고 했습니다. 그러면서 예수님의 자비하심과 긍휼하심으로 설득하고 인내해야 할 것을 탄원했습니다. 그러나 6년 후 제네바에서 자신이 종교권력을 잡고난 후에는 완전히 다른 사람으로 변하고 말았습니다.

그렇게 될 수밖에 없었던 이유는 칼빈이 기록한 수많은 기독교 교리에 대한 글들은 단지 그가 여러 가지 책들을 통해서 얻은 지식일 뿐 그의 신앙은 아니었기 때문입니다. 그가 가진 수많은 지식들은 단지 종교개혁이라는 이름으로 사용된 도구에 불과한 것입니다. 그의 지식은 생명을 구하는데 사용되지 않고 종교권력을 빼앗는데 사용되었습니다. 왜냐하면 그의 기독교 지식은 칼빈 자신의 것이 아니었기 때문입니다.

7) 칼빈주의 스코틀랜드 제임스 1세의 왕권신수설 폭정

제임스 1세는 장로교 국가인 스코틀랜드 제임스 6세로 있다가 엘리자베스 1세가 후사가 없이 죽자 영국왕 제임스 1세로 즉위한 뒤 왕권신수설을 주장하면서 엄청난 독재정치를 했습니다. 이는 교황이 무오설을 주장하여 독재정치를 한 것과 같습니다. 올리버 크롬웰은 청교도 혁명에 성공한 후 공화정을 열어 자신이 최고의 권력인 호국경 자리에 앉아 최고의 독재정치를 하다가 쫓겨났습니다. 메이플라워호를 타고 메사추세츠 플리머스에 도착한 장로교 분리주의 청교도들은 엄청난 마녀사냥을 했습니다.

이처럼 제네바 칼빈의 장로교 바리새파 분리주의 청교도들은 철저하게 지배를 받을 때는 몸을 낮춰 정의와 자유와 개혁을 외치다가도 막상 권력을 잡고 그들의 개혁이 성공했을 때는 어떤 악한 독재자보다 더 독한 정치를 했습니다. 이것이 칼빈주의 청교도들의 공통되는 역사입니다. 즉 앞뒤가 맞지 않는 개혁이었습니다. 이는 마치 바리새인들의 분리주의와 똑같은 가치이념입니다.

8) 칼빈의 모든 글은 어거스틴의 작품이었다

예수님은 선지자들을 평가할 때 나무도 좋고 열매도 좋아야 참 선지자라고 했습니다. 즉 나무는 좋은데 열매가 나쁘다든지, 나무는 나쁜데 열매가 좋다든지 하는 것은 다 잘못되었다고 하셨습니다. 자신이 핍박과 박해를 받고 있을 때는 자비와 긍휼을 구하고, 자신이 집권자로 있을 때는 강한 심판가가 된 것은 분명히 잘못된 것입니다. 칼빈 자신이 비판하고 개혁하려던 제도를 칼빈 스스로가 세우고 있다는 것은 그의 모든 고백이 사실이 아니었다는 것입니다. 칼빈이 파리 대학 총장 콥에게 써준 강의안도 루터의 만성절 강의안을 그대로 번역한 것이었습니다. 뿐만 아니라 칼빈의 기독교 강요 초판에 언급된 모든 내용들은 어거스틴의 하나님의 도성, 고백론, 삼위일체론에 기록된 내용들과 똑 같았습니다. 그래서 칼빈의 신학은 어거스틴의 신학의 복사판이라고 말하는 것입니다.

칼빈은 당대 가장 뛰어난 언어학자였습니다. 헬라어, 라틴어, 히브리어에 능통했습니다. 그러한 언어실력으로 수많은 책들과 어거스틴의 저서들을 읽거나 번역을 해서 만든 책이 기독교 강요 초판입니다. 그 내용은 전적으로 칼빈의 신앙이 아니었습니다. 칼빈이 사용한 유아세례,

교회론, 무천년, 국가와 교회, 성찬식, 삼위일체론, 주권신앙과 예정론 등은 모두 어거스틴의 작품들과 똑 같았습니다.

7. 유럽의 30년 종교전쟁과 근대국가 출현, 국가교회 소멸

1) 최대종교 영토전쟁

1618-1648년 사이에 신성로마제국인 독일을 무대로 벌어진 전쟁으로서 최대의 종교전쟁이라고 일컬어집니다. 마틴 루터와 존 칼빈에 의해서 종교개혁이 선포되자 로마 카톨릭으로부터 억압당하고 있었던 제후와 영주들이 종교개혁이라는 명분을 가지고 로마 카톨릭으로부터 분리 독립을 선언하고 독자적인 길을 가게 되었습니다. 신성로마제국인 독일에서는 1555년 아우크스부르크의 화의(和議)를 통해 루터교와 로마 카톨릭은 평화조약을 맺고 화해를 했습니다. 그러나 칼빈파는 제외되었습니다.

1526년 신성 로마 제국의 제국 의회는 제국 내의 영지에서 루터교회의 신앙을 허용하는 결의를 하였고, 1555년에 이르러 카를 5세가 이를 수락하는 아우크스부르크 화의에 서명함으로써 독일 내의 로마 가톨릭 교회와 루터교간의 종교 전쟁이 끝을 맺었습니다. 그러나 이 조약은 루터파에 대하여 보호를 하였으나 칼빈파에 대한 기록이 빠져 다시 충돌이 일어날 수밖에 없었습니다. 이 조약의 주요 내용은 다음과 같은 것들이었습니다.

(1) 독일 내 제후들은 로마 가톨릭 교회와 루터교회 중 하나를 자신의 종교로 선택할 수 있다. 단, 로마 가톨릭 제후가 개신교로 교파를 옮길 경우에는 재산을 로마 가톨릭 교회에 반납해야 한다.
(2) 주교의 관할 구역 내에 있는 루터교회 신도들은 자신의 신앙을 지속할 수 있다.
(3) 루터교회는 1552년 파사우 화의(和議) 이후 취득한 로마 가톨릭 예배당들을 계속하여 자신들의 소유로 할 수 있다.
(4) 루터교회로 개종한 로마 가톨릭 교회의 주교는 자신의 관할 교구를 포기하여야 한다.

(5) 로마 가톨릭 교회와 루터교 중 하나를 공식적인 종교로 선포한 나라라 할지라도 다른 종교를 차별하지 못한다.

아우크스부르크 조약은 양 진영의 적대 행위를 종식시켰으나 종교적 문제는 여전히 남아있었습니다. 조약이 체결된지 몇 년 지나지 않아 칼빈주의가 독일에 빠르게 확산되었으나, 조약의 쌍방 어디에도 해당되지 않았던 칼빈주의는 로마 가톨릭과 루터교회 모두에게 탄압받았습니다. 또한 종교와 정치의 분리를 주장하며, 유아세례에 반대한 급진파인 재세례파도 아우크스부르크 조약 내용에 해당되지 않으므로 탄압을 피할 수 없었습니다.

2) 30년 전쟁의 개요

30년 전쟁은 마틴 루터와 존 칼빈에 의해서 시작된 종교개혁을 제후들과 영주들이 종교개혁을 빌미로 영토를 로마 카톨릭으로부터 빼앗아 독립하는데 사용되었습니다. 뿐 만 아니라 루터나 칼빈 모두 국가교회를 세웠기 때문에 종교 개혁 후 신교와 구교, 또는 신교와 신교국가 사이에 영토 확장을 위한 충돌이 불가피했습니다.

30년 전쟁은 구교(가톨릭) 신교(개신교), 그리고 신교(新敎)들 안에서 일어난 전투입니다. 구교파엔 이탈리아, 스페인, 포르투갈, 오스트리아가 있었고 신교파엔 영국, 네델란드, 독일 등이 있었습니다. 신교파에 프랑스도 있었는데 프랑스는 구교를 믿는 나라인데 오스트리아, 스페인의 합스부르크 왕가에 대항하여 강대국들간의 패권 다툼으로 인하여 신교파에 붙었습니다. 두 싸움은 막상막하였지만 베스트팔렌조약으로 인해 신교파의 승리로 끝났습니다. 이로인해 네델란드가 완전히 독립했고 스페인이 몰락하고 프랑스가 득세를 했습니다.

3) 전쟁의 과정

(1) 보헤미아-팔츠전쟁 (1618-23)

내란의 와중인 1619년에 페르디난트가 황제로 즉위하자, 보헤미아 의회는 페르디난트의 왕위를 취소하고 신교파인 팔츠선제후(選帝侯)

프리드리히 5세를 국왕으로 뽑았습니다. 이 때문에 전쟁은 독일 전체에 파급될 형세가 되었지만 프리드리히가 칼뱅파였기 때문에 약간의 신교파 제후의 협력밖에 얻지 못하였습니다. 다른 한편 황제는 구교파 제후의 지도자 바이에른공 막시밀리안의 협력과 에스파냐의 원조를 얻어, 반격으로 나가 20년에는 프리드리히군을 프라하 서쪽의 바이서베르크에서 격파하였습니다. 계속해서 황제는 반란에 가담한 신교파 제후군을 각지에서 제압하였고 에스파냐군도 팔츠령에 침입하였습니다.

(2) 덴마크전쟁 (1625-29)

덴마크왕 크리스티안 4세는 이 기회를 틈타서 영국과 네델란드의 원조를 확보하고 25년 북독일에 침입하였습니다. 곤경에 빠진 황제는 발렌슈타인을 황제군총사령관으로 임명하였고, 발렌슈타인은 바이에른 사령관 틸리와 협력하여 크레스단을 격파하고 29년 뤼베크화약을 체결하였습니다. 크리스티안 4세의 패배와 1629년의 뤼베크 평화조약으로 유럽 강국으로서의 덴마크 지위는 종말을 고했습니다.

(3) 스웨덴전쟁 (1630-35)

발트해역에서의 세력 확장을 꾀하고 있던 스웨덴왕 구스타브 아돌프는 황제 세력의 북진에 위협을 느끼고, 프랑스의 원조를 얻은 다음 30년 포메른에 상륙하여 보헤미아까지 진출하였습니다. 황제는 발렌슈타인을 다시 황제군 총사령관으로 기용하였습니다. 발렌슈타인은 32년 뤼첸싸움에서 구스타브를 전사시켰지만 전쟁에는 패했습니다. 황제는 화평책략을 이유로 34년에 발렌슈타인을 암살하고 에스파냐의 원조를 받아 신교파군을 제압하였고, 35년에는 대부분의 신교파 제후들과 프라하조약을 체결하였습니다.

(4) 프랑스-스웨덴전쟁 (1635-48)

프랑스는 30년 전쟁 개시 이후 항상 반(反)합스부르크의 흑막적 존재로서 신교파에게 원조를 하고 있었는데, 신교파가 약하게 되자 공공연히 전쟁의 정면무대에 등장하여 프랑스군은 남부독일로 침입하였고, 스웨덴군도 공격을 재개하였습니다. 그 후 황제군은 수세에 몰리게 되자, 오랫동안의 전쟁에 지친 황제와 독일 제후, 그리고 스웨덴 사이에 45년 이후 화평교섭이 이루어져, 48년 베스트팔렌조약이 성립되었습니다.

4) 30년 전쟁의 결과 베스트팔렌조약(Peace of Westfalen)

베스트팔렌 조약은 스페인과 네델란드 사이에 벌어진 80년 전쟁과 독일의 30년 전쟁을 마감한 조약(1648)입니다. 30년 전쟁의 주요무대는 독일 도시와 공국이었으며 이 지역은 심각한 피해를 입었습니다. 전투에 참가한 많은 군인들이 용병이라는 점이 30년 전쟁의 한 특징입니다. 이들 용병 가운데 다수는 급료를 제대로 지급받지 못했기 때문에 보급품 충당을 위해 시골 마을을 약탈했으며 따라서 이 전쟁에서 하나의 전형을 이루는 이른바 '늑대 전략'이 시작되었습니다. 쌍방 간의 군대는 모두 전쟁중에 약탈을 일삼아 도시와 마을 및 농장들을 황폐하게 만들었습니다.

마침내 열강들이 유혈분쟁을 종식시키기 위해 독일의 베스트팔렌에서 회동했을 때 유럽의 세력균형은 근본적으로 변해 있었습니다. 스페인은 네델란드를 잃었을 뿐만 아니라 서유럽에서의 주도적인 입지도 상실했습니다. 프랑스는 서방 강국으로 부상했으며 스웨덴은 발트 해의 지배권을 장악했습니다. 네델란드는 독립된 공화국으로 승인받았으며 신성 로마 제국의 소속 연방 국가들은 300개 공국으로 분리되어 완전한 주권이 주어졌습니다. 따라서 정신적으로는 교황이 주도하고 세속적으로는 황제가 주도하는 유럽의 가톨릭 제국으로서의 신성 로마 제국은 사실상 붕괴되었습니다. 또한 주권국가들의 공동체라는 근대 유럽의 본질적인 구조가 확립되었습니다. 이는 국가교회시대가 종말을 고한 것입니다.

강화회의는 1645년부터 독일 베스트팔렌지방의 뮌스터와 오스나브뤼크에서 나뉘어 열렸는데, 1648년 10월에 조인되었습니다. 이 조약에 따라 스웨덴은 서(西)포메른과 브레멘 대주교령 · 페르덴 주교령 등을 획득하고, 프랑스는 메스 · 투르 · 베르됭의 세 주교령과 알자스의 합스부르크가 영토를 획득했으며, 브란덴부르크는 동(東)포메른 · 마크데부르크 대주교령 · 민덴주 교령 등의 영유를 인정, 바이에른은 남(南)팔츠의 영유와 선제후위(選帝侯位)를 인정받았고, 스위스와 네델란드는 독립국 지위를 승인받았습니다.

교회령에 대해서는 1624년의 상태로 되돌리기로 결정하고, 1555년의 아우크스부르크화의(和議)에서 부인(否認)된 칼빈파도 루터파와 같은 자격으로 승인되었습니다. 독일의 영방(領邦) 제후와 제국도시는 "황제와 제국(帝國)을 적대하지 않는 한에 있어서"라는 조건으로 상호 또는 외국과도 동맹할 권리가 인정되었습니다. 그래서 합스부르크가의 세력은 후퇴하고, 프랑스와 스웨덴은 강국이 됨과 동시에 독일 내부에서는 브란덴부르크의 세력이 커졌습니다. 한편 독일제국(신성로마제국) 안의 분립주의는 극에 달해 300개의 공국으로 분열이 되었습니다. 이로서 독일 국내에서는 제후의 독립성이 강화되어 오스트리아 합스부르크 왕조의 신성로마 황제의 지위는 더욱 명목적 존재가 되었습니다.

중세보편주의 종말과 근대주권국가 출현

30년 전쟁에 대해서는 여러 가지로 그 결과를 해석할 수 있는데, "수천 년의 유럽 역사 전체를 결론짓는 마지막 단계의 출발점이었고, 오늘날의 유럽 세계를 직접적으로 형성한 사건"으로 평가합니다. 즉, 근대화를 이끈 전쟁이었다는 것인데, 30년 전쟁을 종결시킨 베스트팔렌 평화조약(1648)이 중세 보편주의를 끝내고 근대국가체제를 출범시키게 되었다는 것은 일반적으로 받아들여지는 평가입니다. 유럽중심주의 세계사를 넘어 세계사들로 30년 전쟁 이후 벌어진 각종 전쟁들의 결과가 다양한 국제조약으로 수렴될 수 있었던 것만 보아도, 이를 확인할 수 있습니다. 전쟁과 조약이 관행화 되면서 유럽 중심의 세계질서가 확립되었던 것입니다.

또 한 가지 1648년 베스트팔렌 조약을 계기로 헌법을 가진 주권 국가의 시대로 들어서게 된 점이 역시 매우 의미 있는 결과라 하겠습니다. 30년 전쟁의 과정에서 다양한 합의들이 지켜지지 않으면서 '절대적이고 영속적이며 어떠한 조건이나 법률의 제한을 받지 않는 최고의 독립적 권력'에 대한 '장 보댕'의 논의는 어쩌면 자연스러운 귀결이었을 것입니다. 물론 그 최고의 독립적 권력의 소재가 어디인가에 대한 이론은 있었지만, 종교전쟁의 혼란을 극복하기 위해 주권론이 제안되면서 본격적인 근대화의 단초가 제공되었다는 데 의미가 있습니다.

5) 30년 전쟁의 평가

(1) 국가교회가 사라지는 계기

30년 전쟁의 가장 큰 역사적인 의미는 중세가 무너지고 주권 국가의 시대로 들어서게 된 것입니다. 즉 근대국가의 시대가 열린 것입니다. 이것이 중요한 것은 국가와 종교가 하나 되어 국가종교를 이루고 정치와 경제와 종교권력을 가지고 독재를 했던 시대가 막을 내리고 개별 국가가 나타나고 개별 국가 내에 여러 종교들이 자유롭게 활동 할 수 있는 명목적인 기초가 확립된 것이 가장 큰 의미입니다.

이후부터 로마 천주교는 말할 것도 없거니와 개신교도 국가교회라는 권력을 행사할 수 있는 힘들이 점차적으로 잃게 되므로 오늘날의 형태의 종교생활을 할 수 있게 된 것입니다.

(2) 종교개혁교회가 힘을 잃고 로마 카톨릭을 찾는 정통주의 운동이 시작됨

30년 종교 전쟁의 시발은 누가 뭐라고 해도 루터와 칼빈의 종교 개혁으로 촉발된 로마 카톨릭과 개신교의 종교영토 전쟁입니다. 이 전쟁을 통해 전쟁에 참가한 용병들은 침략국을 약탈한 것이 그들에게 주어진 보상금이었기에 침공한 나라를 완전히 황폐화 시켰습니다. 그래서 기근, 질병, 가난, 전염병 등으로 엄청난 수가 죽었습니다 30년 전쟁이 끝났을 때 유럽의 인구 절반이 희생되었다고 합니다. 유명한 케플러 법칙을 알아낸 케플러도 굶어서 죽었습니다.

독일의 인구는 1600만에서 600만 명으로 줄었습니다. 유럽의 지긋지긋한 30년 전쟁이 개신교도들의 카톨릭 영지를 탈환하려는 전쟁임을 알고 있었던 유럽사람들은 전쟁이 끝난 후 다시 로마 카톨릭으로 귀의를 해서 개신교가 위기를 당하게 되었습니다. 이것을 정통주의 운동 즉 로마 카톨릭으로 돌아가려는 운동이라고 합니다.

그래서 개신교는 위기의식을 느끼고 경건주의 운동이라는 이름으로 신비주의 은사운동을 시작하여 소망을 잃고 방황하는 유럽인들에게 다가서게 되었습니다. 이것이 진젠도르프에 의해서 완성된 100년 동안 계속된 24시간 신비주의 기도운동입니다.

많은 사람들은 마틴 루터의 종교 개혁과 존 칼빈의 제네바 개혁이 바로 오늘날과 같은 종교의 자유시대를 열었다고 간단하게 생각을 합니다. 그러나 루터와 칼빈의 종교 개혁은 신학적 이론만으로 종교개혁이요, 로마 카톨릭의 연속이었습니다. 오늘날 우리에게 주어진 종교의 자유는 30년 전쟁으로 유럽의 인구가 절반이 희생되는 결과로 얻은 것입니다. 그러나 불행하게도 오늘날 우리의 교회는 종교 개혁자들이 이름만 내걸었던 보편적 종교개혁 교회를 그대로 이어 받아 사용하고 있습니다. 이것이 바로 사탄의 전략입니다. 끊임없이 떼어 버리려고 애를 써도 떨어지지 않고 붙어 있는 진득이처럼 사탄의 역사는 지금까지 계속되고 있습니다.

(3) 루터는 장미십자단, 칼빈은 바리새파 유대인의 후견인

루터는 이집트-그리스-비잔틴-예수회로 이어지는 장미십자단의 비밀 결사입니다. 그의 해박한 지식은 장미십자단을 이용하여 로마 카톨릭의 신성로마제국을 분열시켜 영주들과 제후들에게 돌려준 것입니다. 칼빈도 바벨론-페니키아-카르타고-로마-어거스틴으로 이어지는 삼신론의 분리주의 바리새파 유대인에게 고액의 연봉을 받고 이용당한 실력 있는 신학자입니다.

그럼에도 불구하고 그들의 신학과 그들의 업적을 비교 평가해 보지도 않고 사탄의 세력들이 미화시킨 어용 역사에 속아서 우리는 그동안 춤을 춰왔던 것입니다. 우리는 종교개혁이란 아름다운 단어에 속아 그들이 세워준 생명 없는 기독교인 보편적인 교회안에서 배도를 기다리고 있습니다.

8. 진젠도르프 경건주의 킹덤나우

(Nikolas Ludwig Zinzendorf, 1700-1760)

1) 진젠도르프의 독일의 경건주의 운동의 시작

경건주의는 금욕주의를 통해서 신비주의 운동을 한 뉴 플라톤 철학의 교리입니다. 스토아 철학이 바로 경건주의 철학 즉 금욕주의 철학입니다.

독일의 경건주의 운동의 출발은 30년 종교전쟁을 통해서 황폐화되어버린 유럽을 다시 일으키려는 신비주의 은사 종교운동입니다. 경건주의 운동을 시작한 사람은 빌립 야콥 스페너(Philipp Jakob Spener,1635-1705)입니다. 이 사람은 지상의 천년왕국을 꿈꾸는 유대인으로 독일의 할례대학을 세우고 프랑케와 함께 금욕주의를 통한 신비주의 은사운동인 경건주의 운동을 시작합니다. 이는 또 다시 시작한 킹덤나우 유토피아 운동입니다.

비밀결사 프리메이슨 장미십자회 단장인 진젠도르프

진젠도르프는 지상의 유토피아를 꿈꾸는 신비주의 집단인 프리메이슨 겨자씨 기사단이 포함된 영국 장미십자회 그랜드 마스터(Grand Master of British lodges)였습니다. 그랜드 마스터는 총회장이란 뜻입니다. 영국과 미국 그리고 독일에서 일어난 18세기 경건주의 운동(신비주의)은 모두 그랜드 마스터였던 진젠도르프에 의해서 이루어졌습니다. 영국에서는 웨슬레를 통해서 일어났습니다. 독일에서는 진젠도르프에 의해서 일어났습니다. 미국 뉴잉글랜드에서 조나단 에드워드와 조지 휘필드에 의해서 일어났습니다.

진젠도르프의 겨자씨기사단은 세상에 새로운 왕국을 세우는 상징으로 '반지의 제왕' '심장의 동료' '칼의 형제(Sword Brothers)' 란 용어를 사용합니다. 그리고 항상 왕관, 칼, 장미십자 모양을 숭배합니다. 이것은 목숨을 바친 비밀결사체로 배반하면 죽음을 상징한 것입니다. 특히 이들은 성찬식을 앞두고 엄숙한 칼의 서약을 합니다. 그리고 목숨을 건 기도를 통해서 초자연적인 능력으로 땅이 진동하는 경험을 합니다. 이것이 100년 동안 계속되는 24시간 신비주의 기도운동의 비밀입니다.

1948년 윌리엄 브래넘에 의해서 시작된 '새질서(New Order)' '늦은 비 운동' 도 역시 같은 킹덤나우 사상으로 시작된 운동입니다. 진젠도르프의 헤른후트(Herrnhut)라는 마을에서 1727년에 분출된 성령의 폭발도 1948년 캐나다 노스배틀포드 샤론학교에서 폭발한 성령의 분출과 같이 금식기도를 통해서 나타난 역사로 같습니다. 그리고 이 두 운동의 목적 또한 같은 킹덤나우라는 주권운동입니다.

릭 조이너는 진젠도르프에 의해서 모라비안 메이슨단이 설립되었고, 겨자씨 기사단원들은 "자신을 위해 살지 않는다"는 글자가 각인된 반지를 끼었다고 했습니다. 겨자씨 기사단들은 자신들을 스스로 "세계를 개조하는 새로운 음모자들"이라고 합니다. 이는 왕권주의인 킹덤나우 주장자들이 추구하는 급진적인 정치 사회적 어젠다인 단일종교와 신세계질서의 수립을 의미하기도 합니다.

왕권주의자들은 교회가 '그리스도'라고 하며, '그리스도'는 교회 안에서 새로운 단계로 다시 태어난다고 주장하는데, 이는 뉴 에이저, 영지주의자, 카발리스트, 비밀집단이 믿는 것과 일치합니다. 여기에서 말한 '그리스도'란 성경에서 말한 그리스도가 아닙니다. 뉴 에이저들은, 인간의 집단의식이 일치되어서 '그리스도'로 탈바꿈하는데 '오메가 포인트'로 수렴하고 있다고 가르칩니다. 종국에는 사람이 신이 될 것이라는 뜻으로, 이를 '그리스도 의식'이라고 부릅니다.

이런 일들을 하는 사람들을 신사도운동가라고 합니다. 진젠도르프의 24시간 왕권회복 기도운동은 늦은 비 운동인 윌리엄브래넘을 거쳐 마이크 비클 IHOP(24−7, 24시간 365일)으로 이동했습니다. 그래서 예루살렘 회복운동으로 발전했습니다.

2) 진젠도르프와 헤른후트 형제단

진젠도르프 백작(Nikolas Ludwig Zinzendorf, 1700−1760)은 경건주의 운동이 강했던 드레스덴(Dresden)에서 태어났습니다. 그의 아버지는 독일 경건주의의 창시자라 할 수 있는 필립 야콥 스페너(P. J Spenner)의 친구였습니다. 진젠도르프는 스페너의 뒤를 이은 경건주의 운동의 핵심인물인 프랑케가 설립한 학교(Paedagogium)와 할레대학교를 졸업했습니다.

바로 진젠도르프는 독일 경건주의의 영향을 받았는데, 30년 전쟁 때 보헤미아에서 피난 온 형제들에게(Moravian Brethren, Bohemian Brethren) 자기 땅인 삭소니의 헤른후트(Herrnhut)를 내어 주면서 그들의 지도자가 되었습니다. 이들은 "헤른후트 형제단"을 이루었고 출신 지역 때문에 모라비안이라 불려졌습니다.

모라비아 공동체 신비주의 부흥운동(1727년 8월 13일)

1727년 8월 13일에 독일의 헤른후트에서 진젠도르프가 지도자로 있던 모라비아 공동체에 부흥이 임하였습니다. 보헤미아의 종교개혁자 존 후스가 순교하자 그를 따르던 수많은 사람들이 300년 동안의 핍박을 피해 귀족 기독교인이었던 진젠도르프가 살던 독일로 피신하였고, 진젠도르프는 1722년 그들에게 삭소니(Sasony)에 있던 자신의 사유지를 피난처로 내주었습니다. 그들은 새로운 정착지를 헤른후트 '주님의 망대'라고 이름하였습니다. 그러나 얼마 가지 않아서 역시 박해를 당하고 있던 루터교도들, 개혁주의자들, 재침례교도들 등 다른 부류의 그리스도인들도 헤른후트로 이주해왔습니다. 1727년 뜨거운 논쟁들이 공동체를 위기의 도가니로 몰아넣었습니다. 여러 단체들이 예정론, 성결, 침례의 주제를 가지고 논쟁하면서 서로를 비방하며 심각하게 분열되었습니다.

젊은 독일 백작이었던 진젠도르프는 연합과 사랑 그리고 회개를 촉구하였습니다. 진젠도르프는 심각하게 분열되어진 헤른후트의 신앙공동체의 성인 멤버들을 방문하여 서약서를 작성하도록 하였고, 서로의 상이점보다는 공감할 수 있는 영역들을 찾고 그것들을 강조하도록 하였습니다. 1727년 5월 12일에 공동체 모두가 모여 주님께 헌신을 작정하는 서명식을 가졌습니다. 은혜의 마음과 일치와 간구가 그들 가운데에서 커져 갔습니다.

헤른후트에 임한 성령의 분출

6월 16일, 진젠도르프는 홍수 같은 눈물을 흘리며 자신의 영혼을 쏟아 붓는 기도를 하였고, 그로 인해 공동체 전체가 전에 없었던 기도의 불길에 사로잡히게 되었습니다. 6월 22일, 공동체의 다수가 한 마음으로 기도와 찬미에 그들의 심령을 드리기로 작정하였습니다. 8월 5일의 자정에 모인 무리들 위에 엄청난 감동이 충만했습니다. 진젠도르프는 대략 12-14명의 사람들과 밤을 꼬박 새우며 기도에 전력했습니다.

8월 10일, 주일 정오에 로디 목사가 헤른후트에서 예배를 인도하던 중에 주의 능력에 압도되어 흙먼지 위에 쓰러졌고, 회중들 역시 하나님 앞에서 쓰러졌습니다. 그들은 자정이 되도록 기도하며 찬미하며 흐느끼기를 쉬지 않았습니다. 8월 13일, 수요일에는 모였던 모든 사람들 위에 성령이 부어졌습니다. 부흥이 임한 것입니다. 그들 중에 다수는 시간을 따로 정해 놓고 지속적으로 기도에 정진하기로 작정했습니다. 진젠도르프는 "이제까지 우리는 지도자들과 조력자들과 함께 사역했으나, 지금은 성령 자신이 모든 것과 모든 사람을 주장하신다"라고 하였습니다.

8월 26일, 화요일에 24명의 남자와 24명의 여자가 한 시간을 간격으로 하여 연속적으로 기도하기를 서원했습니다. 8월 27일, 수요일에는 중보기도회를 시작할 것을 위해 새롭게 헌신하기 시작했습니다. 다른 사람들도 이 중보기도회에 가담했으며, 가담한 사람들의 수는 77명에 육박했습니다. 그들은 자신들에게 지정된 시간에 기도하기를 엄수했으며, 주 중에 한 번씩 모여서 기도제목을 나누기도 하였습니다.

어린이들도 그들 가운데 유사한 계획을 짜기 시작했습니다. 자기 자녀들의 간구를 듣게 된 어른들은 깊은 감동을 받게 되었고, 자녀들의 기도와 간구는 온 공동체에 막강한 영향력을 행사했습니다.

1727년에 시작된 이토록 경이로운 기도회는 100년간 지속되었습니다. 역사상 가장 길게 유지되었던 부흥이었습니다. 릴레이 중보기도로 알려진 이 운동은 남녀 모두를 도중하차 없이 하나님께 나아가도록 했습니다. 그 기도는 또한 행동하는 신앙을 낳았는데, 특히 전도의 영역에서 그랬습니다. 그들이 성령으로 세례를 받은 후에 이 단체는 성령을 부으심과 더불어서 발생한 선교의 열정을 기초로 개척 전도자들과 선교사들이 되었습니다.

3) 진젠도르프의 신앙운동의 특징

서약을 통한 공동체 건설

성찬식을 통한 새로운 서약으로 사도교회를 본받은 영적공동체를 형성하였습니다. 장미십자단들이 꿈꾸는 천년왕국주의(Chiliasm)는 마틴 루터, 빌립 야콥 스페너, 프랑케, 요한 아른트 등이 추구한 이념이었습니다. 이들의 공동체는 철저히 신정정치제로 구세주의 직접적 임재를 강조하며 그리스도의 신정정치적인 지도력 아래 있다고 믿었습니다.

이원론적인 공동체 운영

모라비아 공동체는 주요 멤버들은 철저한 공동체 삶을 추구했으나 이들의 선교현장에서는 공동체를 세우지 않고 연합의 지평을 통해 활동을 했습니다. 이는 철저히 이원론적인 비밀결사단의 운영방법입니다.

진젠도르프는 현명한 판단으로 모라비안 공동체의 무수한 사업과 산업의 발전을 위한 기반을 확립하였는데 공동체 회원들은 청지기적인 관점에서 재산을 공유하였습니다. 그는 "성령안에 있는 하나님의 참된 교회"를 주장하며 교회의 연합을 추구하였습니다. 원시 기독교 풍습을 좇아 발을 씻기고, 애찬을 실시하고, 화평의 입맞춤, 제비를 뽑아 결정하는 등 실제적 생활을 강조하고, 또한 믿는 이들의 공동생활을 실시하였습니다.

킹덤 아미 훈련

진젠도르프는 청년 남녀들을 가정으로부터 분리시켜 엄격한 감독하에 신앙 훈련을 시켰습니다. 이러한 엄격한 훈련과 간섭은 그리스도의 왕국을 위하여 어디든지 준비된 일꾼을 보내기 위함이었습니다. 킹덤 아미 훈련입니다.

감정을 중요시한 영체교환 예배

진젠도르프의 사상은 신비적이고, 고도의 감정적인 예배와 신학을 중요시합니다. 그리스도에 대한 성애적(性愛的)인 영체교환(靈體交換)의 흠모와 그리스도의 수난을 예찬하는 신학을 발전시켰습니다. 이는 극한 십자가의 고통과 부활하신 예수님과의 만남을 통해 이루어지는 극한 희열을 경험하는 것입니다. 이들은 주의 피, 땀 상처, 고통을 실감 나게 묘사하는 찬송시를 지어 불렀습니다. 한때는 성부, 성모, 성자를 삼위로 보는 잘못을 범하기도 하였습니다. 감정이입 사상의 자유주의 신학자 슐라이어마허(Schleiermacher)는 그의 영향을 입었습니다.

감정중심의 비인격적인 신비주의 운동의 확산

이런 감정중심의 진젠도르프 신비운동은 영국에서는 웨슬레, 미국에서는 조나단 에드워드, 조지 휘필드 대각성 운동으로 번져 나갔습니다. 아이러니한 것은 우리가 알고 있는 청교도 명문 가문출신인 조나단 에드워드는 메사추세츠 노샘프턴에서 23간 목회를 하고 노샘프턴 주민들에 의해 사역지에서 쫓겨나야만 했고, 프리스톤 신학교의 총장직을 맡은지 불과 두 달만에 천연두 병으로 55세의 나이로 비극적인 생애를 마감했습니다. 조나단 에드워드가 선풍을 일으키며 대각성 운동을 했던 뉴잉글랜드 지역은 미국에서 가장 먼저 자유화가 되어 기독교 황폐화 지역이 되고 말았습니다.

진젠도르프 백작은 부인인 에르드무트가 죽자 농부 출신의 안나 니취만과 재혼했습니다. 안나는 비록 신분은 낮았지만 매우 헌신적인 모라비안 자매였습니다. 그러나 그녀는 진젠도르프에게 영적 신비주의의 영향을 크게 미쳤습니다. 예수님의 성육신과 십자가 고난을 너무 강조한 결과 광신적 신비주의가 되고 말았습니다. 그리스도의 육체적 죽음에 집착하여 복음적인 기독교 전통에서 벗어나게 되었습니다. 진젠도르프는 1745년 독일 작센주에서 무질서한 은사운동을 하다가 추방을 당하고 말았습니다.

진젠도르프는 나중에 자신의 모든 과격한 사상을 회개하고, 그의 후계자인 슈팡겐베르그(August Gottlieb Spangenberg)에 의해서 모라비아 교회의 교리는 재정비 되었습니다.

그러나 그들이 왕성하게 활동했던 지역들은 지금은 아주 초라한 모습으로 버려져 있습니다. 그들이 그렇게 불같이 기도하며 꿈꿨던 킹덤나우는 물거품처럼 사라져 버렸습니다. 이것이 그들이 하는 모든 것들이 거짓이요, 속임수라는 사실을 증명하는 것입니다.

4) 진젠도르프의 경건주의 운동의 평가

진젠도르프의 경건운동은 경건운동이 아니라 타락한 신비주의 운동입니다. 이는 경건을 가장한 금식과 금욕주의를 내세운 신비주의 기도운동입니다. 사탄의 세력들의 신비주의 운동은 족보가 있습니다. 밀레토학파인 피다고라스의 신비종교에서부터 플라톤의 데미우르고스, 알렉산드리아 오리겐학파의 교리문답학교, 플로티누스의 관상기도, 어거스틴의 영혼상승, 안토니 사막교부의 수도원 운동, 어거스틴 수도원 운동, 할레대학 경건주의 운동, 몽테귀 대학의 비밀종교운동, 베네딕트 수도원의 다르마 운동, 윌리엄브래넘의 늦은비 운동, 마이크 비클의 아이합 24시간 기도운동 등입니다.

진젠도르프의 선교운동은 "칼의 형제" 선서로 배반하면 죽음을 의미하는 비밀결사 조직입니다. 목숨을 건 기도운동을 통해 사탄의 신비주의 운동이 임파테이션이란 영적인 피라미드 군대조직을 통해서 100년 동안 계속되었습니다. 이는 말세지말에 다시 나타나고 있는 신사도운동의 임파테이션 운동과 같은 원리입니다. 킹덤아미, 요엘의 군대, 킹덤나우와 같은 주권적인 조직을 통해서 영적인 전투화가 이루어지고 있는 현상입니다. 이런 원리를 통해서 배도가 이루어지고 있습니다.

지난 6000년 동안 사탄은 끊임없이 추구해온 한 가지가 있습니다. 그것은 하나님을 배도하는 지상의 유토피아 즉 바알의 제국을 세우는 것입니다. 이것이 그동안 세계 역사에 세워졌다가 망해간 제국들입니다. 지금은 사탄의 마지막 제국이 세워져가고 있는 시대에 우리가 살고 있습니다. 그 마지막 제국이 계시록 17장-18장의 바벨론입니다.

9. 영국의 종교개혁

1) 헨리 8세의 수장령 선언과 영국의 국가교회인 성공회의 정체

헨리 8세가 국교를 선언했지만 그 당시의 모든 예배형식은 카톨릭 교회를 그대로 따랐습니다. 헨리 8세는 6개 조항이라는 조항을 국교에도 수용했습니다. 사실상 6개 조항 전체가 로마 카톨릭 교회의 교리였습니다. 예를 들어 "미사를 반대하거나 고해성사를 반대하는 자들은 사형에 처해야 된다", "사제들의 결혼을 인정하거나 또 동성서약이라고 해서 평생을 결혼하지 않고 수녀로 길을 걷는 동정서약을 성경적이지 않다고 하여 반대하는 자들은 사형에 처해야 한다", "평신도에게 성찬식에서 잔을 주어야 한다고 하면 사형에 처한다", '화체설(化體說, transubstantiation : 성찬식 때 먹는 빵과 포도주가 순간적으로 그리스도의 몸과 피로 변한다고 하는 학설, 1551년 트리엔트 공회에서 교의로 선포된 이후 로마 카톨릭 교회가 인정하는 학설이다)을 부인하는 자들도 사형에 처한다' 이런 6개 조항은 사람을 죽이는 조항이라고 할 수밖에 없었습니다.

영국 청교도[淸敎徒] 출현 [Puritan]

제네바 칼빈의 종교개혁은 제네바 아카데미를 통해 프랑스에서는 위그노, 스코틀랜드에서는 낙스에 의해 장로교, 네델란드에서는 고이젠, 영국에서는 청교도란 이름으로 확산되었습니다.

헨리 8세 때 수장령을 발표하여 영국의 국교를 성공회로 정했습니다. 피의 여왕 메리 때 친 카톨릭 정책으로 다시 돌아선 국교를 엘리자베스 1세는 영국의 성공회를 국교로 정해 영국 국민들의 종교가 되었습니다. 그러나 엘리자베스 1세도 영국 국교의 개혁을 헨리 8세의 6개 조항을 형식적으로 폐지하는데 그쳐서 엘리자베스 1세 여왕의 개혁을 반대하고 더 성경적인 개혁, 더 강한 개혁을 요구하며 일어난 무리를 영국 장로교인 청교도라고 합니다.

제임스 1세의 킹 제임스 성경 출판

엘리자베스 1세가 후사가 없이 죽자 스코틀랜드 제임스 6세가 영국왕이 되어 제임스 1세로 즉위한 뒤 교리문제로 분열되어 싸움을 하고 있는 영국 성공회와 청교도를 하나로 묶고 로마 카톨릭으로부터 완전히 벗어날 목적으로 통합성경을 만들도록 했습니다. 제임스 1세가 임명한 학자 47명이 1604년부터 세 곳에서 6개 집단으로 나뉘어 작업한 끝에 1611년에 킹 제임스성경이 탄생했습니다. 번역에는 제네바 성경, 그레이트성경, 비숍성경 등 히브리어·아람어·희랍어로 된 성경 원본이 사용됐지만 학자들은 불가타 성경(405년에 제롬이 완역한 라틴어 성경)과 기존의 영어 · 스페인어 · 프랑스어 · 이탈리아어 · 독일어 성경들도 참조했습니다.

프리메이슨 제임스 1세의 킹제임스 성경이 가져온 유익

하나님은 모든 것을 합력하여 선을 이루어 주십니다. 당시 스코틀란드 프리메이슨이었던 제임스왕은 자신이 통치한 영국의 통일을 위해서 합동성경을 만들게 했지만 하나님은 이것을 이용하여 역사상 가장 중요한 성경 하나를 만들게 하셨습니다. 이렇게 하나님은 사탄의 세력들이 추구하는 욕심들을 통해서 하나님의 사역을 하나씩 완성시켜 나가는 것입니다.

사탄의 세력들은 웨스트민스터 사원안에 있는 이 책을 만든 제임스 1세의 기념 동상을 모두 파괴했으며 훗날 1881년에 가장 부패한 성경인 웨스트코트 · 호르트 본문에 기반한 RSV 성경을 만들었습니다.

2) 청교도 혁명과 웨스트민스터 신앙 고백서 배경(The Westminster Confession of Faith)

엘리자베스 1세가 후사가 없이 죽자 스코틀랜드 제임스1세가 왕이 되고 그가 죽자 찰스1세가 왕위를 이어받아 아버지 제임스 1세와 같이 왕권신수설을 주장하며 영국의 국교회를 강요하면서 신교(新敎)를 핍박하게 되자 올리버 크롬웰을 중심으로 청교도 혁명(1642-1660년)이 일어났습니다. 이런 와중에 영국 의회를 장악한 신교도(新敎徒) 중심의 세력들이 신앙의 자유를 지키고, 절대왕정을 고수하기 위해 교회를 핍박한 찰스1세를 견제하고, 청교도 혁명을 일으킨 올리버 크롬웰을 지지하기 위한 목적으로 1643년에 시작되어 1648년에 승인된 웨스트민스터 신앙고백서를 완성시킨 것입니다.

누가 웨스트민스터 신앙고백을 만들었는가?

당시 올리버 크롬웰을 지지하여 청교도 혁명에 가담한 청교도는 칼빈주의 수평파와 독립파였습니다. 칼빈주의 수평파는 온건주의 개혁파로 의회중심의 세력들입니다. 그리고 칼빈주의 독립파는 올리버 크롬웰이 중심이된 네델란드 철기군의 후원을 받은 강경파, 분리주의파였습니다.

이 두 개의 파는 협력해서 멋진 웨스트민스터 신앙고백서를 만들어 놓고, 청교도 혁명이 성공한 후 찰스 1세 처형을 두고 갈라졌습니다. 온건파인 수평파는 온건한 개혁을 요구했고, 올리버 크롬웰을 따르는 철기군은 강력한 개혁을 추진하기 위해 찰스 1세의 처형을 주장했습니다. 결국 이 두 파는 대립하게 되었고, 온건파인 수평파를 제압한 올리버 크롬웰은 공화정을 세우고 자신이 호국경이 되어 찰스 1세보다 독한 독재를 실시하게 되었습니다.

웨스트민스터 신앙고백을 주도적으로 만들었던 사람들이 바로 장로교 국가인 스코틀랜드 사람들이었고, 웨스트민스터 신앙고백서의 초안 역시 스코틀랜드 신앙고백서에서 기인한 것입니다.

올리버 크롬웰의 독재정치로 무너진 영국 최초의 공화정부

올리버 크롬웰은 호국경이 되어 존 칼빈이 제네바 성시화에서 행한 것과 같은 강력한 종교 개혁을 통해 자신의 꿈을 이루고자 했습니다. 그는 거룩한 주일성수를 선포했고, 거룩한 삶을 살기 위해 도박금지, 술집 철거, 마약, 카드놀이, 댄스, 오락 등을 엄격하게 철권통치로 통제를 했습니다. 그는 아일랜드와 스코틀랜드를 점령하여 오늘의 영국을 세우는 과정에서 많은 세금을 추징했고, 아일랜드 카톨릭 교도를 2000명을 살해하기도 했습니다. 올리버 크롬웰의 엄격한 독재정치에 염증을 느낀 영국민들은 호국경을 몰아내고 망명 중에 있는 찰스 2세를 다시 왕으로 옹위하여 공화정을 폐지시켰습니다.

웨스트민스터 신앙고백은 1646년에 완성되어 의회에 제출되었고, 의회는 약간의 수정을 한 후 1648년 6월 이를 승인했습니다. 그러나 1660년 찰스 2세가 왕정복고 때 주교제 교회정치 형태가 복귀되었고, 장로교 신앙고백은 영국에서 공식적인 지위를 상실하고 말았습니다.

3) 영국의 청교도 탄생 배경

피의 메리 여왕(1516년-1558년)의 박해를 피해 영국을 떠나 여러 나라로 망명길에 오른 개혁자들은 엘리자베스 1세가 왕위에 오르자 모두 영국으로 귀환을 합니다. 당시 영국 국교회는 헨리 8세의 수장령에 의해서 로마 카톨릭으로부터 떨어져 나와 독립된 교회를 유지하고 있었으나 사실상 로마 카톨릭의 교리나 예배 의식에서 하나도 벗어남이 없었습니다. 개혁자들은 카톨릭 배경에 칼빈과 루터의 개혁신앙을 혼합한 영국 국교회(Anglican Church) 신앙에 만족하지 않고 이를 성경의 가르침에 따라 철저히 개혁하여 순결하게 (Purity)하려는 칼빈주의 청교도(清教徒 . Puritan)들이었습니다. 1648년 칼빈주의 개혁 신앙의 헌장인 웨스트민스터 신앙고백(Westminster Confession)의 구성을 주도한 것도 청교도들이었습니다.(The Oxford Dictionary of the Christian Church, 1472, 1473). 그들이야말로 칼빈주의 개혁 신앙의 진수였습니다. 그들은 이교적인 예배 의식, 사제들의 복장, 성경에 근거가 없는 각종 제일(祭日)들, 사제의 면죄(免罪)행위, 십자가 사용, 대부모(代父母) 제도의 폐지와 함께 성일로 간주된 일요일의 철저한 준수들을 요구했습니다. 그들은 교황 대신 교회의 머리가 된 국왕이 감독들을 앞세워 교회를 다스리는 성공회의 감독 제도를 반대했습니다 국교회에 남아 있으면서 칼빈의 장로제도만 채택하자는 장로회파(Presbyterian)와 청교도에 남아 있기는 하되 외부의 간섭을 일체 받지 않겠다는 독립주의(the Independents) 청교도도 나타났습니다.

종교적 분리주의 청교도와 정치적 분리주의 청교도의 분별

영국의 청교도를 이해하기 위해서 분리주의 청교도를 바로 이해해야 합니다. 왜냐하면 종교적인 분리주의와 정치적인 분리주의가 있기 때문입니다. 먼저 정치적인 분리주의는 청교도혁명에 성공한 후 찰스 1세를 처형하는 문제로 다툰 수평파와 독립파중에 올리버 크롬웰은 독립파에 속한 강경파였습니다. 이들을 정치적인 분리주의 청교도라고 합니다.

종교적인 분리주의는 수평파를 중심으로 침례교회를 세웠던 로저 윌리암스와 같은 청교도들입니다. 이들은 영국 국교회를 떠나 새로운 교회를 세우려 했던 청교도들입니다. 정치적인 분리주의 청교도는 바리새파 유대인들을 중심으로 청교도 혁명에 성공한 후 수평파를 제압하고 공화정을 세운 청교도들입니다.

이들은 찰스 1세를 처형하고 올리버 크롬웰과 함께 공화정을 세우고 심한 독재를 한 결과 시민들에게 쫓겨나 찰스 2세가 왕정으로 복귀한 다음에 심한 정치적인 보복을 당하여 네델란드로 피한 후 메사추세츠 플리머스로 모여들어 공동체를 만들었던 청교도들입니다. 정치적인 분리주의 청교도들은 마녀사냥을 주도적으로 이끌었던 주체들로서 나중에 미국의 근본주의 기독교 네오콘의 주 세력들이 됩니다. 이들이 바로 미국의 프리메이슨들을 형성한 일파가 됩니다.

영국 수평파 청교도들이 세운 침례교(浸禮敎 Baptist)

국왕이 머리로 남아 있는 영국 국교회가 완전한 개혁을 받아들일 전망이 어두워지자, 국교회를 떠나 완전한 분리(分離)를 원하는 보다 철저한 청교도들이 1581년 캠브리지 출신의 지도자 브라운(Robert Brown .d. 1633)에 의하여 탄생하는데 바로 회중교회 침례교입니다.

이들은 국왕이 머리가 된 국교회(聖公會)를 부정하고, 여러 가지 속박을 가져오는 칼빈의 장로제도도 배제하고, 교회의 유일한 머리이신 그리스도 아래 언약으로 연합된 회중이 자율적으로 목사 등 지도자들을 선출하고, 성경에 의하여 계발된 신앙 양심에 따라 믿음을 행사하도록 촉구하는 칼빈주의 청교도 신앙의 진수로 골격을 이룬 최초의 회중교회(Congregational Church)가 탄생한 것입니다. Waoker, 405.

엘리자벳 여왕 이후 영국 왕들이 왕권신수설을 앞세워 강력한 국가교회주의를 고집하며 분리주의 회중파 청교도들에 대한 핍박을 계속하자 대부분의 신자들은 고국을 떠나 보다 나은 신앙의 자유가 있는 홀랜드(네델란드)로 피난했습니다

당시 영국의 게인스보로(Gaonsborough)에 있던 일단의 회중파 청교도들은 국교회의 목사였다가 개종한 스미스(John Smyth 1612)목사의 지도 아래 1608년 홀랜드(네델란드)의 암스테르담에 정착했습니다 그들은 경건한 생활에 감명을 받았으며, 동시에 카톨릭의 의식인 유아세례가 비성경적임을 깨닫고, 1609년 스미스 목사는 자신을 비롯하여 동료 헬위스(Thomas Helwys)등 36명에게 세례를 줌으로서 세례를 베풀고 회중정치를 하는 최초의 침례교가 홀랜드(네델란드)에 세워졌습니

다. 기독교 대 백과 사전, 14, 958.

 신자들의 일부는 메노나이트 교회로 연합하였으나 휄위스를 따르는 회중은 1611년 영국으로 돌아와 1612년 영국에서는 최초로 런던에 침례교회를 세웠습니다. 그들은 칼빈주의 신앙은 받아들였지만 칼빈의 예정론을 반대하고, 그리스도의 속죄는 선택된 사람만을 위한 것이 아니라 모든 일반을 위한 것임을 믿기 때문에 일반침례교(General Baptists)나 자유의지 침례교(Free Will Baptists)로 불립니다. 이처럼 최초의 침례교는 종교적인 분리주의 청교도들인 회중교회에서 시작된 것입니다. Qualben, 333. Csims, 338.

 1633년 스필즈버리(John Spilsbury)의 지도를 받는 일단의 독립주의 청교도들이 성경을 연구한 끝에 본 교회에서 분리되어 나왔습니다. 침례교는 17세기 영국의 신앙 부흥과 신대륙에서의 신앙과 양심의 자유 등 개신교 신앙 정착에 지대한 공헌을 했습니다. 복음을 설교한 죄로 12년간 옥살이를 하며 "천로역정"(天露歷程)을 쓴 존 번연(John Bunyan 1628-1688), 실낙원을 쓴 밀턴, 흑암과 빈곤의 대륙 인도 선교를 위해 몸을 사른 캐리(William Carrey 1761-1834), 신대륙 미국에 신앙과 양심의 자유의 원칙을 심어 준 로저 윌리암스(Roger William Miller 1782-1849) 등이 수평파 청교도들입니다. 사실 아름다운 웨스트민스터 신앙고백이 만들어 질 수 있었던 것도 이와 같은 신앙인들에 의한 것입니다.

10. 영국 분리주의 청교도들이 세운 미국 플리머스 식민지

1) 영국의 정치적인 분리주의 청교도들이 세운 메사추세츠 식민지

 1620년 메이플라워호를 타고 네델란드 레이덴 항을 떠나 메사츄세츠 프리머스 항구에 도착한 청교도들은 1608년 영국에서 찰스 1세의 핍박을 받고 영국에서 추방된 정치적 분리주의 강경파 청교도들입니다. 이들은 네델란드로 추방되어 가난과 고통을 당하다가 신대륙 식민지 회사에서 모집한 노동자들로 지원을 해서 플리머스 항에 도착했습니다.

메이플라워호를 타고 갔던 102명 중에 청교도들은 52명이었습니다. 메사츄세츠 플리머스는 이미 네델란드 유대인들에 의해서 개척된 식민지였습니다. 그들은 현지 인디언들을 죽이고 땅을 빼앗아 식민지를 확장시켜 나가고 있었습니다. 영국의 온건파 청교도 즉 수평파 청교도였던 로저 윌리암스가 메사츄세츠 세일럼의 뉴잉글랜드 역사에 전면에 등장한 것은 1635년입니다.

2) 로저 윌리암스를 추방한 메사추세츠 정치적인 분리주의 청교도들

로저 윌리엄스는 케임브리지 대학을 졸업한 재사(才士)로 신앙적 열정을 겸비한 젊은 성직자로 1631년 보스턴 교회의 담임 목사로 초빙되었습니다. 그러나 윌리엄스는 보스턴 교회가 타락한 영국 국교회와의 관계를 완전히 끊지 못했다는 이유로 목사직 취임을 거부하고 대신 분리주의자들이 세운 플리머스 식민지 교회의 시무를 택했습니다.

2년 뒤인 1633년 세일럼 교회의 초빙을 받아들여 세일럼 교회 목사가 된 윌리엄스는 영국 국교회와 완전히 절연할 것과 국가와 교회의 엄격한 분리를 요구하면서 메사추세츠 식민지 지도층을 비판했습니다. 윌리엄스는 또한 영국 왕이 인디언의 땅을 메사추세츠 식민지에 공여할 권리가 없음을 지적하고, 땅이 필요하면 인디언으로부터 직접 돈을 주고 사야 한다고 주장했습니다.

1635년 보스턴의 청교도 지도자들은 윌리엄스의 이런 과격한 주장을 문제 삼아 세일럼 교회에 그의 추방을 요구했습니다. 때마침 보스턴 식민지와 인근의 마블헤드 지역 소유권 분쟁에 휘말려 있던 세일럼 주민들은 분쟁 수습을 조건으로 윌리엄스의 추방 요구를 수용했습니다. 보스턴 지도층이 그를 체포해 런던으로 압송할 작정임을 알게 된 윌리엄스는 세일럼에서 도망쳐 인근의 인디언 부족에게 잠시 의탁해 지내다가 남쪽으로 더 내려가 프로비던스 식민지를 건설했습니다. 이것이 오늘날 로드아일랜드의 시작입니다. 로저 윌리암스에 의해서 시작된 영국 수평파 청교도인 침례교회가 미국에 뿌리를 내리는 것은 이와 같은 아름다운 신앙의 유산 때문입니다.

3) 영국의 수평파 종교적인 분리주의 청교도들이 세운 미국의 침례교회

오늘날 미국에만도 2,900만의 신자를 가진 최대의 교파인 침례교는 개혁 교회들처럼 고정된 신앙고백이 없이 신자들이 계발된 신앙 양심에 따라 성경을 해석하고, 확신한 바대로 살도록 권장하고 있어 새로운 진리에 대해 개방적입니다. 기본적인 교리는 일반 개신교와 같지만, 그 밖에도 (1) 유아세례와 물을 뿌리는 세례를 비성경적인 것으로 간주하고 신자(信者)의 물에 잠기는 침례만을 인정하며 (2) 회중제도의 교회 조직과 (3) 국가와 교회의 완전 분리 (4) 개인의 신앙과 양심의 자유를 극도로 존중히 여기는 점들은 루터나 칼빈등이 추진한 개혁을 더욱 진전시켰음을 보여 줌과 동시에 그 근원에 재세례파의 신앙이 포함돼 있음도 분명히 하고 있습니다. F. S. Frank, Handbook of Denominations (Nashville:abingdon, 34, 35.).

4) 마녀사냥의 진원지 메사추세츠 세일럼

바리새파 분리주의 청교도들의 특징은 마녀사냥입니다. 칼빈이 제네바에서 성시화를 이룩하는 전략도 마녀 사냥이었습니다. 마녀 사냥이란 몇몇 사람에게 공포스런 누명을 씌워 공동체 전체를 통제하고 장악해 나가는 사탄의 세력들의 주특기입니다. 군대에서는 본보기라는 전략이기도 합니다. 모든 사람을 쉽게 통제하기 위해 몇 사람에게 가혹한 형벌을 내려서 나머지 사람들에게 공포심을 갖게 하여 원하는 것들을 얻어내는 전략입니다.

마녀 사냥으로 종교개혁 이후 유럽에서 죽은 사람만 7-8만 명에 이릅니다. 마녀라는 종교적인 정의는 정통파 신앙을 가진 자들이 신비주의 종교를 가진자들을 부를 때 사용하는 언어로 인신제사, 동물제사, 피의 제사, 초혼, 환생, 점쟁이들과 같은 이단자들을 의미하는 말입니다. 바리새파 유대인 분리주의자들은 철저하게 자신들과 같지 않은 종교를 배척할 때 마녀사냥이란 전략을 사용합니다.

나다나엘 호손의 주홍 글씨 작품의 배경인 메사추세츠 세일럼

메사추세츠 세일럼은 미국의 명작가 나다나엘 호손의 고향이기도 합니다. 그가 쓴 주홍 글씨의 내용도 역시 마녀 사냥의 일부분을 고발한 작품입니다.

'고기잡는 곳'이라 불리던 작은 항구도시 세일럼. 바다와 햇살이 어우러진 평화로운 풍경이지만, 마녀사냥이라는 아픈 역사를 안고 있습니다. 세일럼이 낳은 대 문호 호손은 선조의 만행에 대한 원죄의식을 '일곱 박공의 집' '주홍 글씨' 등의 작품을 통해 고스란히 쏟아냈습니다. 세일럼 기행은 집단 히스테리에 희생된 원혼의 흔적을 찾는 길이기도 합니다.

메사추세츠 마녀사냥은 의미심장하게도 이런 갈등과 분쟁의 중심에 있던 세일럼 빌리지의 담임목사 패리스의 집에서 시작되었습니다. 1692년 2월 어느 날, 패리스의 딸 엘리자베스가 갑자기 발작을 일으키며 헛소리를 질렀습니다. 며칠 뒤 엘리자베스의 사촌인 애비게일 또한 비슷한 발작을 일으켰습니다. 이에 그치지 않고 마을의 다른 소녀 두서넛도 유사한 증세로 고통을 호소했습니다. 놀란 패리스 목사와 부모들은 특별히 다른 교구의 목사를 초빙해 이들을 위한 기도회를 열었으나 증세가 멈추지 않았습니다. 결국 의사를 초빙해 소녀들을 진단하게 했습니다.

의사는 원인을 찾지 못하자 사탄의 짓이라고 결론 내렸습니다. 이로 인해 사태는 급진전해 사탄이 마녀를 내세워 이런 해코지를 한다는 통념에 따라 마을사람들은 다른 죄없는 소녀들을 심문했습니다. 소녀들은 패리스 목사의 집에서 하녀로 일하고 있던 바베이도스 출신의 티투바, 마을의 거렁뱅이로 입이 험한 새라 굿, 그리고 과거에 행실이 불량해 마을 사람들의 구설에 자주 올랐던 새라 오스본 노파를 그들을 괴롭히는 마녀로 지목했습니다.

곧 이들에 대한 체포령이 내려지고, 세일럼으로부터 호손의 선조인 존 호손과 조나단 코윈이 심문관으로 파견되었습니다. 세 소녀는 이들과 대질심문이 시작되자 소리를 지르고 몸을 비틀면서 혼절했습니다. 패리스 목사에게 혼난 티투바가 악마와 소통한 적이 있다고 자백하자, 세 여자는 마녀로 단정되어 투옥되었습니다.

마녀가 색출된 뒤에도 소녀들의 증세는 가라앉지 않고, 비슷한 증세를 보이는 사람이 오히려 늘어갔습니다. 세일럼 행정관들이 이들을 심문하자 또 다른 마녀가 지목됐는데, 놀랍게도 독실한 신앙생활로 마을사람들한테 존경을 받아온 마사 코리와 연로한 레베카 너스였습니다. 심문관이 악령에 시달려왔다는 소녀들과 이들을 대질시키자 소녀들은 다시금 발작 증세를 보였습니다. 두 사람은 꼼짝없이 마녀로 체포돼 투옥되었습니다.

뒤이어 언니를 변호한 레베카 너스의 두 자매도, 마사 코리의 남편 자일즈 코리도 사탄의 사주를 받은 마녀로 체포됐고, 심지어 네 살밖에 안 된 새라 굿의 딸 도카스도 감옥으로 끌려갔습니다. 강직한 성품으로 마을의 분쟁에서 어느 쪽 편도 들지 않았던 존 프로터의 부인 엘리자베스가 마녀로 지목됐고, 남편 존 프로터가 그녀를 변호하자, 그 역시 악마의 사주를 받은 것으로 체포되었습니다. 이런 식의 연쇄 지목으로 5월 밀까지 무려 100여 명이 투옥됐고, 그 범위도 세일럼 빌리지를 넘어 동부 메사추세츠 주 전역으로 확대되었습니다.

세일럼의 마녀소동이 뉴잉글랜드 사회에서 처음 일어난 일은 아닙니다. 매사추세츠 주지사 윈스롭의 일기에 따르면 이미 1647년에 마녀재판이 열린 적이 있고, 그 이듬해에는 마가렛 존즈라는 여자가 마녀로 처형되었습니다. 1662년 코네티컷 주 하트퍼드에서 집단적인 마녀소동이 일어나 13명이 체포됐고, 재판에 회부된 5명 중 4명이 혐의가 인정돼 처형되었습니다. 한 통계에 따르면 1647년에서 1663년까지 뉴잉글랜드에서 모두 79명이 마녀 혐의로 체포됐고, 재판에 회부된 33명 중 15명이 처형되었습니다. 17세기 뉴잉글랜드 식민지에서 마녀재판은 결코 드문 일이 아니었습니다.

세일럼은 원래 히브리어로 평화(shalom)를 의미합니다. 그러나 세일럼은 명칭과는 달리 수십명의 무고한 목숨을 앗아간 악명 높은 마녀재판, 그 어두운 역사의 상흔이 밴 곳입니다. 게다가 이 오욕의 역사는 기억의 저편에서 잠들기를 거부하고 기회가 있을 때마다 유령처럼 출몰해 미국사회를 뒤흔들었으니, 1950년대의 매카시즘 선풍은 그중 가장 두드러진 사례입니다. 억울하게 죽은 세일럼의 희생자들은 반복되는 이 집단적 히스테리에 필시 편히 잠들 수 없을 것입니다. 그로부터 300년의 세월이 흘렀지만, 아직도 미국은 수 천 수 만의 사람들이 마녀 사냥에 의해서 희생이 되고 있습니다.

광풍(狂風)처럼 일어난 마녀 사냥

1658년 영국에서 일단의 퀘이커교도들이 이주해오면서 세일럼은 다시 한 번 뉴잉글랜드 청교도 사회의 주목을 받습니다. 조지 폭스(George Fox 1624~91)가 창설한 퀘이커교는 형식화한 종교의식의 폐지를 요구하고, 율법보다는 '내면의 빛'으로 임재하는 성령 체험을 강조했습니다. 종교적 태도의 유사성에도 불구하고 뉴잉글랜드 청교도 사회는 퀘이커교를 이단이라며 탄압했는데, 무엇보다도 위계적인 교회 조직을 부정하는 그들의 과격한 평등주의가 청교도 공동체의 질서와 안녕을 심각하게 위협한다는 판단에서였습니다.

청교도 지도층은 이들을 식민지 밖으로 추방함으로써 침투를 막고자 애썼습니다. 그러나 내부에서 동참하는 신도가 늘어나면서 위기의식을 느낀 보스턴 지도층은 추방된 퀘이커교도가 다시 식민지로 돌아오면 사형에 처한다는 극단적인 조치를 취했습니다. 이런 박해에도 세일럼의 퀘이커 교도들은 굳건한 신앙으로 뉴햄프셔와 메인 주(州)까지 교세를 확장해 뉴잉글랜드 퀘이커교 운동의 중심이 되었습니다.

시선을 영국 쪽으로 돌리면 희생자는 더욱 엄청납니다. 청교도 혁명 전야인 1645년에서 1647년 사이의 찰스 2세 치하에서 수 백명이 마녀라는 죄목으로 처형되었습니다. 주지하듯 마녀재판은 종교개혁으로 야기된 종파적 갈등에서 반대파를 제거하는 수단으로 악용돼왔습니다. 종교개혁 운동이 본격적으로 일어난 1500년부터 종교적 관용이 정착되기 시작한 1660년까지 유럽에서 대략 7만~8만명이 마녀재판에 희생되었습니다.

콜럼버스가 오기 전에 북아메리카의 원주민 인구는 1,500-1,800만

명이었고, 북중남미의 원주민의 인구수는 약 1억4천5백만이었습니다. 그런데 그가 들어 온 후부터 유럽의 침략자들이 약 300년 동안 원주민들을 살해하고, 1890년 북미 통계에 의하면 원주민 인구는 25만명 뿐이었습니다. 미국 내에 거주하는 현재의 원주민 인구는 약 180만이라고 하나 약300년 동안에 유럽인들에 의하여 수 천만, 많게는 1억 이상의 원주민이 억울하게 생명을 잃었다고 합니다.(조찬선 op. cit. p.210, 조정래 황홀한 글감옥).

11. 영국과 미국의 종교 개혁의 평가

1) 정치적인 권력을 얻기 위해 사용된 유럽의 종교개혁

중세는 기독교를 왕이나 교황들이 정치적인 논리로 마음대로 요리(料理)를 했습니다. 그들은 그들이 필요할 때만 기독교를 이용했습니다. 제임스 1세도 자신의 나라를 통일시키기 위해 킹 제임스 성경을 만들었고, 올리버 크롬웰도 자신의 청교도 혁명을 성공시키기 위해 웨스트민스터 신앙고백을 만들게 했습니다. 그러나 그들은 자신들의 욕심을 채우고 난 후에는 여지없이 그 모든 것을 파기(破棄)했습니다. 어거스틴의 하나님의 도성, 콘스탄틴의 니케아 종교 회의에서부터 에베소 회의, 칼빈의 기독교 강요, 루터의 95개조 종교개혁 발표 등은 역사적으로 유명한 사건들인데 비해 그 사건들은 당사자들의 전략에 따라서 자신들을 보호하고, 자신들의 국가를 통합하고, 자신들의 교리를 옹호하는데 사용했을 뿐 전혀 다른 선한 목적이 없었습니다. 그들은 단지 그것들을 이용하여 당면한 자신의 문제를 해결하기 위해 단회적인 전략으로 사용하고 폐기했지만 하나님은 그것을 합력해서 선을 이룩하셨습니다.

그러나 우리가 알아야 할 확실한 사실은 그러한 진리를 만든 장본인들이 절대로 그 같은 신앙을 가지지 않았다는 사실을 알아야 합니다. 그렇게 아름다운 신앙을 고백하고 그러한 삶을 살았던 사람들은 이름도 없이 빛도 없이 그 시대에 하나님의 뜻대로 살았던 사람들입니다. 흑암으로 가득찬 세대에서도 하나님은 언제든지 빛의 자녀들을 남겨 두셨던 것입니다.
 영국과 미국의 종교 개혁의 과정을 보면 로저 윌리암스와 같은 착하고 정의로운 하나님의 종들이 있었다는 사실은 너무나 아름답습니다. 그는 땅 한 평조차 인디언들에게 돈을 주고 사서 사용하였습니다. 그리고 그들에게 아름다운 하나님의 복음을 전했습니다. 그리고 그들을 섬기면서 살았습니다.

2) 유럽 각국에서 자행된 칼빈주의자들의 마녀사냥

 유럽 특히 영국과 미국에서 일어난 마녀 사냥은 종교적인 절대권력을 잃어버린 분리주의자들이 자신들의 종교영역을 확장시키고 지키기 위한 수단으로 반대편에 있는 교리를 가진 사람들을 무참하게도 제거하는 수단으로 사용되었습니다. 특히 분리주의 칼빈의 사상을 이어받은 칼빈의 후예들에 의해서 마녀사냥은 이루어졌습니다.
 바리새파 장로들이 장악한 종교국을 통해 무자비한 무력 통치로 제네바시를 장악한 칼빈은 제네바 시를 그가 원하는 대로 만들어갔습니다. 칼빈의 교리와 행위를 보고 칼빈 사상을 이식(移植)한 대표적인 나라로는 영국, 프랑스, 스코틀랜드, 스위스, 네델란드 등입니다. 그의 후예들은 과연 어떻게 행하였습니까?
 특히 독일의 루터파 교회는 일찌감치 30년 전쟁을 통해서 정치적인 권력을 잡고 종교적인 안정을 찾았습니다. 그러나 칼빈파는 그렇지 않았습니다. 여러 가지 서로 다른 교리들을 가지고 있는 사람들이 뒤섞여서 서로 마녀사냥의 대상이 되고 말았습니다.

분리주의 칼빈주의자들의 마녀사냥

 결론부터 말하자면, 칼빈의 사상과 교리를 이어받은 그의 후예들 역시 사람을 참혹하게 죽이는 역사를 칼빈 이상으로 자행하였습니다. 카톨릭이란 교리적 세계관과 인간사냥의 종교재판과 마녀사냥, 그리고 부패한 종교를 벗어 던지고 신앙의 자유를 외치며 뛰쳐나온 신교에서도 동일하게 외쳐지고 자행된 일은 참으로 아이러니 한 일이었습니다.
 하지만 카톨릭의 강력한 교리적 세계관적 영향하에서 자라나고 보고

익혀온 신교 지도자들의 배경의 면면을 살펴보면 어쩌면 자연스러운 일이라고 하지 않을 수 없습니다. 프로테스탄트가 특별히 심화된 신앙에 입각했다고 볼 수 없으며, 프로테스탄트의 모든 교파가 개인의 자유와 권리의 발전에 긍정적인 것도 아니었다는 것을 증명하는 것입니다.

종교적 관용 역시 오랜 종교분쟁에 지친 끝에 생겨난 것입니다.-칼빈 역시 사회 통제를 위해 당시 대중적이던 마녀사냥에 집착했다고(이혜령외 7人, op.cit. pp.430-431) 증언하고 있습니다. 마녀사냥의 전성기는 1560년에서 1660년이었는데 프로테스탄트와 카톨릭의 갈등이 증가하고 악화되면서 전쟁으로까지 치닫게 된 것이 가장 큰 이유였습니다. (A History of Witchcraft, Jeffrey B.Russell. 마녀의 문화사. 다빈치. 2001.6.30. p.142-144)

프로테스탄트가 카톨릭에 뒤질세라 이 마녀사냥의 전통을 그대로 수용한 것입니다. 16세기에는 종교개혁이 불러일으킨 종교적 갈등, 민중운동, 전쟁 등이 마술을 태동시킨 사회의 긴장 상태를 더욱 악화시켜, 온갖 종파의 기독교들에 의한 마녀 고발이 현저히 증가하였습니다(A History of Witchcraft, Jeffrey B.Russell. 마녀의 문화사. 다빈치. 2001.6.30. p.143)

칼빈의 마녀사냥과 인간사냥은 카톨릭 못지 않은 잔학성과 넓은 지역에서 자행되었다는 점에서 칼빈사상의 내면적 특성이 어디에 있는가를 엿볼 수 있습니다. 특히 칼빈주의자들에 의한 인간사냥의 범위는 개신교 중에서도 가장 잔악하고 광범위하게 이루어졌음을 알 수 있습니다.

(1) 마녀사냥의 기원 : 예수 그리스도의 가르침에 마녀를 사냥하라는 가르침은 어디에도 존재하지 않습니다. 그리스도의 이름으로, 하나님의 영광이라는 이름으로 한 두 사람도 아니고 무차별적으로 마녀를 살상하는 행위는 그리스도의 가르침이 아닙니다. 마귀나 마녀론은 본래 민간전승이었습니다.(A History of Witchcraft, Jeffrey B.Russell. 마녀의 문화사. 다빈치. 2001.6.30. p.162)

(2) 마녀사냥의 정의 : "마녀란 악마를 예배하는 종파의 신자이며, 밤에 모이고, 입문식을 거행하며, 악마와 성적 관계를 가지며 희생양을 바친다는 대류의 관념이 그것이었다." (A History of Witchcraft, Jeffrey

B.Russell. 마녀의 문화사. 다빈치. 2001.6.30. p.174)

"악마의 역사에서 가장 비극적인 장면을 들어보라면 – 분리파 교회들, 신도들, 이교도들, 그리고 마녀로 간주되었던 자들을 처형했던 일일 것이다. 말도 안되는 고발이 난무했고, – 사람들은 그들이 매우 음탕한 종교의식으로 악마를 숭배한다고 하였고 될 수 있는 한 가장 추잡하고, 괴이한 악마와의 소통을 묘사하기 일쑤였다. 마술과 악마의 힘에 대한 일반적인 믿음이 존재했던 시대에 사탄을 섬긴다고 고발당할 가능성으로부터 안전한 사람은 아무도 없다." (The history of the Devil and the Idea of Evil, Paul Carus. 著. 2003.10.20.)

(3) **마녀사냥의 목적** : "마녀사냥의 목적 가운데 두드러진 목적은 역시 거룩한 야심가들의 목적이나 개인적인 복수심을 채우기 위해 사용된 예가 적지 않다. 마녀 처형은 비뚤어진 사악한 사람들이 목적으로 달성하거나, 어떤 개인적 복수심을 채우기 위한 일종의 편안한 무기가 되기도 하였다." (The history of the Devil and the Idea of Evil, Paul Carus. 著. 2003.10.20. 더불어 책 p.368)

마녀 사냥은 국교회가 후퇴하면서 교회에 대한 국가권력의 영향력이 약화되었습니다. 그 대신에 종파간의 대립은 더욱 더 심해졌습니다. 상대방의 종파의 세력을 약화시키고 자신의 종파교회를 확장시키려는 욕심 때문에 상대방에게 마녀라는 즉 사탄의 종이라는 죄명을 뒤집어 씌워 종교재판을 하는 것들이 유행병처럼 번지게 되었습니다.

이런 마녀사냥이 가장 강하게 나타났던 종파가 바로 분리주의 청교도 즉 칼빈주의 청교도에서 가장 강하게 나타났습니다. 왜냐하면 교리자체가 다른 종파를 용납하는 교리가 아니라 철저하게 바리새파처럼 분리해서 자신들의 교리의 탁월성을 주장하였기 때문입니다. 그리고 중요한 것은 신정정치 교회 때문입니다.

그래서 국가교회를 대신해서 자신의 종파를 확장시키려는 목적은 칼빈주의에서 더 많은 비중으로 적용되었습니다. 1545-1546년 칼빈이 성시화한 제네바에도 흑사병이 돌아 수많은 사람들이 죽어갔습니다. 그때 또한 혹독한 마녀 사냥이 있었습니다. 수많은 무고한 사람들이 흑사병을 옮기는 부정한 사람으로 몰려 마녀의 이름으로 죽어갔는데 특히 정치적으로 종교적으로 반감을 갖고 있는 사람들 중심으로 마녀 사냥이 이루어져 처형되었습니다.

"이단자라는 호칭은 오늘날 너무나도 치욕적이고 두렵고 경멸할만한 것이고 무시무시한 것이 되어 버렸다. 그래서 누군가가 자신의 개인적인 원수를 없애 버리고 싶다면 아주 쉬운 방법이 있다. 즉 그를 가리켜 이단자로 의심된다고 말하면 된다."(Stefan Zweig. op.cit. p.184)

유럽에서 일어난 칼빈파들의 마녀사냥

유럽지역에서 칼빈파는 개신교 가운데 마녀사냥, 인간사냥을 대규모로 벌인 가장 대표적인 교파입니다. "16세기의 프로테스탄트는 합리주의자가 아니었다. --칼비니스트는 마녀를 불사르거나 교수하였다"(A History of Civilization Crane Brinton외 2인. 世界文化史, 한국版, 을유문화사. p.111)라고 말을 하고 있습니다.

카톨릭과 칼빈파들이 자행한 마녀재판의 건수는 "칼빈파가 우세한 지역에서 마녀재판의 건수는 카톨릭과 별반 다를 바가 없었다." (Jeffrey B.Russell. op.cit. p.143)라고 말했습니다.

"잉글랜드에서는 1640년대 대규모 마녀사냥을 경험했고, 스코틀랜드는 16세기 말과 17세기 초 전역에서 겪었으며, 메사추세츠의 세일럼에서는 1692년 그 유명한 마녀사냥을 경험했다."(Brian P.Levack. op.cit. p.271)

이들 지역에서의 마녀사냥의 특징은 주로 분리주의 청교도들에 의해 주도되었다는 특징을 가지고 있습니다. 개신교 가운데 카톨릭을 그대로 답습하여 잔학한 종교재판과 마녀사냥을 통해 인간사냥을 가장 대표적으로 자행한 인물과 교단을 꼽으라면 단연코 칼빈과 그의 후예들을 꼽지 않을 수 없습니다.

3) 카톨릭과 칼빈파의 마녀사냥의 잔학상에 대한 비교

개신교의 인간사냥은 오랜 전통의 카톨릭과 다를 바가 없었습니다. 역사가들 역시 이를 확인해 줍니다. 프로테스탄트는 카톨릭 교도에 뒤지지 않을 정도로 잔혹하게 마녀들을 재판에 회부했습니다.(Jeffrey

B.Russell. op.cit. p.142-144) 특히 칼빈주의자들의 마녀사냥은 신교 가운데서도 가장 대표적으로 이루어졌습니다. 칼빈주의가 지배하고 있는 국가에서는 예외없이 이루어졌습니다. 개신교와 카톨릭의 종교갈등이 상존하는 지역에서는 더욱 극심한 살상들이 자행되었었는데 성직자들도 그러했지만 일반인들 사이에도 서로에 대한 인간사냥이 극심하게 이루어졌음을 암시해 주는 것입니다.

종교적 분쟁에 강력한 사회적 대립이 뒤얽힌 곳, 폭풍, 전염병, 기근과 같은 재해가 사회적 긴장을 부채질 한 곳, 또 프랑스처럼 이단심문의 오랜 전통으로 법에 의한 마술 억압의 기초가 형성되어 있는 곳에서는 그 광기가 더욱 극심했다.(Jeffrey B.Russell. op.cit. p.144)고 증언합니다.

유럽 각국에서 칼빈주의자들이 자행한 마녀사냥

장로교인 스코틀랜드 왕 제임스 6세(Paul Carus. op.cit. p.402-404)는 학식이 풍부한 마녀사냥의 지지자였습니다. 제임스는 1560-1592년 북베릭셔 주에서 마녀재판을 경험한 이래 마술이 실재한다는 사실을 믿게 되었습니다. 질리 던컨이라는 젊은 여자가 병자를 고칠 수 있다는 소문이 나돌았습니다. 질리의 고용주는 그녀가 악마의 힘을 사용하고 있음이 분명하다고 생각하고 그녀가 자백할 때까지 직접 고문했습니다.

질리가 악마의 도움을 받아 왔다는 자백을 하자 의기양양해진 고용주는 그녀를 재판소로 넘겼습니다. 거기서 다시 고문 위협을 당한 질리는 에딘버러 시내와 근교에 사는 많은 남녀에게 죄를 뒤집어 씌웠습니다. 그들 중에는 아그네스 심프슨이라는 교양있고 평판도 좋은 중년 부인이 포함되어져 있었는데, 왕(제임스 6세 후에 영국의 제임스 1세가 됨)은 그녀를 직접 취조했습니다.

그녀가 자백을 거부하자 취조관들은 그녀를 벌거벗겨 온 몸의 털을 밀어 버리고 악마의 표식이 발견될 때까지 철저하게 몸수색을 했습니다. 입 안에 마녀의 재갈이 물린 채 그녀는 독방 안에 매달렸습니다. 그것은 날카로운 갈퀴가 네 개가 달린 기구였는데, 그 중 두 개가 혀쪽을 향하도록, 나머지 두 개는 뺨 쪽으로 향하도록 해서 입안에 끼워졌습니다. 그녀는 잠을 잘 수도 없었다고 했습니다.

결국 그녀는 자백했음은 말할 것도 없습니다. 그녀는 많은 남녀가 할로윈 축제 때, 배를 타고 북베릭으로 모여들었다고 말했습니다. 그들은 춤을 추면서 검은 초가 밝혀진 교회로 들어가 남자로 변신한 악마에게 충성을 맹세하고 그 둔부에 입을 맞췄습니다. 마녀들은 덴마크로 건너갈 때 폭풍을 일으켜 그가 탄 배를 침몰시킬 음모를 꾸몄습니다. 만일 이것이 실패하면 아그네스가 두꺼비의 피로써 왕을 해치는 주술을 행할 계획이었습니다. 아그네스와 다른 피고들에게 나온 증거를 근거로 다수가 화형대로 보내졌습니다. 제임스의 주목을 끈 이 재판은 이 후 커다란 영향을 미치게 되었습니다.(Jeffrey B.Russell. op.cit. p.166-170)

4) 스코틀랜드에서 자행된 분리주의 청교도들의 인간사냥

제프리 레이건(G. Regan)이 증언하는 바에 의하면, "1620년대 무렵, 마녀사냥은 칼빈교파가 지배했던 스코틀랜드에서도 성행해 국경남부 지역보다도 3배나 많은 마녀들이 사형을 당했다.--(Geffrey Regan pp.180-181참고) 특히 제프리 러셀(J.B.Russell)은 스코틀랜드에서는 찌르기를 선호하였다." (Jeffrey B.Russell. op.cit. p.162)는 점을 강조하고 있습니다.

여기서 말하는 찌료기란 마녀의 몸에는 악마의 표식인 무감각점이 있다고 생각했습니다. 다시 말하면 마녀는 몸의 어디엔가는 무감각한 곳이 있어 아무리 찔러도 아무 소리를 하지 말아야 한다는 것입니다. 그래서 나체로 묶어 놓고 뾰족한 바늘 같은 것으로 몸을 사정없이 찔러대는데 주로 허벅지, 눈꺼풀, 혀 바닥, 유방, 성기까지 사정없이 찔러대는 끔찍한 고문방식입니다.

특히 이런 마녀사냥은 로마 카톨릭과 개신교가 서로 영토 전쟁을 하면서 극화되어갔습니다. 서로 자신의 영토를 지키고 확장시키기 위해 상대방의 종교로 넘어가는 사람들과 그런것들을 선동하는 사람들에게 무참하게도 마녀사냥이란 속임수로 처형을 했던 것입니다.

1661-1662년에 스코틀랜드에서 대규모 마녀사냥이 있었는데 이 사건은 스코틀랜드 전역에서 특히 남동부 지역에서 수백 건의 고발 재판,

처벌이 있었습니다. 이 재판들은 서로 완전히 분리된 개별적인 재판이 아니었는데 ——마녀의 혐의자의 몸에서 악마의 표식을 찾은 사람도 같은 사람이었으며, 어떤 경우에는 다른 마을사람을 동료 마녀로 고발했다.(Brian P. Levack. op.cit. p.235)고 전하고 있습니다.

물에 빠뜨려 심판하는 스코틀랜드에서의 칼빈파의 재판형식

스코틀랜드에서는 심판의 방식으로 다음과 같은 방식이 채택되었습니다. 퓨리턴(청교도들)들은 악마로 지목된 사람 특히 여자들을 모두 벗겨 밧줄로 꽁꽁 묶은 다음 근처의 강이나 연못에 빠뜨려 익사시킨 후 시체가 가라 앉으면 결백하고 떠 오르면 유죄라는 식의 수영 시험을 하여 악마의 마법 재판에 이용하였다는(Geffrey Regan pp.180-181) 것입니다.

물론 떠올라서 살아 있으면 역시 악마라고 하여 다시 끌고가 이번에는 불에 태워 죽이는 광신적 행위를 저질렀습니다. 그러므로 한번 마녀로 고발되어 물에 잠기면 살아 날 수가 없었습니다.

청교도 잉글랜드와 스코틀랜드 마녀사냥에 대한 증언

영국과 스코틀랜드에서는 청교도들에 의해 대규모로 마녀사냥과 이단사냥이 이루어진 곳으로 유명합니다. 잉글랜드와 스코틀랜드는 1560년 이후 모두 프로테스탄트가 되었고, 극심한 종교적인 갈등을 겪었습니다. 스코클랜드는 칼빈 사상이 널리 퍼졌는데—— 스코틀랜드의 성직자와 장로는 교구 위원회의 일원으로 마녀 심문을 시작했을 뿐 아니라, 총회 회원으로 마녀를 처벌하여 신정적인 국가를 확립하도록 세속 정부에 끊임없는 압력을 가했습니다. 이러한 압력은 종교개혁가들이 세속 정부가 마녀사냥의 노력을 배가하도록 영향력을 행사한 가장 좋은 예가 됩니다.(Brian P. Levack. op.cit. p.273)

마녀사냥의 평가

마녀 사냥이 집중적으로 이루어졌던 지역은 칼빈주의 교회가 왕성한 영국, 프랑스, 스코틀랜드, 스위스, 네델란드, 미국 메사추세츠 지역입니다. 왜 그러했을까요? 마녀 사냥을 해서 마녀들을 죽인 사람들이 진짜 마녀들이었기 때문입니다. 마녀들이 자신들의 정체를 감추기 위해 마녀사냥을 통해서 자신들의 종교적인 비밀을 알고 있는 사람들을 마녀로 몰아서 죽였던 것입니다. 마녀의 정의는 인신제사, 사탄숭배, 귀신숭배, 동물제사. 피제사, 귀신숭배, 초혼(招魂), 마술 등을 하는 사람을 말합니다.

특히 바리새파 유대인, 프리메이슨들은 사탄숭배, 인신제사라는 비밀 종교를 가지고 있습니다. 그래서 그들은 그들의 비밀종교를 감추기 위해 그들의 비밀종교를 눈치챈 사람들을 마녀사냥을 통해 제거했던 것입니다. 그리고 그들은 분리주의자들입니다. 철저하게 종교영토를 넓히기 위해 자신들과 다른 신앙을 가진 사람들을 마녀사냥을 통해서 죽였습니다. 바리새파 유대인들은 예수님을 마녀사냥을 통해서 죽인 장본인들입니다.

1940년 후반 매카시즘이란 마녀 사냥의 열풍이 미국에서 일어났습니다. 매카시즘이란 매카시의원이 수백 명이 넘는 공산당 고위공직자 이름들을 폭로한 사건입니다.

연일 매스컴에서 파장이 일자 프리메이슨들은 언론을 통해서 매카시 의원을 정신병자로 몰아서 해군 베데스다 병원 16층에서 떨어져 자살하는 것으로 끝이 맺게 했습니다. 그러나 사실은 2차 세계 대전이 끝나고 독일과 소련에 있는 공산당들이 대거 미국으로 건너와 유엔을 중심으로 미국의 프리메이슨들과 냉전체제를 준비하고 있었던 것입니다. 사실 매카시의원이 고발한 내용은 모두 사실이었습니다. 그럼에도 불구하고 오히려 매카시 의원에게 정신병자란 죄명으로 마녀사냥을 해서 죽였습니다.

1부 배도자 지옥

제4장
배도자의 비밀 함정

1. 적그리스도의 혈통(DNA)의 비밀

2. 무천년주의 종말론 비밀

3. 시오니즘 운동의 비밀

4. 휴거 대망론의 비밀

5. 신사도 운동의 비밀

6. 성시화 운동의 비밀

7. 오바마케어의 비밀

8. 뉴에이지 종교와 신세계질서 비밀

1부 배도자 지옥(背道者 地獄)

제4장 배도자의 비밀 함정

1. 적그리스도의 혈통(DNA)의 비밀

1) 하와로부터 시작된 원죄의 부패성

세상을 지배하는 적그리스도의 혈통(DNA)
뱀-하와-가인-네피림-함-니므롯-미스라임-이집트-에게해(밀레토, 시칠리아)-그리스(아테네)-동로마 비잔틴-장미십자단-예수회-프리메이슨 계열.
뱀-하와-가인-네피림-함-니므롯-가나안7족속-시돈(두로)-바벨론-페니키아-페르시아-카르타고-스파르타-로마-로마 카톨릭(서로마 바티칸)-시온수도회-템플기사단-일루미나티 계열.
이 두 혈통은 서로마 바티칸의 로마 카톨릭과 동로마 비잔틴 그리스 정교회를 통해 오늘날까지 사탄의 문화와 종교를 가지고 마지막 인류를 파멸로 이끌어 가고 있습니다.

하와의 생각을 통해 들어온 사탄의 배도의 씨앗

생각은 행동을 낳고, 행동은 습관을 낳고, 습관은 인격을 낳고, 인격은 운명을 만듭니다. 사탄이 하와를 공격할 때 하와의 생각을 공격했습니다. 사탄은 뱀을 통해 동산 모든 실과를 먹지 말라 하더냐? 하면서 하와의 생각을 공격했습니다. 하와는 모든 실과를 먹되 선악과는 먹지도 말고 만지지도 말라 죽을까 하노라 대답했습니다. 그때 사탄은 하와에게 결코 죽지 아니하리라 그것을 먹으면 눈이 밝아 하나님처럼 선악을 알게 될 것이라고 욕심을 하와 마음에 심어주었습니다. 하와는 미혹이 되어 선악과를 볼 때 먹음직하고, 보암직하고, 지혜롭게 할 만큼 탐스럽게 보였습니다. 사탄은 이런 하와의 눈을 통해 하와에게 들어갔습니다.

사탄은 우리 인간의 마음을 공격합니다. 왜냐하면 인간은 하나님의 형상대로 창조되었기 때문입니다. 요한복음 13장에서 사탄은 가룟 유다 마음에 예수님을 팔 생각을 넣었습니다. 그리고 그 생각의 줄을 타고 가룟 유다 마음으로 들어갔습니다. 그리고 가룟 유다를 통해서 예수님을 로마 군인들에게 넘겼습니다. 하와도 역시 생각을 통해 미혹되어 사탄이 하와 마음에 들어와서 선악과를 따먹도록 했습니다. 그리고 아담에게도 먹게 했습니다.

가인을 통해서 나타난 행동의 부패성

가인과 아벨이 함께 여호와께 제사를 드렸습니다. 가인의 제사는 거부되었고 아벨의 제사는 받아 주셨습니다. 가인의 안색이 변했다고 성경은 기록하고 있습니다. 창4:5 "가인과 그 제물은 열납하지 아니하신지라 가인이 심히 분하여 안색이 변하니" 가인은 단지 그의 제사가 열납되지 아니한 것을 보고 순간적으로 심한 분노와 함께 안색까지 변했습니다. 이는 여호와 하나님께 대한 불만이었습니다.

창4:6-7 "여호와께서 가인에게 이르시되 네가 분하여 함은 어찜이뇨 안색이 변함은 어찜이뇨 네가 선을 행하면 어찌 낯을 들지 못하겠느냐 선을 행치 아니하면 죄가 문에 엎드리느니라 죄의 소원은 네게 있으나 너는 죄를 다스릴지니라" 여호와께서는 가인의 잘못된 생각과 잘못된 행동을 지적하셨습니다. 가인은 처음부터 잘못된 것입니다. 그러나 그는 자신이 무엇을 잘못했는지를 모르고 있는 것입니다. 단지 결과적으로 여호와께서 아벨의 제사는 받으시고 자신의 제사는 거부했다는 것 하나만의 결과물에만 집중을 하고 있는 것입니다, 그래서 여호와께서 가인의 분냄이 합당치 않고 그 전에 가인은 자기 속에 있는 원죄의 부패성을 다스려야 했다는 사실을 여호와께서 가인에게 주지시켜 주시고 계십니다. 그런데 오히려 이것이 가인의 마음을 더 상하게 했고 그는 견디지 못하고 아우를 돌로 쳐 죽이고 말았습니다.

가인은 처음부터 잘못된 행동을 했습니다. 가인이 드린 제사는 처음부터 잘못된 제사였습니다. 왜냐하면 가인은 처음부터 잘못된 생각을 하고 있었기 때문입니다. 가인은 원죄의 부패성을 가지고 태어났습니다. 그래서 그는 처음부터 잘못된 행동을 한 것입니다.

노아시대에 나타난 습관적인 타락상

예수님은 노아시대 사람들이 먹고, 마시고, 시집가고, 장가가고, 사고, 팔고, 집을 짓다가 심판을 받았다고 하셨습니다. 창세기 6장에 보면 여호와께서 사람이 육체가 된 것을 탄식하시고 물로 심판을 하셨습니다. 노아시대 사람들은 태어나면서부터 한 사람만 아니라 모든 사람들이 죄를 즐기며 살았습니다. 그래서 어느 누구 하나 그것들이 죄인지 몰랐습니다. 왜냐하면 그것 자체가 그들의 생활이었기 때문입니다.

니므롯 시대에 나타난 문화적인 배도사건

시날 평지에서 노아의 후손들은 하나님의 축복을 받아 생육하고 번성할 때 바벨탑을 쌓고 하늘까지 닿게하여 흩어짐을 면하자 하면서 하나님께 정면으로 도전을 했습니다. 드디어 하와를 넘어뜨린 사탄의 목적이 이루어지는 순간입니다. 루시퍼가 하나님의 보좌위에 자신을 높이고 비기려는 교만이 결국 자신을 파멸시켰듯이 인간을 미혹하여 넘어뜨린 사탄이 드디어 바벨탑을 쌓고 하나님을 대적하게 했던 것입니다. 이것을 배도라고 합니다. 결국 사탄은 인간을 미혹하여 하나님을 향한 배도에 성공을 한 것입니다. 그러나 하나님은 인간의 언어를 혼잡시켜 인간의 바벨탑을 무너뜨리셨습니다.

2) 가나안 7족속들로부터 시작된 적그리스도의 혈통

그 후 함의 아들들을 통해서 오늘의 문명이 시작되었습니다. 함의 둘째 아들 미스라임은 이집트의 조상이 되었습니다. 함의 네 번째 아들 가나안은 바벨론과 페니키아 조상이 되었습니다. 그들의 후예들이 오늘날 프리메이슨과 일루미나티가 되었습니다.

적그리스도의 혈통은 영적이면서 육적인 혈통들입니다. 그들은 우리와 똑같은 혈통을 가지고 있습니다. 그러나 그들은 영적인 사탄의 혈통을 함께 가지고 있습니다. 그렇다면 어떻게 그들만이 영적인 혈통을 가지게 되었습니까?

생각은 행동을 낳습니다. 행동은 습관을 낳습니다. 습관은 인격을 낳습니다. 인격은 운명을 만들어 버립니다. 티끌모아 태산이 되듯이 순간순간의 생각들이 쌓여서 한 사람의 운명을 만든다면 아마도 당신은 믿을 수 없을 것입니다. 그러나 하나님의 형상대로 창조된 인간은 바로 순간의 생각들이 뭉치면 운명을 만들어 낼 수 있는 것입니다.

가룟유다를 통해 나타난 사탄의 지배전략

사탄이 가룟 유다 마음에 예수를 팔려는 생각을 넣었습니다.

요13:2 "마귀가 벌써 시몬의 아들 가룟 유다의 마음에 예수를 팔려는 생각을 넣었더니" 그리고 후에 사탄이 그 생각의 줄을 타고 가룟 유다 마음에 들어갔습니다.

요13:27 "조각을 받은 후 곧 사단이 그 속에 들어간지라 이에 예수께서 유다에게 이르시되 네 하는 일을 속히 하라 하시니"

사탄은 하와 마음에 선악과를 먹으면 하나님처럼 된다는 미혹의 생각을 먼저 하와 마음에 넣었습니다. 그리고 하와가 선악과를 볼 때 먹음직하고, 보암직하고, 지혜롭게 할 만큼 탐스럽게 보이게 하는 눈을 통해 하와에게 들어갔습니다. 그리고 선악과를 따먹게 한 것입니다. 이것이 사탄의 전략입니다. 그래서 생각을 지키는 것이 생명을 지키는 것입니다. 마음을 빼앗기면 모든 것을 빼앗기고 맙니다. 그리고 아담을 그런 방법으로 넘어뜨렸습니다.

그 후 인간의 혈통에 사탄의 원죄의 부패성이 흐르게 되었습니다. 가인은 원죄의 부패성을 가지고 태어났습니다. 그래서 가인은 주저 없이 아벨을 죽이는 행동을 하게 된 것입니다. 네피림들이 있었던 노아시대는 죄가 인격화 되어 사람이 육체가 되었습니다. 그리고 드디어 시날평지에서 니므롯은 하나님을 향해 대적하고 배도하는 수준까지 타락하게 되었습니다. 함과 니므롯의 혈통은 적그리스도의 혈통의 운명이 되어 버린 것입니다. 이것이 적그리스도의 혈통비밀입니다. 하와의 생각이 가인의 행동을 낳고, 가인의 행동이 네피림의 습관을 낳고, 네피림의 습관은 니므롯의 인격을 낳고, 니므롯의 인격은 가나안 7족속의 운명을 만들어 적그리스도의 혈통이 되었습니다.

적그리스도의 혈통계보

적그리스도의 혈통은 하와-가인-에녹성-네피림-함-니므롯-가나안 7족속으로 이어지면서 그들은 제국을 이루었습니다. 그들은 세상의 부와 명예와 모든 것을 누리고 살아가는 혈통이 되었습니다. 애굽-바벨론-페르시아-그리스-로마-신성로마제국-영국-미국으로 이어지는 제국을 이끌고 있는 엘리트 인간들의 혈통은 하루아침에 만들어지는 것이 아니었습니다. 그들은 조상 대대로 이어지는 부와 명예와 권력을 가지고 사탄을 숭배하면서 지금까지 내려오고 있습니다.

적그리스도의 혈통에서 나타난 공통문화

그들의 혈통의 유전자는 공통된 문화를 가지고 있습니다. 인신제사와 사탄숭배 유전자입니다. 전쟁의 유전자입니다. 철학의 유전자입니다. 피라미드의 유전자입니다. 음악의 유전자입니다. 동성애의 유전자입니다. 철기문화의 유전자입니다. 뱀의 유전자입니다. 공산주의 유전자입니다. 마약의 유전자입니다. 거인족의 유전자입니다. 아리안의 유전자입니다. 신들의 유전자입니다.

이러한 유전자들을 공통으로 가진 자들이 6000년 인류역사를 지배하고 통치해 왔습니다. 그들은 철저히 그들의 유전자를 지키기 위해 같은 혈통끼리 결혼을 합니다. 근친상간이었습니다. 프랑크 왕국의 메로빙거에서 시작된 유럽의 혈통은 바바리아, 합스부르크, 스튜어트, 로렌 왕조의 혈통으로 이어졌고 이들은 철저히 자신들의 기득권을 지키기 위해 왕족끼리 결혼동맹을 맺어서 지금까지 엘리트 혈통을 유지하고 있습니다.

그들은 자신들을 신인간(神人間) 즉 엘리트 인간이라 하고 보통 인간인 우리를 가축인간이라고 한 이유는 자신들은 가축인간들보다 뛰어난 지능과 지혜를 소유했다는 이유입니다. 그러나 그들이 가지고 있는 지혜는 그들의 것이 아니라 비밀종교인 인신제사와 사탄숭배를 통해서 루시퍼에게 얻어낸 것들입니다.

이러한 사탄숭배의 비밀종교 의식을 통한 초자연적인 능력을 전수 받은 행위는 공산주의, 이원론 정치론, 가짜 유대인들의 분리주의를 통해서 비밀리에 통제되어 왔습니다. 지금도 적그리스도의 혈통들은 자신들을 고도의 과학을 발전시킨 외계인, 또는 우주로부터 온 신들이라고 속이고 있습니다. 그러나 그것은 모두 거짓말입니다. 그들이 소유한 컴퓨터 기술, 유전공학 기술, 나노공학, 인지공학, 두뇌공학, 생명공학, 칼 세이건이나 스티븐 호킹 박사의 우주 천문학까지도 인신제사와 사탄숭배를 통해서 얻어내는 비밀종교 카발라 원리들입니다.

3) 네피림의 정체

창6:1-4 "사람이 땅위에 번성하기 시작할 때에 그들에게서 딸들이 나니 하나님의 아들들이 사람의 딸들의 아름다움을 보고 자기들의 좋아하는 모든 자로 아내를 삼는지라 여호와께서 가라사대 나의 신이 영원히 사람과 함께 하지 아니하리니 이는 그들이 육체가 됨이라 그러나 그들의 날은 일백 이십년이 되리라 하시니라 당시에 땅에 네피림이 있었고 그 후에도 하나님의 아들들이 사람의 딸들을 취하여 자식을 낳았으니 그들이 용사라 고대에 유명한 사람이었더라"

네피림은 키가 10-12m인 거인족(巨人族)으로 '떨어지다', '타락하다', '폭군', '영웅', '난폭자' 란 뜻입니다. 한글 성경 '네피림' 은 히브리어로 '네필림(נפילים)'으로 '타락하다', '떨어지다', '버리다' 의 뜻을 가진 동사 '나팔(נפל)'에서 왔습니다. 그러므로 '네필림' 은 fallen one's 로 '떨어진자', '타락한 자' 를 의미합니다. 하나님의 아들이란 해석은 베네 하엘로힘으로 알렉산드리아 70인역, 에녹서, 교회사가 요세프스, 초대교회 교부 알렉산드리아의 필로, 순교자 저스틴 마터, 터툴리안, 엠브로스, 현대에서 델리치, 빙크, 엉거, 척 스미스 등은 하나님의 아들을 천사라고 해석을 했습니다. 자칭 신들의 아들들이라고 말한 엘리트 인간들은 우생학이란 학문을 만들어 자신들의 혈통을 하늘에서 내려온 신들의 자손들이라고 말을 하고 있습니다.

그러나 기독교 역사의 정통적인 해석은 하나님의 아들들을 경건한 셋의 후손으로 봅니다. 필자 역시 하나님의 아들을 셋의 후손으로 해석을 합니다. 그리고 사람의 딸들을 가인의 후손으로 해석을 합니다.

그렇다면 네피림이란 거인족은 어디에서 태어났습니까?

창세기 3장에서 하와를 유혹했던 뱀은 네발달린 짐승이었습니다. 사탄은 하와를 유혹할 때 네발달린 짐승이란 매개체를 이용하여 하와에게 선악과를 따먹을 생각을 넣고 그 생각을 통해 하와 마음에 들어가 선악과를 따 먹게 했습니다. 이렇게 해서 인간 속에 들어온 원죄의 부패성은 가인이 아벨을 쳐서 죽이게 했습니다. 그리고 가인의 후예들은 에녹성에 정착하여 도시를 만들고, 악기를 만들고, 가축을 모아 키우고, 무기를 만들고, 첩들을 얻어 성적으로 문란한 생활을 시작했습니다.

유1:7,14-15 "소돔과 고모라와 그 이웃 도시들도 저희와 같은 모양으로 간음을 행하며 다른 색을 따라 가다가 영원한 불의 형벌을 받음으로 거울이 되었느니라 아담의 칠세 손 에녹이 사람들에게 대하여도 예언하여 이르되 보라 주께서 그 수만의 거룩한 자와 함께 임하셨나니 이는 뭇사람을 심판하사 모든 경건치 않은 자의 경건치 않게 행한 모든 경건치 않은 일과 또 경건치 않은 죄인의 주께 거스려 한 모든 강퍅한 말을 인하여 저희를 정죄하려 하심이라 하였느니라"

네피림은 노아 홍수 이전부터 있었다

네피림이란 노아시대 이전부터 존재한 자들이었습니다. 그래서 창 6:1-4에서 당시에도 네피림들이 있었다고 했습니다. 에녹서에 보면 네피림들의 존재를 기록하고 있습니다. 하나님께서는 에녹이 아들을 낳자 그 이름을 므두셀라 라고 지어주시면서 그 아들이 죽을 때 홍수로 심판하실 것을 미리 경고하셨습니다. 그 후 정확하게 969년 지난 후 므두셀라가 죽었던 그 해에 노아의 홍수 심판이 있었습니다. 에녹서에서 하나님은 네피림들을 심판하신 세 가지 이유를 기록하셨습니다. 첫째 네피림들이 사람들을 잡아먹었습니다. 둘째 동성애를 했습니다. 셋째 모든 짐승들과 수간(獸姦)을 했습니다.

거인족 네피림은 정체는 가인의 자손들이 짐승들과 수간을 통해서 태어난 돌연변이 인간들입니다. 노아 홍수 이전에는 지구환경이 전리층 위로 덮고 있는 물띠를 통해 우주의 자외선이 차단되어서 온실효과를 통해 지금과 달랐습니다. 인간의 수명도 천년이었고, 공룡이나 맘모스, 동물들의 무게가 50톤이 넘었습니다. 식물도, 동물도, 사람도 역시 오늘날의 크기는 아니었습니다. 노아홍수 이후에 달라진 지구환경으로 인해 공룡이나 맘모스 동물들이 지구상에서 사라졌고, 사람의 수명도 120년으로 떨어졌습니다.

아브라함 시대에 소돔과 고모라는 성적으로 문란한 도시였습니다. 특히 동성애로 말미암아 소돔과 고모라는 불과 유황으로 멸망했습니다. 노아 홍수 이후에도 거인족이 남아 있었습니다. 니므롯이 거인족이었고, 아낙자손, 가나안 7족속이 모두 거인족들이었습니다.

민13:32-33 "이스라엘 자손 앞에서 그 탐지한 땅을 악평하여 가로되 우리가 두루 다니며 탐지한 땅은 그 거민을 삼키는 땅이요 거기서 본 모든 백성은 신장이 장대한 자들이며 거기서 또 네피림 후손 아낙 자손 대장부들을 보았나니 우리는 스스로 보기에도 메뚜기 같으니 그들의 보기에도 그와 같았을 것이니라"

10명의 정탐군들이 악평하면서 말한 가나안 7족속들은 모두 장대한 거인족이라고 했고, 특히 네피림의 후손 아낙 자손들의 키는 가나안 7족속들 보다 더 장대하여 자신들은 메뚜기 같이 작았다고 보고를 했습니다.

암2:9 "내가 아모리 사람을 저희 앞에서 멸하였나니 그 키는 백향목 높이와 같고 강하기는 상수리나무 같으나 내가 그 위의 열매와 그 아래의 뿌리를 진멸하지 아니하였느냐"

네피림들의 세 가지 죄 인신제사, 동성애, 수간(獸姦)

하나님께서는 가나안 7족속들과 거인족인 아낙 자손을 여호수아를 통해 멸망시키셨습니다.

그 이유를 레위기에서는 세 가지로 기록을 하고 있습니다. 첫째는 인신제사(人身祭祀)입니다. 둘째는 동성애입니다. 셋째는 짐승과의 수간(獸姦)입니다. 하나님께서는 이스라엘 백성들에게 이 세가지 죄악을 경고하시면서 너희들도 그런 죄를 지으면 그 땅에서 멸하시겠다고 했는데 그들 역시 세 가지의 죄로 망하고 말았습니다.

레18:21-25 "너는 결단코 자녀를 몰렉에게 주어 불로 통과케 말아서 네 하나님의 이름을 욕되게 하지 말라 나는 여호와니라 너는 여자와 교합함 같이 남자와 교합하지 말라 이는 가중한 일이니라 너는 짐승과 교합하여 자기를 더럽히지 말며 여자가 된 자는 짐승 앞에 서서 그것과 교접하지 말라 이는 문란한 일이니라 너희는 이 모든 일로 스스로 더럽히지 말라 내가 너희의 앞에서 쫓아내는 족속들이 이 모든 일로 인하여 더러워졌고 그 땅도 더러워졌으므로 내가 그 악을 인하여 벌하고 그 땅도 스스로 그 거민을 토하여 내느니라"

하나님께서는 노아시대 네피림들이 사람을 잡아먹고, 닥치는 대로 짐승과 수간을 하고 남자나 여자나 구분됨이 없이 동성애를 추구해서 타락한 세상을 물로 쓸어버리신 것입니다.

창6:5-12 "여호와께서 사람의 죄악이 세상에 관영함과 그 마음의 생각의 모든 계획이 항상 악할 뿐임을 보시고 땅위에 사람 지으셨음을 한탄하사 마음에 근심하시고 가라사대 나의 창조한 사람을 내가 지면에서 쓸어버리되 사람으로부터 육축과 기는 것과 공중의 새까지 그리하리니 이는 내가 그것을 지었음을 한탄함이니라 하시니라 그러나 노아는 여호와께 은혜를 입었더라 노아의 사적은 이러하니라 노아는 의인이요 당세에 완전한 자라 그가 하나님과 동행하였으며 그가 세 아들을 낳았으니 셈과 함과 야벳이라 때에 온 땅이 하나님 앞에 패괴하여 강포가 땅에 충만한지라 하나님이 보신즉 땅이 패괴하였으니 이는 땅에서 모든 혈육 있는 자의 행위가 패괴함이었더라"

인간 혈액 속에 있는 붉은털 원숭이의 Rh인자의 비밀

과학자들은 2천500만년 전 인류와 공동 조상으로부터 갈라진 붉은털 원숭이의 게놈 지도를 만드는데 성공을 했습니다. 영장류로는 세 번째로 완성돼 인간을 비롯한 영장류의 진화와 질병 연구에 큰 진전을 가져오게 되었다고 했습니다.

미국 베일러 의대의 리처드 깁스 박사가 이끄는 170명의 국제 연구진은 '레서스 원숭이'로도 불리는 붉은털 원숭이의 게놈 지도를 해독한 결과 인간과 93%의 유전자를 공유하고 있을 뿐 아니라 인간과 가장 가까운 침팬지에게는 없는 일부 공유 유전자를 갖고 있는 것으로 밝혀졌다고 2007년 '사이언스'에 발표했습니다.

붉은털 원숭이는 사람의 혈액형을 결정하는 Rh인자를 갖고 있어 각종 의학 및 생리학 실험에 사용되고 있는데 이번 연구에서는 사람에게만 병을 일으키고 원숭이에게는 아무 문제가 없는 일련의 유전자 돌연변이들이 발견돼 학자들을 놀라게 했습니다.

학자들은 또 침팬지와 사람이 공유하는 특정 유전자가 서로 다를 경우 어느 쪽 돌연변이가 먼저 일어났는지 알 수 없지만 붉은털 원숭이의 유전자까지 함께 비교하면 높은 지능과 직립보행 등 현생인류의 중요한 특징을 일으킨 미묘한 유전자 변화를 집어 낼 수 있을 것으로 보고 있습니다.

인도산 암컷 붉은털 원숭이의 간에서 채취한 DNA를 이용해 이루어진 이 연구성과에 대해 미 국립인간게놈연구소(NHGRI)의 프랜시스 콜린스 소장은 과거에는 인간과 침팬지 사이의 비교만 가능했지만 이제는 세 종의 비교가 가능해져 인간만의 특성이 어떻게 생겼는지 알 수 있게 됐다고 평가했습니다.

지난 2001년 인간 게놈 지도가 완성된 데 이어 600만년 전 인류 조상과 갈라진 침팬지가 99%에 가까운 유전자를 공유하고 있다는 사실도 밝혀졌으며 다른 동물들의 게놈 지도도 속속 완성되고 있어 다양한 유전자들의 기능을 이해할 수 있게 되었습니다.

연구진은 붉은털 원숭이와 다른 영장류들을 비교함으로써 이들의 차이를 결정하는 유전자가 근 200개라는 사실을 밝혀냈는데 이 가운데는

털을 만들고 면역반응에 관여하고 막(膜)단백질을 형성하고 난자와 정자를 결합시키는 역할을 하는 것들도 포함돼 있습니다.

학자들은 또 면역체계의 일부를 운영하는 유전자 수가 붉은털 원숭이에게는 사람의 3배나 있다는 사실을 밝혀냄으로써 백신이나 에이즈 연구에 진전을 기대하고 있습니다. 이들은 연구에서 사람에게는 페닐케톤뇨증(PKU)을 일으키지만 원숭이에는 그렇지 않은 유전자를 발견했고 붉은털 원숭이가 사람과 침팬지보다는 암과 관련된 유전자를 덜 갖고 있다는 사실도 발견했습니다.

적그리스도의 혈통속에 있는 동성애 유전자

성경에 나타난 동성애는 적그리스도의 혈통인 네피림부터 소돔과 고모라, 가나안 7족속들이 범하는 죄악입니다. 그리고 그들의 혈통을 이어 받은 프리메이슨들이 거의 동성애자입니다. 미국에서는 10% 유럽에서는 20-30%가 동성애자들입니다.

게이의 성욕을 관장하는 시상하부 뇌의 크기가 여성과 같다

동성애자들은 자신 개인의 성적 취향에 따라 결정된 것이 아니고 생물학적인 영향과 조상적부터 내려온 유전자적인 이유라는 사실이 밝혀지고 있습니다.

1990년대부터 동성애의 생물학적 근거를 밝히려는 연구가 괄목할 만한 성과를 내놓았습니다. 생물학적 연구는 두 갈래로 진행되었습니다. 하나는 뇌에서 발견되는 구조적 차이를 관찰하는 연구이고, 또 하나는 유전적 요인이 동성애에 영향을 미치는 증거를 찾아내는 것입니다.

1991년 과학저널 '사이언스'에는 동성애가 생물학적 영향을 받았다는 3쪽짜리의 짤막한 논문이 발표되었습니다. 영국의 신경과학자인 사이먼 리베이가 처음으로 게이(남성 동성애자)와 이성애 남자의 뇌 구조에 차이가 있음을 밝혀낸 내용입니다. 그의 연구에 따르면, 성욕을 관장하는 시상하부의 간핵 4개 가운데 세 번째의 것(INAH3)이 현저하게 크다는 것. 남녀의 뇌 구조를 비교해 보면 특정 조직의 크기가 다른데, 그 중 INAH3라는 깨알만한 뉴런 덩어리 조직의 크기가 일반적인 남성의 경우 여성의 2배입니다. 그런데 게이의 세 번째 간핵은 여성의 크기였습니다.

게이의 팔의 길이는 여성의 팔의 길이처럼 짧다

리베이의 게이에 대한 신체적·행동적 특징 연구 또한 흥미롭습니다. 예를 들어 일반적으로 남성은 여성에 비해 키에 대한 팔의 길이의 비가 더 큰데, 게이는 보통 남성에 비해 팔이 약간 짧고 레즈비언의 경우 보통 여성에 비해 약간 길다는 것. 또 남자 성기에 센서를 붙이고 누드가 나오는 비디오를 보게 하는 실험에서는 이성애 남성은 벗은 여자를 볼 때 발기한 반면 게이는 벗은 남자를 봐야 흥분하는 것으로 나타났습니다. 지난 20년 동안 동성애 관련 연구를 정리하여 리베이가 내린 결론은 "성적 취향은 생물학적 결과이므로 좀처럼 바뀌지 않는다"는 것입니다.

동성애의 생물학적 요인을 뒷받침하는 또 하나의 연구 결과는 게이 유전자의 발견입니다. 1993년 미국 국립암연구소의 딘 해머는 성염색체에서 게이 형제들이 공유한 유전자의 위치를 발견했습니다. 전통적 유전자 조사 방법인 가계도를 조사하여 동성애 남자 쌍둥이 40쌍에 대해 X염색체를 분석한 결과 33쌍이 염색체의 끝부분인 Xq28에 게이 성향을 지니게 하는 유전자가 존재한다는 것을 밝힌 것입니다. Xq28 부분의 유전자 존재는 리베이의 간핵 크기 차이 못지않게 충격적이었습니다.

동성애 유전자가 남성에게 가면 인구를 감소시키지만 여성에게 가면 출산을 증가시킨다

해머의 발견은 진화론적 관점에서 나름 의미가 있었습니다. 게이가 자손을 덜 낳는 경향이 있음에도 동성애라는 형질이 인구집단에서 유지되어 온 이유를 고민해 왔던 생물학자들의 의문에 'X염색체에 존재하는 동성애 관련 유전자'가 해결 방안으로 간주되었기 때문입니다. 즉 동성애 유전자가 남성에게 (한 개만) 존재할 때는 동성애자를 만들어 인구를 감소시키지만 여성에게 (두 개가) 존재할 때는 출산을 증가시키는 기능을 한다는 것입니다.

해머는 이 연구를 더 보강하기 위해 1995년 146가계에 속한 456명을 대상으로 전체 게놈을 조사하여 동성애 성향과 7번, 8번, 10번 염색체에 동성애와 관련 있는 유전자가 존재할 가능성을 제시했습니다. 해머의 이러한 연구 성과는 당시 학계는 물론이고 저널리즘의 화제가 되었습니다. 재미있는 것은 리베이와 해머 두 사람 모두 게이라는 사실입니다.

쌍둥이 게이는 보통 형제들보다 게이가 될 확률이 22% 높다

동성애의 유전설 근거로 주장하는 또 다른 연구로 쌍둥이 표본이 있습니다. 1952년 미국의 유전의학자 칼만은 교도소와 정신병원에 수감된 쌍둥이를 대상으로 연구를 한 결과, 일란성 쌍둥이의 경우 한쪽이 동성애자라면 다른 한쪽이 동성애자일 가능성이 100%라는 연구 결과를 발표했습니다. 이란성 쌍둥이의 동성애 일치 비율은 약 15%였습니다. 칼 만의 보고서는 교도소와 정신병원 수감자들을 대상으로 이루어졌다는 이유로 그 결과를 인정받지 못했습니다. 하지만 10년 후 독일의 슈레겔이 정상적인 113쌍의 쌍둥이를 대상으로 같은 연구를 했는데, 결과는 칼 만과 비슷했습니다.

이후에도 쌍둥이 연구는 계속되었습니다. 1991년 12월 심리학자인 미국 노스웨스턴 대학의 마이클 베일리는 실험참가자 160여명을 대상으로 동성애가 선천적인지를 알아보는 연구를 했습니다. 베일리의 연구 결과는 동일한 유전자 전부를 공유한 일란성 쌍둥이의 경우 52%가 둘 다 게이인 반면, 유전자의 절반을 공유한 이란성 쌍둥이는 둘 다 게이인 경우가 22%로 나타났습니다. 여성의 경우 일란성 쌍둥이는 48%, 이란성 쌍둥이는 16%가 둘 다 레즈비언이었습니다. 베일리는 이 결과를 토대로 '동성애를 결정짓는 유전자가 있을 가능성이 크다' 는 결론을 냈습니다.

Chicago 선 타임지에 의하면, 1000쌍의 게이들이 유전자 검사를 위한 혈액을 '성의 기원에 대한 분자유전학연구' 에 기증하였습니다. 이 연구를 5년동안 주도하고 있는 Dr. Alan Sanders는 "우리는 우리의 연구가 동성애에 대한 신비와 무지를 깨뜨리기를 바란다."고 말했습니다.

시카고의 일리노이스 대학에 Timothy Murphy 생명윤리학자는 선 타임지에서, "만약 과학이 동성애가 눈색깔과 같은 생물학적 특징으로 보여준다면, 대중들은 게이를 보다 쉽게 받아들일수 있을 것입니다." 그러나 어떤 게이들은 동성애 유전자가 밝혀지는 것이 동성애를 치료하거나, 심지어는 태어나기 전에 동성애 유전자에 대한 검사를 야기할 수 있음에 두려워합니다. 과학자들은 이것이 그들의 의도가 아니라고 말합니다.

과학자들은 에이즈 확산의 기원을 이해하는데 중요한 단서를 발견했습니다. 그들은 붉은털 원숭이(rhesus monkeys)에서 에이즈 전염을 막는 유전자가 존재하는 반면 인간에게는 이러한 유전자가 없다는 차이점을 발견했습니다. 이것은 인간유전자의 단일한 부분의 변화는 에이즈 전염을 막을 수 있다는 것을 의미합니다. 이번 연구를 이끈 조나단 스토이 (Jonathan Stoye)박사는 이번 발견은 에이즈와 싸울 수 있는 효과적인 유전자 치료방법을 개발하는데 큰 도움이 될 것입니다. 이론적으로 HIV에 전염된 개인으로부터 세포를 추출하여 유전자변이를 통해 HIV 전염에 저항할 수 있는 세포를 만들어 다시 환자에게 이식하면 됩니다. 이들 세포는 에이즈의 진전을 막을 수 있습니다. 대안적으로 우리는 HIV에 대한 저항에 관여하는 인간유전자를 활성화할 수 있는 약물을 찾을 수 있다 라고 말했습니다.

4) 아리안(Aryan)의 혈통의 비밀

아서 쾨스틀러는 유대인 작가로 소련 공산주의 혁명에 가담했다가 환멸을 느끼고 탈퇴한 후 "한낮 밤" "13지파 유대인"이란 책을 썼습니다. 그의 13지파 유대인이란 책에서 히틀러와 로스 차일드가 가짜 유대인이고 현재 시오니즘 운동을 하는 유대인들이 가짜 하자르(카자르) 출신의 독일계(아쉬케나지) 유대인이란 사실을 폭로한 후 자살이란 명목으로 살해당한 사람입니다.

야벳족속인 백인족은 가인의 혈통이다

또 히틀러가 우생학으로 지목한 아리안 혈통의 계보가 기록되어 있습니다. 야벳은 두발가인의 여자 형제인 나아마(Naamah)라는 여자와 결혼을 하여 7명의 아들을 낳았습니다.

창10:1- "노아의 아들 셈과 함과 야벳의 후예는 이러하니라 홍수 후에 그들이 아들들을 낳았으니 야벳의 아들은 고멜과 마곡과 마대와 야완과 두발과 메섹과 디라스요 고멜의 아들은 아스그나스와 리밧과 도갈마요"

아리안은 우생학 왕족(royal blood)인 아쉬게나지(독일)

아서 쾨스틀러는 야벳의 자손들이 가인의 혈통을 이어 받았다고 했습니다. 특히 그는 야벳의 7 아들들의 혈통을 황제의 종족이라는 이름을 붙여 아리안 아세나(Aryan Asena)라고 했습니다. 영어로는 (The Imperial Race 또는 Family Of Notables) 독일을 게르만족이라고 하는데 창10:1-3에서는 야벳의 첫째 아들이 고멜(Gomer)이라 했고 고멜의 첫째 아들의 이름을 아쉬케나지(Ashkenaz) 즉 독일이라고 했습니다.

아서 쾨스틀러는 야벳의 손자 도갈마의 아들 10명 중에 일곱 번째 아들인 하자르(카자르) 후손들이 독일계 유대인들이 되었다고 기록을 하고 있습니다.

특히 두발가인은 가인의 5대손인 라멕의 아들로 인류 최초에 철을 사용하여 날카로운 무기를 만들어 사람들을 살해한 사탄의 직계혈통입니다. 라멕은 최초로 여러 여자를 거느린 조상이 되었고, 라멕이 씰라라는 창녀를 통해서 낳은 자식이 두발가인입니다.

창4:22-24 "두발가인을 낳았으니 그는 동철로 각양 날카로운 기계를 만드는 자요 두발가인의 누이는 나아마이었더라 라멕이 아내들에게 이르되 아다와 씰라여 내 소리를 들으라 라멕의 아내들이여 내 말을 들으라 나의 창상을 인하여 내가 사람을 죽였고 나의 상함을 인하여 소년을 죽였도다 가인을 위하여는 벌이 칠배일찐대 라멕을 위하여는 벌이 칠십 칠배이리로다 하였더라"

특히 프리메이슨들이 인신제사를 드릴 때 꼭 마지막으로 부르는 이름이 두발가인입니다. 두발가인은 사탄숭배 의식에서 가장 중요한 이름으로 사용됩니다.

아리안족들이 철기문화를 통해서 세계적인 제국을 이룬 것도 역시 두발가인의 후예들임을 증명합니다. 아리안은 노르딕이란 이름으로 사용됩니다. 노랑머리에 푸른 눈을 가진 사람들, 붉은 머리에 갈색눈을 가진 사람들, 아주 이국적이며, 멋쟁이 냄새가 물씬 나는 사람들이 순수 아리안족입니다. 이들이 분리주의자들이고 사탄숭배자들입니다. 즉 프리메이슨들입니다.

5) 비밀결사 바리새파 유대인의 비밀

바리새파 유대인들을 아는 것은 적그리스도의 혈통을 이해하는데 아주 중요한 문제입니다. 왜냐하면 페르시아 제국에서 아리안의 우생학 혈통과 히브리적인 절대종교의 연합이 이루어졌기 때문입니다. 좀 더 구체적인 것들은 시오니즘에서 설명을 할 것입니다.

바리새파 유대인이란 말은 페르시아 유대인이란 뜻입니다. 페르시아 유대인들은 70년 바벨론 포로생활을 하다가 바벨론이 멸망한 후 예루살렘으로 귀환하지 않고 페르시아 제국에 머물러 있던 사람들입니다. 이들 대부분은 권력자들이고, 재벌들이었습니다. 이들은 배도한 유대인들로 바벨론 탈무드를 가지고 바벨론 태양신과 유대교 야훼를 혼합한 종교를 가진 사람들입니다.

페르시아 제국은 아리안족들이 세운 제국입니다. 페르시아 제국안에서 정착한 유대인들과 아리안의 만남이 이루어졌습니다. 그래서 세상에서 가장 강한 바리새파 유대인이라는 비밀결사가 탄생한 것입니다.

바리새파 유대인들은 비밀결사입니다. 우생학을 따르는 아리안족과 절대 종교 권력을 가진 야훼종교가 혼합된 정치적인 비밀결사입니다. 그래서 히틀러가 속한 비밀 결사인 '형제단'의 로고와 바리새파 유대인들의 로고는 하켄크로이츠, 갈고리 십자가로 같습니다.

바리새파 유대인들은 가짜 유대인들입니다. 그들의 종교는 비밀종교입니다. 사탄의 회(會)입니다. 지난 2000년 동안 전 세계에 흩어져 살면서 킹덤나우 사상으로 무장하여 현실세계에서 메시야 신국을 세우기 위해 오늘날까지 예루살렘 회복운동을 통해서 신세계질서를 꿈꾸는 자들입니다.

그들은 단지 이스라엘의 고대(古代) 정통종교를 가진 신비스런 존재들이 아닙니다. 세계 정치, 경제, 과학, 예술, 종교를 지배한 비밀결사입니다. 바리새파 유대인들과 아쉬케나지 유대인들을 바로 이해하는 것은 아주 중요한 문제입니다.

6) 이집트와 바벨론의 적그리스도의 혈통

적그리스도의 두 줄기 중요한 혈통은 이집트와 바벨론입니다. 이집트는 함의 둘째아들 미스람이 세운 나라요, 바벨론은 가나안의 네 번째 아들인 아모리가 세운 나라입니다.

창10:14-15,18 "함의 아들은 구스와 미스라임과 붓과 가나안이요 가나안은 장자 시돈과 헷을 낳고 또 여부스 족속과 아모리 족속과 기르가스 족속과 히위 족속과 알가 족속과 신 족속과 아르왓 족속과 스말 족속과 하맛 족속의 조상을 낳았더니"

하나님께서는 이스라엘 백성들에게 430년 동안 애굽에서 종살이를 하게 하셨고, 70년 동안 바벨론에서 종살이를 하게 하셨습니다. 그 이유는 원수의 나라에서 하나님의 백성들을 훈련시키시는 방법입니다.

그런데 이스라엘 백성들이 두 나라에서 종살이를 하면서 가져온 것들이 있었습니다. 애굽에서는 금송아지를 가져왔고, 바벨론에서는 바알을 가져 왔습니다. 이 두 개의 우상은 둘이 아니라 하나였습니다. 풍요의 신인 태양신입니다.

지난 6000년의 인류 역사는 이집트와 바벨론 문화와 종교를 가지고 살아왔습니다. 태양신 루시퍼입니다. 그 가운데 하나님은 자기 택한 백성들을 일으키셔서 오늘까지 십자가 복음과 거룩한 교회를 지키게 하셨습니다.

그러나 마지막 시대를 당해서 이집트와 바벨론에서 배도한 유대인들이 가져온 금송아지와 바알 종교가 마치 기독교인양 속이고 있습니다. 이것이 신사도운동입니다.

2. 무천년(蕪千年) (Amillennialism)종말론의 음모

1) 무천년주의 비밀은 킹덤나우(kingdomnow)

무천년주의는 전천년주의를 반대하기 위해 오리겐이 처음으로 사용한 단어입니다. 전천년주의는 예수님이 재림하셔서 세상에 천년왕국을 세우실 것이라는 종말론입니다. 그러나 무천년주의는 지금의 교회 시대가 곧 천년왕국의 연속이라는 것입니다. 그래서 전천년주의를 반대하는 의미에서 무천년주의란 이름을 사용한 것입니다.

그러나 무천년주의 신학속에는 엄청난 비밀이 있습니다. 그것은 바로 킹덤나우 사상입니다. 킹덤나우(kingdomnow)사상이란 현실세계에서 이루어지고 있는 천국의 개념입니다. 곧 천국은 미래적이 아닌 현실적이란 것입니다. 장차 하늘이 아닌 오늘의 지상에서 이루어지고 있다는 것입니다. 다시 말하면 우리가 살고 있는 지금 이 순간의 현실을 천국으로 만들어가야 한다는 사상입니다.

이것은 구약에서 약속한 다윗의 메시야 왕국의 사상을 현실로 끌어와 완성한 신학교리입니다. 그래서 비밀결사들은 언제든지 메시야 신국 개념을 현실적인 정치개념과 경제개념으로 이해했습니다. 이것을 킹덤나우 사상이라고 합니다. 이들에게는 미래의 세계보다 오늘의 킹덤이 더 중요한 이슈가 되는 것입니다. 무천년주의 종말론은 종말론이 아니라 킹덤나우 사상입니다.

무천년주의 킹덤나우 사상을 추구하는 비밀결사들이 기다리는 메시야는 십자가에 못박히신 예수님이 아닙니다. 더욱 더 강한 군주들이고 영웅들입니다. 고레스 왕, 알렉산더 대왕, 콘스탄틴 대제, 나폴레옹, 히틀러 등이 그들의 메시야였습니다. 앞으로 그들이 마지막 시대에 세울 영웅이 바로 배도의 상징인 적그리스도입니다.

바리새파(페르시아) 유대인들은 고레스를 메시야로 보았습니다. 소크라테스가 아데네에서 외친 철학도 신정(神政)정치 신국(神國)이었습니다. 플라톤의 이상국가인 공화국은 신국(神國)입니다. 아리스토텔레스는 그의 제자 알렉산더를 데리고 예루살렘 여행을 하면서 킹덤나우 신국의 개념을 심어주었습니다. 그래서 탄생한 국가가 신국(神國) 그리스제국입니다. 그리고 알렉산더 대왕은 유대인들을 위해 가장 살기 좋은 지역에 알렉산드리아를 건설하여 선물로 주었습니다. 유세비우스는 콘스탄틴을 메시야라고 했습니다. 무천년주의자 어거스틴은 지상의 유토피아 하나님의 도성이란 책을 썼습니다. 그래서 그레고리 1세는 1000년의 로마 카톨릭을 탄생시켰습니다. 프란시스 베이컨의 뉴 아틀란티스, 토마스 모어의 유토피아가 미국이란 신국(神國)입니다. 마지막 배도의 나라 바벨론입니다. 이것이 하나님께서 친히 세우시는 나라를 대적하기 위해 만든 사탄의 짝퉁천국들입니다. 무천년주의 킹덤나우의 사상은 사탄의 궤계입니다.

신사도 운동으로 탄생한 새 종교는 신들의 나라(神國)

신사도 운동가들은 기성교회는 바벨론 교회라고 합니다. 종교의 영을 가진 자들이라고 합니다. 그리고 마지막 시대에 신사도들과 선지자들에 의해서 새로운 종교, 새로운 질서, 새로운 하나님 나라가 탄생하는데 그것은 인간이 신들이 된 나라, 진짜 신국(神國)이라는 것입니다.

이것이 무천년주의 종말론입니다. 신사도운동은 모든 인간을 신들로 만드는 은사운동입니다. 미혹의 영입니다.

2) 아브라함 카이퍼의 무천년주의 주권신학

우리 인간 삶의 모든 영역에서 만유의 주재이신 그리스도께서 "나의 것이다"라고 외치지 않은 영역은 한 치도 없습니다. 이 말은 1880년 10월20일 암스텔담 새 교회에서 있었던 신설 자유대학 개교설교에서 아브라함 카이퍼가 주장한 영역주권신학입니다.

이렇게 아브라함 카이퍼에 의해 시작된 화란의 자유대학을 통해서 전 세계교회로 퍼진 종말론이 무천년설입니다. 한국 모든 장로교 신학교가 따르는 무천년기 종말론은 화란의 자유대학과 네델란드 이민자들이 세운 미국 칼빈대학교에서 배출된 신학자들에 의해서 한국교회와 신학교를 점령해 버리고 말았습니다.

그런데 사탄의 신학 중에서 가장 무서운 신학이 바로 무천년주의 종말론이란 사실을 간과해서는 안될 것입니다. 왜냐하면 신세계질서 세계기독교 제국주의 신사도 운동의 사탄신학의 교리가 무천년주의를 주장한 아브라함 카이퍼의 주권영역 신학에서부터 출발했기 때문입니다.

3) 존 칼빈의 일반은총과 아브라함 카이퍼의 일반은총의 차이점

개혁신학에서 일반은총론은 개혁신학을 여타의 신학과 차별화 시킵니다. 특히 아브라함 카이퍼, 찰스 하지, 헤르만 바빙크로 이어지는 신칼빈주의는 분명 칼빈의 일반은총과 구별됩니다. 먼저 칼빈의 일반은총은 국가의 통치나 사람의 양심을 통해 죄를 억제시키는 하나님의 섭리적인 면이 있고, 또 하나는 하나님의 형상으로 지음 받은 인간에게 선천적으로 주신 이성과 지성을 통해 보편적인 이해력을 주셔서 그 재능으로 인해 예술과 과학활동을 할 수 있도록 초자연적인 능력을 허락하신 것을 말합니다. 그러나 어디까지나 칼빈의 일반은총은 성령의 특별하신 은총이 아닌 일반적인 역사에 머물고 있습니다.

아브라함 카이퍼의 일반은총은 칼빈의 일반은총론보다 더 발전적으로 전개하고 있습니다.

칼빈의 일반 은총은 죄를 억제하는 국가와 양심 그리고 이로 인한 문화발전과 과학의 활동을 성령의 역사가 아닌 일반적인 역사로 제한을 했습니다. 그러나 아브라함 카이퍼는 칼빈의 일반은총론에 하나님의 예정론을 연결시켰습니다. 다시 말해서 칼빈의 예정론은 구원이 개인의 선택이 아니라 창세전부터 하나님의 특별하신 섭리 가운데 이루어지는 것을 말하는데 아브라함 카이퍼는 이런 예정론을 칼빈의 일반은총론에 연결시킴으로 하나님이 창세전에 계획하신 주권적인 구원의 범위가 개인을 넘어서 사람, 국가, 문화, 과학, 자연까지 포함한 것이 되었습니다. 이것을 신칼빈주의 신학이라고 합니다. 아브라함 카이퍼의 무천년주의 종말론은 이 땅에서 보이는 하나님의 나라를 세우는 것입니다.

무천년주의 신학 프란시스 쉐퍼의 기독교세계관, 헤르만 도예베르트의 우주법철학

아브라함 카이퍼가 이런 주장을 하게 된 원리는 화이트 헤드의 유기체 철학입니다. 모든 우주의 존재가 하나님의 주권으로부터 시작되어 서로 떨어져 있지 않고 연결되어 있다는 철학입니다. 아브라함 카이퍼는 이런 하나님의 일반은총의 주권적인 역사로 말미암아 세상은 점점 좋아지는데 그것을 문화적인 진화로 보았습니다. 이것 또한 유기체 철학이고 다윈의 진화론입니다. 이런 아브라함 카이퍼의 일반은총의 주권신학을 프란시스 쉐퍼는 기독교 세계관으로 정리를 했고, 헤르만 도예베르트는 우주법 철학체계를 세워 아브라함 카이퍼의 영역주권신학을 우주교회론으로 정리했습니다. 이것이 빌리그래함이 주장한 우주교회입니다. 무천년주의는 천년왕국이 지금 교회의 연장선이며 지상의 교회가 완성이 되면 예수님이 오신다는 종말론입니다.

아브라함 카이퍼는 창1:27에 나타난 문화 대명령은 하나님께서 창세 전에 예수 그리스도 은혜 언약속에서 예정하신 주권적인 역사로 이 땅에 있는 구원받은 성도와 교회라는 도구를 통해서 정치, 경제, 사회, 문화 등 모든 영역에서 하나님의 나라가 임하게 되는데 자연까지도 포함된다고 말을 합니다.

4) 신사도운동의 주권운동은 킹덤나우 무천년주의 신학

신사도 운동중에 미국에서 지난 수 십 년간 사회 각층에 파고 들어 온 주권신학(dominion theology) 또는 주권주의 또는 기독교 주권운동(dominionism)이 요즘 전 세계적으로 활발하게 진행되어지고 있습니다. 그러나 주권운동의 실체가 무엇인지를 알지 못하고 단지 교회부흥에만 초점을 맞춰놓고 있습니다.

주권운동은 새러 레즐리의 표현을 빌자면 "세계 기독교 제국주의"입니다. 이것을 "킹덤나우"라고 합니다. 주권운동은 네델란드의 신학자/정치가 아브라함 카이퍼의 무천년주의 운동으로 이는 어거스틴의 무천년, 칼빈의 무천년으로 이어지는 킹덤나우(현재적인 천국) 사상입니다.

신 칼빈주의(neo-Calvinism)에서 말한 킹덤나우 주권운동의 옛 뿌리는 로마 카톨릭 신학의 대부인 어거스틴이 로마 카톨릭을 통해서 교황권 중심으로 신정정치(神政政治)를 했습니다.

제네바 신국화를 시도했던 칼빈에게서도 찾을 수 있습니다. 무천년주의자였던 아브라함 카이퍼는 세상의 영역 내지 권역(圈域)들을 신국적/신정적으로 주권화해야 한다는 소위 '권역론 신학'(spheres theology)을 주장했습니다. 그러나 그가 수상으로서 '신정(神政)'을 시도한 네델란드가 현재 세계에서 가장 성적으로 타락한 나라가 되었습니다. 뿐 만 아니라 칼빈이 신정(神政)을 시도한 제네바는 세계적인 진보주의의 온상이 되었습니다.

그렇다면 그들이 꿈꾸면서 이루기 원했던 킹덤의 정체는 무엇이었습니까? 일관성 있게 역사적으로 전해 내려온 무천년주의 천년왕국 교리는 알렉산드리아 오리겐으로부터 시작되었습니다. 초대교회 교부들은 모두 전천년주의 종말관을 가지고 있었는데 최초로 전천년설을 부인하고 무천년설을 주장한 사람이 바로 오리겐입니다.

5) 최초의 무천년주의자 알렉산드리아 학파 오리겐의 정체

알렉산드리아는 유대 디아스포라 도시로 아리스토텔레스 제자 알렉산더 대왕이 유대인들을 위해 세운 도시입니다. 이곳에서 주전 3세기 70인 구약성경이 만들어졌습니다. 예수님 당시 살았던 필로는 알렉산드리아 학파 시조입니다. 알렉산드리아 학파는 필로-판테누스-클레멘트-오리겐-아리우스-아타나시우스-유세비우스-암브로스-어거스틴-제롬 등으로 이어지는 계보를 통해서 유대교와 기독교와 바벨론과 이집트 태양신 종교가 헬라철학의 옷을 입고 혼합종교로 태어난 장소입니다. 여기에서 탄생한 혼합종교가 태양신 유대 메시야 신국이란 종교입니다. 이는 태양신과 기독교와 구약의 여호와 유대종교를 헬라 일원론 종교로 통합한 영지주의 사탄종교입니다. 이 종교가 추구하고 있는 이상이 킹덤나우입니다. 이는 지상의 유토피아 개념인데 교리적으로 보면 유대 메시야 신국개념입니다. 이렇게 탄생한 오리겐의 영지주의 사탄종교는 플라톤 이원론 철학의 옷을 입고 어거스틴에 의해서 정리가 되어 로마 카톨릭이 되었습니다.

6) 콘스탄틴 대제의 미트라교와 바리새파 유대인들의 조로아스터교의 진실

콘스탄틴 대제는 로마 황실의 종교였던 미트라 태양신을 믿고 있었습니다. 미트라 태양신은 정복의 신으로 로마 황제와 군인들의 태양신이었습니다. 그런데 미트라교는 페르시아 태양신으로 조로아스터교라는 다른 이름도 가지고 있습니다. 조로아스터란 남자 태양신의 이름인 조로와 여자 태양신의 이름인 아스터란 단어를 합친것입니다. 조로아스터란 완벽한 절대신의 이름입니다. 그런데 고레스 왕은 주전 539년에 바벨론을 물리치고 페르시아를 건국한 왕인데 조로아스터교를 국교로 정했습니다. 그런데 바벨론 탈무드 전언에 의하면 조로아스터가 다니엘이라는 이름으로 전해 내려옵니다. 니체의 "짜라투스트라는 이렇게 말했다"라는 짜라투스트라를 다니엘이라 합니다.

성경에 나와 있는 다니엘은 바벨론 마지막 왕 벨사살왕 시대 "메네 메네 데겔 우바르신"이란 말을 해석한 사람입니다. 바벨론이 망한 이후 10년이나 더 살면서 페르시아 고레스의 아들 다리오왕 때까지 페르시아 최고의 권력을 가진 사람입니다. 페르시아 다리오 왕은 전 제국을 120국으로 나누고 120명의 대표 신하와 3명의 총리를 두고 정치를 했습니다. 그중에 다니엘이 최고의 권력을 가지고 있었기에 다른 사람들에게 모함을 받아 사자굴 속에 던져졌지만 하나님의 은혜로 살아나 다니엘을 사자굴속에 모함하여 넣은 자들의 자손들을 사자굴속에 넣어 처단을 했습니다.

다리오 왕은 페르시아 전국에 조서를 내려 다니엘의 하나님을 두려워하고 그 신을 섬기도록 명령했습니다 그래서 다니엘이 태양신의 이름인 조로아스터교가 된 것입니다. 즉 다니엘이 섬기는 여호와의 이름과 페르시아 태양신의 이름과 합하여 조로아스터교가 된 것입니다. 페르시아에서 부와 명예를 얻고 배도한 유대인들은 지금도 조로아스터 태양신인 미트라교를 믿고 있습니다. 그러니까 미트라교는 페르시아 태양신으로 유대교와 혼합된 종교입니다. 이 페르시아 태양신을 믿고 따르는 사람들이 바리새파 유대인들입니다.

바리새파 유대인들은 태양신 사탄 숭배 유대교를 믿는 사탄의 회(會)

바리새파 유대인들의 메시야는 고레스왕이었습니다. 왜냐하면 고레스왕이 바벨론을 멸망시키고 그들에 자유를 주고, 잃어버린 모든 것을 찾을 수 있도록 해주었기 때문입니다.

바리새파 유대인들은 페르시아 유대인들로 그들의 종교는 순수한 유대교가 아니라 태양신과 유대교가 합쳐진 태양신 유대교를 믿고 있는 사탄 숭배자들입니다. 그래서 그들의 여호와 종교의 그림은 테트라그라마톤이라는 야훼 글자를 사람모양으로 세우고 태양광선이 발하는 그림으로 그들의 신을 표현하고 있습니다. 이것이 로마 카톨릭의 기독교입니다.

미트라교와 기독교를 혼합하여 태양신 기독교 로마 카톨릭을 만든 어거스틴

교회역사가 유세비우스는 메시야를 예수가 아니라 콘스탄틴이라고 했습니다. 왜냐하면 기독교와 유대인들을 콘스탄틴이 해방시켜 주었기 때문입니다. 유세비우스는 콘스탄틴의 절친한 친구입니다. 미트라교를 믿었던 콘스탄틴 대제를 설득하여 기독교를 공인하게 했습니다. 그리고 기독교를 태양신과 유대교의 혼합종교인 미트라교에 편입을 시켰습니다. 이것이 콘스탄틴의 밀라노 칙령의 진실입니다. 이때 기독교는 로마의 국교가 아닌 박해받은 종교에서 단지 자유를 얻은 종교로 인정을 받아 로마의 미트라교에 편입이 된 것입니다.

이렇게 로마 미트라교에 편입된 기독교를 플라톤 철학으로 재편하고 로마 국교인 미트라교와 기독교를 혼합시켜 짝퉁 기독교인 로마 카톨릭을 만든 사람이 바로 어거스틴입니다.

사탄은 끊임없이 이 땅에 제 2의 니므롯을 세워 하나님을 대적하고 하나님의 뜻을 방해하는 일들을 해왔습니다. 그것이 바로 적그리스도의 혈통들입니다. 적그리스도의 혈통들은 6000년 동안 똑같은 사탄 종교, 사탄 문화, 사탄의 제국을 세워 왔습니다. 그러므로 조금만 관심을 가지고 자료를 찾으면 그들의 정체를 파악할 수 있습니다.

7) 현실속에서 이루어지는 무천년주의 킹덤나우의 진실

무천년주의 천년왕국의 진실은 킹덤나우 신학입니다. 언제나 현재 그들만을 위해 이루어진 천국의 개념입니다. 바리새파 유대인들에 의해서 지금까지 킹덤나우 신학은 계속되고 있습니다. 그들은 가축인간인 우리에게 미래의 킹덤을 약속하지만 그들은 이미 킹덤속에서 살고 있습니다. 그들이 우리에게 약속한 킹덤은 오지 않습니다. 다 거짓말입니다.

킹덤나우는 언제나 그들만의 킹덤이었습니다. 지난 6000년 동안 사탄의 세력들은 온갖 속임수와 폭력과 무력과 전쟁을 통해서 약탈을 했습니다. 그들은 항상 배부르고, 그들은 항상 이긴자였습니다, 오직 가축인간들만이 그들에게 속아 노예로 살 뿐이었습니다. 이것이 바알종교의 신학입니다. 오늘도 역시 세계 정치, 경제를 장악하고 이 시대 자신들만의 천국을 누리고 있는 사람들이 또 다른 킹덤을 세우려 합니다. 그들이 바로 바리새파 유대인들 즉 프리메이슨들입니다.

그들은 지금까지 철학을 지배하고, 종교를 지배하고, 정치를 지배하고, 경제를 지배하고, 우리 인간을 가축처럼 부려 먹고 살아 왔습니다. 그리고 지금도 앞으로도 그들은 우리를 속이면서 끊임없이 자신들을 위해서 그들이 원하는 킹덤을 우리를 통해 세워 나가게 할 것입니다. 이것이 지상의 유토피아 교리인 무천년주의 킹덤나우 신학의 진실입니다. 예수님 안에서만 천국을 누릴 수 있습니다.

그들이 말하고 있는 유대 메시야 왕국은 거짓말이다

신사도운동가들이 집중적으로 강조한 단어들이 있습니다. 킹덤, 요엘의 군대, 다윗의 장막, 예루살렘 회복, 시오니즘, 토라회복, 예수아 크리스토 등입니다. 이미 앞부분에서 말씀을 드렸지만 지금 전 세계 정치, 경제, 종교 권력을 잡은 사람들이 일으키는 신사도운동은 예루살렘 회복운동 즉 구약 다윗의 장막을 세우는 일입니다. 그러나 그것은 이름 뿐입니다. 그 속에 있는 비밀은 사탄 종교 태양신 유대교입니다. 즉 분리주의 바리새파 사탄 종교입니다. 그들은 가짜 유대인들입니다.

무천년주의 주권신학도 역시 그들의 신세계질서를 세우는 사탄종교의 교리입니다. 그들이 말한 새 사람, 새로운 기독교, 새 영 등은 모두 그들이 이미 가지고 있는 그들만의 종교입니다. 이런 종교를 우리 인류에게 심어서 예수님의 십자가복음과 거룩한 교회를 무너뜨리기 위한 전략입니다. 릭 워렌의 P.E.A.C.E는 기독교 좌파 운동입니다.

8) 무천년 주권 운동들을 통한 기독교 파괴운동의 전략

주권운동은 '재건운동/재편운동'(Reconstructionism), '약속지킴이들(Promise Keepers) 운동', '성시화운동' 등등 뿐 아니라 와그너의 '신사도운동', 릭 조이너 등의 '현대 대언자 학교 운동', 신디 제이콥스의 '중보기도운동', 그리고 릭 워렌의 P.E.A.C.E., 네오콘과도 관련 있는 기독교 시온주의, '신종'(New Breed) 차세대를 위한 일종의 어린이 십자군 운동인 '요엘 군대 운동'(참고: 영화 '예수 캠프') 등을 통해서 광범위하게 펼쳐지고 있습니다.

피터 와그너는 빌 브라이트와 로렌 커닝햄의 권역 개념과 입을 맞추면서 '7개 권역', '7개 산들', '7 대문들' 등 사회의 각 분야가 '변화' 돼야 한다고 강조합니다.

주권 영역을 정복하기 위해 영적 전쟁도 불사한 신사도 운동

성경에 나타난 영적 전쟁 개념을 신사도운동에 적극 도입한 사람이 피터 와그너입니다.

물론 영적 싸움 자체는 성경적입니다. 그러나 지금 주권운동권 사람들은 이 영적 전쟁 개념을 세상 시스템과 연계시켜 적용하고 있습니다. 쉽게 말하면, 성경 진리를 세상 시스템 강화에 교묘히 이용하고 있다는 것입니다. 그들은 영적 전쟁의 기치 아래 호전적으로 세상 각 분야에 파고 들어 교계를 세속과 연결고리를 이뤄가고 있으며 심지어 기독교를 '십자군화' 하고 있습니다.

주권운동권 사람들은 정복주의, 식민지주의 냄새를 풍기는 군사적 개념을 적극 도입하고 있습니다. 신디 제이콥스는 중보기도 운동가들을 '장군'들로 묘사하고 있는데, 흥미로운 것은 카톨릭 예수회의 설립자 이그나티우스 로욜라도 이미 '장군' 개념을 앞서 사용했습니다. 신디 제이콥스는 스스로 '여장군'으로 자임해 왔습니다.

그들은 주권적인 하나님의 역사로 전투기도를 하면 하나님의 나라가 임한다고 합니다. 사실 "영적 전투" 그룹들이 사용하는 전술들을 발명했는데, 여기에는 "기도조(組)"(prayer gangs)와 "기름부어 도시정복 영역표시하기"(territorial marking) 등이 포함됩니다.

히틀러가 속해 있었던 말타 기사단인 릭 조이너는 "땅 차지 하기: 우리는 이 땅에 영원한 장소와 위치(place and position)를 세우고 있습니다!" —

"우리의 약속된 땅은 하나님의 왕국을 땅으로 이끌어 들이는 것과 다름 아니다. 우리는 지금 그 길을 준비하고 있다. 그분의 왕국은 땅을 정복할 뿐더러 회복하려고 오고 있다." ('땅 차지하기'에서).

'캔자스시티 예언자들' 그룹을 이끌면서 와그너의 신사도운동에 적극 협력해 온 릭 조이너는 그의 글 '그 땅을 차지하기'에서 "우리는 수동적인 기독교와 수동적 신자들이 생존을 멎게 되는 시대에 다가가고 있다"며 '군사적 하나님', '만군의 주님', '전쟁에 능하신 주님'의 이름을 빌려가며 적극적, 호전적인 기독교를 부채질 했습니다.

릭 조이너는 중세 십자군의 정신을 이어받은 세속 비밀집단의 멤버인 기사이며 그 자신 미국에서 각계에 '기사'를 임명하는 기사임명권을 수여 받은 '말타기사단장'의 한 명입니다.

9) 어거스틴의 무천년주의와 하나님의 도성(신국론)

먼저 어거스틴이 하나님의 도성이란 책을 쓰게된 배경은 주후 410년 고트족이 로마를 점령하자 미트라교도들이 로마가 기독교를 받아들여서 신이 노(怒)함으로 로마가 망하게 되었다고 비난하자 어거스틴은 주후 413년-426년 13년 동안 22권의 하나님의 도성이란 책을 써서 적극적으로 기독교를 변호했던 변증책입니다.

어거스틴은 하나님의 도성(신국론)에서 하나님의 나라의 개념을 두 가지로 정의를 했습니다. 보이는 하나님의 나라와 보이지 않는 하나님의 나라 개념입니다. 먼저 보이지 않는 하나님의 나라는 하나님이 창세 전부터 택한 사람으로 이런 사람은 하나님만 아는 사람이기 때문에 사람은 모른다고 했습니다. 이런 보이지 않는 하나님의 나라는 영원하다고 했습니다. 보이는 하나님의 나라는 이런 보이지 않는 하나님의 백성들이 살아가는 로마라고 했습니다. 그러면서 보이는 하나님의 나라인 로마는 멸망할 수 있고, 쇠퇴할 수 있지만 보이지 않는 로마 카톨릭교회는 영원하다고 주장 했습니다.

어거스틴의 무천년은 당시 보이지 않는 로마 카톨릭이라고 했습니다. 무천년주의 종말론은 어거스틴이 처음이 아닙니다. 최초로 무천년기를 주장한 교부는 오리겐이었습니다. 어거스틴이 오리겐의 무천년설을 그대로 따라서 지상의 신국을 세우게 된 것입니다. 하나님의 도성(신국론)이란 책을 통해 결국 로마 카톨릭은 어거스틴이 말한대로 주후 590년 그레고리 1세가 첫 번째 교황이 되면서부터 1517년 루터가 종교개혁을 할 때까지 1000년 동안 유럽을 다스리는 교회가 되었습니다.

그레고리 1세부터 시작된 1000년의 로마 카톨릭

특히 그레고리 1세가 교황이 되어 교회국가를 시작할 때 어거스틴의 하나님의 도성에서 말한 교황제를 도입했다는 사실을 그의 고백을 통해서 알 수 있습니다. 이것이 어거스틴의 무천년주의입니다. 칼빈도 어거스틴의 무천년기 종말론을 이어 받아 제네바에서 성국화를 시도했습니다. 무천년기는 오늘날에는 성시화운동과 이스라엘 회복운동으로 발전하고 있습니다. 아브라함 카이퍼의 암스텔담에서 시도된 성국화운동, 존 웨슬레의 홀리랜드 운동, 조나단 에드워드의 뉴잉글랜드 대각성운동, 진젠도르프의 선교운동 등이 모두 지상에 하나님의 나라를 세우려 했던 무천년기 운동들이었습니다. 오늘날 가장 크게 대두되고 있는 무천년주의 지상왕국건설은 예루살렘 회복운동으로 시작된 신세계질서 우주회복 지상유토피아 운동입니다. 이 운동을 강력하게 추진하면서 세계 한 정부 운동을 하고 있는 세력들은 탈무드와 유대 카발라 종교를 따르는 가짜 유대인 바리새파 프리메이슨들입니다.

이들이 지상의 모든 종교를 하나로 통합하고 마지막 예루살렘 성전에서 배도를 선포할 사탄의 세력들입니다. 그러므로 무천년기 종말론은 사탄의 신학이론입니다.

유엔을 중심으로 이루어지고 있는 피스(P,E,A,C,E) 종교통합운동은 사탄종교운동

현재 유엔 안보리 회의장 벽에 그려진 벽화 그림이 뱀과 루시퍼를 하나님으로 섬기는 프리메이슨 바리새파 유대인들의 사탄종교입니다. 유엔을 중심으로 일어나고 있는 릭 워렌의 피스(P.E.A.C.E)운동도 사탄종교통합운동입니다. 지금 예루살렘 회복운동을 주관하는 신사도운동의 중심세력들이 바로 유엔을 중심으로 종교통합을 하고 있는 프리메이슨 바리새파 유대인들입니다. 이들은 지난 2000년 동안 지상의 유토피아를 꿈꾸면서 무천년주의 종말관을 일관성 있게 주장하면서 십자가 대속의 복음과 거룩한 하나님의 교회를 통해 이루어지는 영원한 하나님의 나라를 사람들에게서 멀어지게 했습니다. 그리고 오로지 이 땅에서의 풍요로운 삶을 가르쳤습니다. 이것이 금송아지 바알 종교입니다.

참고로 릭 워렌이 유엔중심으로 벌이고 있는 종교통합운동인 피스플랜(P.E.A.C.E. Plan)은 1) 화해조성(Promote reconciliation), 2) 섬기는 리더십 육성(Equip servant leaders), 3) 가난한 사람들에 대한 지원(Assist the poor), 4) 환자들에 대한 돌봄(Care for the sick), 5) 다음 세대를 위한 교육(Educate the next generation)의 각 머리글자를 딴 피스플랜은 세계의 5대 거대 현안(Global Giants)을 종교통합으로 해결하기 위해 시작되었습니다. 피스운동을 통해서 태어난 종교가 기독교와 이슬람교의 통합종교인 크리슬람입니다. 토니 블레어 전 영국총리가 하고 있는 인터페이스(Inter Faith)운동도 예루살렘 회복 종교통합운동입니다.

3. 시오니즘 (Zionism) 운동의 비밀

1) 시오니즘 운동의 정의

시오니즘의 뜻은 두 가지가 있습니다. 하나는 주후 70년 로마 티토에게 망한 후 전 세계로 흩어진 유대인들이 자신들의 고향으로 돌아가려는 소망을 품고 있는 이상적인 뜻이고, 또 하나는 정치적으로 경제적으

로 전 세계를 지배하고 있는 가짜 유대인들이 신세계질서를 세우기 위해 벌이고 있는 운동입니다.

2) 정치적인 목적으로 시오니즘 운동

시오니즘이란 단어를 처음 사용한 사람은 앨버트 파이크입니다. 그는 2대 일루미나티 수장이며, K.K.K단 두목이었으며, 남북전쟁 종군 장군으로 루시퍼를 섬기는 프리메이슨이었습니다.

그는 1871년 8월 15일 당시 마피아 두목이었던 쥐세페 마치니에게 보낸 편지에서 세계정부를 세우기 위해 세 번 세계전쟁을 해야 하는데, 1차 전쟁은 영국과 독일의 고위층 일루미나티 알력을 이용해 일으켜 러시아를 공산화시켜야 한다고 했고, 2차 세계대전은 파시스트(독일,이태리) 세력과 시오니스트(유태인)의 세력간의 반목을 통해 일으켜 세계 절반을 공산주의 국가를 만들어 기독교 세력에 대항해야 한다고 했습니다.

결국 그의 말대로 1차 대전후 소련에서 볼셰비키 공산혁명이 일어나서 소련이 공산화되었습니다 2차 세계대전 후 중국이 1949년 10월1일 공산국가를 세웠습니다. 그래서 지구 절반이 공산화가 되어 기독교 세력을 대항 할 수 있게 되었습니다.

앨버트 파이크는 제 3차 대전은 일루미나티 내의 고위급 시오니스트들과 이슬람 세력의 반목을 이용해서 일으켜 무자비한 살육으로 모든 종교를 마비시켜 무의미하게 만들고, 마지막 루시퍼 종교를 중심으로 하나의 정부를 만들도록 시나리오를 적었습니다. 시오니즘은 앨버트 파이크에 의해서 최초로 이스라엘 국가 탄생을 예고했습니다.

이스라엘 건국을 위한 시온의 정서

오스트리아의 저널리스트인 테오도르 헤르츨은 유럽각국의 뿌리 깊은 반 유대주의를 보면서 유대인 국가가 건설되지 않는 한 참된 유대인의 해방은 있을 수 없다고 주장하고 그의 유토피아적인 정치소설 "유대인 국가"(1896)와 "오래 된 새로운 땅"(1903)은 시오니즘을 촉진하는데 결정적인 영향을 끼쳤습니다. 1897년 8월에 헤르츨은 스위스의 바젤에서 제1차 시오니스트회의를 소집하여 "바젤 강령"을 작성하였습니다. "바젤 강령"의 핵심 내용은 "시오니즘은 팔레스타인 땅에 유대 민족을 위한 공적인 법으로 보증된 향토의 창설을 목적으로 한다."라는 구체적인 목표를 제시했습니다. 이 회의에는 헤르츨 이전부터 유대 민족주의 사상을 표명하고 있던 유대인과 팔레스타인에서 유대인 이주활동을 벌이고 있던 대표자들이 참석하였습니다. 그들은 바젤 강령의 실현을 위해 시오니스트 기구인 "세계 시오니스트 기구"를 설치할 것을 결정하였습니다. 이 회의에서 채택된 "시온의정서"안에는 시오니즘을 통해 이스라엘 국가를 세우고 난 후 세계를 정복하여 지상에 다윗의 메시야 왕국을 세우는 전략 24개 조항이 자세하게 기록되어 있습니다. 이것을 신세계질서 비밀교리라고 합니다.

앨버트 파이크가 말한 작전대로 반유대운동을 통해 진짜 유대인들을 학살하다

시오니즘 운동을 일으킨 가짜 유대인들은 팔레스타인 땅에 이스라엘 국가를 세우기 위해 유럽 각 나라에서 반유대주의 운동을 조장하여 수많은 진짜 유대인들을 죽이는 일을 합니다. 그중에 대표적인 사건이 바로 히틀러에 의해서 600만 유대인들이 학살을 당했던 홀로코스트(Holocaust)입니다. 악한 가짜 유대인들은 시오니즘 운동을 통해 진짜 유대인들을 아랍사람들이 점령하고 있는 예루살렘으로 모이도록 하기 위해 전략적으로 반유대정책을 조장하여 수백 만 명의 유대인들이 죽임을 당하고 엄청난 고통 속에서 살아가야 했습니다. 그러나 이것은 그들의 시오니즘 전략이었습니다.

시오니스트들이 전 유럽에서 반유대주의를 조장하여 팔레스타인으로 유대인들을 몰아가는 수많은 사례들이 있지만 지면상으로 생략을 합니다. 명백한 것은 시오니즘이 반유대주의를 필요로 했다는 것입니다. 1970년 초 골다 메이어 전 이스라엘 총리가 말했듯이 : "너무 많은 반유대주의는 학살을 일으켜서 좋지 않다. 반유대주의가 아주 없는 것도 좋지 않다. 왜냐하면 그렇게 되면 아무도 이스라엘로 이주하지 않을 것이기 때문이다. 우리에게 필요한 것은 적당한 반유대주의이다."

3) 시오니즘은 반유대주의를 조장한다
(ZIONISM PROMOTES ANTI-SEMITISM)

근대 시오니즘의 창시자 테오도어 헤르츨(Theodor Herzl; 1860-1904)은 유대인들의 독립국가를 세우려는 그의 대의(大義)에 반유대주의(反-)가 도움이 될 것임을 주장했습니다. 그는 유대인 문제를 해결하기 위해서 "우리는 무엇보다도 유대인 문제를 국제적 정치 이슈로 만들어야 한다"고 강력하게 주장했습니다.

배교자인 테오도어 헤르츨(Theodor Herzl)은 정치적 시오니즘의 명분을 강화하기 위하여 유대인 증오를 심화시킬 방법을 모색했습니다. 여기 그가 남긴 "진주들" 중 일부를 소개합니다.: "유대인들의 고난이 … 더 심해져야 하는 것은 필수적이다 … 이는 우리 계획의 실현을 돕는다 … 나는 기발한 아이디어를 갖고 있다 … 나는 반유대주의자들이 유대인들의 부(富)를 제거(liquidate)하도록 유도할 것이다 … 그렇게 함으로써 반유대주의자들은 유대인들에 대한 핍박과 억압의 강도를 높여 우리를 도울 것이다. 반유대주의자들은 우리의 가장 친한 친구들이 될 것이다." (그의 일기 1편, 16페이지에서)

이 몽상가의 선명한 상상력에서 나오는 말을 더 들어 봅시다. 그의 일기 1편, 68페이지에서 : "대중의 무의식 속에 깊이 침투된 반유대주의는 유대인들에게 해가 되지 않을 것이다. 실제로는 반유대주의는 유대 민족성 형성과, 민족의 동화(同化)로 이어질 군중들에 의한 교육을 촉진할 것이다. 이 교육은 고난에 의해서만 일어날 수 있으며 유대인들은 그에 적응할 것이다. 유대인을 인간 이하로 보는 증오에 찬 견해들을 창조하는데 있어서 꼭 히틀러나 괴벨스, 로젠베르크, 슈트라이허와 같은 나치 이론가들이 있어야만 했던 것은 아니다. 그런 이데올로기는 시오니스트 예헤즈켈 카우프만(Yehezkel Kaufman)의 1933년 저술에서 언급되는 정치적 시오니스트들의 발언들을 단순히 각색한 것뿐이었다."

시온주의자들은 그들의 목표를 이루기 위해서 오늘날까지 지속적으로 반유대주의에 의존하고 있습니다. 이민 기록에 대한 조사 결과는 반유대주의가 고조되는 시기에는 시오니스트 국가(역:이스라엘 국가)로의 이민이 증가함을 보여주고 있습니다. "이스라엘" 국가에 유대인들의 지속적인 유입이 없다면 유대인은 10년 내에 시오니스트 국가의 소수민족이 될 것으로 추정됩니다. "이스라엘" 국가에서 유대민족의 주류성을 유지하려는 목적 하에서, (시오니스트) 지도자들은 유대인들이 "도피처"를 찾아서 고향을 떠나도록 "부추기려고" 세계 각지에서 반유대주의를 조장했습니다.

2003년 11월 17일 시오니즘의 지도자인 이스라엘의 수상 아리엘 샤론(Ariel Sharon)은 이탈리아의 유대인들에게 "반유대주의의 거센 파도"를 피하는 가장 좋은 방법은 이스라엘로 이주하여 정착하는 것이라고 말했습니다. 이것이 그 초창기로부터 현재까지 이어 온 시오니즘의 이데올로기였습니다. 그는 "반유대주의에 대한 최고의 해결책은 이스라엘로의 이민이다. 그곳은 유대인들이 유대인으로서 살 수 있는 지구상에서 유일한 장소이다."라고 말했습니다.

2004년 7월 18일, 이스라엘 수상 아리엘 샤론은 프랑스 유대인들에게 반유대주의를 피해 이스라엘로 즉시 돌아오라고 설득을 했습니다. 그는 예루살렘의 미국출신 유대인 협회(American Jewish Association)의 미팅에서 전 세계의 유대인들은 최대한 빨리 이스라엘로 재배치 되어야 한다는 발언을 했습니다.

홀로코스트를 산업화하여 자신들의 행위를 정당화시킨 시오니스트

독일과 미국에 있는 시오니스트들은 자신들이 행한 600만 유대인 학살의 상징인 홀로코스트를 기념하기 위해 독일과 이스라엘과 미국 전역에 홀로코스트 기념관을 세우고 이스라엘의 건국과 미국의 중동정책을 절대로 지지하는 정책을 일관성 있게 추진하면서 그들이 행한 악한 일을 다시 성역화시켜 산업화하는데 성공을 했습니다. 그리고 자신들이 죽인 유대인들에 대한 보상금을 지불하여 이스라엘을 더욱 더 견고하게 세우는데 사용하였습니다.

졸지에 자신들의 영토를 빼앗기고 쫓겨난 팔레스타인 난민들은 수백만 명이 죽었지만 그들의 보상은 없습니다. 이라크 전쟁을 통해 죽임을 당한 사람들이 100만 명이 넘는다고 합니다.

그러나 그들의 죽음은 아무도 알리거나 이의를 달지 못합니다. 수많은 매스컴을 통해 세뇌를 받은 인류는 항상 악한자가 기록한 역사에 따라서 갈 뿐입니다. 시오니즘 운동이 일어나기 전에는 아랍 사람들과 이스라엘 사람들이 충돌없이 함께 팔레스타인 땅에서 잘 살았다고 합니다. 그러나 지금은 5미터가 되는 거대한 벽으로 칸막이가 된 곳에서 날마다 테러가 일어나는 비참한 땅이 되어버렸습니다. 앨버트 파이크가 말한 대로 3차 세계 대전은 시오니즘의 이스라엘과 이슬람 아랍의 반목으로 일어날 수 있습니다. 점점 그 수위가 높아져 가고 있습니다. 이것이 그들이 만든 신세계질서 시나리오입니다.

시오니스트들이 만든 사탄종교와 신사도 운동

시오니스트들은 예루살렘을 회복하여 성전을 짓고, 예루살렘 지성소에서 배도를 하여 전 세계종교를 하나의 사탄종교로 만들기 위해 유대 비밀종교인 카발라를 통해 신지학이란 통합 뉴에이지 종교를 만들었습니다. 그리고 기독교를 그들의 통합종교로 흡수하기 위해 신사도운동을 교회안에서 펼치고 있습니다. 그 출발이 윌리엄 브래넘의 늦은 비 운동이고 마지막 완성된 유대종교가 이방인과 유대인들이 토라와 예수아 안에서 하나 되어 한 새 사람으로 탄생하여 지상의 유토피아를 세우는 메시아닉쥬 기독교입니다.

4) 예루살렘 회복 운동 티쿤(Tikkun)의 비밀

(1) 예루살렘 회복과 우주 회복

유대 카발라 경전 조하르에서 인류에게는 엄청난 권능(힘)이 주어졌습니다. 사람들은 신의 형상으로 만들어졌고 신(Godhead)으로부터 유래되었기 때문에 그들은 신적 영역에서 선과 악을 위해 영향을 주고 행동할 권능을 가졌습니다. 기도에의 헌신과 계명의 완수를 통해 사람들은 "통합의 미스테리(sod hayihud)"에 적극 참여하게 되는데, 이 과정을 통해서 신적 포스(힘)들이 통합되고, 완성되어 그들의 원천으로 되돌아갑니다. 사람이 이 세계의 회복, 치료, 수정에 참여할 수 있다는 개념은, 문자적으로 깨어진 그릇의 수선, 교정, 회복을 의미하는 티쿤(Tikkun)이라는 개념으로 조하르 전체를 통해 강조되고 있습니다. 유대주의 예루살렘 회복운동의 조하르 교리는 늦은 비 운동의 한 새 사람과 뉴 플라톤 철학에서 말한 영혼상승의 방법으로 신적복귀를 통한 신세계질서 우주회복과 일치합니다. 즉 예루살렘 회복이 최종단계가 아니라 신세계질서 우주회복(지상유토피아)을 목적으로 하는 것인데 우주회복은 신세계질서의 목표입니다. 빌리 그래함의 우주교회 완성입니다.

(2) 어거스틴 악은 선의 결핍, 선의 회복은 악을 추방한다

16세기에 이삭 루리아(Isaac Luria)의 교설로부터 유래된 새로운 형태의 카발라가 나타났습니다. 조하르와 그 이전의 카발라 문서들이 우주론에 집중한 반면, 루리아닉 카발라는 추방(유배), 구속, 그리고 밀레니엄(천년)에 집중했습니다. 루리아가 추론한 것은, 세상을 위한 공간(장소)이 있기 위해서는 신은 그 자신의 일부로부터 물러났어야만 했다는 것입니다. 이 물러남(Tsimsum,침숨)의 교리는 난해하면서 모호합니다. 이것은 가장 심오한 의미에서의 추방의 상징을(신성 스스로부터) 제공하지만, 동시에 악이 본래 창조 과정에 속한 것이며 사람의 탓만이 아님을 암시하기도 했습니다. 두 개의 또 다른 교리가 루리아의 급진적 신학에 필수적인데, 이것은 셰비랏 하 켈림(Shevirat-ha-Kelim 그릇이 깨어짐)과 티쿤(Tikkun 깨어진 그릇의 보수)입니다. 두 개 모두는, 창조와 함께 나타난 악은 만물의 완성과 더불어 사라질 일시적인 상태를 나타내는 것이라고 설명합니다… 이런 사상은 뉴 플라톤 철학에서 어거스틴이 말한대로 "악은 선의 결핍"이라는 원리를 설명하고 있는데 존재한 악은 선이 채워지면 없어진다는 것입니다. 그러므로 선(善)의 상징은 신의 회복이 아주 중요한 주제가 되는 것입니다.

(3) 선함의 완성은 윤회를 통한 아담 카드몬의 회복

루리아닉 카발라의 복잡한 신화에 의하면, 신이 자신으로부터 물러선 후, 빛의 흔적들은 공허 속에 남겨졌습니다. 이것들로부터 태고의 인간, 아담 카드몬(Adam Kadmon)의 이미지가 형성되었는데, 그는 신성이 처음으로 형상으로 나타난 것이었습니다. 그러나, 그 때 재앙이 일어났습니다. 추가적인 신의 빛들(divine lights)이 아담 카드몬으로부터 터져 나왔는데, 이들을 담기로 했던 "그릇들"이 깨졌습니다. "그릇이 파괴됨"에 따라, 빛의 불꽃들(sparks of light 영)은 물질 속으로 가라앉았고, 악이 세상 속으로 들어왔습니다.

　루리아닉 카발라에서는 "조하르"에서보다도 인간에게 더 중심적인 역할이 주어졌는데, 이는 깨어진 그릇의 파편 속에 갇힌 영혼들이 신적 빛과 재결합하는 것은 오직 인간의 행동(율법 준수, 토라 공부, 신비적 명상)을 통해서만 가능하기 때문입니다. 이것은 늦은 비 운동의 금식기도 과정이며, 뉴 플라톤 철학에서는 정화의 과정이라고 합니다. 루리안은 역사를, 동일한 등장인물들이 연출하는 선과 악의 포스(힘) 사이의 지속적인 투쟁으로 보았는데, 그들은 그들이 완전에 이를 때까지 거듭되는 환생(Gilgul)을 경험합니다. 비록 티쿤(회복)의 과정은 길고 고되겠지만, 추방된 존재 각각이 창조의 사다리를 올라가서 끝내 그가 윤회의 고리로부터 해방될 때까지 점점 선하고 더욱 영적으로 됨으로써, 회복은 마침내 이루어진다는 것입니다. 루리아닉 카발라는, 사람들의 모든 행동이 의미를 갖는 우주적 천년(millennial) 드라마 속에 개인을 참여시킴으로써, 신비주의를 운동가들의 실존하는 포스로 변혁시켰습니다. 루리아닉 카발라는, 상실한 이상적 과거에 있어서가 아니라 미래 상태에 있어서의 완성을 그린 첫 번째의 유대교 신학이었습니다. 이것은 늦은 비 운동의 신부운동과 그리스도 회군교회를 말하는 것입니다. 그들이 말한 우주적 천년은 신학적으로 무천년주의이며 지상의 유토피아를 말하고 있습니다. 이것을 신세계질서라고 합니다.

(4) 인간 신성의 회복과 우주회복의 완성

　회복신앙 "티쿤"은 천지창조, 인간의 존재, 토라, 이스라엘 민족이 지향하는 목표입니다. 티쿤의 성취는 궁극적 구원이고, 무엇보다도 하나님 자신에게 완성을 가져다 드리는 일입니다… 티쿤의 핵심에는 유의미한 은유가 가로놓여 있습니다. 즉 갇혀 있는 신성한 불꽃을 인간의 행위로 구원해야 한다는 것입니다. 그릇이 깨어지고 뒤이어 대참사가 발생했을 때… 많은 신성한 불꽃들은 깨어진 그릇의 파편에 갇혀 아래쪽 영역을 지배하는 악의 힘들에게 유린되었습니다. 이 불꽃들은 본래의 장소에서 벗어나 유배 상태에 있을 뿐 아니라 악의 힘들에게 신성한 권능을 제공합니다… 루리아 세계관에 의하면, 존재는 오로지 선한 신성한 빛에서 나옵니다. 이 선한 신성한 원천에서 힘을 얻지 못하면, 단 한 순간도 지탱하지 못합니다… 만약 갇힌 불꽃들이 모두 들어 올려져서 천상의 제자리로 돌아가면 악은 신성한 빛의 원천을 잃게 되어 더 이상 존재하지 않을 것입니다. 따라서 티쿤의 과정은 분리의 과정입니다… 한 개인이 계명을 실천하고, 기도를 올리고, 안식일을 지키고, 자비와 정의의 행동을 한다면, 불꽃은 들어 올려집니다.

(5) 티쿤의 회복은 신세계질서 회복

쉽게 말해서, 카발라의 "티쿤"은 인간의 (종교) 행위로써 우주의 운명을 결정하는 회복 과정이며, 그 핵심에는 자동적으로 "인간의 신성의 회복" 즉 "神人 아담 카드몬의 회복"이 포함됩니다. 굳이 장황하게 "티쿤"을 언급하는 이유는 이스라엘 "회복" 운동이 이 카발라의 티쿤 "회복" 사상에 오염된 것이기 때문입니다. 뉴에이지와 신사도 운동은 회복 restoration을 매우 강조합니다. 물론 뉴에이지/영지주의/카발라적 "회복"은 위에서 언급했듯이 당연히 "신적 빛과의 재결합" 즉 "인간의 신성의 티쿤/회복"을 암시합니다. 따라서 이스라엘 회복운동도 카발라의 티쿤 사상을 포함하고 있는 것입니다. 어거스틴이 말한 정화를 통한 하나님의 형상회복의 과정도 예수님의 절대적인 십자가 은총을 통해서가 아니라 인간의 율법적인 노력과 고행을 강조하는 것은 모든 영지주의 종교에서 말한 신적복귀를 위한 정화과정과 일치하는 것입니다. 어거스틴이 주장한 무천년기도 역시 유대인들에 의해서 제기된 티쿤 회복운동을 통한 천년기 우주적인 회복입니다. 뿐만 아니라 중세 수도원 운동에서 실행되었던 고행과 절제라는 정화과정을 통해 이룩한 초자연적인 영성들도 기독교 은총교리가 아닌 영지주의 사탄종교의 원리입니다.

신사도 운동가들이 추구하는 목적과 우주회복

예루살렘 회복운동을 하는 사람들이 사용하는 단어가 "원뉴맨", "한 새 사람"입니다. 이는 에베소서 2:15에서 예수님께서 십자가로 담을 허시고 이방인과 유대인들을 한 새 사람으로 지으신 것을 근거로 하고 있습니다. 그런데 실제로 신사도 운동에서 한 새 사람을 만드는 교리는 임파테이션입니다. 즉 12 신사도들과 예언가들을 통한 은사운동입니다.

　신사도 운동에서 말한 원뉴맨(one new man), 한 새 사람, 신인간(神人間) 등의 용어는 우주회복을 촉진시킬 수 있는 아담 카드몬(Adam Kadmon)들입니다. 신적인 초능력을 가진 자들인데 이들에 의해서 우주회복은 빨라지고 결국은 모든 인간이 그렇게 되는 것입니다. 이것은 뱀이 선악과로 하와를 유혹할 때 너희가 먹으면 하나님처럼 될 것이라는 약속입니다. 그러나 인간은 그 전에 하나님의 심판을 받을 것입니다.

　신사도운동은 직통계시를 받은 12신사도들에 의해서 영적인 능력이 공급되어 우주회복이 이루어지는데 그들이 사용하는 방법은 윌리암 브래넘의 임파테이션과 뉴 플라톤 철학의 관상기도입니다. 뉴 플라톤 철학의 신비주의는 사막 수도원에서와 같이 사도, 사부, 마스터, 채널러와 같은 영적인 가이드의 힘을 통해 초자연적인 경험을 하는 사람들을 넓혀가는 것입니다. 이것을 임파테이션이라고 합니다.

　그들은 24시간 기도운동, 전투기도, 신부운동, 땅밟기 운동, 은사운동 등을 통해서 신비주의 종교의 영역을 넓혀가고 있습니다. 심지어 선교운동, 제자 운동, 재정 운동, 음악 운동, 전도 운동, 가정교회 운동, 성결 운동, 시오니즘 운동, 예루살렘회복 운동, 메시야닉주 운동, 셀 운동 등 수많은 방법을 동원하여 임파테이션 영토를 확장시켜 나가고 있습니다.

5) 예루살렘 2차 공의회와 신사도 운동

　예루살렘 2차 공의회 TJCII(Toward Jerusalem Council II)는 YWAM 대표 존 도우슨, 티쿤 인터내셔널 대표, 메시아닉 랍비 등이 만들었습니다. 티쿤(Tikkun International)교단의 파트너 중에는 IHOP이 들어 있습니다. 김*현 PD가 따르는 캔자스시티 선지자 출신 원뉴맨 운동가 루벤 도론도 이 TJCII의 리더 중의 한 명입니다. 원뉴맨 신사도 시드로스 등입니다. 이 조직은 티쿤 운동을 하는 사람(국제티쿤연합회Tikkun International 대표), 메시아닉 운동을 하는 사람, 원뉴맨 운동을 하는 사람, 그리고 신사도 운동을 하는 사람들이 만든 조직입니다.

예루살렘 회복 신사도 운동가들이 만든 한 새 사람이란 정의, 신인간(神人間)

지금은 한 새 사람 운동이 일어나고 있습니다.(엡2:15) 한 새 사람 운동은 유대인과 이방인이 그리스도 예슈아님 안에서 하나가 되는 것입니다. 한 새 사람 운동은 히브리 뿌리 토라(율법)가 회복됨으로 이룰 수 있습니다. 히브리 뿌리 회복운동은 전 세계에 일어나는 말씀부흥운동입니다. 지금은 메니아닉주(예슈아님을 믿는 유대인)를 중심으로 하나님의 말씀이 새롭게 조명되고 있는 시대입니다. 과거 2000년 동안 유대인은 예슈아님을 몰랐습니다. 오직 구약의 하나님의 말씀(토라) 밖에 모르던 유대인들이 1948년 이스라엘이 독립되고 1967년 예루살렘이 회복되면서 그 후에 구원자 예슈아님을 믿는 유대 그리스도인들이 급속도로 늘어나고 있습니다.

하나님께서 초자연적으로 저들의 눈을 열어 메시아이신 예슈아님을 알아보고 믿음으로 받아들이는 역사가 일어나고 있습니다. 유대인들이 예슈아님을 임금과 구주로 영접하고 보니 성경이 새롭게 조명되었습니다. 구약의 토라(율법) 말씀이 오직 예수 그리스도를 말씀하고 있는 것을 알게 되었습니다. 예슈아님을 영접한 이방 그리스도인들은 율법(토라)을 잘 모르고 있고, 유대인들은 율법(토라)의 실체가 되시는 예슈아님을 잘 몰라 보았습니다. 이제는 다시 오실 예슈아님의 재림의 때가 되어 유대인이 예슈아님을 만나고 이방 그리스도인들이 율법(토라)에 눈을 뜨기 시작했습니다. 이들이 한 새 사람입니다. 여기에서 말한 구약 토라의 회복은 요엘 선지자가 예언한 늦은비 은혜입니다. 이것을 통해서 이방인과 유대인들이 하나가 되어 새로운 우주회복을 위해 한 새 사람(신인간)이 되어지는 것입니다.

위의 내용은 토라신학대학원 한국 분교에서 발행한 팜플렛의 내용입니다.

1940년대 이후 미국에서 일어난 모든 은사운동의 목표는 시오니즘 운동이다

1940년대부터 미국에서 시작된 늦은비 운동, 빈야드 운동, 캔자스시티 선지자 운동, 아이합, 레노바레, 신부운동, 땅밟기 운동, 기도운동, 피터 와그너의 영적도해, 신사도 운동의 최종 목적은 한 새 사람 운동으로 예루살렘 회복을 통해 천년기 우주회복을 목적으로 하는 신세계질서 운동입니다. 한 새 사람 운동이 시작된 출발을 1948년 이스라엘 독립과 1967년 예루살렘 회복이후부터 라고 했습니다.

그 후 하나님은 초자연적인 능력으로 유대인들의 눈을 열어 믿음으로 예수아를 그들의 임금과 구주로 영접하게 하신다고 했습니다. 여기에서 말한 초자연적이란 표현은 1940년대부터 미국에서 시작된 늦은 비, 은사운동입니다. 지금 메시아닉쥬 그리스도인들에게 불어 닥친 복음은 기사와 표적 그리고 초자연적인 영적인 경험들인 직통계시, 예언사역, 떨림, 집단최면, 적극적 사고, 치유, 환생, 염력, 차력, 초능력, 환청, 환상, 초혼, 뜨거움, 넘어짐, 웃음, 텔레파시, 마인드 콘트롤과 같은 초자연적인 능력입니다. 이런 것들은 거짓된 복음이고, 배도의 복음입니다. 전 세계적으로 불고 있는 신사도운동의 복음이 바로 이 복음입니다. 이것은 사탄의 복음입니다. 영지주의 거짓 복음입니다.

이런 일들을 행하는 주역들은 다음과 같습니다.

윌리암 브래넘, 로만 빈센트 필, 피터 와그너, 릭 조이너, 폴 케인, 보비 코너, 타드 벤틀리, 릭키 스캐그스, 마헤쉬 샤브다, 베니힌, 케네드 코플란드, 폴 크로치, 오랄 로버츠, 케네드 하긴, 로렌 커닝햄, 마이크 비클, 빌 헤몬, 존 웜버, 찰스 프라이스, 리차드 포스터, 빌 존슨, 신디 제이콥스, 조엘 오스틴, 리차드 마우, 릭 조이너, 밥 존스.

6) 진젠도르프의 24시간 100년의 기도운동은 유대 천년기 운동

모라비안 진젠도르프의 24시간 100년의 기도운동은 구약 메시야 신국 운동으로 독일 야콥 스페너로부터 시작된 경건주의 운동의 목적이었습니다. 그는 100년 동안 2158명의 선교사를 파송하여 선교운동을 일으켰는데 그것이 바로 유대 천년기 메시야 왕국을 세우는 것이었습니다. 진젠도르프의 24시간 기도 운동은 신비주의 기도운동으로 영국에서는 웨슬레, 미국에서는 조나단 에드워드를 통해서 전도의 불이 타올랐습니다. 그후 리차드 포스터와 캔자스시티 예언가들에 의해서 미국의 24시간 기도운동으로 확산되어 마이크 비클의 아이합과 신디 제이콥스의 신부운동으로 확산되어 지금은 전 세계 기도운동으로 땅밟기, 영적도해, 전투기도 선교운동 등을 통해 전 세계적으로 확산되어 가고 있습니다.

참고로 독일에서 17세기에 야곱 스페너를 통해 일어난 경건주의 운동은 1618년-1648년에 있었던 30년 로마 카톨릭과 신교의 영토종교전쟁의 결과로 유럽의 인구 절반이 죽고, 특히 신성로마 제국인 독일의 인구는 전쟁 전 1600만에서 전쟁 후에는 600만 명 밖에 남지 않고, 기근과 질병과 전염병으로 시달린 환경속에서 신교도들이 모두 로마 카톨릭으로 돌아가는 정통주의 운동이 시작되는 개신교 위기 상황에서 이를 타파하기 위해 일어난 신비주의 기도운동이었습니다.

성육신화 개념의 예수님의 재림관을 가진 신사도운동

신사도운동에서 일어난 신부운동은 그리스도의 재림이 물리적인 육체의 재림이 아니라, 새 교회 안으로의 그리스도의 성령이 임하심을 뜻합니다. 영적 임재로 재림하신 예수님과 한 몸을 이룬 신부들이 육체를 벗어버린 신인간으로서 이 땅에서 불멸을 이루는 집단적인 교회를 세우게 됩니다. 이런 신인간 교회를 "나타난 하나님의 아들들(Menifest Sons of God)" "집단적 그리스도(Corporate Christ)", "한 새 사람", "요엘의 군대(Joel's Army)", "남자아이(Man-child)", "신인(God-Man)", "집단적 아이(Corporate Child)"… 등이라고 합니다.

늦은 비 입장에서 보면, 백투예루살렘운동은 단순히 이스라엘의 회복뿐 아니라 교회 전체의 회복과 연관되어 있으며, 늦은 비 운동의 "회복된 교회" 속에서의 "하나님의 아들들", "한 새 사람"의 나타남과 이어져 있다고 볼 수 있겠습니다. 유대뿌리(회복)운동 중의 중요한 하나가 메시아닉 쥬이시(Messianic Jewish) 운동으로, 메시아닉이란 예수를 구약의 메시야로 받아들이는 유대인들을 말하는데, 이는 얼핏 보면 유대인들이 기독교로 돌아오는 것으로 보이지만, 실은 이것은 영지주의 유대교 운동의 일부로서 벌어지고 있음에 유의해야겠습니다.

메시아닉 쥬 운동의 일환이며, 메시아닉 쥬이시 회중연합, 쥬스 포 지저스(Jews for Jesus) 등과 관계하는 하쉬베누(Hashivenu)는 그들의 핵

심 원칙을 다음과 같이 말합니다:
  (1) 메시아닉 유대교는 유대교이며, 기독교 공동체에 있는 것을 겉모습만 바꾼 "유대 스타일" 변형 버전이 아니다.
  (2) 하나님의 이스라엘과의 특별한 관계는, 하나님의 유대인들과의 독특한 언약인 토라에 나와 있다.
  (3) 예수아는 토라의 완전함(fullness)이다.
  (4) 유대인들은 "우리"이지 "그들"이 아니다.
  (5) 랍비의 전통의 부유함은 유대인으로서의 우리의 유산의 값진 부분이다.

이런 메시아닉 운동은 늦은비/신사도운동과도 연관해서 움직이고 있습니다. 한 예로, 하쉬베누 사이트에 링크된 미국 메시아닉 쥬이시 연합이 제공한 메시야'99 컨퍼런스에서 캔자스시티선지자 출신 신사도 릭 조이너는 랍비 로버트 코헨과 함께 그들이 받은 메시아닉 쥬이시 운동에 관한 예언적 환상을 나눴습니다. 다음은 그들이 함께 풀어낸 예언의 하일라이트입니다:

- 예루살렘이 유대인의 손에 되돌아 간 1970년대는 이방인 시대의 마지막이었다.
- 1990년 대는 예수운동(Jesus Movement)으로부터 시작된 부흥의 영과 함께 움직인다. 예수운동은 메시아닉 운동의 근원이었다.
- 메시아닉 사람들은 "교회를 그들의 유대 뿌리로 되돌아가도록 부르는" 그리고 "이스라엘 국가에 예언적 부름이 되기 위해 되돌아 온" 예언적/선지자적 의로운 남은 자들이다.
- 메시아닉 사람들은 "머리"로서, 그리스도의 몸의 머리이자 첫 열매이다.
- 모든 공동체가 그들의 증거 때문에 예슈아에게로 돌아 올 것이다.
- 유대인들과 이방인들이 메시아닉을 바라보며, 그들이 하나님의 말씀을 설명하기를 바랄 것이다.
- 릭 조이너는 메시아닉들이 교회와 너무 많은 관계를 가짐으로 인해 부패하면 안 된다고 우려를 표명했으며, 그들이 교회와 같아지거나 교회가 그들과 같아지면 안 된다고 했다.

- 인종차별은 궁극적인 대적 중의 하나이다.
- 교회 안에 혁명이 일어나고 있다.
- 원상회복이 있는 곳에 화해가 일어나며, 유대인으로서의 메시아닉들에게 많은 원상회복이 있을 것이다.
- 메시아닉들은 다른 사람들보다 증거, 치유, 분별과 영적 은사의 이용에 있어서 더 나은 능력을 가질 것이다.
- 메시아닉들은 우리(교회)가 우리의 기초를 제자리에 회복시키는 것을 도울 것이며, 우리는 그들의 도움 없이는 있어야 할 곳에 이르지 못할 것이다.

메시아닉 쥬이시 운동이 백투 구약 운동임을 볼 수 있는 또 하나의 증거가 있습니다. 아래는 어느 신사도운동권의 선교사가 그 나라에서 벌어지는 메시아닉 운동에 참여한 이방인(젠타일)들을 보고 정리한 것입니다.

그들은 하나님을 '야훼'로 부르고, 예수님을 '예슈아'로 부르고, 주일이 아닌, 안식일(싸밧)을 지키고, 강단에는 황금 법궤, 7개의 금 촛대, 그리고 예배 시작 때마다 7명이 앞에서 부르는 7개의 양각 나팔을 붑니다.

7) 24시간 신사도 기도운동과 백투예루살렘 운동의 핵심

(1) 예루살렘 회복은 새교회(슈퍼교회)의 탄생

이것은 신사도 피터 와그너의 "전략적 영적전투"와 "동일시 기도"(Identification Prayer), 땅밟기 등을 통하여, 이스라엘을 위한 중보기도가 차면, 그 때에야 비로소 이스라엘의 회복과 전체교회의 회복과 주의 재림이 완성된다는 주장입니다. 즉, "이스라엘을 포함한 교회의 회복과 완성"이 종말의 필수요소가 되는 것입니다. 여기에서 말한 교회 회복은 새교회, 슈퍼교회, 신인간교회를 말합니다. 이스라엘 회복운동과 관련해서, 늦은비/신사도 운동의 핵심 교리는 종말의 성령의 늦은 비 기름부음으로 인해, 종말 사도들과 선지자들의 리더십 아래, 기존 교회와는 전혀 다른(그리스도에까지 이르는) 모든 능력과 권세의 완전한 교회가 태어나며, 이 "나타난 하나님의 아들들(의 교회)"이 이 땅에서 모든 악을 정복하고 하나님의 나라를 세운다고 합니다.

(2) 신부신비주의 운동과 토라의 회복

요즘 "매우 임박한 종말론"을 주장하는 시한부종말론의 후예들과 "신부단장"을 주장하는 신부신비주의 신사도운동가들 사이에서 특별히 힘을 얻고 있는 운동이 있습니다. 이것은 메시아닉/히브리(유대)뿌리 운동의 일환으로서, 예수를 "예슈아"로 부르고 성경을 "토라"로 부르며 "안식일"과 유대 절기를 지키는 유대교 뿌리로 돌아가야(회복되어야) 한다는 주장을 그 특징으로 하는 시오니즘 운동입니다.

이런 운동을 하기 위해 세워진 토라신학대학원 한국분교에서는 "불편한 진실"이라는 "전도지 소책자"를 만들었습니다. 토라신학대학원은 히브리뿌리운동을 하는 대표적인 곳이며, 메시아닉 유대운동을 적극적으로 전파하는 곳입니다. 이 소책자는 자유롭게 배포할 수 있다고 나와 있습니다. 먼저 히브리 문자로 표현한 "여호와" יהוה를 사람 모습에 비유한 것을 볼 수 있습니다. 이미지 아래 설명에 나오는 "여호와 그분과 예슈아는 한 분이십니다"라는 글이 기록되어 있습니다.

그런데 야훼를 상징하는 이 글씨는 바리새파 유대인들이 태양신 여호와를 섬기는 부적입니다. 킹제임스 성경이나 태양신 유대교를 상징하는 모든 문서에 그려진 이 글씨그림은 테트라그라마톤과 함께 유럽의 모든 로마 카톨릭 교회 주제단 위에 그려진 그림입니다. 자칭 자신들이 신이라고 말한 프리메이슨들의 영지주의 카발라의 원형적 인간이자 神인 "아담 카드몬"을 상징하는 이미지로도 사용된 그림입니다. 테트라그라마톤(יהוה) – 우주에너지를 부르는 카발라 상징입니다.

(3) 테트라그라마톤의 여호와와 예수아의 연합은 신인간(아담 카드몬) 완성

테트라그라마톤은 히브리어로 신을 나타내는 신비한 네 글자인 'YHVH(IHVH)'를 말합니다.

히브리 전승에 따르면 신 자신이 모세에게 네 개의 히브리 문자로 자신을 드러냈다고 합니다. 구약성경의 두 번째 장인 출애굽기(Exodus) 3장 14절에 그 상황이 상세하게 묘사됩니다. 유대교의 신은 말합니다.

"나는 스스로 있는 자니라. I am that I am." 이 표현에 해당하는 히브리어가 바로 'YHVH' 입니다. 유대교의 신비주의 전통인 카발라에서 테트라그라마톤은 비밀스런 신의 이름으로 중요시 됩니다. 본래 테트라그라마톤은 네 글자로 된 모든 단어를 말했지만, 카발리스트들은 신의 이름(IHVH)을 나타내는 하나의 고유명사로 사용하고 있습니다.

이 상징은 바로 이 네 글자를 흰색과 검은색의 불에 의해서 형상화하여 만든 것입니다. 글자가 이렇게 세로로 표현된 이유는 테트라그라마톤을 최초의 인간인 아담 카드몬이 최초의 완전한 인간, 神人처럼 보이도록 하기 위해서입니다. 이렇게 신과 인간이 일치되는 이 테트라그라마톤은 카발라 전통에서 신으로부터 신비한 우주적 에너지 혹은 마법적 힘을 불러오는 강력한 상징인 부적입니다. 이들이 설명하는 공식은 "여호와 = 예슈아"라고 말하고, 다른 한 곳에서는 "여호와 = 아담 카드몬 = 인간"이라고 말합니다. 아무튼 이미지가 강력하게 말하는 것처럼 "여호와 = 사람"이라는 점에서는 두 주장이 일치한다고 보아야 할 것입니다.

본론으로 돌아 가서, 이들 메시아닉 운동가들이 "여호와와 예슈아가 한 분"이라고 주장하는 배경은 다음과 같습니다.

(4) 야훼라는 히브리어 속에 들어있는 십자가에 못박힌 예수아

유대교에 의하면, 하나님이 그들에게 주신 율법(토라)에는 문자로 기록된 내용만 있는 것이 아니라, 아무나 쉽게 알지 못하도록 문자 속에 감추어 놓은 숨겨진 율법이 더 있다고 합니다. 이것을 카발라라고 합니다. 특히 카발라적 유대교의 가르침에 의하면, 모세는 하나님으로부터 돌판으로 상징되는 기록된 율법만 받은 것이 아니라, 기록된 율법의 내용을 비밀스럽게 해석하는 특별한 방법까지 전수받았으며, 이 비법은 소수의 랍비들에게만 에소테릭하게(비전적(秘傳的)) 전수되어 왔다고 합니다. 유대 랍비들은 이렇게 자신들에게만 전수된 비전의 방법(게마트리아 같은 숫자와 문자 풀이 등)으로 성경 구절을 자의적으로 해석하고 이것을 구전으로 전승시켜왔습니다. 이것이 바로 오랄/구전 토라 Oral Torah입니다. 물론 오랄 토라(구두전승)는 유대교에서 율법과 동등한 효력을 가진 것으로 여겨집니다. 탈무드는 이런 비전(秘傳)을 모아 기록한 비밀책입니다. 이런 유대인의 구전 전통은 매우 오래 전부터 이어져 왔으며, 이 때문에 예수께서 당시의 바리새인들을 향해서 "하나님의 계명은 버리고 사람의 전통을 지키느니라"라고 말씀하신 것이기도 합니다.

이렇게 성경의 용어나 내용을 에소테릭한 풀이를 통해서 자의적으로 해석을 하는 것이 구두전승의 특징이며, 이것은 여호와의 이름에 담긴 숨겨진 의미로 야훼라는 히브리 문자가 "손을 보라 못을 보라"라는 뜻이라고 해석을 했습니다. "여호와 = 예슈아(예수)"라고 주장합니다. 이것은 물론 그들만의 해석입니다. 예를 들어, 그들의 주장대로 히브리 알파벳 22자 중의 하나인 '요드'는 '손'을 뜻하고 '바브'는 '못'을 뜻하고 '헤이'는 '계시'를 각각 하나씩 뜻한다면, 히브리어에는 모두 22개의 개념밖에 없다는 말이 되는 것입니다.

에베소서 2:15에서 한 새 사람은 이미 예수님의 십자가 구속을 통해서 이루어진 결과입니다. 그러나 이들은 "이제 예수 재림의 때가 되어서 유대인은 예수를 받아들이고, 이방 크리스천은 유대교로 돌아옴으로써 한 새 사람을 이룬다"고 주장합니다.

(5) 토라와 예수아의 회복으로 이루어진 한 새 사람은 신인간(神人間)
"한 새 사람"은 앞으로 이루어져야 하는 미래적 사건이 아닙니다. 이미 예수님께서 십자가에서 이루신 것입니다. 이것을 마치 이방 크리스천들이 토라에 눈을 뜸으로써 이제서야 시작되어 앞으로 이루어져야 하는 "회복" 사건인 것처럼 말하는 것은 카발라적 회복교리 사상에 불과한 것입니다.

루리아닉 카발라에서는 조하르에서보다도 인간에게 더 중심적인 역할이 주어졌는데, 이는 깨어진 그릇의 파편 속에 갇힌 영혼들이 신적 빛과 재결합하는 것은 오직 인간의 행동(율법 준수, 토라 공부, 신비적 명상)을 통해서만 가능하다고 했습니다. 예로서, 영체교환의 신부신비주의에 혁혁한 공을 세운 진젠도르프와 신비주의 이단 스베덴보리도 같은 원리를 적용시켰습니다. 카발라를 통해서 이방 크리스천과 유대인들이 하나가 되면 천년왕국이 도래할 것이라고 주장한 에로틱 영성은 진젠도르프의 사상을 높이 산 사람 중에 스베덴보리가 있었습니다.
"예루살렘을 특별하게 여기지 않았던 태도를 회개합니다! 예루살렘은 세계를 보는 영적지도이다! 하늘의 군대가 예루살렘을 향하여 일어서게 하소서! 요엘의 군대를 예루살렘으로 소집하여 주옵소서! 마지막 결전지 예루살렘!"

(6) 킹덤아미를 만드는 마이크 비클의 아이합(IHOP) 기도운동

마이크 비클은 주님께서는 마지막 때에 이스라엘을 위해 중보기도할 기도의 집을 열방에 세우시겠다고 약속하셨으며(이사야 56:7, 62:6-7), 우리는 이 사명에 동역하기를 간절히 바라고 있습니다. 마지막 때의 영적 대 추수는 바로 성령님의 이스라엘을 방문하심과 깊은 연관이 있다고 믿고 있습니다(겔36:23-36).

신사도 운동가들의 예루살렘에 대한 열정에 대해서는 우리가 다 압니다. 너무 심해서 혀를 내두를 정도입니다. 그러나 그들에게는 공히 인정할 만한 성경적 모티브가 없습니다. 최근에 IHOP의 마이크 비클이 예루살렘 회복운동에 한국 교회들이 적극 참여하여 주기를 당부하는 영상 메시지를 보냈습니다. 그는 성경이 마지막 시대에 일어날 것으로 예언하는 4가지에 대해서 말했습니다. 첫째는 예수님의 재림, 둘째는 온 세상에 복음이 증거되는 것, 셋째는 예루살렘의 회복과 부흥, 넷째는 전 세계적인 기도운동이라고 하였습니다. 다 신앙적이고 좋은 말인 것 같습니다. 메시아닉 쥬의 운동은 교회를 유대화(Judaize)하는 데까지 나갑니다. 유대화된 메시아닉 젠타일과 메시아닉 쥬가 함께 한 새 사람(One New Man)이 되어 하나님께 예언적 경배(Prophetic Worship)를 드리는 것이 그들의 목표입니다.

"크리스천 시오니즘"을 위험한 운동으로 규정한 미국교회협의회

미국교회협의회(NCCUSA)는 크리스천 시오니즘(Christian Zionism)은 교회와 복음의 가르침을 왜곡시키는 위험한 운동이라며 이에 대한 설명을 담은 브로셔(brochure)를 발간했다고 합니다.
"크리스천 노컷뉴스"의 보도에 따르면, 이 브로셔는 "크리스천 시오니즘은 이스라엘이란 국가가 역사의 종말을 예비하는 기름부음을 받은 국가로 크리스천들을 오도하고 있다"고 지적하고 "크리스천 시오니즘" 기독교로 개종하지 않은 유대인들과 신자의 자격이 의심스러운 크리스천들은 하나님의 진노에 의해 심판을 받게 될 것이라고 가르치고 있다는 것입니다.

이 브로셔는 그러나 많은 복음적인 크리스천들과 이스라엘 백성들은 이 같은 주장을 거부하고 있다고 설명하고 있습니다.

이것을 굳이 "크리스천 시오니즘"이라는 명칭으로 불러야 하는지 확신할 수는 없지만, 그 속에 함축된 내용은 현재 기독교는 이방인들로 이루어진 교회로 유대인들이 예수를 믿고 돌아와 이방인과 유대인과 한 몸이 되어 하나의 교회를 이룰 때 완전한 교회가 된다는 것입니다. 하나님께서는 아직도 성민 이스라엘을 완전히 버리시지 않았고, 그들이 예수 그리스도를 믿고 구원받아 이방인들과 하나가 되면 완전한 한 새 사람인 크리스천 시오니즘 교회가 되며, 하나님은 완전한 크리스천 시오니즘 교회를 통해서 다윗에게 약속하신 메시야 시대의 구원의 약속을 성취하신다는 것입니다.

8) 시오니즘 운동의 비밀 평가

시오니즘운동은 지상에 신들의 국가를 세우는 것입니다. 신국(神國)운동입니다. 마지막 적그리스도의 배도의 국가입니다. 그리고 신사도 운동은 한 사람 한 사람을 신(神)으로 만드는 프로젝트입니다. 이것을 신인간(神人間), 하나님의 아들, 요엘의 군대, 킹덤아미, 아담 카드몬, 한 새 사람, 토라의 회복 등이라고 합니다.

이미 시온의정서에서도 기록한 것처럼 시오니스트들은 루시퍼 사탄의 지시를 받아 마지막 배도의 국가를 세우기 위해 준비한 것이 예루살렘 회복입니다. 그들이 세우기를 원하는 참이스라엘은 그들이 꿈꾸어왔던 신세계질서의 뉴아틀란티스입니다. 그래서 그들은 새국가, 새종교, 새질서를 선포했습니다. 그리고 트랜스포메이션이란 완전개혁을 통해 그들이 만들어논 마스터 플랜을 따라서 지금 달려가고 있습니다. 유엔을 장악한 프리메이슨들이 이제 모든 힘을 모아 예루살렘의 회복에 초점을 맞추고 달려가고 있습니다.

　이들은 최후의 전쟁터를 예루살렘으로 이미 선포했습니다. 그리고 상상할 수 없는 루시퍼가 구주가 되는 영지주의 짝퉁 기독교를 만들어 지금 우리 눈앞에서 서서히 우리 교회를 점령하고 있습니다. 정신을 차려야 합니다. 그들은 지금의 기독교를 바알의 기독교, 바벨론 음녀 기독교라고 정의합니다. 그리고 한 사람, 한 사람이 초자연적인 능력을 행사할 수 있는 신인간이 되는 것이 곧 구원이라고 합니다. 이들에게는 성경은 없습니다. 이들에게는 예수님의 십자가 죽음의 대속의 복음은 눈을 씻고 찾아보아도 흔적도 없이 지웠습니다. 이것이 사탄 종교입니다. 이것이 커다란 미혹입니다. 이 종교가 결국 배도의 사탄 종교입니다.

　지금 교회 안으로 깊이 침투한 사탄의 종교가 하나님의 교회를 배도로 이끌어 가고 있습니다. 오직 성경만이 우리의 살길입니다. 오직 예수님의 대속의 복음만이 교회를 살리고 지킬 수 있습니다. 그들이 꿈꾸는 나라는 구름위에 존재한 나라입니다. 그들이 속이는 교회는 주님의 나라가 아닙니다. 다 거짓말입니다.

하나님의 뜻과 섭리 가운데 본 시오니즘 운동

　하나님은 모든 것을 합력하여 선을 이루시는 하나님이십니다. 하나님은 온 우주의 주관자이십니다. 악한 자들도 악한 날에 쓰시기 위해 준비시키시는 하나님이십니다. 먼저 말했듯이 적그리스도의 세력들은 하나님이 마지막 시대에 알곡을 추수하시기 위해 사용하시는 타작기입니다. 그들이 득세하고 세력이 커진다고 해도 두려워할 것이 없습니다. 이미 때가 되면 예루살렘이 회복됩니다. 그리고 구약제사가 시작됩니다. 동시에 전 세계에 3차 전쟁이 일어나고 인류 역사 최대비극인 인종청소가 있을 것입니다.

　하나님은 자기 타작마당을 정하게 하시려고 적그리스도의 세력들을 준비시키시고 있는 것입니다. 전 3년 반이 끝나고 안정이 찾아오면 예루살렘 회복을 통해 전 세계를 지배한 적그리스도가 배도를 선포하고 자기 백성들에게 머리와 오른손에 표를 찍을 것입니다. 그리고 그 표를 받은 사람들은 신이 될 것이라고 거짓말을 할 것입니다. 성경은 이것을 짐승의 표라고 했습니다. 그때까지 진짜 메시야인줄 알고 속았던 유대인들과 이방인 기독교인들은 순교를 택하고 그에게 경배하지 않을 것입니다. 그리고 후 3년 반이 차기 전에 예수님이 오셔서 세상을 심판할 때 짐승과 거짓선지자와 짐승에게 경배하고, 이마와 오른손에 표를 받은 사람들을 심판하실 것입니다.

9) 바리새파 유대인의 정체

주후 70년 예루살렘 함락과 이스라엘의 멸망 후 사두개파와 과격한 열심당원들은 사라졌습니다. 그러나 이스라엘 멸망 후 오늘날의 유대교를 존속시킨 사람들이 바로 바리새파 유대인들입니다. 예수님 당시 바리새파 유대인들은 그리스와 로마의 정치적인 후원으로 제도적인 성전 제사권을 독점한 대제사장 그룹이었던 사두개파와 달리 회당과 일반 서민들을 중심으로 유대교 개혁을 이끌었던 사람들입니다.

전통적으로 유대 민족지도자들을 독점 배출해온 대제사장 집단인 사두개파와 달리 바리새파는 평신도와 서기관들의 집단으로 등장했습니다. 보수파 사두개파 사람들은 성전중심의 유대교를 지켰던 사람들입니다. 모세의 율법을 중심으로 예루살렘 성전 피의 제사를 통해서 유대 정통 종교를 따르고 있었습니다. 반면에 당시 사두개파 사람들에게 성전 경제를 빼앗기고 사두개파와 적대적이었던 개혁파인 바리새파는 성전에 드리는 피의 제사를 거부했습니다. 대신 율법을 준수하고 장로들의 유전을 서민들에게 가르치는 회당중심의 유대교를 형성했습니다. 현재까지 2000년 동안 전 세계에서 유대교를 유지 발전시킨 사람들이 회당중심의 바리새파 사람들입니다.

바리새파 공동체는 스파르타 비밀결사

바리새인이며 장군이었던 초대교회 교회사가 요세프스에 의하면 예수님 당시 바리새파 사람들은 6000명 정도였으며 이들은 모두 정회원으로 율법준수, 십일조, 탈무드에서 뽑은 장로들의 규례와 율례를 철저히 지킨 자들로서 엄격한 공동체를 형성했다고 기록하고 있습니다.

바리새파 공동체는 안식일 전 날밤에 모여 집회를 열었으며, 스파르타와 카르타고 공동체와 같이 자주 공동체 식사를 통해서 군대조직의 결속을 강화시켰습니다.

새롭게 바리새파 공동체에 들어오는 사람들에게는 수습기간을 두어서 철저한 토라교육을 시켰으며 엄격한 심사를 거쳐서 정회원으로 영입을 했습니다. 이것은 오늘날 프리메이슨 입단 과정과 일치합니다. 정회원으로 인정을 받은 후에도 실시간에 행동규범을 체크하여 공동체 회원들을 통제하고 체제를 견고히 했습니다.

바리새파 탈무드 비밀종교를 체계화시킨 철학(哲學)이란 학문

바리새파 유대인들은 바벨론 탈무드를 기록한 사람들로서 70년 동안 바벨론 포로 생활을 하면서 득세한 사람들입니다. 이들이 바벨론 포로 생활을 하면서 득세할 수 있었던 이유는 혼합종교를 만들어 숭배한 내용이 기록된 바벨론 탈무드를 통해서 알 수 있습니다.

탈무드는 이방인들이 읽어서는 안되는 금서입니다. 바리새파 사람들이라도 중요한 그룹인 랍비 외에는 탈무드에 접근한 것을 허용하지 않습니다. 탈무드의 내용은 군사 비밀과 같이 등급이 매겨져 있습니다. 우리가 일반 서점에 볼 수 있는 탈무드는 수많은 탈무드 내용 중에서 지극히 일부만 발췌해서 만든 책입니다.

왜냐하면 탈무드 속에는 바리새파 사람들이 생존하기 위한 수많은 전략들이 기록되어 있습니다. 그들의 종교의 비밀, 그들의 정체성, 그들의 경제관, 그들의 세계관, 그들의 우주관 등이 기록되어 있습니다. 오래동안 비밀로 감춰진 바리새파 유대인들의 탈무드에 기록된 유대종교가 카발라 이름으로 소개되고 있습니다. 생명나무 교리를 중심으로 소개가 되어 있는데 이 유대종교는 1875년 미국 뉴욕에서 헬레나 블라바츠키에 의해서 만들어진 통합종교단체인 신지학 협회 주요 교리가 되었습니다. 그래서 탄생한 것이 사탄의 새 시대 종교인 뉴 에이지 종교입니다. 뉴 에이지 종교는 탈무드에서 나온 종교입니다. 즉 유대 카발라 종교입니다.

바벨론 탈무드 유대교에서는 제사장 중심의 종교를 천대시 합니다. 즉 종교를 형식적으로 유지하고 발전시킨 형태종교, 의식종교를 거부

합니다. 반면에 장로들의 유전이나 규례와 같은 것들을 아주 중요시합니다. 즉 종교의 이론이나 교리들을 중요시합니다. 이것이 바로 철학입니다. 바리새파 유대인들의 탈무드는 철학종교이론입니다. 그래서 그들의 카발라 유대교의 정체성을 바로 이해하기가 어렵습니다. 그들이 성문화된 제도적인 종교를 거부하고 전언(傳言)에 내려오는 탈무드를 중요시 여긴 이유는 그들의 비밀종교를 지키기 위한 방편입니다. 대신 그들은 철학이란 교리를 만들어 그들의 비밀종교에 지극히 일부의 사람들에게만 접근을 허용했습니다. 그 일부가 랍비, 철인, 프리메이슨, 현인, 군주와 같은 이름을 획득한 사람들입니다.

이런 사람들조차도 철저한 입문의식을 통해 비밀집단에 합류를 했으며 배반하면 즉시 처형을 했습니다.

스파르타 비밀결사인 소크라테스의 현자 탈무드 철학

바벨론 포로 당시에서부터 바벨론 탈무드에서는 그들의 장로들을 "현자(賢者)", "지혜자(知慧)" (하카밈:סיכה)라고 불렀습니다. 이는 스파르타 비밀결사 소크라테스가 처음 아테네에서 사용한 엘리트 인간의 이름인 "현자" "현인" "아는 자" (하카밈:סיכה)와 동일한 표현입니다. 플라톤은 이런 사람을 "철인" 이라고 했고, 마키아벨리는 "군주", 니체는 "초인" 오늘날 프리메이슨들은 "신인간(神人間)"이라고 부릅니다. 이런 대명사는 모두 바리새파 탈무드에서 나온 단어들입니다. 오늘날까지 모든 인류를 노예화시켰던 사상의 감옥인 철학을 만든 장본인들이 바로 바리새파 유대인들입니다. 알렉산드리아 바리새파 유대인들은 필로, 판테누스, 클레멘트, 오리겐, 아리우스, 아타나시우스, 암브로스, 어거스틴, 제롬 등을 통해 알렉산드리아 학파라는 학교를 세우고, 탈무드 유대교와 헬라철학과 기독교를 통합한 우주종교가 탄생했습니다. 그것이 바로 로마 카톨릭입니다. 로마 카톨릭은 분리주의 바리새파 유대인들이 만든 가축인간(家畜人間)을 가둬둔 축사종교(畜舍宗敎)입니다.

바리새파는 페르시아 미트라교 태양신 유대인

바리새파 유대인들을 페르시아 유대인들이라고 합니다. 바벨론 탈무드를 가지고 페르시아 고레스 왕과 함께 페르시아 제국을 건국하고 고레스 왕의 자유원통선언을 통해서 구약에서 말한 다윗의 메시야 신국을 세우려 했던 자들입니다. 이들은 태양신 유대교를 믿었던 사람들입니다. 오늘날 로마 카톨릭의 종교가 바로 태양신 유대교 영지주의 종교입니다. 콘스탄틴 대제가 믿었던 미트라교에 기독교를 혼합한 종교입니다. 페르시아 미트라교가 바로 바리새파 유대인들의 종교입니다.

아리안족과 가짜 유대인 혈통이 혼합된 바리새파
　페르시아의 조상은 아리안족입니다. 아리안족은 노아의 세 번째 아들인 야벳의 후손들로 중앙 아시아 코카셔스 지역에서 남쪽으로 내려와 인도 브라만 계급과 페르시아 왕족들이 되었습니다. 야벳의 손자 이름이 코카스였습니다. 이들은 페르시아 북쪽에 살았던 셈의 장남 엘람 족속과 섞여서 페르시아를 건국하였습니다. 창세기 14장에 나온 엘람 왕 그돌라오멜이 바로 페르시아 지역의 왕이었습니다.
　바리새파 유대인들은 우생학을 따르는 분리주의 인종주의자들입니다. 세상에는 두 종류의 우생학 이론에 따른 분리주의 인종주의가 있습니다. 하나는 아리안족입니다. 두 번째는 유대 선민주의입니다.
　그런데 바리새파 유대인들은 분리주의 인종주의인 이 두 혈통을 혼합한 분리주의입니다. 그래서 지상에서 가장 강한 분리주의자들이 된 것입니다. 아리안족들은 정치적으로 강력한 정복통치를 통해 제국을 형성해 왔습니다. 반면에 유대교 분리주의는 철저한 사상과 종교의 원리를 통해서 철통같은 종교 공동체를 형성해 왔습니다. 이 둘이 하나로 통합해 인류 역사상 가장 강력한 집단을 이룬 분리주의 비밀결사가 바로 바리새파입니다. 바리새파는 정치적인 파워와 종교적인 파워를 함께 가지고 있습니다.
　히틀러를 통해서 실시된 인종청소로 유대인 600만 명이 죽었습니다. 독일의 우생학 분리주의자들이 러시아를 공산화시킨 후 6,500만 명을 인종청소 했습니다. 2차 세계대전 후 중국을 공산화시킨 프리메이슨들은 4,500만 명의 사람들을 인종청소를 했습니다. 캄보디아를 공산화 시킨 분리주의자들은 600만 명의 인구 중 200만 명을 인종청소를 했습니다. 프리메이슨들은 앞으로 경쟁없는 지상의 공산주의 유토피아인 신세계질서를 이룩하기 위해 지구에는 5억의 인구만 남아야 한다는 내용이 미국 조지아 지구 인류 보존 십계명에 기록이 되어 있습니다.

조지아 가이드 스톤은 조지아주 Elbert에 있는 거대한 기념물로 높이가 20피트(대략 6.1m)이고 여섯 개의 거대한 평판으로 구성되어 있는데 이 거석(巨石)은 태양신을 섬기는 제단입니다. (American Stonehedge) 거기에 신세계질서의 십계명이 기록되어 있습니다. 그 중에 하나가 바로 인종청소에 관한 내용이 있는 것입니다.

성경에 나타난 바리새파 유대인의 정체

예수님께서는 친히 이 땅에 병든 자의 의사로 오셨고, 죄인을 부르기 위해 오셨고, 창녀나 세리나 군인이나 어떤 죄인도 다 용서하셨습니다. 친히 예수님은 죄인을 위해 죽으시기 위해 오셨다고 말씀하시고 십자가에 숨이 끊어지는 순간까지도 창을 찌르고, 못을 박았던 죄인들을 용서하시고 돌아가셨습니다.

그런데 유독 바리새인들에 대하여는 단호하셨습니다. 즉 예수님께서 세상에 오셔서 용서하시지 않는 사람은 오직 바리새인이었습니다.

바리새인들을 아비 마귀에게서 낳은 자식들이라고 했습니다. 바리새인들은 처음부터 거짓말하고 처음부터 진리가 없는 자들이라고 하셨습니다.

요8:43-44 "어찌하여 내 말을 깨닫지 못하느냐 이는 내 말을 들을줄 알지 못함이로다 너희는 너희 아비 마귀에게서 났으니 너희 아비의 욕심을 너희도 행하고자 하느니라 저는 처음부터 살인한 자요 진리가 그 속에 없으므로 진리에 서지 못하고 거짓을 말할 때마다 제 것으로 말하나니 이는 저가 거짓말장이요 거짓의 아비가 되었음이니라"

세례요한도 바리새인들을 독사의 자식들이라고 했습니다.

마3:7 "요한이 많은 바리새인과 사두개인이 세례 베푸는데 오는 것을 보고 이르되 독사의 자식들아 누가 너희를 가르쳐 임박한 진노를 피하라 하더냐?"

예수님도 바리새인들을 뱀의 자손이라고 했습니다. 예수님은 구약에서 선지자들을 죽인 사람들이 바리새인들이라고 했습니다. 앞으로도 그들은 하나님의 사람들을 죽이고, 핍박하고, 구박할 것을 말씀 하셨습니다. 바울의 뒤를 따라 다니면서 하나님의 교회를 파괴시키고 핍박했던 사람들을 성경은 자칭 유대인이라 했습니다. 즉 가짜 유대인들입니다. 모두 바리새파 유대인들을 말합니다. 그들은 율법과 규례를 가지고 나오지만 그것은 위장(僞裝)이었습니다.

마23:33-36 "뱀들아 독사의 새끼들아 너희가 어떻게 지옥의 판결을 피하겠느냐 그러므로 내가 너희에게 선지자들과 지혜 있는 자들과 서기관들을 보내매 너희가 그 중에서 더러는 죽이고 십자가에 못 박고 그 중에 더러는 너희 회당에서 채찍질하고 이 동네에서 저 동네로 구박하리라 그러므로 의인 아벨의 피로부터 성전과 제단 사이에서 너희가 죽인 바라갸의 아들 사가랴의 피까지 땅 위에서 흘린 의로운 피가 다 너희에게 돌아 가리라 내가 진실로 너희에게 이르노니 이것이 다 이 세대에게 돌아가리라"

예수님은 마23장에서 7번 바리새파 유대인들을 저주하면서 그들이 절대로 지옥 심판을 피하지 못할 것을 선포하셨습니다. 이것이 예루살렘에서 행하신 마지막 사역이었습니다. 바리새파 유대인들을 바로 이해하지 못하면 절대로 하나님의 교회를 거룩하게 지킬 수 없습니다.

바리새인들에 대하여 책을 한 권이상 쓸 수 있지만 지면상 설명을 생략합니다. 마태복음 23장을 읽어보십시오. 오늘날 회칠한 무덤 같은 세상을 볼 것입니다. 그것이 우리의 모습입니다. 이제부터 진실해야 합니다. 정직해야 합니다. 나의 모습을 그대로 주님 앞에 내려놓아야 합니다. 그리고 자비하심과 긍휼하심을 간절히 구해야 할 것입니다. 왜냐하면 바리새인들의 모습이 우리의 모습일 수 있기 때문입니다.

4. 휴거 대망론의 함정(携擧大望論의 陷穽) (rapture)

1) 휴거 대망론이란 무엇입니까?

휴거 대망론(大望論)이란 7년 대환난 전에 구원받은 성도들이 모두 들림 받아 대환난의 고난을 당하지 않는다는 교리입니다.

I.S테러와 예루살렘 회복운동과 함께 휴거 대망론은 다시 뜨거워지고

있습니다. 1948년 이스라엘이 독립을 하고 1967년 예루살렘이 회복되고, 예루살렘 성전건축이 준비되고 있는 마지막 시대에 휴거가 임박했다는 소식들은 휴거를 기다리는 종말론자들의 마음을 설레게 하고 있습니다.

1992년 10월 28일 이장림 목사에 의해서 제기된 휴거 날짜가 불발되면서 많은 사회적인 물의가 있었고, 교회는 엄청난 오해와 사이비 논란에 자유로울 수 없었습니다. 전도의 문이 막히고, 많은 사람들이 시험에 들고, 믿음이 약한 사람들은 교회를 떠나기도 했습니다. 이런 부작용들이 나타날 때마다 교회는 엄청난 홍역을 치루곤 했습니다. 한국 교회의 휴거 피로증이 아물어가는 시기에 또 다시 휴거 대망론들이 고개를 들고 일어나고 있습니다.

왜 휴거 대망론이 문제입니까?

데살로니가 교회에서도 문제가 되었듯이 소수의 과격한 시한부 종말론자들이 휴거가 초읽기로 가까이 오고 있다는 조바심으로 일상생활을 포기하고 종말신앙에 집중하므로 나타난 가정파괴, 교회파괴, 사회질서 문란에까지 영향을 미치기 때문입니다. 이 세상에 사는 모든 사람들은 다 서로 다르긴 하지만 고난을 당하고 삽니다. 성도들도 예외는 아닙니다. 구원받은 성도들에게도 하나님은 연단이라는 목적으로 고난을 허락하십니다.

그러나 이런 고난과 환난에 대하는 정정당당한 태도가 아주 중요한 신앙의 성숙함을 가져다 줍니다. 그러나 행여 믿음이 약하거나 어린 성도들은 이런 고난과 환난을 피해 보려는 생각으로 현실 도피처를 찾게 됩니다. 이런 태도는 건강한 신앙인의 태도가 아닙니다. 그래서 휴거대망론은 사실과 관계없이 믿음이 약한 사람들에게 도피처를 제공해 줍니다. 그러나 그 결과는 더 고통스러울 뿐입니다. 우리의 안식처는 예수님 뿐입니다. 그리고 현실을 피하려는 태도는 건강한 신앙인의 자세가 아닙니다.

마지막 환난의 때 건강한 신앙의 자세는 어떠해야 합니까?
벧후1:3-11 "그의 신기한 능력으로 생명과 경건에 속한 모든 것을 우리에게 주셨으니 이는 자기의 영광과 덕으로써 우리를 부르신 자를 앎으로 말미암음이라 이로써 그 보배롭고 지극히 큰 약속을 우리에게 주사 이 약속으로 말미암아 너희로 정욕을 인하여 세상에서 썩어질 것을 피하여 신의 성품에 참예하는 자가 되게 하려 하셨으니 이러므로 너희가 더욱 힘써 너희 믿음에 덕을, 덕에 지식을, 지식에 절제를, 절제에 인내를, 인내에 경건을, 경건에 형제 우애를, 형제 우애에 사랑을 공급하라 이런 것이 너희에게 있어 흡족한즉 너희로 우리 주 예수 그리스도를 알기에 게으르지 않고 열매 없는 자가 되지 않게 하려니와 이런 것이 없는 자는 소경이라 원시치 못하고 그의 옛 죄를 깨끗케 하심을 잊었느니라 그러므로 형제들아 더욱 힘써 너희 부르심과 택하심을 굳게 하라 너희가 이것을 행한즉 언제든지 실족지 아니하리라 이같이 하면 우리 주 곧 구주 예수 그리스도의 영원한 나라에 들어감을 넉넉히 너희에게 주시리라"

베드로 사도는 구원받은 성도들의 덕목은 열매를 맺는 것이라고 했습니다. 이 열매는 신의 성품에 참여하는 것입니다. 즉 성령의 열매를 말합니다. 그래서 신앙의 단계별로 8가지 열매를 나열하고 있습니다. 구원받은 성도에게 고난과 시련은 썩어져 없어질 정욕에서 떠나 신의 성품에 참여하는 지름길임을 천명하고 있는 것입니다.

그리고 빌라델비아 교회에게도 주님이 말씀하신 것처럼 적은 능력을 가지고 인내의 말씀을 지키는 신앙을 높이 칭찬하셨습니다. 물질 세상에 살다보면 눈에 보이는 것이 빈약할 때는 나의 신앙조차도 초라하게 생각이 들어 시험에 빠질 때가 있습니다. 그러나 그 반대입니다.

2) 7년 대환난 전에 휴거가 있습니까?
분명히 성경은 7년 대환난 전에 휴거가 있을 것을 말씀하십니다.
살전4:13-18 "형제들아 자는 자들에 관하여는 너희가 알지 못함을 우리가 원치 아니하노니 이는 소망 없는 다른이와 같이 슬퍼하지 않게 하려 함이라 우리가 예수의 죽었다가 다시 사심을 믿을찐대 이와 같이 예수 안에서 자는 자들도 하나님이 저와 함께 데리고 오시리라 우리가 주의 말씀으로 너희에게 이것을 말하노니 주 강림하실 때까지 우리 살아 남아 있는 자도 자는 자보다 결단코 앞서지 못하리라 주께서 호령과 천사장의 소리와 하나님의 나팔로 친히 하늘로 좇아 강림하시리니 그리스도 안에서 죽은 자들이 먼저 일어나고 그 후에 우리 살아 남은 자도 저희와 함께 구름 속으로 끌어 올려 공중에서 주를 영접하게 하시리니 그리하여 우리가 항상 주와 함께 있으리라 그러므로 이 여러 말로 서로 위로하라"

주님이 공중으로 오실 때 먼저 예수님 믿고 죽은 자들이 부활하여 먼저 올라가고 그 다음에 살아남은 자들이 올라가서 공중에서 주님을 영접한다고 했습니다.

눅17:26-27, 34-37 "노아의 때에 된 것과 같이 인자의 때에도 그러하리라 노아가 방주에 들어가던 날까지 사람들이 먹고 마시고 장가 들고 시집 가더니 홍수가 나서 저희를 다 멸하였으며 내가 너희에게 이르노니 그 밤에 두 남자가 한 자리에 누워 있으매 하나는 데려감을 당하고 하나는 버려둠을 당할 것이요 두 여자가 함께 매를 갈고 있으매 하나는 데려감을 당하고 하나는 버려둠을 당할 것이니라"

예수님은 노아의 때와 같은 시기에 재림하실 것을 말씀하시면서 두 남자가 잠을 자고, 두 여자가 매를 갈다가 한 사람은 가고 한 사람은 남을 것을 말씀 하셨습니다.

눅21:34-38 "너희는 스스로 조심하라 그렇지 않으면 방탕함과 술취함과 생활의 염려로 마음이 둔하여지고 뜻밖에 그 날이 덫과 같이 너희에게 임하리라 이 날은 온 지구상에 거하는 모든 사람에게 임하리라 이러므로 너희는 장차 올 이 모든 일을 능히 피하고 인자 앞에 서도록 항상 기도하며 깨어 있으라 하시니라"

예수님은 무화과 나무의 비유를 통해서 이스라엘의 독립과 함께 재림하실 것을 말씀하시면서 대환난을 피하는 방법을 알려 주셨습니다. 지구상에 거하는 모든 사람들에게 임하는 환난을 능히 피하고 인자 앞에 서도록 항상 기도하고 깨어 있으라고 하셨습니다.

계3:8-13 "내가 네 행위를 아노니 네가 적은 능력을 가지고도 내 말을 지키며 내 이름을 배반치 아니하였도다 네가 나의 인내의 말씀을 지켰은즉 내가 또한 너를 지키어 시험의 때를 면하게 하리니 이는 장차 온 세상에 임하여 땅에 거하는 자들을 시험할 때라 내가 속히 임하리니 네가 가진 것을 굳게 잡아 아무나 네 면류관을 빼앗지 못하게 하라 이기는 자는 내 하나님 성전에 기둥이 되게 하리니 그가 결코 다시 나가지 아니하리라 내가 하나님의 이름과 하나님의 성 곧 하늘에서 내 하나님께로부터 내려 오는 새 예루살렘의 이름과 나의 새 이름을 그이 위에 기록하리라 귀 있는 자는 성령이 교회들에게 하시는 말씀을 들을찌어다"

예수님은 빌라델비아 교회를 향해 적은 능력을 가지고도 내 말을 지키며 내 이름을 배반치 아니하였다 하시고, 또 인내의 말씀을 지켰기 때문에 빌라델비아 교회를 지켜서 지구상에 거하는 모든이들에게 임하는 환난을 면해 주시겠다고 약속을 했습니다. 그리고 하늘에서의 기둥과 면류관을 약속하시고 하늘에서 내려오는 새 예루살렘의 이름과 새 이름을 그 기둥위에 기록하실 것을 말씀하셨습니다. 이것은 휴거후 하늘나라에서 예수님의 신부인 새예루살렘의 약속을 주신 것입니다.

누가 휴거에 참여하게 됩니까?

휴거는 분명히 성경에서 약속하신 말씀입니다. 그러나 휴거에 참여한 사람은 많지 않습니다. 왜냐하면 은혜의 때 온전히 여호수아와 갈렙과 같이 주님을 사랑하는 자가 많지 않기 때문입니다.

눅10:27 "네 마음을 다하며 목숨을 다하며 힘을 다하며 뜻을 다하여 주 너의 하나님을 사랑하고 또한 네 이웃을 네 몸과 같이 사랑하라" 먼저 마음과 목숨과 힘과 뜻을 다하여 하나님을 사랑하고 이웃을 자기 몸처럼 사랑한 사람이 휴거합니다.

눅21:36 "이러므로 너희는 장차 올 이 모든 일을 능히 피하고 인자 앞에 서도록 항상 기도하며 깨어 있으라 하시니라" 항상 기도하고 깨어있는 자가 휴거합니다.

살전5:16-24 "항상 기뻐하라 쉬지 말고 기도하라 범사에 감사하라 이는 그리스도 예수 안에서 너희를 향하신 하나님의 뜻이니라 성령을 소멸치 말며 예언을 멸시치 말고 범사에 헤아려 좋은 것을 취하고 악은 모든 모양이라도 버리라 평강의 하나님이 친히 너희로 온전히 거룩하게 하시고 또 너희 온 영과 혼과 몸이 우리 주 예수 그리스도 강림하실 때에 흠없게 보전되기를 원하노라 너희를 부르시는 이는 미쁘시니 그가 또한 이루시리라"

항상 기뻐하고, 쉬지 않고 기도하고, 범사에 감사하고, 주님이 오실 때 영과 혼과 몸이 흠과 티가 없이 보전된 사람이 휴거합니다.

과연 은혜의 때 이런 자격을 갖춘 사람이 얼마나 되겠습니까? 휴거는 신앙의 성숙함과 관계없이 참여합니다. 반드시 신앙이 그리스도의 장성한 분량이 충만한데까지 이르지 아니하였다 하더라도 휴거에 참여할 수 있습니다. 그러나 관건은 신앙의 질입니다.

애굽에서 나와 40년 광야생활을 한 후 가나안 땅에 들어간 사람은 여호수아와 갈렙 뿐이었습니다. 그런데 그 자격에 대하여 하나님은 여호수아와 갈렙은 온전히 순종하였다고 하셨습니다.

민32:11-12 "애굽에서 나온 자들의 이십세 이상으로는 한 사람도 내가 아브라함과 이삭과 야곱에게 맹세한 땅을 정녕히 보지 못하리니 이는 그들이 나를 온전히 순종치 아니하였음이니라 다만 그나스 사람 여분네의 아들 갈렙과 눈의 아들 여호수아는 볼 것은 여호와를 온전히 순종하였음이니라 하시고"

수14:9 "그 날에 모세가 맹세하여 가로되 네가 나의 하나님 여호와를 온전히 좇았은즉 네 발로 밟는 땅은 영영히 너와 네 자손의 기업이 되리라 하였나이다"

휴거에 참여하는 사람은 온전히 여호수아와 갈렙처럼 하나님께 순종하고 좇은 사람입니다. 그런데 우리가 기억해야 할 것은 애굽에서 나온 60만 명중에서 온전히 하나님께 순종하고 좇은 사람이 단 두 사람 뿐이었다는 사실은 놀라울 뿐입니다. 그렇다면 오늘의 시대는 어떠합니까?

눅18:8 "내가 너희에게 이르노니 속히 그 원한을 풀어 주시리라 그러나 인자가 올 때에 세상에서 믿음을 보겠느냐 하시니라"

예수님은 자신이 재림하실 때 믿음이 있는 자를 볼 수 없을 것이라고 말씀하셨습니다. 말세지말에 살고 있는 지금도 분명히 여호수아와 갈렙과 같은 믿음을 가지고 하나님을 사랑하고 이웃을 자기 몸처럼 사랑하는 사람들이 있을 것입니다. 그러나 그 비율은 30만대 1이라는 것입니다. 즉 30만 명중에 1명이라는 비율입니다. 너무나 희소한 믿음입니다. 이런 사람은 반드시 휴거에 참여합니다.

3) 사탄의 휴거 대망론(大望論)의 함정은 무엇입니까?

1992년 10월28일 이장림 휴거시건이 있은 후 휴거 대망론에 빠졌던 많은 사람들이 시험에 들어 교회를 떠났습니다. 사탄은 마지막 대배도(大背道)의 시기를 정해 놓고 모든 사람들이 배도에 빠질 수 있도록 수많은 함정을 파놓았습니다. 그중에 하나가 휴거 대망론입니다. 1992년 이장림 휴거사건 때와 같이 지금도 사탄이 여러 가지 징조들을 이용하여 믿음이 약한 성도들을 흔들어 대고 있습니다. 남북전쟁, 인종청소, 예루살렘회복, 666칩, 핵 테러, 중동전쟁, 지진, 홍수, 화산, 기타 자연재해 등으로 임박한 종말신앙을 가지게 하고 이것을 휴거라고 하는 극단적인 방법을 사용하게 하고 있습니다.

그래서 어떤 사람들은 직장을 버리고, 학업을 중단하고, 사업을 정리하고, 재산을 정리하고, 예루살렘 회복운동, 24시간 기도운동, 땅밟기 전투, 기도전투, 은사운동, 성시화 운동, 선교운동, 신부운동 등에 빠지고 있습니다. 그러면서 그들의 유일한 소망은 휴거입니다. 그렇게 휴거에 대한 집착으로 모든 삶을 내려놓고 무장 해제된 상태에서 휴거에 참여하지 못하게 된다면 그 결과는 배도라는 함정에 빠질 수밖에 없습니다.

이사야 시대에나 예레미야 시대에서도 거짓 선지자들이 이익을 얻기 위해 거짓말로 평안을 외쳤습니다. 그러나 그들이 외친 평안은 다 거짓이었습니다. 그래서 암곰 새끼를 피하려다가 성난 숫곰을 만날 것이라고 했습니다.

마지막 시대에는 미혹의 시대입니다. 그러므로 마음을 강하게 하고 담대히 하여 정정당당한 믿음을 가지고 우리 앞에 서 있는 고난과 환난에 맞서야 합니다. 그때 성령의 능력이 임합니다.

특히 신사도운동가들이 사탄종교의 임파테이션이란 귀신의 영을 전수하는 방법으로 은사제국주의 군대를 조직하고 있습니다. 킹덤아미,

요엘군대, 신부군대, 선택된 자녀 등입니다. 그들은 우리 영혼을 사냥하는 사냥군들입니다. 청년 대학생은 물론 어린 초등학생부터 어른에 이르기까지 블랙홀처럼 빠져들고 있습니다. 이들이 노리는 함정이 예루살렘 회복운동을 통한 휴거운동입니다.

4) 7년 대환난 때 순교당한 사람은 누구입니까?

7년 대환난 때 순교를 당하는 사람들은 은혜시대에 구원받고 휴거하지 못한 사람들입니다.

왜 은혜시대 구원받은 성도들이 휴거에 참여하지 못합니까? 예수님께서 자기 피로 사서서 예수님의 신부들에게 입혀주신 깨끗한 세마포 옷을 자기의 죄로 얼룩지게 하고 더럽혔기 때문입니다. 그래서 결국 대환난에서 흘린 순교의 피로 자기의 세마포 옷을 깨끗하게 빨아 신부로서 온전히 단장을 하게 하는 것입니다. 대환난이 시작되자마자 순교를 당한 성도들이 자기들의 피를 신원하여 주시기를 간구할 때 흰옷을 입혀 주셨습니다. 그리고 남은 순교자들이 차기까지 기다리라고 하셨습니다.

계6:9-11 "다섯째 인을 떼실 때에 내가 보니 하나님의 말씀과 저희의 가진 증거를 인하여 죽임을 당한 영혼들이 제단 아래 있어 큰 소리로 불러 가로되 거룩하고 참되신 대주재여 땅에 거하는 자들을 심판하여 우리 피를 신원하여 주지 아니하시기를 어느 때까지 하시려나이까 하니 각각 저희에게 흰 두루마기를 주시며 가라사대 아직 잠시 동안 쉬되 저희 동무 종들과 형제들도 자기처럼 죽임을 받아 그 수가 차기까지 하라 하시더라"

그래서 창세 이후로 생명책에 그 이름이 기록된 자 외에는 모두 짐승에게 경배하고 이마와 오른손에 짐승의 표를 받을 것을 말씀하셨습니다. 7년 대환난 때 아무나 순교하지 못합니다. 은혜시대에 구원받아 그 이름이 이미 생명책에 있는 자들만 순교를 할 수 있습니다. 왜냐하면 이미 그들은 절대적인 구원을 받은 성도들이기 때문입니다.

계13:8 "죽임을 당한 어린 양의 생명책에 창세 이후로 녹명되지 못하고 이 땅에 사는 자들은 다 짐승에게 경배하리라"

계14:13 "또 내가 들으니 하늘에서 음성이 나서 가로되 기록하라 지금 이후로 주 안에서 죽는 자들은 복이 있도다 하시매 성령이 가라사대 그러하다 저희 수고를 그치고 쉬리니 이는 저희의 행한 일이 따름이라 하시더라"

계시록 마지막 장에서 자기의 세마포 옷을 깨끗하게 빠는 자는 복이 있는 사람이라고 했습니다. 그리고 새예루살렘 신부가 입은 깨끗한 세마포옷을 성도들의 옳은 행실이라고 했습니다.

계19:8 "그에게 허락하사 빛나고 깨끗한 세마포를 입게 하셨은즉 이 세마포는 성도들의 옳은 행실이로다"

계22:14 "나는 알파와 오메가요 처음과 나중이요 시작과 끝이라 그 두루마기를 빠는 자들은 복이 있으니 이는 저희가 생명 나무에 나아가며 문들을 통하여 성에 들어갈 권세를 얻으려 함이로다"

결론: 은혜시대에 우리가 받은 구원이 얼마나 소중하다는 것을 지금은 잘 모릅니다. 거룩한 세마포 옷을 우리에게 입혀 주셔서 구원을 얻게 하시려고 십자가에 고난 당하신 그 큰 사랑을 거저 받은 구원이라 잘 모릅니다. 그래서 우리는 아무렇게나 그 옷을 더럽히고 삽니다. 그러나 7년 대환난에서 우리는 뼈저리게 예수님의 십자가 구원을 깨닫고 당당하게 순교에 동참할 것입니다.

5. 신사도운동(新使徒的改革) (The New Apostolic Reformation, NAR)

1) 신사도 운동이란 무엇입니까? 이스라엘 중심의 새종교운동

신사도운동은 기독교 부흥의 은사운동이 아닙니다. 프리메이슨들이 만든 새종교 운동입니다. 사람을 신(神)으로 만드는 운동입니다. 뉴 에이지 종교운동입니다. 신사도운동은 기성교회를 바벨론 교회라고 합니다. 종교의 영을 가진 자들이라고 합니다. 이방인의 교회는 음녀교회라고 합니다. 그들은 새로운 종교를 만들었습니다. 유대주의 종교와 태양신 종교와 기독교를 혼합한 새로운 종교를 만들었습니다. 이것이 신사도 운동입니다. 하이어라키라는 귀신들의 영적인 계보를 사용하여 임파테이션을 통해 기독교를 파괴시키는 기독교 파괴운동입니다.

2) 새 시대, 새 정치운동의 시작과 이스라엘 독립

세계 제 1차 세계대전과 2차 세계 대전은 6000년 인류역사 최초로 지구 전체에서 일어난 전쟁으로 지구촌 인류생존 문제가 시급한 어젠다로 비화되는 계기가 되었고, 주후 70년에 로마에 의해서 망했던 이스라엘의 독립문제가 대두된 계기가 되었습니다. 로마에 망해 전 세계로 디아스포라 되었던 유대인들은 2000년이 지나는 동안 여러 인종과 섞이게 되었습니다.

특히 탈무드를 중심으로 바벨론 제국에서부터 현대에 이르기까지 전 세계에서 가장 막강한 힘을 발휘하고 있었던 바리새파 유대인들 중심으로 시오니즘 운동이 시작되었습니다. 시오니즘 운동은 예수님께서 마24:32에서 이스라엘이 다시 나라를 세우고, 눅21:24에서 예루살렘이 유대인들에게 회복되면 이방인의 시대가 끝이 나고 유대인의 세계가 시작된다는 말씀을 기초로 일어난 예루살렘 회복운동입니다.

로스차일드와 록펠러는 사탄을 숭배하는 프리메이슨

유대인 로스 차일드는 나폴레옹의 워털루 전투에서부터 세계적인 은행을 지배한 자본가로 프랑스 혁명, 러시아 혁명을 통해 유대인들을 해방시키고, 세계 제 1, 2차 대전을 미국의 록펠러 가문과 합작해서 승리한 후 유엔을 뉴욕에 세우고 1948년 5월 14일에 이스라엘 독립안을 통과시켜 오늘의 이스라엘이 있게 한 주인공입니다. 이들은 모두 프리메이슨으로 바리새파 유대인들의 탈무드 유대종교 즉 영지주의 유대종교 카발라를 따르는 자들입니다.

이들이 이스라엘을 건국시키고, 예루살렘을 회복하여 이룩하고자 하는 목적은 단지 주후 70년에 망한 이스라엘 국가를 온전히 세우는데 있지 않습니다. 이들이 그동안 2000년 동안 꿈꾸어왔던 것은 구약에서 예언하고 있는 메시야 다윗의 왕국을 세상에 세우는 일입니다. 이것을 신세계질서라고 합니다. 그러므로 예루살렘 회복은 하나의 과도기적인 일입니다.

신세계질서와 종교통합운동

프리메이슨들이 꿈꾸는 지상의 유토피아 다윗의 왕국은 하나의 정부, 하나의 경제, 하나의 종교로 만들어진 하나의 왕국입니다. 이것은 이미 그들의 마스터 플랜에서 다 준비된 계획입니다. 그러나 사탄이 이들을 통해서 이런 일들을 꾸미고 있는 단 한 가지 목적은 예수님의 십자가 은혜 복음을 말살시키고 하나님의 거룩한 교회를 파멸시키고자 하는 전략입니다.

그러나 하나님께서는 마지막 추수때가 되어 알곡이 모두 익어가고 있기 때문에 프리메이슨이라는 사탄의 세력들을 통해 알곡을 추수하시기 위해 그들을 타작기란 도구로 사용하시고 계신 것입니다.

적그리스도의 배도의 종교통합 신사도운동은 사탄종교부활

프리메이슨들이 제 3차 세계 대전을 통해서 현재 동예루살렘에 있는 이슬람 오마르 사원을 무너뜨리고 예루살렘 성전을 짓고 거기에서 구약제사를 드리게 할 것입니다. 그리고 전 3년반이 끝날 때가 되면 3차 세계 대전을 통해 어지러워진 세계가 안정적으로 정리가 될 것입니다. 그때 프리메이슨들은 가짜 유대인의 양의 탈을 벗고 지성소에 그들이 섬겨왔던 사탄우상을 세우고 신세계질서 즉 다윗의 메시야 왕국인 지상 유토피아 프로젝트를 선포하여 마지막 배도를 시도할 것입니다.

이와 같은 전략적인 음모들을 가지고 그들은 정치통합, 경제통합, 종교통합, 사회통합, 과학통합, 사상통합, 문화통합, 예술통합을 만들어 가고 있는 것입니다. 신사도운동은 이들이 세계종교를 하나의 종교로 통합하려는 사탄종교통합운동입니다.

3) 1948년 윌리엄 브래넘의 임파테이션으로 시작된 늦은 비 신사도운동

신사도운동의 정체는 1948년부터 시작된 윌리엄 브래넘의 "임파테이션 운동"과 프랭클린 홀의 "금식기도 원자력" 운동으로 시작된 유대 카발라 영지주의 뉴에이지 종교운동입니다. 이 종교운동은 뱀과 빛의 천사 루시퍼를 추종하고 인신제사를 통해 사탄 숭배를 하는 프리메이슨들이 십자가 대속의 복음을 가진 기독교를 파괴하고 세계종교를 통합하여 유엔 중심의 지상 유토피아를 세우려하는 기독교 배도운동입니다. 이들이 종교적 목적으로 사용하는 단어들 속에는 이들이 추구하는 이상이 포함되어 있습니다. 새 종교, 새 영, 새 일, 새 계시, 새 사도, 한 새 사람, 새 인간, 원뉴맨, 원땡, 킹덤나우, 주권운동, 신인간, 초교회, 새 우주, 새 질서, 새 시대, 등입니다.

특히 정치적인 목적으로 사용한 단어는 킹덤나우, 주권운동, 도미니온, 새 일, 새 시대, 새 우주와 같은 것인데 이는 예루살렘 회복을 통한 메시야 신국운동 즉 지상의 유토피아 신세계질서운동입니다. 윤리적인 단어로 사용한 새 사람, 원뉴맨, 신인간 등은 세상을 변화시키는 새로운 복음의 원동력인 아담 카드몬의 아이콘들입니다. 종교적으로 사용한 새 종교, 새 영, 새 교회는 자연만물을 포함한 우주회복운동입니다.

신사도운동의 종교적인 특징은 유대 카발라 천사숭배, 흑마술, 백마술, 이슬람 신비주의 수피니즘, 샤머니즘 종교인 부두이교, 힌두교 뉴에이지, 쿤달리니, 티벳불교, 템플기사단의 황금새벽회, 바벨론의 대양신, 이집트의 피라미드 비밀종교 등의 교리들입니다.

현재 기독교의 성령을 바벨론 음녀의 "종교의 영"이라고 말한 늦은 비 신사도운동

신사도운동가들은 현재의 기독교를 생명이 없는 "종교의 영"을 가진 자들이라고 정의를 합니다. 그래서 그들의 목표는 생명 없는 바벨론 음녀같은 교회를 그들의 일터로 선포합니다. 그리고 자신들이 세우는 신사도교회는 참 교회, 능력의 교회, 슈퍼교회라고 합니다.

신사도운동은 기독교를 파멸시켜 세계종교를 하나로 통합시키려는 사탄의 마지막 신세계질서 종교전략운동입니다. 그들은 현재의 기독교를 계시록 18장에 나와 있는 잘못된 이방인의 바벨론 음녀와 같은 교회로 봅니다. 이렇게 보는 관점의 출발은 신사도운동이 가짜 유대인들의 유대주의 종교회복운동이기 때문입니다. 미국과 유엔을 중심으로 구체화되고 있는 신세계질서는 자칭 유대인이라고 하는 가짜 유대인들이 주축이 되어 진행되어지고 있습니다. 신사도운동의 효시는 1948년 5월 14일 이스라엘이 독립을 하던 같은 해 캐나다에서 윌리엄 브래넘에 의해서 새질서(new order)운동으로 시작된 늦은비 운동입니다.

계시록 12장에 있는 여자(타락한 기독교)를 통해 새롭게 태어나는 아들(재림 예수님)

신세계질서를 통해 지상의 유토피아를 세우려한 사탄의 세력들은 계시록 12장에 기록된 남자를 낳은 여인을 유대인의 입장에서 본 이방인 교회인 현재의 기독교로 봅니다. 그리고 그 여인이 낳은 아들을 재림한 예수님으로 봅니다. 그들이 생각한 예수님의 재림은 물리적인 육체적인 재림이 아니라 새로운 능력인 영의 임재를 의미하는 영적인 재림을 말합니다. 이렇게 해서 새롭게 만들어진 교회를 "새 교회"라고 합니다. "새 교회"의 이름을 "예수님의 회군(會群) 교회" 즉 "재림한 예수님이 모여 있는 무리의 교회" 라는 것입니다. 이것을 슈퍼교회라고 합니다. 강한 군대 교회입니다. "Jesus Army" "kingdom Army"입니다.

4) 한 새 사람운동은 토라와 예수아의 연합으로 이루어진 새 종교

신사도운동은 신세계질서를 회복하기 위해 바리새파 유대인들이 만든 새로운 유대종교이론입니다. 성경에 기록된 예언대로 예루살렘이 회복되고 이방인의 때가 차면 예수님이 재림하신다는 내용처럼 1948년 이스라엘이 독립을 하고, 1967년 예루살렘이 회복되었기 때문에 이제 예루살렘에 성전이 건축되어 제사 드리는 일만 남았다는 것입니다. 이렇게 되는 것은 이방인의 기독교 세계가 끝이 나고 유대인 중심의 기독교의 세계가 시작된다고 하는 의미라는 것입니다. 이것을 토라의 회복이라고 합니다.

에베소서 2장15절에 이방인과 유대인이 예수님의 십자가 안에서 한 새 사람을 입은 것을 토라의 회복으로 봅니다. 그들이 말한 한 새 사람 즉 원뉴맨(one new man)은 예수님을 몰라보고 십자가에 죽인 유대인들이 예수님을 영접하고 토라를 몰랐던 이방인들이 토라를 회복한 사람을 말하는 것입니다. 이것이 그들이 만든 영지주의 유대주의 새 종교입니다.

한 새 사람은 새 종교에서 말한 재림 예수

그런데 그들이 복음이라고 말한 예수아는 말로는 십자가 예수를 말하고 있지만 2000년 전에 십자가에 돌아가신 예수님은 단지 이방인의 구주일 뿐입니다. 신사도운동에서 말하고 있는 신복음은 요엘이 예언한 사도나 선지자들이 행하는 초자연적인 능력을 말하고 있습니다. 그들이 말하고 있는 예수아 운동은 말세에 남종과 여종들에게 부어주시기로 약속한 요엘의 늦은비 운동으로 이루어지는 새 종교라는 것입니다. 그들은 요엘의 예언 성취를 토라의 회복으로 해석을 하는 것입니다. 초대교회가 이방인 중심의 교회로 세워졌지만 이 교회는 불완전한 교회로 생각합니다. 왜냐하면 유대인들이 없기 때문입니다. 그래서 마지막 날의 교회는 유대인들이 합세함으로 완성이 된다는 것입니다. 이방인들의 초대교회가 예수님의 12명의 사도에 의해서 세워진 것처럼 마지막 교회는 예수아의 12명의 신사도들의 직통계시로 세워진다고 합니다.

2000년의 기독교는 종교의 영을 가진 바벨론 음녀의 기독교

그들은 마지막 시대에 세워진 신사도들은 초대교회 사도들보다 더 강한 기사와 표적을 가진 능력을 통해서 새로운 유대인과 이방인의 기독교가 합쳐진 새로운 교회가 완성된다고 합니다.

그래서 그들은 현재의 기독교를 불완전한 교회로 봅니다. 심지어 바벨론 음녀의 교회라고도 합니다. 종교의 영을 가진 자들의 교회라고도 합니다. 그들이 세우기 원하는 교회는 새교회입니다. 이것은 기독교가 아닙니다. 전혀 다른 종교입니다. 이름만 빌려온 것입니다. 신사도운동은 단지 교회 부흥운동이 아닙니다. 사탄이 기독교를 파괴시키기 위해 세운 사탄의 종교입니다. 그래서 윌리엄 브래넘은 그가 일으킨 늦은비 운동을 새질서(new order)라고 불렀습니다. 이는 이스라엘의 건국으로 시작된 적그리스도의 세력들의 신세계질서의 종교라는 것입니다.

윌리엄 브래넘은 프리메이슨입니다. 그는 태양신 여호와를 섬기는 유대 카발라 초능력자입니다. 그는 죽고난 다음 그의 무덤은 피라미드로 만들어져 기념되고 있습니다. 여호와의 증인, 몰몬교, 안식교 이들 모두가 유대주의 이단 기독교입니다. 찰스 타제 레셀도 피라미드 무덤에 묻혔습니다.

늦은 비로부터 시작된 신사도운동은 새 종교운동

'늦은 비의 새 질서'라고 불리는 운동은 1948년 노스배틀포드의 샤론성경학교에서 일어났습니다. 윌리엄 브래넘과 프랭클린 홀의 영향을 받은 학생들과 교직원들은 하나님께서 '새로운 일'을 보여주시기를 간절히 원하며 수업을 중지하고 엄청난 금식과 기도로 부흥을 기다렸습니다. 하나님의 '새 일' 즉 '새 계시'를 간절히 바라던 그들에게 드디어 부흥이 일어납니다.

계속해서 부흥의 가운데에서 '정복군대'에 관한 계시가 주어집니다. 이 부흥의 가장 큰 특징이자 이 부흥이 인정받지 못하게 된 가장 큰 원인이기도 했던 것이 바로 임파테이션(分與, Impartation)입니다. 임파테이션은 토론토 블레싱과 기타 은사갱신운동을 통해서 신사도운동의 대명사처럼 되었습니다.

이 부흥의 가장 중요한 이단적 교리는 '나타난 하나님의 아들들'이라는 것으로서, '선택된 세대'의 '하나님의 아들들'이 나타난다는 것입니다. 이들이 바로 엄청난 기름부음을 받고 마지막 대부흥을 일으키고 대추수를 거두는 종말의 사도들과 선지자들입니다.

이상에서 보았듯이 노스배틀포드 샤론학교에서 있었던 늦은 비 부흥의 결과로써 '나타난 하나님의 아들들(Manifest Sons of God)' '선십(Sonship)' '요엘의 군대(Joel's Army)'로 불리는 종말추수군대 교리가 만들어지게 된 것입니다.

1948년 윌리엄 브래넘에 의해서 시작된 늦은 비 운동은 50-60년대 성황을 이루다가 미국 오순절 교회로부터 이단판정을 받고 수면 아래로 잠적한 후 1982년 캔자스시티 마이크 비클, 밥존스, 폴 케인, 릭 조이너와 같은 선지자들에 의해 다시 일어났습니다. 그 후 그들과 함께 수년간 동역해 왔던 오순절 계열의 목사가 1990년 그들의 문제점들을 낱낱이 지적하는 내부자문서를 공표하게 됩니다. 이 문서는 저자의 이름을 따서 어니 그루웬 리포트라고 불리고 있습니다. 그 내용안에는 수많은 예언들이 거짓으로 판명된 것들이었습니다. 그리고 도덕적인 문제들까지 공개되어 파문을 일으켰습니다. 마이크 비클과 그의 동역자들은 그들의 잘못을 일부분이나마 인정하지 않을 수 없었고, 이를 교정하기 위해서 어니 그루웬과 미팅을 준비 중이었습니다. 이 때, 그들의 구원자로 나타난 사람이 바로 빈야드 교회의 설립자인 존 윔버입니다. 이들은 존 윔버의 빈야드 교회의 산하로 들어가게 되고, 문제는 흐지부지 되어버립니다.

존 윔버의 빈야드 운동으로 숨어 들어가 1992년 캐나다 토론토 공항 교회에서 일어난 "토론토 블레싱 운동"과 1993년 플로리다 펜사콜라 브라운즈빌에서 일어난 "분출 펜사콜라 부흥 운동"으로 발전했습니다. 이 두 운동은 원네스(oneness), 한 새 사람, 술취함, 쓰러짐, 거룩한 웃음 등이 임파테이션을 통해서 분출되었습니다. 그 후 1999 마이크 비클의 그레이스 미니스트리는 다윗의 장막을 모델로 한 국제 기도의 집(IHOP)을 세웁니다. 2000년 마이크 비클은 아이합(IHOP)과 실로 미니스트리의 비전에 집중하기 위해 메트로 크리스천 펠로우쉽 교회를 예수전도단(YWAM) 국제간사 출신인 플로이드 맥클렁에게 님깁니다. 마이크 비클의 아이합 24시간 기도운동은 밥 베켓의 영적도해, 예수전도단 존 도우슨의 땅밟기 운동, 신디제이콥스의 신부운동, 루이스 부시의 선교운동 등과 연합하여 예루살렘으로 향하고 있습니다.

5) 학교에서 실시한 임파테이션 '선택된 씨앗' 세대

마지막 시대가 되면 '영적 완성'에 도달하게 될 한 세대가 나타납니다. 이 세대는 마이크 비클 세대의 자녀들입니다. 하나님께서는 지금까지 존재한 모든 혈통에서 최상의 것으로 '선택된 씨앗'으로 택하셨습니다. 혈통으로부터의 '선택된 씨앗들'은 이 세대로부터 태어나도록 천사들에 의해 정선(精選)되고 있습니다. 그들은 이 시간에 태어나도록 '미리 아시고 미리 정하신' 아이들이라고 합니다.

마이크 비클의 세대는 그들이 천사와 마귀를 보고, 천상을 방문하며,

환상을 보고, 서로 예언하는 초자연적 체험을 일상적(전형적)으로 갖도록 모태로부터 그들은 준비될 것이라고 말을 합니다. 이런 초자연적 체험은 이미 유치원과 초등학교 아이들에게 장려되고 있습니다. 이 "역사의 선택된 세대"는 "그리스도의 신부"가 된다고 합니다. 그들은 "신-인(神-人)의 완전한 성숙"에 이를 것이라고 합니다. 그들은 심지어 그들의 예수님을 향한 심장, 키, 사랑에 있어서 야고보, 베드로, 요한, 다윗 등보다 우수할 것이라고 주장합니다.

종말 시대 "슈퍼교회"의 사역에 대한 기술

때가 되면 신사도운동을 통해서 신인간이 되고, 이 신인간은 모든 사람이 각각 재림 예수가 되는 것으로 하나님과 같은 초자연적인 새사람이 됩니다. 그리고 그들의 모임을 새 교회 즉 슈퍼교회라고 합니다. 이들을 선택된 세대라고 부르는데 슈퍼교회를 통해서 나타난 현상들을 다음과 같이 설명을 하고 있습니다.

"사도행전에 나오는 모든 기적의 만 배의 능력을 가진자들이 나타나 수백만 명을 향한 사역을 준비한다. …4-5백만 명이 참석하는 한 집회에서 백만 명 이상이 회심한다 …하나님의 권능이 그들의 손에 빛나는 광선같이 나타날 때…잃어버렸던 팔이 자연적으로 자라나고…사람이 아는 그 어떤 병도 그들 앞에 설 수 없다. 그들은 무적이며, 죽지 않으며…그들은 아무도 죽일 수 없다. … 그들은 죽은 자들을 일관되게 살린다"

"벽을 뚫고 지나가며…순간 이동하며…성경 속에 있는 모든 것을 행하며… 그들은 무한정의 성령을 갖게 될 것이다. 그 아이들은 이층천에서 전투를 할 것이며 귀신을 내어 던질 것이며…죽음을 그들의 발밑에 놓을 것이다. …그들은 질병을 갖지 않을 뿐더러…죽지 않을 것이다. 그들은 고린도(전)서 15장에서 일컬어진 썩지 않는 몸 같은 것을 가질 것이다…이 군대는 무적이다. 네가 하나님과의 친밀함을 갖고 있으면 너는 죽지 않을 것이다."

이러한 발상은 창세기 3장에서 뱀이 하와를 유혹할 때 너희가 선악과를 따먹으면 눈이 밝아 하나님처럼 될 것이라는 사탄의 약속이 이루어지는 것입니다. 이것이 사탄의 배도종교입니다.

6) 사도적 지도자로서, '신사도운동'의 대표자로서의 마이크 비클

마이크 비클은, 그들의 '신사도운동'의 대표자로서, 장래에 그들의 '신사도운동'에 찾아올 '치유의 기름부음'을 받는 초자연적 체험을 1983년 5월에 가졌다고 주장합니다. 마이크 비클 외에도, 주께서 똑같은 치유의 기름부음을 마이크 비클에게 주시는 것이 밥 존스에게도 보였다고 합니다.

신사도 운동하는 사람들

신사도운동(NAR)은 오순절계의 소위 제3물결 운동과 늦은비 운동, 그 거두인 신유사역자 윌리엄 브래넘, 그리고 후대의 빈야드 운동, 토론토 블레싱운동, 알파운동, (펜사콜라) 브라운스빌운동의 유파들을 망라한 종합적인 흐름이며, 특히 세상 사회를 7권역으로 나눠 착실히 정복해 나간다는 '주권운동'(dominionism), 지구촌 전역에 조직화된 중보기도 운동으로 전개되고 있습니다. 신사도운동권에서는 과거 오순절계 운동의 특징인 거짓 천사들과 영들의 출몰 현상, 영계에서의 영들과의 교류, 허위 또는 의문성 신유와 부활, 거짓 입신 등의 초자연적인 현상과 금가루/금니/보석 이적 등이 속출하곤 합니다. 이런 현상을 재현하는 대부분이 관상기도를 즐기기도 합니다.

켄자스시티 예언가들

미국의 신사도운동권 명사들은 대단한 문제인사들입니다. 예언자 친교 단체인 캔자스시티친목회(KCF/KCP)의 릭 조이너와 폴 케인은 동성애 추문으로 알려졌습니다. 릭 조이너는 밥 존스의 예언적 권유로 오스트리아의 '말타기사단'(일명 성요한 기사단) 지부를 방문하여 기사가 될 뿐더러 미주 기사단장으로 임명되어 다른 사람들을 '기사'로 임명하는 특권을 받아 왔습니다. 조이너가 신사도운동권에서 대표적인 걸출한 예언자/사도로 행세합니다.

피터 와그너가 신사도로 임명한 테드 해거드 목사(뉴라이프처치 전 담임목회자, 전 전국복음주의협회/NAE 회장)나 8세 때 입신하여 천국에 다녀온 뒤 하나님의 장군들 시리즈를 펴낸 라버츠 리어든 목사 등도 불과 얼마 전 동성애 추문으로 온 세상에 악명을 떨친 바 있습니다. 신사도운동권의 부흥집회를 총괄하는 체 안(한국명 안재호). 중보기도운동권의 신디 제이콥스 등과 함께 한국을 수시로 출입하는 그는 '예언사역'을 하고 있습니다. 이들은 캐나다 출신의 부흥강사 타드 벤틀리의 사도/예언자/부흥강사 위임식 석상에서 윌리엄 브래넘의 갑절의 영감이 벤틀리에게 있다고 선포했습니다. 위임식이라는 명칭이 무색하게 참석자 대다수가 캐주얼한 옷차림으로 나타난 이 행사엔 NAR의 대부인 피터와그너를 비롯한 남녀 신사도/대언자들이 대거 출연, 벤틀리 부부에게 축복을 쏟아 부으며 예언을 남발했습니다.

벤틀리의 후계자로는 더취쉬츠가 임명되었는데 더취쉬츠 역시 교회당 안에서 쇼파르 나팔의 굉음과 괴상한 댄스의 도가니를 이루는 문제 인사입니다. 그의 강단은 성전기사단/말타기사단 등을 상징하는 아터 왕의 마검(엑스캘리버)이 꽂혀 있습니다. 이런 모든 것들은 프리메이슨의 조직을 상징합니다. 찰스 타제 러셀과 윌리엄 브래넘이 피라미드 무덤에 묻힌 것도 역시 프리메이슨의 상징입니다. 신사도운동은 프리메이슨 운동입니다. 즉 사탄종교운동입니다.

타드 벤틀리는 입신해서 윌리엄 브래넘 뿐 아니라 인도의 성자 선다 싱도 만났다는데, 선다 싱은 그의 어록이 입증해 주듯 비성경적인 만인구원론자였으며, 선다 싱 자신이 영계에서 스베덴보리를 만났다고 했습니다. 수많은 저술로 문제종파 '새 교회'(New Church)의 이론을 제시한 과학자/신비가/철학자인 스베덴보리는 그 자신이 프리메이슨/심령술 등과 연루돼 있었고, 지금도 메이슨의 한 유파가 '스베덴보리'의 이름을 갖고 있습니다. 스베덴보리의 사상을 추종한 문화예술계의 수많은 엘리트 명사들이 있습니다. 새 교회가 간판처럼 내세우는 3중장애 대명사 헬렌 켈러, 미국 전역에 사과 씨를 뿌리고 다닌 잔 애플씨드 등이 있습니다.

여성예언자 스테이시 캠블이 황당하게도 수 분간 고개를 좌우로 맹렬히 기계처럼 흔들며 역시 타드 벤틀리를 위한 예언이란 것을 해 성령이 아닌 악령의 출현임을 입증했습니다. 예수 믿은 뒤 온몸에다 성배나 지하세계의 문지기 같은 형상 따위의 괴상한 문신을 새기기도 한 벤틀리는 관상기도를 애호하는 관상영성가입니다.

신사도 운동의 종류

신사도운동은 주권운동, 하나님 왕국, 킹덤운동, 다양한 브리지(다리 놓기)운동, 캔저스시티(예언)그룹, IHOP 등 조직적인 범교계적 중보기도운동, 패러처치 운동, 사도학교/예언자학교 등 다양한 영성훈련운동, 일부 리더쉽 운동, 일부 입신/신유/악령축출 사역, 다윗의 장막, 요엘군대, 에스테르(에스더)/엘리야 기도 운동, 내적치유운동, 신구교 일치 단합 영성운동, 뉴에이지 영성운동, 관상기도운동, 금가루/금니 이적, 원탁(圓卓)과 아더 왕의 마검(엑스컬리버)과 독수리 등의 상징물 등과 폭넓은 연결고리를 이루고 있습니다.

유대인 목회자 베니힌이 UN, 미국 외교관계위원회(CFR), 예수회(제수이트)와 프리메이슨 조직인 나이트 템플러의 단원으로 알려져 있습니다. 베니힌이 제수이트와 연결된 적그리스도적 단체와 협력하는 것에 대한 보고서가 호주의 데니스 로데스에 의하여 작성되었습니다.

7) 장막절의 성취는 윌리엄 브래넘의 노스배틀포드의 나팔

노스배틀포드 새 일에 대한 역사적 배경

1945년 2차 세계대전이 끝나고 1945년 10월24일 결성된 유엔에서는 1차 세계 대전 이전부터 논쟁의 주제였던 주후 70년에 망한 이스라엘의 독립문제가 가장 시급한 안건으로 올라와 토론을 하고 있었습니다. 전 세계에 흩어진 이스라엘 사람들은 엄청난 흥분과 들뜸 속에서 인류 역사상 가장 위대한 결정을 기다리면서 앞으로 나타날 새로운 일들을 고대하면서 기도하고 있었습니다.

이와 같은 역사적인 배경속에서 1948년 2월 '늦은 비의 새 질서' 라고 부르는 운동이 탄생된 곳은 캐나다 노스배틀포드(North Battleford, Saskatchewan)의 샤론 고아원-학교(Sharon Orphanage and Schools)입니다. 이 학교는 노스배틀포드 포스퀘어 가스펠 교회(North Battleford Church of the Foursquare Gospel)의 헤릭 홀트(Herrick Holt) 목사의 노력으로 세워졌습니다.

노스배틀포드 고아원 학교에서 시작된 늦은 비 은사운동

홀트는 벧엘학교 호틴과 헌트가 합류하자 소위 '새 일'을 전파하는 캠페인을 띄웠습니다. '새 일'이란, 이사야 43장 18-19절을 참조한 것이었습니다: "너희는 이전 일을 기억하지 말며 옛날 일을 생각하지 말라 보라 내가 새 일을 행하리니 이제 나타낼 것이라 너희가 그것을 알지 못하겠느냐 반드시 내가 광야에 길을 사막에 강을 내리니" 홀트는 위 성경구절에 의거해서 하나님이 새 일을 행하시리라고 설교해 왔습니다. 따라서 새 일을 행하기 위해 새로운 계시가 따라야 했었습니다. '새 일' 개념을 1913년 LA의 세계캠프미팅(World Wide Camp Meeting)에서 시작되었습니다. LA 벨베도어 태버너클(Belvedore Tabernacle)에서 8년간 목회를 한 죠지 스터드(George B. Studd)가 이끌었던 그룹은 새 일에 대한 계시를 받았다고 주장했습니다. 이들에게 주어진 새 일은 하나님의 나라(킹덤, kingdom) 회복이었습니다.

1948년 이와 같이 하나님께서 '새 일'을 보여주기를 기다릴 때 노스배틀포드에는 분명한 영적인 목표가 있었습니다. 이들 중 몇 명이 밴쿠버에서 있었던 윌리엄 브래넘의 치유집회에 참가한 후 이 기대는 더욱 강해졌습니다. 집회에서 돌아온 그룹의 일원인 샤론스타(The Sharon Star)는 뉴스레터에 이런 사설을 적었습니다:

처음으로 등장한 브래넘의 임파테이션 안수와 프랭클린 홀의 금식기도 원자력

"브래넘이 사용한 방법 중의 하나는 악령을 쫓아 내는 것이다. 그러면 기적적인 치유가 일어나곤 했다. 이런 축귀와 치유와의 연관 관계는 그 시대의 사람들에게는 상당히 새로운 개념이었다. 브래넘이 그의 치유 캠페인에서 손얹음(안수, 임파테이션)을 사용한 것이 노스베틀포드에서 온 샤론 그룹이 영향을 받아서 그들도 이후의 사역에 같은 방법을 쓰게 되었다"

"윌리엄 브래넘 목사의 치유 캠페인은 보통의 오순절 타입의 치유집회와 상당히 달랐다. 치유되었다는 경우들은 목사와 대중의 기도로 말미암은 것이 아니라 안수로 말미암은 것이었다."

이 안수로 인한 치유방법은 캐나다 오순절성회의 심한 비판을 불러 일으켰습니다. 손을 얹는 것은 나중에 기존 오순절교단과 1948년의 부흥참가자들 간의 중요한 논쟁 포인트가 되었습니다. 이 시절 노스배틀포드의 형제들에게 또 다른 큰 영향을 준 것은 기도와 금식의 능력에 대한 프랭클린 홀의 가르침이었습니다.

"늦은비 운동"의 저자 리차드 리스가 쓴 글을 보면:

"프랭클린 홀이 노스배틀포드의 형제들에게 미친 영향은 명백하다. 언 호틴은 다음과 같이 썼다: 금식의 진리는 부흥에 기여한 하나의 큰 요인이었다. 일년 전 우리는 프랭클린 홀의 '금식과 기도를 통한 하나님과의 원자력'이란 책을 읽었었다. 그리고 우리는 바로 금식을 훈련하기 시작했다. 이전에 우리는 장기 금식의 가능성을 알지 못했다. 우리가 선한 프랭클린 홀 형제를 통해 이 위대한 진리를 회복하지 못했다면 부흥은 결코 가능하지 않았을 것이다… 어떤 이는 3일간 금식했다, 어떤 이는 7일간, 어떤 이는 10일간, 어떤 이는 2주간, 어떤 이는 3주간, 어떤 이는 30일간, 한명은 40일간 금식했다." 밀포드 커크 패트릭은 보고하기를 "… 어떤 사람은 3주를 금식했고 한 형제는 42일간 금식했다."

1948년 이후의 많은 오순절운동과 노스배틀포드의 '부흥'에서 강조된 것은 기사와 표적과 같은 기적이었습니다. 이들이 금식하면서 추구한 '새 일'이 바로 초자연적인 능력을 통한 하나님의 나라 임재였습니다. 샤론학교의 형제들은 '새 일'을 추구하는 데 너무나 열중한 나머지 그들은 공부하기를 완전히 잊었습니다.

"매일, 매주, 수업은 연기되었고, 기도와 중보의 부담이 엄습하자 우리는 공부는 중단되었다. 우리는 가슴 속으로는 하나님이 교회에서 곧 새 일을 하실 것을 알았지만, 그것이 정확히 무엇인지는 알 수 없었다. 우리로 하여금 주님의 얼굴을 찾도록 한 몇 개의 격려의 예언이 주어졌다. 가끔 우리는 공부를 하려고 노력했지만 계속할 수 없었다. 기도의 욕구가 너무 강했었다. 수업은 역시 메말랐고 기도에는 종종 어려움이 닥쳤다."

1948년 2월에 시작된 늦은 비 운동 임파테이션

드디어 1948년 2월 돌파구가 열렸습니다:

1948년 2월 11일, 성경학교의 한 젊은 여자에게 예언이 주어졌는데, "우리는 위대한 부흥의 언저리에 있다. 우리가 할 일은 단지 문을 여는 것뿐이고, 우리는 그 안으로 들어가면 된다"라는 내용이었습니다. 그녀의 예언이 있자 죠지 호틴은 일어서서 하나님께 간청하며 기도하기를 우리가 대부흥의 언저리에 있으며 우리가 할 일은 문으로 들어 가는 일 뿐임을 우리에게 알려 주었다고 했습니다 – 그러나 죠지 호틴은 말했습니다. "아버지, 우리는 문이 어디에 있는 지도 어떻게 들어가는 지도 모른다." 그가 그들에게 어떻게 하라고 해야 하는 지 알려 달라고 그는 지속적으로 주께 물었습니다.

그 다음 날 '부흥'이 시작되었습니다. "경건훈련을 하려고 전교생이 모여 있던 가장 큰 교실에서 부흥이 갑자기 시작되었다… 나는 하나님이 이런 낯선 방식으로 우리 안으로 들어오신 그 아침을 절대로 잊을 수 없다. 어떤 학생들은 하나님의 권능 아래 마루에 누웠고, 나머지는 주님 앞에서 예배와 경배하며 무릎 꿇고 있었다. 기름부음이 깊어져 모든 사람에게 하나님에 대한 경외함이 임했다. 주께서 한 형제에게 말씀하셨다. '가서 어떤 학생에게 손을 얹고 그를 위해 기도하라' 그가 의심과 생각에 잠겨 있는 사이 하나님의 권능 아래 있던 한 자매 [미세스 넛슨]이 그 형제에게 가서 같은 말씀을 전하고 그가 기도해야 할 학생과 같은 학생의 이름을 알려 줬다. 그가 순종하자 그 학생의 삶과 미래 사역에 대한 계시가 주어졌다. 이 일이 있은 후, 하나님이 시작하시려는 위대한 일에 관한 구체적인 내용의 긴 예언이 [언 호틴에 의해] 주어졌다. 부흥의 패턴과 부흥에 관한 상세한 내용이 주어졌다."

비밀리에 시행되어 세계로 퍼져나간 임파테이션 비밀종교

1949년 8월 1일 오늘까지도 나는 예언의 요점을 기억하고 있으며, 말씀 주어진 대로 몇 가지를 되풀이하려고 한다… "이는 나의 백성들의 마지막 날들이다. 주의 오심이 가까워 왔다. 나는 나의 백성들 가운데로 들어 갈 것이다. 성령의 은사들이 나의 교회에 회복될 것이다. 너희가 순종하면 나는 즉시 그것들을 회복시킬 것이다. 그러나, 오 나의 백성들아! 나는 너희를 내 앞에서 그 어느 때보다 경건하게 하리라. 너희 신을 벗으라. 너희가 서 있는 땅은 거룩한 곳이니라. 너희가 주의 집에서 주를 경외하지 않으면 주께서는 이를 너희의 손에서 요구할 것이니라. 내가 하려는 일을 가볍게 말하지 말지니라 너희를 죄 없다 하지 아니하리라. 이 일에 대해서 떠벌이지 말지니라. 주께서 움직이는 새로운 방법에 대해 가장 가까운 친구에게도 편지하지 말지니라. 그들은 이해하지 못할 것이니라. 이 일로 주께 순종하지 않는다면, 너희의 날들을 슬픔 속에서 세며 너희가 일찍 무덤으로 가게 되지 않도록 주의해야 할지니라. 너희가 순종하였으므로 나는 나의 은사를 너희에게 회복시킬 것이며, 누가 나의 영을 받을 것인지 때때로 가리킬 것이니라. 그들은 예언과 장로회의 안수(손얹음)에 의해 수여될 것이니라"

"예언 직후 하나님의 권능 아래 있는 한 자매가 받을 준비가 되어 있는 다섯 명의 학생들의 이름을 계시를 통해 주었다. 그들에게 장로회의 손들이 얹어졌다. 그 아침의 이 과정은 매우 더듬거렸고 불완전했지만, 우리가 성경의 바탕 위에 있는지 보려고 하나님의 말씀을 이틀간 찾은 후에는 우리는 압도적인 단결을 이루었고 주께서는 날마다 더 큰 영광으로 나오셨다. 후보자들을 위한 기도가 계속되자 곧 은사들의 명백한 나타남을 받게 되었고, 치유의 은사들이 수여됨으로써 그 결과 많은 사람들이 치유되기 시작했습니다. 날마다 하나님의 영광이 우리 가운데 있었다. 큰 회개, 낮춤, 금식과 기도가 모두에게 퍼졌다."

장로들의 안수(임파테이션)를 통해서 확산된 늦은 비 운동

"늦은비 운동"의 저자 리차드 리스는 쓰기를:

"노스배틀포드 형제회는 안수에 의한 영적 은사의 분여(나누어 줌, 임파테이션)에 성공적이었기 때문에 사람들은 그들이 오랫동안 받기를 기도해 왔던 영적 은사들을 함께 나누어 받기 위해 먼 곳에서 몰려 왔다… 위에 인용한 예언의 배경에서 '장로회' 라는 단어를 사용한 것을 특별히 눈여겨 볼 필요가 있다. 디모데전서 4장 14절은 말한다. '네 속에 있는 은사 곧 장로의 회에서 안수 받을 때에 예언을 통하여 받은 것을 가볍게 여기지 말며' 이 경우 장로회는 특정 지역 교회의 장로들로 구성된다. 그러나 노스배틀포드 형제회의 경우, 그들이 그들 자신의 지역 배경을 벗어나서 다른 곳에서 사역했기 때문에, 그들은 그들이 방문하고 있는 특정 지역의 장로들 대신 그들 스스로를 장로회라고 부르기 시작한 것으로 보인다."

캐나다 오순절 교회로부터 이단으로 판결 받은 늦은비 임파테이션 운동

노스배틀포드의 이 '부흥'을 거짓 부흥으로 확실히 표해주는 것은 이로부터 균형 잃은 이단적인 교리가 많이 나왔다는 점과 이런 사실에 대면하여 지도부가 회개하기를 거부한 점입니다. 거기에서 하나님이 교회에 사도와 선지자의 직분을 회복시킬 것이라는 가르침이 나왔습니다. 이들은 새 일을 위해 새로운 계시가 필요하고 이를 위해 새로운 사도와 선지자직의 회복이 필요하다는 사실을 강조하고 직통계시를 통한 예언 사역, 그리고 초자연적인 떨림이나, 쓰러짐, 웃음, 방언, 뜨거움, 입신, 치유 등에 대해 집착해서 당시 캐나다 오순절은 이들을 이단으로 결의를 했습니다. 특히 이들이 중요하게 다루었던 내용은 안수를 통한 임파테이션이었습니다. 당시만 해도 오순절 계통에서조차 전체 통성기도를 통해 치유나 은사를 체험했는데 처음으로 윌리엄 브래넘에 의해서 안수라는 도구로 영적은사가 임파테이션 되었습니다.

8) 피라미드 다단계식의 임파테이션의 비밀

윌리엄 브래넘이 시작한 은사제국주의 임파테이션 운동은 안수라는 도구를 통해서 전세계로 퍼지기 시작했습니다. 임파테이션이란 은사제국주의 운동은 사탄의 영적인 능력이 하이어라키라는 영적인 계급들의 서열을 따라서 위에서 아래로 내려가면서 다단계 피라미드 구조를 이루면서 확산되는 사탄종교운동의 비밀입니다. 관상기도를 통해서 위로 올라갈수록 능력이 커지고 아래로 내려갈수록 능력이 약화되는데 누구든지 열정적으로 영적인 레벨을 높여가면 프리메이슨 33도까지 올라갈 수 있지만 그런 사람은 수 천만 중에 1명 정도입니다. 프리메이슨 기업들은 모두 다단계 조직을 가지고 있습니다. 이것 또한 직장을 통한 영혼을 통제하는 시스템입니다. 먹고 살기 위해 기계처럼 조직에 충성하는 제도입니다. 이것 또한 배도의 운동입니다. 분명한 것은 다단계 기업이나 다단계 임파테이션도 그들이 선전한 것처럼 모든 사람이 다 성공하고 장밋빛 미래를 약속받은 것이 아닙니다. 밑에 있는 개미군단을 통해서 수지를 보고 돈방석에 앉은 사람은 불과 몇 사람에 불과합니다. 모두들 그들에게 속아서 그들의 조직에 빠져 들어간 것 뿐입니다.

은사주의 임파테이션을 통해서 부흥된 교회들이 많이 있습니다. 그래서 그런 교회들이 선전하는 부흥프로그램에 참여하여 열심히 훈련을 합니다. 그렇다고 모든 사람들이 다 큰 교회로 부흥하는 것은 아닙니다. 그런 과정속에서 훈련에 참여한 영혼들이 되레 임파테이션을 받아서 사탄의 피라미드 족보에 걸려들어 사탄이 사용하는 도구가 되는 것입니다. 그리고 하나님의 교회를 통째로 사탄에게 헌납하는 것이 됩니다. 그러므로 교회가 부흥된다 하더라도 그것은 예수님의 십자가의 보혈로 이루어진 교회가 아니라는 사실을 반드시 알아야 할 것입니다.

사도와 선지자들의 은사 부활을 선언한 늦은 비 운동의 새 종교

사도들과 선지자들의 사역에 대해서 죠지 호틴은 이렇게 적었습니다: "우리는 하나님에 의해 우리 사역에 주어진 특정한 사람들과 예언과 안수로 확인된 특정한 사람들에게 손을 얹어 왔다… 우리는 이 사람들에게 안수하고 그들의 사도적 사역을 인정해왔다."

그러나 노스배틀포드의 형제들에 의해서 사도로 '인정된' 사람들 중에는 종국에는 생각을 바꿔 그들로부터 멀어진 사람들이 있었습니다. 리차드 리스에 따르면:

" '새 계시' 의 내용 중 일부는 이 시대의 사도들과 선지자들이 교회를 이끌어 모든 대적에게 승리하도록 한다는 것이었다. 교회는 그들의 사역을 통해서 강력한 정복 군대가 되어야 했다: 그 영은 한꺼번에 온 학교 위에 내려 왔고 모두는 함께 예언하기 시작했다. 이 놀라운 현상은 이 시대의 마지막 날에 하나님의 아들들이 나타나는 환상과 동반되었다. 이 막강한 군대는 그 앞에 있는 모든 것을 정복하는 것으로 보였다.

아픔과 질병이 사라지고, 모든 악한 영들은 하나님의 사람들의 승리의 권능 앞에서 흩어지는 것이 보였다."

"한 여인은 하나님이 그녀를 불러 주의 군대를 위한 무기고를 지으라고 하셨다는 주장까지 했다: 비올 여사(Mrs. Beall, 그녀의 딸은 후에 RHEMA International을 설립했다/역자)는 1942년 경 미시간 디트로이트의 베데스다 선교교회의 목사였는데, 주께서 그녀에게 '무기고를 지으라' 고 하셨다, 그것도 큰 것으로! 그녀가 목회를 하고 있던 교회는 2-300명 정도를 수용했는데 하나님이 그녀에게 지으라는 무기고는 3000명이 앉을 수 있는 것이었다."

마크 굿윈(Mark Goodwin)에 따르면: "비올 자매가 하나님께 건물을 왜 무기고라고 하시는지 물었더니 그는 '이것은 군병들이 그들의 무기를 공급받는 곳이다' 라고 하셨다."

그렇지만 캐나다 오순절성회(Pentecostal Assemblies of Canada)가 가장 반대한 것은 늦은 비 운동이 '장로회의 안수(손얹음,impatation)' 사역을 비성경적이라고 단정한 점이었습니다. 비록 이것(안수,임파테이션)이 하나님의 성회 교회에서 가끔 행해지기는 했었지만, 이것은 늦은 비 운동의 가장 큰 논쟁이 되었습니다. 리차드 리스(Richard Riss)에 따르면:

"미시간 하나님의 성회(Assemblies of God) 지역 감독인 찰스 스코트(Charles W. H. Scott)는 디어본 가스펠 태버너클(Dearborn Gospel Tabernacle)에서 있었던 연례 미시간 목사 학술회에서 발표했다… 스코트 목사는 새로운 가르침에 대한 오류를 개괄적으로 설명했다. 그가 특별히 강조한 것은 사사로운 예언 은사에 대한 것과 자칭 사도들과 선지자들의 안수를 통한 성령 능력의 분여(임파테이션)였다."

늦은 비 운동의 여러 이름들

그러나 늦은 비 운동이 뿌린 가장 해로운 이설(이단사설)은 '나타난 하나님의 아들들(Manifest Sons of God)' 의 교리입니다. 오늘날 이 교리는 다양한 형태와 다양한 이름으로 알려졌는데, 집합/집단 그리스도(그리스도의 회군/The Corporate Body of Christ), 단순히 회군

(Corporate Body/역주), 요엘의 군대(Joel's Army), 남자아이회군(the Manchild Company/역주), 승리자들(The Overcomers), 멜기세덱 성직자(The Melchisedek Priesthood), 초막절(The Feast of Tabernacles, 장막절), 엘리야회군(The Elijah Company/역주) 외에도 너무 많아서 모두 다룰 수 없습니다. 이 교리는 마지막 시대에 교회를 휩쓸고 있는 배교의 교리로써 다시 떠올랐습니다.

9) 윌리엄 M. 브래넘(WILLIAM M. BRANHAM)

태양신 원모양의 후광으로 나타난 친숙령(familiar spirit)에 사로잡힌 브래넘

늦은 비 운동에 가장 큰 영향을 준 사람은 윌리엄 M. 브래넘이었습니다. 켄터키 버크빌(Berksville Kentucky)의 산장에서 태어난 윌리엄 매리언 브래넘은 9남 1녀의 맏이었습니다. 그는 매우 가난한 어린 시절을 보냈습니다. 그의 부모는 점(占)을 믿었으며, 그는 어릴 적부터 오컬티즘(occultism/신비주의)을 통해 눌려 지냈습니다. 초자연적 사건과 강령(방문)들이 윌리엄 브래넘의 일생을 수놓았습니다.

다음 내용은 브래넘의 고백의 일부를 소개합니다. 그가 태어난 날 산파는 그를 씻기고 엄마 팔에 누인 후 창문을 열려고 창가에 갔습니다. 동이 터서 몇 가닥의 빛이 방으로 들어오자 엄마 팔에 누운 윌리엄의 침대 위로 직경 30cm 정도의 작은 원모양의 태양신 후광(halo)이 보였습니다. 1950년 1월 텍사스 휴스턴 치유집회에서 촬영된 사진에 나타난 것으로 되어 있는 이 후광은 수많은 사람들이 본 것으로 알려졌습니다.

윌리엄 브래넘은 아주 어린 시절부터 친숙령(familiar spirit)이 그에게 나타났습니다. 10남매의 맏이었던 브래넘은 그의 어린 시절에 대해 기록하기를, "누군가 가까이 서서 내게 말을 걸려고 하는 듯한 이상한 느낌이 있었다. 특히 혼자 있을 때에"라고 했습니다. 기실 그는 7살 때 이상한 방문(강령)을 맞이합니다. "어느 오후 집에 물을 나르려고 한 블럭쯤 떨어진 헛간에 가고 있었다. 집과 헛간의 중간 쯤에 늙은 포플러 나무가 서 있었다. 나는 학교에서 막 돌아 왔고 나머지 아이들은 연못에

낚시하러 가려는 참이었다. 나도 울며 따라가려고 했지만, 아버지는 내게 물을 채우라고 했다. 나무 밑에 쉬려고 멈췄을 때 갑자기 나뭇잎들 사이로 바람부는 소리 같은 것이 들렸다. 바람은 어디에서도 불지 않았고 고요한 오후였다. 나무에서 뒷걸음질 치자 나무통 크기의 어떤 특정한 곳에서 바람이 나뭇잎을 통과해 지나가는 것 같아 보였다. 그리고 이런 소리가 들렸다. '절대 술과 담배를 하지 말고 네 몸을 어떻게든 더럽히지 말라. 네가 자라면 네게 줄 일이 있다.'" 브래넘은 이 출현으로 인해 두려웠습니다. 이 일은 그가 변화되기 이전에 일어났습니다.

천사에게 사로잡혀 사역을 한 브래넘

브래넘이 이 방문자를 일컬은 '그 음성'은 평생 그와 함께 했으며, 종국에는 '천사'로 나타나 남은 일생동안 그와 함께 하며 치유사역을 지휘하곤 했습니다.

이십대 초반, 목숨을 위협하는 병에서 나은 후 브래넘은 그의 삶을 하나님께 바쳤습니다. 그는 침례교 설교자가 되었고 인디아나 재퍼슨빌(Jeffersonville)에서 천막 집회를 열고, 교회(브래넘 장막교회, the Branham Tabernacle)를 시작했습니다. 어느날 우연히 찾아 간 오순절계 장막집회에서 그들은 브래넘에게 설교를 부탁했고, 그의 삶에 하나님의 소명이 있음을 인식했습니다. 그 장막집회는 브래넘에게 깊은 영향을 주었습니다. 그는 나중에 그들이 내게 없는 것을 가졌다고 했습니다. 그가 그의 경험을 아내와 가족, 친구들에게 말했을 때 사람들은 '그들'과 어울리지 말라고 했고, 그래서 그는 물러섰습니다. 그가 목회와 함께 수렵감시인으로 일하던 1937년, 오하이오 강의 범람으로 인해 그의 아내와 어린 아기가 죽었습니다. 브래넘은 이것이 그 오순절 사람들과 함께 하기를 거절한 것에 대한 하나님의 심판이라고 믿었습니다.

바로 직후, 브래넘은 이단적 오순절 분파인 연합오순절교회(The United Pentecostal Churches)에 가입했습니다. 이들은 '오직 예수' 사람들로, 삼위일체의 성경적 교리를 부정하고 이를 '마귀의 교리'라고 일컫는 사람들입니다. 브래넘은 그들의 반삼위일체 이단에 개종했고, 삼위일체 신앙에 따라 세례 받은 신자들에게 오직 예수의 이름으로 세례를 받을 것을 요구했습니다. 그가 나중에 자신은 단일신론(oneness doctrine)을 믿지 않는다고 했지만, 이 교리의 그 나름대로의 다른 형태 즉, 세 분으로서의 하나님 대신, 아버지와 아들 그리고 성령의 세 가지 속성으로 나타나는 한 분으로서의 하나님을 가르쳤습니다.

어느 날, 브래넘이 오하이오 강에서 사람들의 침례를 준비하고 있을 때 '그 음성' 이 다시 브래넘에게 들렸습니다. "오하이오 강가에 내려가서 나의 첫 신자들에게 침례를 베풀고 있을 때, 하늘 위로부터 소용돌이가 내려오고 빛이 아래로 비춰 내려와서… 내가 있는 바로 그 곳에 걸쳤다. 거기에서 음성이 들려 '세례 요한이 그리스도 초림의 선각자로 보내졌듯이, 너는 그리스도 재림의 선각자를 불러오는 메세지를 가졌다' 라고 말했다. 나는 매우 두려웠다. 내가 돌아 갔을 때 사람들은 그 빛이 무슨 뜻이었는지 물었다."

브래넘은 이 음성 때문에 괴로워했고 하나님께 이런 강령으로부터 해방시켜 달라고 기도했습니다. 브래넘은 그것의 움직임을 보고, 그 환상을 보고, 어떤 일이 일어날지를 보았습니다. 그 이후 그것이 그를 너무 괴롭혔고, 사람들은 이것이 잘못된 것이라고 했습니다. 이것이 나타나지 않기를 아무리 기도해도 이것은 계속 나타났습니다… 그는 인디아나 수렵감시원이었습니다.

천사를 통해 신유, 투시, 축사의 능력을 행사한 브래넘

명백하게도 브래넘은 어떤 오컬트에 단단히 속박되어 있었습니다. 1946년 5월 7일, 브래넘이 수렵감시원으로 근무하고 있을 때, 그의 '천사' 가 처음으로 그 앞에 나타나서 그를 치유집회로 불렀습니다. 브래넘은 이 경험을 아래와 같이 말했습니다.

"나는 점심을 먹으러 집에 와서 총을 풀며 집모퉁이를 돌아서는데 친한 친구가 다가와서는 오후에 매디슨에 함께 가자고 했다. 나는 순찰을 가야하기 때문에 안된다고 말하고 집을 돌아 단풍나무 아래로 걷던 중, 나무 윗부분 전체가 풀어졌다… 어떤 물체가 강한 바람같이 나무 속으로부터 내려 왔다… 이웃들이 놀라며 집에서 나와 무슨 일이냐며 물었다. 이상한 느낌을 받아온 지난 20년의 세월 후에 마침내 나는 이것이 무슨 일인지를 알아내고야 말 때가 왔다고 가족에게 말했다. 위기가 온 것이다!"

"나는 가족과 작별인사를 하면서 내가 만약 며칠 안으로 돌아오지 않으면 영원히 돌아오지 못할 지도 모른다고 경고했다!⋯ 밤 11 경 나는 기도를 그치고 앉아 있는데 방에서 깜빡이는 빛을 발견했다. 누군가 플래시를 들고 오는 줄 알고 창문 밖을 내다 보았지만 아무도 없었다. 뒤를 돌아 보았을 때 빛은 마루에 점점 넓게 퍼지고 있었다. 이상하게 생각되겠지만 그 땐 나 자신도 이상하다고 생각했다."

"빛이 퍼지자 나는 흥분되어 의자로부터 위를 올려다보았더니, 커다란 별이 걸려 있었다. 그러나 오각형의 별은 아니고, 불이나 빛의 공같아 보이는 것이 마루를 비춰 내리고 있었다. 바로 그 때, 누군가 마루를 건너오는 소리를 듣고 놀랐는데, 그 곳에 있을만한 사람은 나밖에 없었기 때문이다. 이제 빛으로부터 나와서 나에게 다가오는 발을 보았는데, 사람이 다가오는 것 같이 매우 자연스러웠다. 남자로 보이는 그는 몸무게가 90kg 정도 나가는 사람 같았고, 흰 겉옷을 입고, 부드러운 얼굴로, 턱수염은 없이 짙은 머리가 어깨까지 늘어졌으며, 약간 짙은 혈색의 기분 좋은 표정이었고, 그리고 더 다가오자 그와 눈이 마주쳤다."

"내가 두려워하는 것을 보고는 '두려워 말라. 나는 전능하신 하나님의 임재로부터 보내졌으며, 너의 이상한 삶과 이해하지 못한 길들은 하나님이 너를 치유의 은사를 받게 하여 세상 사람들에게 보내셨다는 사실을 알려주기 위한 것이었다. 네가 성실하게 하고, 사람들로 하여금 너를 믿게 할 수 있으면, 네 기도를 막을 것은 아무 것도 없을 것이다. 암 조차도' 라고 말했다. 그는 많은 말을 했는데 여기 모두 적을 수는 없다. 내 손 위의 진동으로 병을 알아내는 방법을 알려 주었다. 그는 사라졌지만, 그 후로도 몇 번 그를 보았다. 그는 6개월 정도마다 한 두번씩 나타나서 나와 얘기했다. 몇 번은 다른 사람들이 있는 곳에서도 나타났다. 그가 누군지 나는 모른다. 다만 하나님의 메신저라는 것만 안다."

이 방문이 있은 얼마 후 브래넘은 치유전도단으로 사역을 시작했고, 그는 곧 센세이션을 일으켰습니다. 브래넘의 사역은 이 기간에 일어난 오랄 로버츠(Oral Roberts)나 T.L. 오스본(Osborn) 같은 치유전도자들에게도 촉매제가 되었습니다.

  1950년 중반 순복음경영자연맹(Full Gospel Business Men's Fellowship) 특별집회에서 브래넘과 대중들은 이적은사집회를 시작하기를 기다리고 있었습니다. 그때 브래넘은 "내가 무엇을 기다리는지 아시죠? 내 주의 천사입니다. 그가 없으면 시작할 수 없습니다." 점차 그는 이런 말을 했습니다. "그가 이제 왔습니다." 그리고 나서 이적은사집회를 시작했습니다. 그는 조용히 개인들을 대중 속에서 불러내어 그들 마음 속에 있는 비밀과 그들 몸 속의 병, 의사의 진단, 그들의 아내가 어젯밤에 한 말을 알려주고는 침착하게 치유를 선언했습니다. 브래넘에게 그의 기적들이 성령께서 하시는 것인지 물었을 때, 그는 "아니오. 나의 천사가 하는 것입니다"라고 답했습니다. 브래넘을 아는 사람들은 모두 아래 두 가지에는 동의했습니다. 첫째, 그는 진정으로 겸손과 긍휼의 성품을 가졌습니다. 그에게는 과장이나 쇼맨십은 결코 없었습니다. 모두 동의한 나머지 하나는 그의 지식과 지혜의 말씀에 있어서의 절대적인 정확성이었습니다. 브래넘은 그의 '천사'가 곁에 없으면 아무 것도 하지 못하고 능력이 없다고 했습니다.

  알프레드 폴(Alfred Pohl)과 데이비드 클라우드(David W. Cloud)에 따르면: "어느 저녁 집회가 시작하기 바로 전, 브래넘은 그의 통역에게 '나의 오른쪽에는 천사가 서니까 그곳에는 서지 마시오'라고 말했다. 브래넘은 천사를 건장하고 짙은 머리색과 접힌 팔을 가진 사람으로 묘사했다. 천사가 바로 브래넘 옆에 있어서 천사가 시키는 것은 모두 브래넘이 따라야 했다. 브래넘은 천사가 밤낮으로 그와 함께 하며, 그가 없이는 설교할 권능이 없다고 했다."

브래넘이 주장한 세 가지 하나님의 말씀을 듣는 방법

  브래넘은 하나님의 말씀이 다음 세 가지 형태로 주어졌다고 믿었습니다. 12궁도(점성술의 별자리), 이집트의 피라미드, 기록된 말씀. 12궁도 이론은 금식기도 원자력을 쓴 프랭클린 홀에 의해서도 신봉되었습니다.

  '뱀의 씨앗' 교리는 하와가 하나님께 "뱀이 나를 꾀므로 내가 먹었나이다"라고 한 창세기 3장 13절의 그의 해석을 기초로 하고 있습니다.

브래넘은 '꾀다(beguiled)' 라고 번역된 단어가 '성적으로 유혹하다(seduced sexually)' 라는 의미라고 주장했습니다. 그는 사탄이 하와를 성적으로 유혹했고 그 결과가 가인이라고 주장했습니다! 그 때부터, 브래넘에 따르면, 죄는 대대로 여자를 통해 건네졌다고 합니다.

문선명 통일교의 교리는 브래넘의 늦은 비교리입니다.

브래넘이 사탄으로부터 받은 새로운 사명인 새 교회운동의 늦은 비 운동

브래넘은 또한 일곱교회의 사자들(요한계시록 2, 3장)은 하나님이 실제로 역사를 통해서 때에 따라 미래를 위한 계시를 주어 이끄시려고 교회에 보낸 사람들이라고 주장했습니다. 브래넘은 자신이 일곱 번째, 라오디게아 교회 시대에 보내어진 사자라고 가르쳤습니다. 이런 그의 주장은 심지어 그의 묘비에도 적혀 있습니다.

그렇다면 브래넘이 마지막 시대 라오디게아 교회 사자로 온 이유는 무엇입니까? 슈퍼교회를 세우기 위함입니다. 슈퍼교회란 유대 토라와 이방인 예수가 합쳐진 교회입니다. 하나님 같은 존재를 지닌 아들들의 교회입니다. 즉 인간이 신이 되는 교회입니다. 인간이 재림 예수가 되고 인간이 하나님이 되는 교회입니다.

마리아가 성령으로 잉태하여 첫 번째 그리스도를 낳았듯이 이제 교회가 성령으로 잉태하여 산고 끝에 두 번째 그리스도를 낳습니다. 이 두 번째 그리스도는 "집합 그리스도"이며, "남자아이"라고 불립니다. 이는, 그리스도의 재림이, 성령으로 잉태하여 종말세대의 성도들 몸속으로 성육신한 "집합 그리스도"로서의 재림이라는 것을 함축하고 있습니다.

"하나님은 우리가 그와 같이 되기를 원하신다"는 릭 조이너와 "말씀이 육신이 되어 우리에 거하시는 것과 같은 일련의 일들이 신사도운동에서 일어날 것이다"라는 밥 존스의 말은 마지막 지상의 교회가 하나님과 같은 초자연적인 존재가 될 것을 말하고 있습니다. 이것이 킹덤나우 사상입니다.

프랜시스 프랜지팬의 말을 들어 보겠습니다: 생각을 잘 잡으십시오. 그리스도의 영이 물리적 세상에 오실 때(재림), 육체 속으로 들어가야만 했습니다… 그리스도가 아이로서 처음으로 우리의 세상 속으로 들어오셨을 때, 그리스도를 낳도록 하나님이 선택한 사람은 마리아였습니다. 마리아의 삶은, 그리스도의 충만함으로 걷기 위해 교회가 꼭 가져야 하는 특성들을 상징합니다… 그의 아들의 사역을 낳기 위해 마리아에게 하신 것 같이 하나님은 우리를 준비시키십니다. 지금도 처녀 교회의 영적 자궁 속에서 그리스도의 거룩한 목적은 자라며 성숙하기를 기다리고 있습니다—하나님의 때에 권능으로 태어날 준비를 하면서… 처녀 교회는 "해산하게 되매 아파서 애를 쓰며 부르짖고(계시록 12:1-2)" 있습니다… 지금도 지옥이 떨리며 하늘이 두려움으로 보고 있습니다. 말씀 드리지만, 다시 한번 처녀교회는 아이를 가집니다. 예수께서 스스로 재림하시기 전에, 마지막 처녀 교회는 하나님의 약속으로 임신을 할 것입니다. 그녀의 산고로부터 그리스도의 몸이 태어나고, 그의 머리되신 주 예수의 규정에 차도록 길러집니다. 거룩함과 권능과 사랑 속에서 집합적으로 나타나는 그리스도의 신부는 일어날 것입니다.

빈야드 목사이자 스테이시 캠벨의 남편인 웨스 캠벨은 빈야드 집회에서 이렇게 말했습니다:

　지금은 그 아이를 낳을 시간입니다. 지금은 성령이 분출될 시간입니다. 믿으십시오… 지금이 그 때입니다!…

신사도 운동가 켈리 바너는 또 이렇게 말했습니다:

"예수는 모형적 아들, 즉 '처음 난 아들' 이었다… 여자가 출산하는, 산고를 겪고 아이를 낳는 시간이 다시 왔다… 사람들 내에 형성된 집합 메시야—그리스도(corporate Messiah—Christ)의 시간 안에서…"

10) 늦은 비 신부운동을 통한 영체교환의 비밀종교

늦은 비의 이런 사탄종교 사상은 J du Cille의 '패턴' 이라는 책에서 잘 설명되어 있습니다:

"생명을 낳으려면 남자와 여자가 있어야 한다. 씨앗을 태어나게 하려면 남자인 그리스도와 여자인 교회가 필요하다. 하나님은 이 땅에 예수 그리스도 자신과 같은 씨앗을 낳고 계신다."

다시 해석을 하면, 우리와 그리스도와의 관계는 남자와 여자가 결혼을 해야 하는 관계이며, 이 결혼의 열매는 내가 하나님의 아들들로써 태어나는 완전한 사람입니다. 따라서, 혼인잔치는 하나님이 지금 이 땅에서 하시는 새 일입니다. 예수는 성령으로 선택한 자들을 덮고(overshadow) 그 자신의 신성(Divine Nature)으로 그 자들의 영혼들을 수태(inseminate)시키고 있다고 합니다. 이것이 신부운동입니다. 즉 어린양 혼인잔치입니다. 이것은 오리젠, 어거스틴, 위 디오니시우스, 성 십자가 요한, 아빌라 테레사, 진젠도르프 등으로 이어져 왔던 태양신 영지주의 기독교입니다. 이것은 영체교환 신비주의 운동입니다.

"2000년이 지나면 그리스도는 거듭나야만 한다. 그는 그가 살았던 때와는 너무나도 다르게 변한 세상에서 다시 성육신해야만 한다." - 삐에르 떼이야르 드 샤르뎅(예수회 신부)

"예수님의 재림은 한 개인이 몸으로 오는 것이 아니라, 그의 참 교회가 신비적인 모습으로 오는 것이다. 이는 성령이 모든 나라와 세상을 휩쓸고 모든 이에게 오는 것이다. 아버지, 우리를 마리아와 같이 만드소서…당신의 아들을 낳도록; 그를 모든이에게 주도록." - 스콧 펙(뉴에이지 크리스천)

"실로, 우주적 그리스도를 낳는 것이 성육신의 목적이다… 신(성)은 각 개인 안에 우주적 그리스도를 낳기를 원한다." - 매튜 팍스

"보라 내가 너희에게 비밀을 말하노니 우리가 다 잠 잘 것이 아니요… 홀연히 다 변화되리니" 오메가! 지구적 탄생은 우주 시간 속의 실제 이벤트이다… 이것은 진짜로 지금 우리에게 일어나고 있다! - 바바라 마르크스 허바드

"이제 어머니 지구가 새로운 차원으로의 탄생을 위해 산고를 겪고 있다" - 피닉스 저널 하톤 플라이아데스 사령관

태양신 여신숭배와 사탄종교를 믿는 프리메이슨 오컬트 종교인 늦은 비

프랭클린 홀의 책 표지에 있는 그림은 그들의 신앙이 태양신 영지주의인 것을 증명하는 사진입니다. 태양으로 옷을 입고 잉태하고 있는 여자는 세미라미스(이시스)입니다. 위에 있는 영광의 구름운은 영지주의

에서 말하는 신의 임재입니다. 장미십자 신전, 태양, 천사, 별, 금가루 등은 프리메이슨의 영지주의 종교의 상징들입니다.

특히 "그리스도 회군(會郡)"의 뜻으로 "Corporate Christ"라는 단어가 있습니다. 이것은 예수님의 재림으로 다시 태어난 새교회를 말하는데 초교회를 말합니다. "집합(集合) 그리스도" 입니다. "Corporate"는 사람들의 모임에 인격을 부여해서 부르는 용어입니다. 즉 완성되어 가는 킹덤나우입니다. 자칭 신인간들의 모임입니다. 이것은 자칭 엘리트 인간인 프리메이슨들의 모임을 말하고 있습니다.

늦은 비 신사도운동을 요약합니다.

늦은비 운동 : 윌리엄 브래넘 = 캔자스시티 예언자그룹 : 마이크 비클, 밥 존스, 폴 케인 캔 자스시티 펠로우쉽(KCF)교회 = 빈야드 운동 : 존 윔버-마이크 비클-IHOP(국제기도의 집)-존 아노트-토론토공항교회 = 신사도 운동 : 피터 와그너-풀러신학교 교수 = 영적도해 그룹 : 존 도우슨(예수전도단 세계총재), 신디 제이콥스 제2차 로잔회의 총회참석 = 예수전도단 : 존 도우슨 = 인터콥 = 최바울 = 에스더기도운동 : 이용희 교수(아이합:IHOP의 '24/365 기도운동' 도입) = 알파코스, G-12, 두 날개 등

11) 예루살렘 회복운동과 배도의 신학 킹덤나우 사상

하나님의 아들들의 개혁

늦은 비 운동가들은 종말의 "하나님의 아들들"이 나타나서 하나님의 정복군대가 이 세상의 모든 악을 무찌르고 나면 이 땅에 하나님의 나라가 도래한다고 가르칩니다. 이렇게 해서 지상에 세워진 유토피아가 킹덤나우 사상입니다. '나타난 하나님의 아들들' 의 교리는 성도들이 바로 이 땅에서 '기름부음' 받고 불멸을 입어서 기독교인이 슈퍼종족이 되며, 이들을 슈퍼 사도들과 선지자들의 집단이 이끈다고 합니다. 이런 초능력을 가진 교회는 예수님이 지상으로 재림한 교회(그리스도 회군)로 대환난 기간 중 모든 대적을 물리칠 것입니다. 이 초교회가 그리스도의 왕국을 세우고 맞이할 것이며, 그제서야 그리스도는 하늘에서 '놓여

져' 초교회 다스리기를 확립할 것이라고 말을 합니다. 이것이 예루살렘을 중심으로 이루어지는데 이런 킹덤나우 사상이 신사도운동의 목적입니다.

집단적인 그리스도의 성육신화된 재림론

예수께서 재림하시기 전까지의 하나님의 나라를 영적인 것으로만 보는 것이 아니라, 예수님의 재림 전에 하나님의 나라가 현실적으로도 지상에 이루어진다고 하는 무천년(후천년)주의 신학을 왕권/주권(Dominion)신학, 왕국(Kingdom)신학 또는 킹덤나우(Kingdom Now)신학이라고 부릅니다. 이 신학은 "핍박받는 남은 자들의 교회"를 부인하고, "승리하는 교회"의 모습으로 우리를 미혹합니다. 심지어, 극단적으로 "그리스도의 재림"이 예수님의 물리적 재림이 아니라, 그리스도가 "하나님의 아들들"에게 집단적으로 들어오는 것이라고 말합니다. 즉, 그들 모두가 "집단적 그리스도(Corporate Christ, 그리스도 회군(會群))"가 된다고 합니다. 이러한 재림론은 이미 파루시아(우리와 함께한)하신 예수님을 말하고 있습니다. 그들은 육체로 재림하시는 예수님을 부인하는 것입니다. 그들이 말한 예수님의 재림은 신적복귀 우주회복을 말하고 영적인 능력의 완성을 말하고 있는 것입니다.

예수님 재림 전에 이 땅에 가시적인 하나님의 나라를 세운다는 킹덤나우 사상은 여러 갈래가 있지만 대부분 다음과 같은 공통점을 가지고 있습니다.

지상의 킹덤나우를 위해 무력도 불사한다

환난 전 휴거는 없으며 대신, 종말의 대부흥과 대추수를 통해 하나님의 나라가 이루어진다는 것입니다. 왕국의 추수군대는 집단적 중보기도에 의한 영적전쟁을 통해서 사탄의 견고한 진을 파하고 이 땅에 왕국을 건설합니다. 이 군대의 지도자들은 기름부음 받은 종말사도들이며, 각자에게는 (전쟁의) 권역이 주어집니다. 이것이 빌 브라이트와 로렌 커닝햄이 주장한 7개 영역주권의 정복산(征服山)입니다. 교회가 세상을 바꾸며, 교회는 승리합니다. 극단적 가르침에서는 영적전쟁 외에 물리적 전쟁도 불사합니다. 이것이 프란시스 쉐퍼가 주장한 아브라함 카이퍼의 주권주의 기독교 세계관입니다. 늦은 비 운동가 릭 조이너는 '추수(The Harvest)' 라고 제목에 붙여진 그의 비전(vision)선언문에서 이렇게 썼습니다:

"이 추수의 크기는 심지어 가장 낙관적인 신자들까지도 매우 놀라게 할 것이다. 100 명이 안되는 회중이 일주일에 천 명의 신자를 더할 것이며, 자발적으로 시작된 모임들은 전체 도시들을 흔들 것이며, 매일 밤마다 그들이 가장 큰 경기장을 채울 때까지 계속될 것이다. 이전까지 유명했던 스포츠 경기들은 흥미를 잃었기 때문에 많은 도시들에서 버려질 것이다. 수 천명의 인구를 가진 전체 도시들은 이웃 도시들로 떼를 지어 몰려가서 그들을 복음화 시킬 것이다…. 뉴스 팀들은 사도들을 국가의 리더들처럼 따를 것이며 열정과 함께 보여지는 위대한 기적들을 기록할 것이다… 큰 도시들은 시민들이 성령님의 확신 아래 놓일 때에 범죄율 0의 기간을 경험할 것이며, 교회의 불빛은 전 지역으로부터 어둠을 몰아낸다. 포르노, 창녀, 불법 마약, 낙태, 그리고 술취함이 한 개의 법의 통과도 없이 많은 지역에서 그칠 것이다. 큰 공장들과 기업들이 한 번에 며칠씩 문을 닫고 그들의 직원들이 특별 집회에 참석하게 해줄 것이다. 전체 국가들이 기도와 금식의 기간을 가질 것이다… 주님께서는 계속해서 사람들이 마음에 계실 것이다… 도시들은 포르노, 마법, 그리고 점성술 장비와 불법 마약을 불태우기 위해 후원할 것이다. 요술사, 마술사, 무당과 심지어 마피아 두목들이 예수님께 무릎꿇고 절하며 큰 기쁨으로 구원에 들어갈 것이다. 거리의 갱들은 서로에게 성경책과 선물을 주고받으며 감옥들은 그리스도의 몸에게 위대한 선생들을 보내는 교회가 될 것이다. 가장 화려한 성경적 기적들 중의 일부를 뛰어넘는 기적들로 전 도시들이 예수님을 인식하도록 할 것이다…. 주님의 영광, 눈에 보이는 영광이 얼마동안 나타날 것이며 이 영광은 그것을 만지는 모든 사람을 치료할 것이다. 이스라엘을 인도했던 불기둥은 현세에 나타난 주님의 격렬한 임재와 결코 비교할 수 없을 것이다. 천사들의 출현은 너무도 일반적이 되어서 어떤 특별한 사건으로 여겨지지도 않게 될 것이다. 주님 자신께서는 사도들과 장로들의 공회에 나타나서서 그들에게 지침들을 주실 것이다… 신자들은 계속해서 놀라움 가운데 있을 것이며 그들이 보게 될 위대한 새로운 일들에 매일마다 놀랄 것이다."

에스겔 마른 뼈들이 살아난다는 토라의 회복과 유대주의 기독교 새교회

이 운동들은 20세기 중반에 일어난 늦은 비 운동이라는 신오순절주의 같은 기초 위에 세워졌습니다. 왕국신학 지지자들은 신약의 교회가 구약의 영적 이스라엘이라고 말을 합니다. 그들은 장래 이스라엘에 관한 예언은 신구약 성경 모두에서 교회에 적용하도록 주어졌다고 말합니다. 에스겔서 37장 1-11절의 마른 뼈의 회복의 해석은 현재 교파주의라는 생명없는 바벨론 교회로부터 나와서 구약의 토라와 신약의 교회가 완전한 일치로 들어가는 교회의 회복이라고 말합니다. 모든 신자들은 왕국시대의 새 계시를 통해 선지자와 사도들로부터의 그려진 한 마음과 한 생각과 한 목적을 갖게 될 것이라고 합니다. 이것이 유대주의 기독교입니다.

피터 와그너는 늦은 비의 종말론적인 과격한 킹덤나우 사상에서 조금 변형된, 그러나 역시 영적전투를 통해서 대적을 무찌르고 이 지구에 하나님의 나라를 이루어야 한다는 교리를 발전시켜 왔습니다. 이것을 신사도들은 "전략적 레벨에서의 영적전투"라고 부릅니다. 피터 와그너는 영적전투의 세 번째 레벨을 이렇게 기술합니다.

전략적 레벨 영적 전쟁(Strategic-level spiritual warfare)-여기서 우리는 마귀적 능력의 훨씬 더 불길한 징조의 집약-지역령(territorial spirits)들과 싸웁니다. 전략적 레벨의 영적 전쟁에 대한 명확한 성경적 설명은 계시록 12장에서 발견되는데 거기에는 "하늘에 전쟁이 있으니 미가엘과 그의 천사들이 용으로 더불어 싸울쌔 용과 그의 천사들도 싸우나"(계 12:7)고 기록되어 있습니다.

그에 의하면, 전략적 레벨 영적 전쟁은 사탄의 통치자들 중에 가장 강력한 자, 즉 사탄에 따라서 국가들과 대륙들을 통치하는 소위 '지역령'들과 전쟁을 하는 것입니다. 따라서, 각 지역마다 마귀의 견고한 진에 대한 영적 정보를 입수 분석한 밥 베켓의 '영적 도해'가 영적 전쟁을 위해서 전략적으로 사용되고 있습니다.

마귀가 지배한 7개 영역신학은 C.C.C(대학생선교회) 설립자인 빌 브라이트와 YWAM(예수전도단)의 설립자인 로렌 커닝햄에 의해서 조직화되고 이론화 되었습니다. 신사도 신디 제이콥스와 체 안을 강사로 초청한 어느 영성세미나의 안내기사는 이렇게 적고 있습니다.

"예수전도단의 창시자 로렌 커닝햄 목사와 대학생선교회(C.C.C)의 창시자 빌 브라이트 박사는 십 수년 전 하나님께로부터 사회의 각 영역에서 그리스도인들이 영성회복을 통해 변화되어 사회를 변혁하는 주최가 되는 것이 중요하고 이를 통해 전 세계 열방의 추수가 일어날 것이라는 비전을 받았다…이 영역들을 7개의 전략적 산들이라고도 하고 또는 그리스도인들이 변화시켜야 할 사회의 7가지 영역들로 불려지고 있다…이 일곱가지의 영역은 (1)가정, (2)교회, (3)교육, (4)미디어, (5)정부, (6)예술·스포츠, (7)사업의 영역들이 있으며 이는 각 나라의 문화를 형성하는 영역들이 됐다…오늘을 살아가는 그리스도인들이 이 전략적 산지들을 여호수아, 갈렙의 세대로 일어나서 유업으로 취하며 열방의 부흥과 영혼 추수의 군대로 일어나길 희망한다."

신사도 운동가들이 정복할 7개 영역에 교회가 포함되어 있는 것에 주목해야 합니다.

완전한 새로운 개혁을 말한 트랜스포메이션 새 종교

이런 킹덤나우 사상과 전략적 영적전쟁의 성과를 뒷받침하기 위해서 신사도 조지 오티스 주니어는 '변혁(Transformation)'이라는 비디오를 만들어 전 세계 선교단체에 뿌려 왔습니다. 신사도운동 비평가 레슬리 부부는 그들의 '변혁'을 이렇게 설명합니다.

(1) '트랜스포메이션'이란 용어는 계획되고 의도된 '제2의 신사도 개혁'이라고 말한다.

(2) '트랜스포메이션'은 (로마서 12:2와 같이) 개인적인 것이 아니고, 그룹과 실체들에 집단적으로 적용된다.

(3) '트랜스포메이션'은 지구적 규모로 정치사회문화적인 개혁을 일으키기 위한 '모든 것을 감수하는' '선교' 전략에 의해 이루어진다.

(4) '트랜스포메이션'을 촉진하기 위해 극도로 정교한 심리사회적 마케팅 기법이 활용된다.
(5) 최첨단 통계 계량 평가방법이, 미리 사람들이 설정한 판단기준들을 통해, 이 '트랜스포메이션'을 평가한다.
(6) 새 이름, 새 기법, 새 방법론, 새 교리 등의 복잡한 영적 활동이 과도해져야, '트랜스포메이션'을 하늘에서 그리고 땅에서 일어나게 한다고 알려져 있다.
(7) 다단계 마케팅과 과히 다르지 않은 교회 계층구조의 재조정이 '트랜스포메이션'이 일어나기 위해서 필요하다고 한다.
(8) 새로운 권위구조와 책임구조가 신자들과 하나님 사이에 놓여 져야 한다고 한다.
(9) '트랜스포메이션'은(변증적으로 말하자면) 점점 가속화되어 가는 지속적인 변화를 먹고 자란다.
(10) '트랜스포메이션'에 복종하고 참여하는 것이 대사명을 완수하는 데에 필요하다고 주장한다.
(11) '트랜스포메이션'은 그리스도의 신부가 완전하게 되고 하나님의 나라가 하늘에서와 같이 땅에서도 이루어질 때까지 완성되지 않을 것이다.
(12) 따라서 신자들은 이런 여러 '트랜스포메이션'적 활동을 통해서 지구를 새롭게 만드는 공동 창조자이며 공동구속(救贖)자이다.

그들이 말하고 있는 트랜스포메이션은 완전개혁을 말하고 있습니다. 이것은 새로운 종교입니다. 프리메이슨들은 자신들이 세상을 새롭게 바꾸는 신들이라고 합니다.

'전투 기도'에서 와그너는 이렇게 씁니다:
"대도시 로스엔젤레스 상에 네 개의 투쟁 중인 영들이 있음을 분별했다: 1) 종교의 영, 2) 마술사의 영, 3) 폭력의 영, 4) 탐욕의 영. 그는 전투 기도로 그러한 특정 영들에 대항하려고 대규모 기도 모임에 참석한 7,500 명의 신자들을 이끌고 나아갔다"

이 모든 '전략적 레벨 영적 전쟁'의 결과는 무엇입니까? 아무 것도 없습니다.

데이브 헌트는 이렇게 씁니다:

"1989년에, 로이드 오길비와 잭 헤이포드가 인도한, 여러 교단에서 온 1300 명이 넘는 목사들이 헐리우드 장로교회에서 L.A.의 '해방'을 위해서 영적 전쟁을 하려고 매 분기마다 기도 모임을 시작했다. 다음 해에 악은 증가하였다. 성경에는 그러한 '해방'을 지지하는 예가 단 하나도 없다. 한 목사는 우리에게 이렇게 썼다: '우리는 만나서 금식하고 기도하며 영들을 묶는다. 우리가 모임을 떠나는 순간 그들은 다시 풀려난다!' 그 모임들에 관련된 지도적 목사들 중에 한 명은 성적 부정으로 인해서 목사직을 떠나야 했다. 그들이 L.A.를 해방시키기 위해서 지역 영들과 전투를 하는 동안 지도자들 중에 한명은 자기 자신의 마음 속 전투에서 패배했던 것이다. '사랑 LA (Love LA)'라 불린 이 모임들은 래리 레아에 의해 영감 되었고 그는 '오늘은 영적 영역에서 군사적 전쟁이나 다름없는 전쟁을 하는 날이다… 대도시 L.A.와 우리 나라를 속박하는 마귀적 요새들은… 떨어질 것이다' 하고 선언하였다. 하나님을 위한 미국을 만들려고 그에게 합류한 300,000 명의 '기도 전사들'을 불러낸, 전투 피로증에 걸린 '기도의 사도' 래리 레아는 카리스마를 보였다. 그러나 미국과 L.A.는 도덕적으로 계속 더 나빠지고 있다."

12) 킹덤나우 신학의 평가

킹덤나우 사상은 구약의 이스라엘 메시야 신국 사상입니다. 사탄의 세력들은 제국을 세울 때마다 니므롯이 그러했던 것처럼 자신들만의 지상의 천국인 바벨탑을 세우려 했습니다. 이것이 사탄의 세력들의 주 특기입니다. 특히 가짜 유대인들로 형성된 적그리스도의 혈통들은 플라톤의 이상국가인 지상의 유토피아 신세계질서를 세우기 위해 하나님의 선한 뜻에 반역을 계속해 왔습니다. 성경은 이 세상의 임금을 사탄이라고 했습니다. 그래서 그는 끊임없이 자신의 견고한 왕국을 세워서 하나님의 뜻을 대적하려 했던 것입니다. 다니엘이 고레스 왕의 자유원통선언을 통해 세웠던 페르시아, 아리스토텔레스가 그의 제자 알렉산더를 통해서 세웠던 그리스 신국, 교회사가 유세비우스가 콘스탄틴 밀라노 칙령을 통해 세웠던 로마, 어거스틴이 하나님의 도성을 통해 세웠던 로마 카톨릭, 칼빈이 제네바 성시화를 통해서 세웠던 신국, 아브라함 카이퍼가 네델란드 암스텔담에서 세웠던 신국, 웨슬레가 런던에 세웠던 홀리랜드, 조나단 에드워드가 뉴 잉글랜드에서 세우려 했던 킹덤, 모라비안 진젠도르프가 100년 동안 24시간 기도 운동을 하면서 2,580명의 선교사를 파송하여 세우려 했던 나라가 바로 메시야 신국인 킹덤이었습니다. 진젠도르프의 킹덤사상은 1948년 늦은비 운동을 일으킨 윌리엄 브래넘에 의해서 다시 불이 붙었으며 릭 조이너에 의해서 캔자스시티 선지자들을 통해 마이크 비클, 밥 존슨, 폴 케인, 존 윔버, 더 콜, 피터 와그너, 신디 제이콥스, 체 안, 타드 벤트리 등으로 전 세계로 흘러가고 있습니다.

신사도 운동의 킹덤나우(kingdomnow) 신학을 만든 사람이 바로 네델란드 신학자 아브라함 카이퍼입니다. 아브라함 카이퍼는 무천년주의자로서 창세전에 하나님이 계획하신 문화명령이 하나님의 주권적인 능력으로 교회를 통해 우주적으로 이루어질 것을 선포했습니다. 그리고 그의 제자 프란시스 쉐퍼는 기독교 세계관을 만들어 하나님의 주권적인 힘으로 세계가 변화될 것이고 변화를 가로막는 악한 세력들에 대하여 무력도 불사할 것을 천명했습니다. 도예베르트는 화이트 헤드의 유기체 철학을 발전시켜 아브라함 카이퍼의 일반은총을 우주법 철학으로 발전시켜 온 우주에 하나님의 나라가 회복되면, 모든 죄악이 물러갈 것을 말했고, 빌리그래함은 이것을 모든 종교, 모든 인종, 모든 자연 만물이 포함된 완성된 우주교회 라고 했습니다. 아브라함 카이퍼의 일반은총 영역주권 사상을 복음과 전투기도로 점령할 7개 영역으로 나눈 사람이 C.C.C 빌 브라이트와 예수 전도단 로렌 커닝햄입니다. 그들은 이것을 그들이 점령할 7개 산이라고 했습니다. 그런데 놀라운 것은 그들이 정복할 7개 산 중에는 교회가 포함되어 있습니다.

13) 신사도운동의 정체는 무엇입니까?

신사도운동의 예루살렘 회복운동은 지상에 사탄의 유토피아 한 정부를 세우는 우주회복으로 나가는 신세계질서의 전략적인 작전입니다.

신사도운동은 기도운동이 아닙니다. 신사도운동은 선교운동이 아닙니다. 신사도운동은 은사운동이 아닙니다. 신사도운동은 교회부흥운동이 아닙니다. 신사도운동은 예루살렘 회복운동이 아닙니다. 신사도운동은 전도운동이 아닙니다.

신사도운동이 입고 있는 이 모든 기독교적인 옷은 양의 탈을 쓴 이리의 옷입니다. 겉으로 나타난 매력적인 상표만 보고 달려들었다가는 사탄이 파논 깊은 함정에 빠질 것입니다.

신사도운동은 사탄종교운동입니다. 신사도운동은 종교통합운동입니다. 신사도운동은 신세계질서운동입니다. 신사도운동은 반기독교운동입니다. 신사도운동은 뉴에이지 운동입니다. 신사도운동은 뉴플라톤철학의 관상기도운동입니다. 신사도운동은 아프리카 부두이교 샤머니즘 운동입니다. 신사도운동은 인도의 쿤달리니 운동입니다. 신사도운동은 이슬람 신비주의 수피니즘 운동입니다. 신사도운동은 유대 탈무드 카발라 천사운동이고 흑마술 백마술 운동입니다. 신사도운동은 바벨론 태양신 운동입니다. 신사도운동은 이집트 이시스 피라미드 종교운동입니다. 신사도운동은 플라톤과 신플라톤 철학 플로티누스의 일원론, 우주범신론, 내재신론의 신적복귀 사탄종교 철학운동입니다.

신사도운동은 사탄이 마지막 인류에게 꺼내든 히든카드입니다. 사탄은 신사도운동이란 최신 무기를 통해서 인류를 창조주와 구속주 되신 하나님과 예수님을 배도하게 할 것입니다. 그래서 신사도운동은 배도의 종교입니다. 한 번 그들에게 물리면 절대로 빠져 나올 수 없습니다. 그들이 앞으로 인류 앞에 행한 기사와 표적은 상상을 초월할 것입니다. 모세가 바로에게 행하였던 것 이상의 것이 될 것입니다. 릭 조이너는 사도들이 행한 능력보다 1만배나 되는 능력이 나올 것을 예언했습니다.

쓰러짐, 거룩한 웃음, 뜨거움, 환상, 환청, 투시, 공중부양, 텔레파시, 마인드콘트롤, 유체이탈, 집단최면, 공간이동, 초혼, 예언, 흑마술, 백마술, 치유, 외계인, U.F.O, 환생, 전생여행.

사탄은 하와를 미혹할 때 너희가 하나님처럼 될 것을 약속했습니다. 신사도운동의 최종목적은 사람으로 하나님과 예수님과 같은 존재로 만들어 하나님을 배도하게 하는 것입니다. 이것이 그들이 말한 재림한 예수님의 모임인 "새교회" "예수님의 회군" 입니다. "슈퍼 교회", "한 새 사람", "신인간", 등입니다.

메시아닉 운동과 신사도 운동가들

다음은 "Olive Tree"라는 메시아닉 운동을 하는 이 사이트에 링크된 신사도 운동의 몇 대표자들만 추려서 소개해 보면, 신사도적 늦은비/빈야드와 관계되어 있으며, 금가루 등의 오컬트와 연관된 인물/단체들로 볼 수 있겠습니다.

루 잉글: 더 콜 / 아이합 마이크 비클과 동역,
마이크 비클: (전) 캔자스시티선지자(KCF) 대표 / 아이합(IHOP) 대표
프랜시스 프랜지팬, 존 폴 잭슨: (전) 캔자스시티선지자(KCF)
밥 존스: (전) 캔자스시티선지자(KCF) 대표 선지자 / 타드 벤틀리의 양부
릭 조이너: 모닝스타교회 / 타드 벤틀리 동역 / (전) 캔자스시티선지자(KCF) / 말타기사단
폴 키스 데이비스, 더치 쉬츠, 바비 코너(말타기사단), 짐(제임스) 골.. : 늦은비 후예들
신디 제이콥스: 중보기도의 장군들 / 피터 와그너의 신사도 (ICA)
루벤 도론: 원뉴맨 (김우* 연관) / (전) 캔자스시티선지자(KCF)
스티브 슐츠: 엘리야 리스트 (신사도 허브 사이트)
웬디/로리 알렉: God TV (타드 벤틀리 집회의 생중계로 유명함)
마헤쉬 챠브다: 금가루사역 / 말타기사단
시드 로스: It's Supernatural / 메시아닉 / 원뉴맨
패트리샤 킹: Extreme Prophetic / 빈야드 /타드 벤틀리의 멘토

14) 임파테이션(Impartation)의 정체 : 임파테이션이란 무엇입니까?

사탄의 모든 종교를 하나로 통합한 블라바츠키의 신지학

임파테이션은 사탄 루시퍼로부터 나오는 영적인 능력의 계보입니다. 피리미드를 보면 삼각형 꼭대기에 전시안이 있습니다. 그리고 그 밑으

로 넓어지면서 다단계를 이루고 있는데 이것이 사탄의 영적인 조직의 상징입니다. 사탄 루시퍼를 통해서 시크릿 마스터라는 총 사령관이 있습니다. 그리고 그 밑에 프리메이슨 조직이 단계적으로 나누어집니다. 여기에서 우리는 일루미나티 33도, 또는 프리메이슨 32도와 같은 이름을 들을 수 있습니다.

신지학은 뉴 플라톤철학에서 말한 신지식(theosophy)입니다. 주후 2-3세기 뉴 플라톤 철학의 시조 암모니우스 사카스가 주장한 내용입니다. 암모니우스 사카스는 인도 힌두교 수도승으로 이집트 알렉산드리아에서 관상신학을 전파하였습니다. 그는 평생동안 유체이탈을 통해 전생여행을 했던 사람으로 플로티누스와 오리겐을 제자로 두어 플로티누스는 사탄 철학을, 오리겐은 사탄 신학의 체계를 세웠습니다. 신지학 협회는 이런 암모니우스 사카스의 뉴 플라톤 철학을 중심으로 사탄종교 전체를 통합하는 운동을 하기 위해서 만든 기구입니다.

신지학 협회를 통해서 만들어진 종교통합은 뉴 에이지 종교인 유대 카발라종교로 유엔에서 종교통합운동을 하는 신사도운동입니다.

원래 사탄종교는 지구상에 여러 모양의 종교로 흩어져 있었는데 1875년 11월17일 미국 뉴욕에서 신지협회가 소련의 점쟁이 블라바츠키에 의해 조직이 되면서 세계의 모든 종교가 하나의 종교로 통합이 되었습니다. 사탄의 종교도 등급이 있습니다. 서로 통합된 종교협회에서 우위를 차지하려는 시도가 있어서 하이어라키라는 용어가 나오게 되었는데 하이어라키는 의식을 지닌 영적인 존재들의 명령계통입니다.

군대에서의 명령계통은 권력의 순위에 따라 집행서열을 나타내는 계급체계입니다. 마법세계에서 가장 높은 권위는 신입니다. 존재등급의 서열 신, 반신, 대천사, 인간, 데몬, 아크데몬, 반악마, 악마 등으로 서열이 정해져 있습니다.

그런데 대천사 이상의 지위에서는 초환령(invocation)이 사용되는데 간구하는 것, 즉 정중함과 사랑, 승화 등으로 간절히 요구해 불러내는 것입니다. 그리고 소환(evocation)령은 그 이하 계급을 불러내는 방법인데 강제로 불러내 명령하는 것. 강제, 협박, 경멸, 저주 등으로써 불러내는 방법을 말합니다.

사탄종교의 영적인 임파테이션 계보 하이어라키의 비밀

다시 말하면 사탄종교안에서도 철저하게 영적인 레벨에 의해서 서열이 정해져 모든 종교가 신지학이라고 하는 학문으로 통일을 이룩한 것입니다. 신지학에서 가장 레벨이 높은 종교가 바로 유대 카발라 생명나무입니다. 신지학 협회는 유대 카발라 생명나무 신학의 원리로 모든 종교가 통일이 되었습니다. 유대 카발라 생명나무는 아프리카 샤머니즘인 부두이교부터 인도 쿤달리니 그리고 티벳불교 등 모든 종교를 포용하는 능력의 종교가 되어 세계의 모든 종교가 유대 카발라 생명나무원리로 통합을 이룩했습니다. 그래서 사탄을 숭배한 랍비나 목사나 스님들이 자신이 위치한 세계적인 종교 레벨의 등급을 받게 된 것입니다. 우리나라 사람으로는 김일성 일루미나티 33도, 문선명 일루미나티 33도 등입니다.

이렇게 정해진 영적인 등급에 따라서 능력이 위에서 아래로 내려오는데 사용되는 방법이 안수 즉 임파테이션입니다. 등급이 올라갈수록 대우를 받고, 등급이 내려갈수록 강제로 노역을 해야하기 때문에 영계에서 높은 등급으로 올라가려는 치열한 경쟁이 임파테이션이란 과정을 통해서 이루어집니다. 이런 과정을 통해서 사탄의 왕국은 철저하게 상명하복의 영적인 원리에 의해 견고하게 확장되어 나가는 것입니다.

힌두교 쿤달리니, 사막 수도원 수도사, 뉴 플라톤 관상철학에서의 조명, 영지주의에서 말하는 채널러, 무당, 영매, 영적 가이드, 최면술사, 마스터 등과 같은 사람들은 모두 다 임파테이션이란 원리를 통해서 능력을 전달하고, 영적인 초자연적인 세계를 경험시키는 영적인 아버지와 같은 존재들입니다. 이들도 역시 전에는 제자로서 스승에게 받은 임파테이션이란 과정을 통해서 그들이 그러한 위치에 오른 사람들입니다. 이들 또한 더 높은 위치에 오르기 위해 자신들보다 더 높은 레벨의 사람들을 섬기면서 꾸준히 영적인 훈련을 해나가는 것입니다.

인간 군대 노예화 프로젝트 임파테이션

이렇게 해서 전 세계 사탄 종교는 일사분란하게 활동을 하면서 전세계 종교를 하나의 종교로 통합시켜 나가고 있습니다. 1940년대 일어난 윌리엄 브래넘의 임파테이션 늦은 비 운동이나 프랭클린 홀에 의해서 시작된 금식기도 원자력 늦은 비 운동도 이런 종교통합운동으로 시작된 사탄종교 운동입니다. 1960년 로마 카톨릭이 노틀담 성당에서 선언한 은사운동 역시 같은 사탄 종교운동입니다. 늦은 비 운동을 계승한 아이합의 마이크 비클 기도운동이나, 피터 와그너의 12명의 신사도운동 역시 같은 사탄 종교 통합운동입니다. 이들이 주장한 은사운동은 사도나 선지자들을 통해서 전달되는 임파테이션이란 영적인 족보를 통해서 점점 더 확장되어가고 있습니다. 이들이 말한 예수군대, 요엘군대, 킹덤아미(왕국군대) 등은 모두 임파테이션 과정을 통해 사탄의 노예들이 되어 버린 사람들을 말합니다.

15) 임파테이션이 이루어지는 과정

먼저 능력을 전수받아 채널러가 된 사람이 찬양을 하거나, 뜨거운 방언기도를 하거나, 조용히 관상기도를 하는 중에 집단 최면이란 원리를 이용하여 무장해제를 시킵니다. 여기에서 무장해제란 마음의 근심, 걱정, 난폭함, 음란함, 복잡함 등을 정화하는 과정을 말합니다. 그런 과정을 거치는 동안 마음에 평화가 오고, 마음의 여유로운 감동으로 새로운 세계를 동경하게 됩니다. 그때 채널러들은 자신들의 교리나 사상이나 신학적인 도그마를 그들의 마음에 세뇌를 시킵니다. 그리고 난 후 다시 뜨거운 기도나 찬양 그리고 더 깊은 관상기도를 통해서 그들 마음 깊은 곳에 죄악의 씨를 뿌려 발아를 시킵니다.

그리고 그중에서 뜨겁게 반응을 한 사람들에게는 따로 불러 안수하여 임파테이션을 합니다.

그리고 그들 중에 열렬한 사람들을 뽑아 일군을 세웁니다. 이런 것들이 반복되면서 점차적으로 임파테이션을 받은 영혼들은 그들이 원하는 군대로 노예화되어 갑니다. 일단 한 번 맛을 보면 또 찾게 되고, 더 사모하게 됩니다. 마치 소금물을 마신 사람들이 더욱 더 물을 찾아 갈급하듯이 그들의 임파테이션 횟수가 늘어갈수록 그들은 돌아오지 못하는 다리를 건너 갑니다. 그리고 결국 착한 양심이 마비가 되고 영혼이 완전히 죽을 때까지 사탄의 통치를 받게 됩니다.

많은 사람들이 욕심과 탐욕 그리고 부와 명예를 갖기 위해 능력을 받기를 추구합니다. 자신의 병을 고치고, 불행한 인생을 바꾸기 위해 초자연적인 능력을 사모하게 되는데 이것이 사탄의 올무에 걸리는 덫이 됩니다.

집단 최면 프로그램을 통해서 간접적으로 임파테이션을 경험할 수 있습니다. 부흥회나, TV마술 프로그램을 보면서 시키는대로 하다보면 임파테이션이 이루어집니다. 그러므로 성도들에게 영적인 분별력을 가르쳐 주어서 절대로 그런 것들을 따라서 하지 못하도록 해야 합니다.

앞으로 엄청난 임파테이션이 세계적으로 공중파 TV나 스마트폰 동영상이나 인공위성에서 직접 쏘아대는 전파를 통해서도 이루어질 것입니다.

그러나 구원받고 성령으로 거듭난 사람에게는 절대로 이루어지지 않습니다. 그러므로 그런 것들을 멀리하고, 철저히 차단 시켜야 합니다. 만일 구원받은 성도라도 마음을 열고 따라서 할 경우에는 영향을 받을 수 있습니다. 그러므로 영적인 분별이 가장 중요합니다. 오직 하나님의 말씀만 붙들고 살아야 합니다. 그 말씀으로 순교까지 나가야 합니다.

사탄의 세력들이 사용하고 있는 임파테이션은 사탄을 머리로 한 피라미드 영적인 족보에 의해서 이루어지고 있습니다.

16) 성령의 사역과 사탄의 임파테이션의 차이는 무엇입니까?

성령의 사역은 자유롭게 합니다. 주의 영이 있는 곳에는 자유가 있습니다. 성령의 은혜를 받고나면 원수같은 사람에게서도 자유를 얻습니다. 성령의 은혜를 받고나면 감옥같은 환경에서도 자유를 얻습니다. 성령의 은혜를 받고나면 욕심과 탐욕, 재물과 지식과 명예로부터 완전 자유함을 얻습니다. 그래서 죽어도 좋고, 살아도 좋습니다. 장소가 중요하지 않습니다. 환경이 중요하지 않습니다. 더 이상의 갈증은 없습니다. 내게 강같은 평화가 넘치는 것입니다. 모든 일들을 감사함으로 하고, 즐겁기 때문에 자발적으로 합니다.

그러나 사탄의 임파테이션에 걸리면 노예화가 시작됩니다. 즉 감옥과 같은 갇힘이 시작됩니다. 좋긴 무척 좋은데 다 좋지 않습니다. 사랑은 넘쳐난 것 같은데 다 사랑할 수 없습니다.

비전이 생겼는데 그 비전으로 더욱 더 고립됩니다. 결국은 그 임파테이션을 받은 그대로 노예가 되는 것입니다. 그래서 군대가 되어 사탄의 종이 되는 것입니다. 임파테이션은 한 곳만 바라보게 합니다. 임파테이션은 영혼을 점령해 그를 노예화 시키고, 그의 영혼을 미끼로 낚아 챈 것입니다. 임파테이션을 받고나면 그 사람들만 좋아합니다. 그들의 장소만 찾습니다. 거기에만 안식이 있고, 그들에게만 소망이 있습니다. 그리고 가족도, 교회직분도, 지금까지 쌓았던 우정도 버립니다. 그래서 사탄의 군대가 되는 것입니다.

어떻게 같은 프로그램속에서 사탄의 임파테이션을 분별할 수 있습니까?

사탄은 교회성장이란 이름으로 하나님의 거룩한 교회를 더럽히기 위해서 신사도운동을 통해 마지막 지상의 교회를 총공격하고 있습니다. 임파테이션은 반드시 눈에 보이지 않은 하이어라키라는 영적인 계보를 통해서 보급됩니다.

그러므로 외부에서 행해지는 여러 가지 프로그램을 분별하는 것이 중요합니다. 분별없이 아무 집회나 참석해서는 안됩니다. 아무리 프로그램 제목이 그럴듯하고 수많은 좋은 소문들이 있어도 조심해야 합니다. 왜냐하면 지금까지 신학교나 선교회나 대형교회들이 사용했던 프로그램들이 모두 다 사탄의 세력들이 만든 임파테이션 프로그램이었습니다. 피터 와그너의 교회성장학, 아이합의 24시간 기도운동, 베뢰아운동, 늦은비운동, 적극적 사고, 목적이 이루는 삶, 진젠도르프의 선교운동, 인터콥, 아버지학교운동, 금식기도운동, 시오니즘운동, 통일운동, 예루살렘회복운동, 알파운동, 두 날개, 가정교회운동, G-12운동, 찬양운동, 영성운동, 치유운동, 전도운동, 제자운동, 신유운동, 재정운동 등입니다. 겉으로 나타난 프로그램 제목은 너무나 멋지고, 성경적으로 꼭 오늘날 교회가 필요로 한 프로그램 같습니다. 그러나 이런 달콤한 프로그램을 통해서 임파테이션이란 눈에 보이지 않는 무기를 사용하여 교회를 무너지게 하는 것입니다.

사탄은 이런 교회성장 프로그램들 안에 임파테이션이란 영적인 암병을 넣어 세계교회를 부패시켰습니다. 심지어 초,중,고등학교 청소년 연합캠프나 대학생 청년 연합수련회를 통해서도 찬양과 방언기도운동을 통해 임파테이션이 이루어지고 있습니다. 임파테이션은 우리의 감정과 혼을 지극시켜 일어나는 영적인 현상으로 깊이 경험할수록 하나님의 말씀을 듣고 깨닫는 일에 방해가 되고 말씀을 통한 성령의 사역을 철저히 차단시키는 영적인 암병을 가져다 줍니다. 즉 우리의 영을 마비시키고 죽이는 프로그램입니다.

17) 임파테이션을 피하고 거룩한 교회를 세우는 방법은 무엇입니까?

참 교회는 성부와 성자와 성령이 세워나가십니다. 성령 하나님의 계획하심과 성자 예수님의 구속하심과 성령 하나님의 인침과 보증으로 하나님의 거룩한 교회는 든든히 세워져 나갑니다.

성삼위 하나님께서 교회를 세우시는데 그 기초는 성경입니다. 진리의 성경이 교회를 세우는 원리입니다. 그래서 철저하게 성경으로 돌아가야 합니다. 이것을 제자훈련이라고 합니다.

예수님께서 3년 반 동안 12제자들을 말씀으로 훈련시켜서 초대 예루살렘 교회를 세워 오늘에까지 이르게 하신 것처럼 다시 우리는 예수님께서 행하셨던 성경으로 제자훈련을 시작해야 합니다.

먼저 철저하게 외부로부터 들어오는 임파테이션을 받은 프로그램을 단절시켜야 합니다. 그래서 더러운 물이 교회안에 흐르지 못하게 해야 합니다. 그리고 초심으로 돌아가 초대교회 교부들이 세례문답학교를 만들어 철저하게 복음을 전하고 구원의 서정 8단계를 거쳐 구원받은 영혼들을 관리하였듯이 한 영혼 한 영혼을 양육하고 말씀으로 훈련시켜 나가야 합니다.

그래서 하나님의 교회가 거룩한 진리위에 세워지게 해야 합니다. 교회성장이란 이름을 지워야 합니다. 열심히 전도하고 하나님께서 맡겨주신 양들을 철저하게 지키고 제자로 훈련시켜 나가다보면 하나님께서 영혼들을 붙여 주실 것입니다.

6. 성시화 운동(Holy Club)의 비밀

1) 성시화 운동에 사용된 프리메이슨 신사도 운동의 교리들

성시화 운동은 신칼빈주의 아브라함 카이퍼의 일반은총과 주권신학, 빌 브라이트와 로렌 커닝햄의 7개 영역주권, 신사도운동의 킹덤나우, 밥 베켓의 영적도해, 존 도우슨의 땅밟기, 마이크 비클의 24시간 기도운동, 프란시스 쉐퍼의 기독교 세계관, 헬라제국의 신국화 등의 교리로 만들어진 운동입니다. 이런 운동의 교리를 요약해 보면 성시화운동은 신사도운동입니다.

먼저 예수 전도단 총재 존 도우슨은 도시를 점령하라는 책을 통해 도시는 사탄이 지배하는 전략적인 기지임을 알 수 있습니다. 그 이유는 헬라제국의 신국 개념은 도시였습니다. 그래서 헬라제국의 유대인 공동체는 그들이 사는 도시국가를 폴리스 'polis' 라고 하지 않고 에클레시아 'Ekklesia' 라고 불렀습니다. 그 이유는 유대인들에게는 메시야 신국 사상이 있었기 때문입니다.

태양신 유대 메시아 신국을 추앙한 영지주의 사탄숭배자 오리겐이 말한 성시화

알렉산드리아 오리겐은 태양신 유대 메시야 신국사상을 추종하는 영지주의 사탄숭배자입니다. 그는 성경을 번역할 때 교회를 헬라 도시개념의 성시화인 에클레시아 [Ekklesia]로 사용했습니다. 그래서 신사도운동을 하는 사람들은 "거룩한 도시 건강한 교회"라는 구호를 사용하는데 이는 교회보다 도시를 우선시하는 메시야 신국 개념입니다. 이는 하나님의 나라의 개념이 성경에 나와 있는 구속(救贖)과 속죄(贖罪)중심이 아니라 메시야 신국의 정치적인 중심으로 생각했기 때문입니다. 성경적인 교회개념은 "거룩한 교회, 건강한 도시" 입니다. 즉 거룩한 교회가 우선되어서 건강한 도시를 만들어 가는 것입니다. 그러나 신사도운동을 하는 사람들은 거룩한 도시가 건강한 교회를 만든다고 합니다.

복음인가? 복음화인가? 본질인가? 수단인가? 내용인가? 껍질인가?

이것은 복음(gospel)이냐, 복음화(evangelical)이냐 하는 문제입니다. 복음은 예수님의 십자가 대속의 본질을 말하고, 복음화는 전파하는 방법의 수단을 우선시 하는 것입니다. 이는 사람이 먼저냐? 제도가 먼저냐? 하는 본질적인 문제입니다. 사탄의 복음은 사람을 먼저 생각하지 않고 제도나 환경을 먼저 생각합니다. 즉 환경과 제도가 변하는 것을 복음화로 생각하기 때문입니다. 이미 중세에서 경험한 것은 아무리 제도와 환경이 100% 복음화 되었다 하더라도 개인의 거듭남이 없이는 아무런 소용이 없다는 사실을 경험했습니다. 그래서 종교 개혁을 했던 것입니다. 그러나 사탄은 다시 복음의 암흑시대로 교회를 끌어가고 있습니다. 이것이 신사도운동의 킹덤나우 사상입니다. 즉 하나님의 나라를 영적인 존재와 미래적인 존재로 보지 않고 물리적으로 보고, 현실적으로 보는 것입니다.

2) 어거스틴의 성국화인 로마 카톨릭

어거스틴의 교회 개념도 역시 예수님의 구속(救贖)을 중심으로 해석하지 않고 정치적인 개념으로 해석을 해서 보편적(普遍的)인 교회로 보았습니다. 로마 카톨릭이란 어거스틴에 의해 만들어진 교회 이름인데 이는 로마에 흩어져 있는 구원받은 성도라는 뜻으로 구원받은 영적인 성도 뿐 아니라 구원받지 못한 로마 사람들을 포함한 로마 영토 전체를 교회로 해석한 정치적인 집단 국가교회를 말합니다. 그래서 어거스틴은 로마 카톨릭을 통한 오직 하나의 구원과 오직 하나의 유아세례만을 주장하고 다른 성인 세례를 베풀고 다른 복음적인 교회를 세웠던 노바티안 성도들을 몰살시켰습니다. 이런 정치적인 하나님의 나라 개념이 바로 성시화라는 의미입니다. 중세 로마 카톨릭은 영주나 왕들이 가진 종교를 그 영지에 사는 모든 사람들이 따라야 했습니다. 왜냐하면 교회 개념이 정치적이었기 때문입니다.

3) 풀러신학교 프리메이슨들의 성시화 전략

우리나라에서 성시화운동을 1972년 춘천시에 처음 도입한 사람은 미국 풀러신학교에서 빌 브라이트를 만나 함께 공부했던 C.C.C 김준곤 총재였습니다. C,C,C는 풀러신학교 출신 빌 브라이트 총재가 1953년 1월 26일 미국 UCLA 캠퍼스에서 시작한 대학생 선교단체입니다. 풀러신학교는 신복음주의 학교입니다. 신복음주의란 복음의 본질보다는 복음의 수단을 중요시하는 프리메이슨들이 세운 자유주의 신학교입니다. 빌 브라이트는 프리메이슨입니다.

  프리메이슨은 기독교 본질을 교묘하게 파괴시켜 일반 다른 종교화 시키는 미혹의 사탄숭배 단체입니다. 같은 프리메이슨인 예수전도단 로렌 커닝햄과 빌브라이트는 아브라함 카이퍼의 일반은총 영역주권 신학을 세분화시켜 7개 영역주권을 주장한 사람입니다. 빌 브라이트와 로렌 커닝햄(YWAM 창설자)은 "이 7개 권역들이 우리가 크리스토를 위하여 사회를 모양지어 나가도록 도와줄 것이다."라고 말한 바 있습니다(하나님의 길 쟁취, YWAM, 1988, 134쪽). 사회를 모양짓기가 바로 "성시화운동" "성국화운동"입니다. 프리메이슨들은 세계를 하나의 신국으로 만들기 위해 신세계질서를 이루어 가고 있는 비밀집단입니다.

  이것은 중세 시대와 같은 하나의 정부, 하나의 경제, 하나의 종교를 통합한 지상에 세워진 하나의 신국을 말합니다. 이것이 아브라함 카이퍼가 말한 무천년주의 종말관입니다.

빌 브라이트와 로렌 커닝햄의 정복해야 할 7개 영역 주권의 산

  로렌 커닝햄에 따르면, 그는 1975년 가족이 콜로라도 로키산맥의 캐빈에서 휴식을 취하면서 기도 중에 세계의 사회 각 분야를 예수님께로 돌리기 위한 전략구상을 했습니다. 이튿날 빌 브라이트를 만나 대화하던 중 둘 다 사회의 7개 권역을 겨냥하고 있음을 발견하고 서로 놀랐다고 했습니다.

  7개 권역은 1. 가정, 2. 교회, 3. 학교 4. 정부(도시) 5. 언론 6. 예술/연예/스포츠 7. 상권/과학/기술계 등. 커닝햄은 "이 7개 권역들이 크리스토를 위한 사회 재형성을 도울 것이다"라고 결론지었습니다. 그리고 전세계 C.C.C와 예수전도단 지부를 통해 "그리스도의 계절이 오게 하자" 등의 구호를 세우고 신세계질서 운동을 해오고 있습니다.

그들이 정복할 7개 산으로 나누고 있지만 실상은 가장 중요한 공격의 목표는 교회입니다.

4) 우주교회를 가르치고 있는 프리메이슨의 무교회주의

신세계질서를 이루는 원리 중에서 종교통합이 있습니다. 특이한 것은 C.C.C. 예수전도단, 네비게이토 등 프리메이슨들에 의해서 시작된 기독교 운동은 한결 같이 한 가지 공통점이 있는데 그것은 "교회론"이 없다는 것입니다. C.C.C 10단계 교재나 네비게이토 10단계 교재 어디에서도 교회론을 찾을 수 없습니다. 그 이유는 프리메이슨들의 교회관은 우주를 하나님의 교회로 봅니다. 즉 그들의 교회관은 그들의 우주관인데 국가나, 자연이나, 도시나, 가정이란 아주 작은 영역들이 모여서 우주 신국을 이루는 것이 그들의 신국사상입니다. 빌리그래함이 주장한 교회가 바로 모든 종교, 모든 사람, 자연만물을 포함한 하나의 우주 교회입니다. 이것은 아브라함 카이퍼의 제자 헤르만 도예베르트의 우주법 철학에서 말한 화이트 헤드의 유기체 철학입니다. 이것을 원땅이라고 합니다. 그래서 그들은 "거룩한 도시 건강한 교회"라는 구호를 사용하는 것입니다.

프리메이슨은 무교회주의자들입니다. 그들의 교회는 도시요 우주입니다.

세계종교 통합의 목적으로 세워진 C.C.C와 예수전도단(YWAM)

기독교의 두 가지 가장 중요한 교리는 십자가 복음과 교회론입니다. 구원받은 한 개인은 예수님의 몸된 교회의 한 지체로 살아갈 때 비로소 다른 지체들의 은사를 통해 그리스도의 장성한 분량으로 성장할 수 있습니다. 그러나 성시화 운동이나 성국화 운동을 하는 사람들은 이런 중요한 교회론을 가르치지 않습니다. 왜냐하면 그들의 목적은 모든 종교를 하나의 종교로 통합하는 것이기 때문입니다. C.C.C와 예수전도단은 처음부터 로마 카톨릭과 밀접한 협력을 하면서 사역을 하고 있습니다. 그 이유는 개신교와 로마 카톨릭의 통합을 위해 중간 다리 역할을 하기 때문입니다. 처음부터 그런 목적으로 만들어진 선교단체입니다. 특히 예수전도단의 치유사역, 영성훈련사역, 음악사역, 선교사역 등은 종교 통합의 원리를 다 가지고 있습니다.

5) 신사도 운동을 통해서 세워지는 신세계질서

로렌 커닝햄과 빌 브라이트의 7개 권역 개념을 피터 와그너(신사도 운동 선구자)에게 소개한 사람이 랜스 월노입니다. 월노는 이것을(정상을 정복해야 할) '일곱 개의 산' 으로 불렀습니다. 와그너는 월노의 논문 '장터로의 예언적/성서적/인격적 초청' 을 인용, "전쟁 전략은 세상을 정복할 것이라면 이 산들은 문화와 사람들의 마음을 빚는 산들이다. 이 산들을 통제하는 사람이 곧 세상과 그 추수의 방향을 통제한다."라고 풀었습니다(같은 책 114쪽).

피터 와그너는 이 7개의 산봉우리/권역이 '사도적 권역' 이 될 것이라며 각 전략적 전투장으로 하나님의 군대를 이끌어 갈 수 있는 사도들이야말로 각 산꼭대기에서 힘의 구조를 바꿀 수 있는 사람들이라고 강변했습니다. 와그너의 '지구촌추수선교회' (글로벌하베스트미니스트리 GHM)가 바로 이 7개 권역 정복운동의 일선 도구입니다.

예언자로 자처해온 월노는 새가나안협회(NCS)의 강사이기도 한데 NCS는 오순절계 '늦은비' 운동, 관상가들, '떠오름' 영성가들, 정치적 주권운동가들이 한데 아우러진 단체입니다.

성시화 운동에서 전투기도를 통해서 도시를 장악한 악한 영들을 결박하고 도시를 복음화하기 위해 24시간 기도운동을 하는 것입니다. 이때 사용되는 전술적인 용어가 "기도조(組)" prayer gangs와 "영역표시하기"(territorial marking) 등이 있습니다. 이는 전투기도를 통해서 도시를 장악한 지역영(territorial evil spirit)을 무력화시키는데 "영적 전투" 그룹들이 사용하는 전술적인 용어들입니다. 이런 기도운동을 통해서 임파테이션이 이루어지고 있습니다.

아브라함 카이퍼의 일반은총 영역주권신학과 기독교 제국주의 무천년신학

성시화 운동은 이같이 신세계질서 사회복음주의 운동을 하는 사람들에 의해서 만들어진 운동입니다. 현대 사회복음주의 주권운동은 바로 아브라함 카이퍼의 신칼빈주의를 주된 사상으로 삼는 풀러신학교 총장 리처드 마우를 기반으로, 복음주의권을 물들여 왔습니다. 오순절 계열 인사로 미국 복음주의권 주권운동의 일환인 '신사도운동' (NAR)의 기수로 나선 피터 와그너는 바로 풀러신학교와 연결고리를 갖고 있습니다.

주권운동은 쉽게 말하면, 예수 그리스도의 재림 전 세상에 신자들이 미리 '하나님의 왕국'을 이뤄 놓아야 한다는 주장입니다. 이것이 아브라함 카이퍼가 주장한 무천년주의 종말론입니다. 그는 칼빈의 특별은총을 하나님의 주권적인 일반은총으로 해석해서 교회를 통한 성공적인 사회변혁을 주장했습니다. 이것을 체계화시킨 사람이 프란시스 쉐퍼의 기독교 세계관입니다. 그래서 사회 각계 각층 모든 분야에 크리스천들이 진출해서 '복음화'하는 데 이바지해야 한다는 것입니다. 그래서 신자들이 각 분야에 파고 들수 있는 다양한 일선 침공작전 내지 체제도 구축돼 있습니다. 이런 아브라함 카이퍼의 무천년주의 주권운동을 새러 레즐리는 '세계 기독교 제국주의' 운동이라고 정의했습니다.

6) 제네바 칼빈의 성시화 역사적 교훈

주후 1542년부터 1546년까지 존 칼빈은 제네바 성시화를 위해 종교 개혁을 했습니다. 이것이 성시화의 시초입니다. 그는 하나의 종교, 하나의 정치 이념을 선포하고 그 기준에 맞지 않는 사람들을 추방했습니다. 그리고 그 법을 어긴 사람들을 죽였습니다. 당시 종교 재판은 공개 처형이었습니다. 왜냐하면 모든 이들에게 경각심을 일깨워주기 위해서입니다. 4년 동안 13,000명이었던 제네바 시민중에 76명이 추방당했습니다. 58명이 죽었습니다. 36명은 화형, 13명은 교수형, 10명은 목잘려 죽었습니다.

앞으로 유비쿼터스 성시화 시스템이 완성되면 이보다 더 강력한 통제

사회 속에서 어느 한 사람도 종교 제국주의 통제에서 벗어날 수 없을 것입니다.

1972년에 시작된 성시화 운동

김준곤 목사에 의해서 1972년에 시작된 성시화 운동은 이명박 대통령 때 급속하게 확장되어 지금은 거의 모든 도시에 조직이 되었습니다. 이명박 대통령은 서울시장 시절에 서울시를 하나님께 봉헌한다는 발언을 해서 공개 사과한 일이 있습니다. 아무리 서울시장이라도 자신이 서울시 전체를 하나님께 봉헌을 할 수 없는 것입니다. 그런데 이런 발언을 하는 가장 큰 이유는 앞에서 말한 잘못된 교리에 세뇌가 되었기 때문입니다. 이것은 이슬람 국가나 불교국가들에서 다른 종교를 탄압하고, 국가 전체를 자신들의 신들에게 봉헌한 것과 같습니다. 그래서 종교전쟁이 일어나는 것입니다. 이것이 사탄의 전략입니다. 신정정치를 통한 종교전쟁을 유발시키는 것입니다.

영적인 기독교와 종교적인 기독교의 차이

기독교의 복음은 정치적인 수단이나 국가의 정치이념이 아닙니다. 만일 어떤 목사나 장로가 그렇게 생각하고 기독교 국가를 주장한다든지 기독교 성시화를 주장한다면 그것은 예수님의 십자가 대속의 복음을 알지 못한 열심있는 종교인들의 신앙일 뿐입니다. 그럼에도 불구하고 기독교 정당을 만들고, 기독교 국가를 만들기 위해서 수많은 사람들이 정치판에 뛰어드는 모습을 볼 수 있습니다. 성경은 세상 국가와 하나님의 나라인 교회를 엄격하게 구분을 하고 있습니다.

비록 우리가 세상국가에 속하여 살고 있지만 세상 국가는 언젠가 불에 타서 없어질 것입니다. 그러나 하나님의 나라인 교회는 영원합니다. 국가는 교회를 세우기 위해 임시로 하나님이 지켜주시는 가건물(假建物)과 같은 것입니다.

7) 성시화 운동의 올무

지금은 도시 선교 목적이라는 선한 뜻과 도시에 대한 영적 책임을 다하려는 착한 마음으로 성시화운동이 포장(包裝)되어 수많은 목사님들이 아무런 의심없이 참여를 하여 기도운동, 선교운동, 전도운동, 구제운동, 정화운동, 봉사운동 등을 하고 있지만 앞으로 프리메이슨들은 모든 도시와 국가중심의 단위로 묶어 신국화 내지는 성시화운동을 하게 됩니다. 지금은 기독교 중심으로 시작되었지만 점점 모든 종교가 합류를 하게 될 것입니다.

반드시 도시 성시화를 이루기 위해서 도시안전문제, 도시경제문제, 도시자유문제, 도시질병문제, 도시복지문제, 도시종교문제가 대두됩니다. 그때 도시 성시화란 목적을 이루기 위해서는 도시안에 있는 모든 종교가 반드시 통합되어야 합니다. 그렇지 않으면 종교 테러를 통해서 수많은 도시안에 있는 사람들이 희생이 되기 때문입니다. 이렇게 될 때 그 도시에 있는 교회들이 피해갈 수 없습니다. 왜냐하면 911테러와 같은 종교테러로 종파간의 갈등으로 증폭되어 도시의 안전이 위협받는다고 하면 반드시 그 도시 안에 있는 모든 종교인들이 성명을 발표하고 도시의 안전을 위해 종교 갈등을 해결하기 위해 하나의 종교로 통합하는 것은 그들이 노리는 기독교 성시화의 올무입니다.

만일 그와 같은 상황에서 우리는 예수만 믿어야 구원을 받을 수 있다고 하면서 다른 종교를 인정하지 않을 때는 그 교회는 아무리 대교회라 할지라도 엄청난 테러의 공격을 받아 반드시 다수의 사람들의 압력에 굴복하고 말 것입니다.

프리메이슨들의 압박 음모

프리메이슨들은 정치, 경제, 종교 등을 압박하여 점점 살기 어려운 양극화 시대를 임의적으로 만들어 가고 있습니다. 이제 조금 있으면 모든 영역에서 엄청난 계층간의 갈등이 일어날 것입니다. 진보와 보수, 불교와 기독교, 공산주의와 자본주의, 있는 자와 없는 자, 높은 자와 낮은 자, 행복한 자와 불행한 자, 먹고 사는 자와 먹지 못하고 죽는 자 등 엄청난 갈등의 시대를 만들어 원수가 집안사람이 되게 하고, 불법이 성하게 합니다.

이런 시대에는 반드시 하나의 정부, 하나의 경제, 하나의 종교가 한 사람의 절대적인 독재자에 의해서 평정이 되어야 합니다. 이것이 그들이 만들어가는 신세계질서 전략입니다. 이것이 플라톤의 이상국가입니다. 즉 신세계질서입니다. 그래서 반드시 마지막 시대에 하나님을 대적하는 적그리스도가 나타나는 것입니다. 이것은 세상으로 말하면 심판이지만 우리 그리스도인들에게 구원의 완성의 시대가 되는 것입니다.

세상 사람들은 힘들고 어려우면 언제든지 자신의 신을 바꿀 수 있습니다. 그러나 거듭난 그리스도인들은 절대로 그렇게 하지 않습니다. 아니 그렇게 할 수 없습니다. 성령께서 구원받은 성도들 마음에서 스스로 하나님의 자녀라고 증거하고 계시기 때문입니다.

8) 마지막 도시에 설치될 성시화의 완성 유비쿼터스(ubiquitous)

프리메이슨의 성시화의 최종단계는 도시에 유비쿼터스(ubiquitous) 시스템을 설치하는 것입니다. 이것이 도시를 가장 안전하고, 공평하게 지키는 방법이기 때문입니다. 도시 유비쿼터스화란 온 도시 시스템을 컴퓨터로 통제하는 제도를 말합니다. 그러기 위해서는 도시에 사는 시민들의 모든 정보가 컴퓨터에 입력이 되어야 합니다. 그리고 그 도시의 시민이 되려면 성시화된 도시의 모든 조건들을 수락해야 할 것입니다.

도시를 드나드는 도로마다 컴퓨터로 개인신상을 파악하는 시스템에 의해서 출입이 철저하게 제한될 것입니다. 만일 자격이 없는 이상한 사람이 도시에 침입할 때는 모든 감시카메라에 의해 발각되고 체포되어 심문을 받을 것입니다. 도시안에서 이루어지는 정치활동, 경제활동, 종교 활동이 유비쿼터스 시스템에 의해서 철저하게 통제되고 감시될 것입니다. 이렇게 해서 완벽 통제가 이루어집니다. 그 결과 도시는 안전한 도시, 평안한 도시, 풍요로운 도시가 될 것입니다. 이런 도시에서 사는 사람들을 그들은 선택된 사람들이라고 거짓말을 할 것입니다. 문화인이고, 엘리트 인간이라고 자부심을 갖도록 할 것입니다. 이런 도시에서 의료 혜택이 있을 것입니다. 최첨단 유전자 치료까지 받아서 병든 유전자, 늙고 노쇠한 유전자를 싱싱한 젊은 유전자로 바꿔서 400년에서 500년까지 살 수 있다고 선전할 것입니다. 최종에는 영생불사(永生不死)할 것을 선전할 것입니다.

유비쿼터스로 성시화된 도시 밖에 사는 사람들은 가축인간

성시화된 도시에 들어가지도 못하고 도시 밖에 사는 사람들은 불쌍한 사람들이 될 것입니다. 그들은 유토피아와 같은 과학이 점령한 도시의 풍요와 의료혜택을 전혀 받을 수 없어 길어야 100년을 살지 못하고 죽을 것입니다. 결과적으로 인생의 최고의 낙오자와 같은 천박한 사람들이 될 것입니다. 가난하고, 비천하고, 버림받고, 저주받은 사람들이라고 말할것입니다. 인생의 쓰레기와 같은 존재들로 낙인이 찍힐 것입니다. 가축인간이라는 오명을 뒤집어 쓸것입니다. 종교적인 이단자 내지는 정신병자라고 조롱을 받을 것입니다.

7. 오바마케어(ObamaCare;ACA)법

1) 2010년 3월 23일에 통과된 오바마케어법

2010년 3월 23일에 통과된 버락 오바마 대통령이 주도하는 미국의 의료보험 시스템 개혁 법안으로 정식 명칭은 '환자보호 및 부담적정보험법'(Patient Protection and Affordable Care Act)입니다. 흔히 ACA란 약칭으로 씁니다. 미국은 자본주의 국가이기 때문에 모든 시스템이 민영화입니다. 즉 돈이 있는 사람은 의료보험에 가입하여 혜택을 받고 돈이 없는 3200만명의 사람들은 의료보험에 가입할 수 없어 의료보험 혜택을 받지 못하기 때문에 비싼 의료비를 충당해야 했습니다. 이렇게 민영보험에만 의존하는 의료보험 시스템을 바꾸고, 미국 국민에게 2014년까지 건강보험 가입을 의무화하는 것이 핵심입니다.

2014년 1월 1일부로 건강보험 혜택을 받을 수 있으며, 2014년 3월 31일 공개등록이 마감됩니다. 월 보험료와 공제금, 의사 상담 및 처방전 발급시 본인 부담금 비율 등에 따라 '브론즈' '실버' '골드' '플래티넘' 등 4단계로 구분됩니다. 건강보험금은 가구당 가족 수와 소득 기준으로 정부가 차등 지원합니다. 예를 들어 4인 가구는 연 소득이 2만3550~9만4200달러인 경우 오바마케어 대상이 돼 정부 지원을 받을 수 있습니다. 연 소득이 2만3550달러 미만이면 메디케이드(저소득층 공공

의료보험) 대상입니다. 9만4200달러 초과시 정부 보조금이 전혀 없습니다. 오바마케어는 2010년 3월 23일 의회를 통과했지만 시행 방식을 놓고 공화당의 강력한 반발에 부딪쳤습니다. 기업과 개인의 자유를 침해하고, 재정 부담을 폭증시킨다는 이유 때문이었습니다.

2) 2013년 6월 28일 대법원 합헌결정

이 법은 미국 26개주에서 위헌이 제기 되었고, 2013년 6월 28일 대법원에서 6:4로 합헌 판결을 받았습니다. 이때 공화당 부시에 의해서 임명된 보수파 벤 로버트슨 장관은 오바마케어도 세금을 받기 때문에 합헌이라는 아리송한 발언을 하고 찬성표를 던져 결국 합헌 판결을 받고 시행되었습니다.

2013년 9월 30일 2014년 회기가 시작되는 10월 1일을 앞두고 공화당에서는 막대한 재정 적자를 이유로 차기년도 예산안을 볼모로 오바마케어법을 무산시키려 했습니다. 그러나 불발에 그치고 말았습니다. 2014회계연도가 시작되는 2013년 10월에는 개인의 건강보험 의무 가입 조항이 적용됩니다. 이를 위해 보험상품을 구매할 수 있는 온라인 '건강보험거래소(Health Insurance Marketplace)'가 2013년 10월 1일부터 운영이 되었습니다.

의료 사각 지대를 없애는 것이 목적이기 때문에 정부 부담은 커질 수 밖에 없습니다. 미국 의회예산국(CBO)은 오바마케어 시행에 따른 정부 지출이 2013년부터 10년간 총 1조7600억 달러에 달할 것으로 내다봤습니다. 하원을 장악하고 있는 공화당은 오바마케어에 대해 "천문학적인 예산투입으로 국가 재정이 큰 타격을 입을 것"이라며 관련 예산을 대폭 줄이거나 없앨 것을 요구하고 있습니다.

3) 2014년 4월 1일 710만 명의 등록으로 시작된 오바마케어법

2014년 4월 1일 오바마 대통령은 특별기자회견을 갖고 710만 명이 가입하여 시행된 자신의 정책에 대하여 감사를 표했습니다. '오바마케어'는 제대로 작동하고 있습니다. 여러분의 대통령이라는 것에 감사합니다."

버락 오바마 미국 대통령이 모처럼 웃었습니다. 오바마 대통령은 2014년 4월 1일 백악관 로즈가든에서 2014년 3월 31일 자정으로 마감한 새로운 건강보험법인 '오바마케어'의 가입자가 당초 목표치인 700만명을 넘은 것을 자축하는 연설을 하면서 13차례나 박수를 받았습니다. 우여곡절을 겪었던 오바마 대통령으로서는 한숨 돌림과 동시에 "오바마케어는 실패했다"고 주장해온 공화당에 펀치를 날리는 순간이었습니다.

오바마 대통령은 "웹사이트 문제 등에도 불구하고 오바마케어는 예정했던 대로 시행되고 있다"며 "그동안 보험에 들지 않았던 더 많은 국민들에게 양질의 보험을 제공할 수 있도록 계속 노력할 것"이라고 강조했습니다. 오바마케어 폐기를 주장해온 공화당에도 직격탄을 날렸습니다. 그는 "이 법은 안착했고 폐지 공방은 끝났다"며 "정치적 이유로 폐기를 주장해온 공화당의 거짓말은 틀렸음이 드러났다"고 지적했습니다. 또 일각에서 제기한 '사망선고위원회'는 생기지 않았고 "아마겟돈도 오지 않았다"고 말해 폭소를 자아냈습니다.

오바마케어 가입자는 등록 첫날인 2013년 11월 1일 6명에 그친 데 이어 연말까지도 200만명에 불과했습니다. 가입 시한인 2014년 3월 말까지 700만명을 기대했던 백악관은 지난달 목표치를 500만~600만명으로 낮췄으나 홍보 효과 등으로 최근 신청이 쇄도하면서 당초 목표치를 뛰어넘는 성과를 거뒀습니다.

오바마케어법에 등록하지 않는 사람들이 내야하는 벌금

오바마케어법에 가입하지 않는 개인은 1인당, 2014년에는 $95.00 또는 연 수입의 1% 중 더 높은 금액을 벌금으로 물게 됩니다. 2015년에는 $325.00, 2016년에는 $698.00 또는 연 수입의 2% 중 더 높은 금액을 벌금으로 물게 됩니다. 2017년부터는 매년 1인당 세금 또한 인플레이션 물가 상승률에 따라서 계속 올라가게 됩니다. 거기다 18세 미만의 어린이들이 내야 하는 세금은 아무리 적어도 어른들의 50%까지 내야 합니다.

오바마케어법의 벌금은 개인뿐 아니라 그 개인이 속한 가족에게 연대

책임을 물어 또 다른 벌금을 내게하는 법입니다. 또한 직장의 사장이나 사업주도 역시 직원들의 의료보험을 가입시켜 주지 않으면 연대책임으로 벌금을 물어야 합니다.

만일 가족당 오바마케어에서 요구하는 합당한 의료보험을 사지 않을 때에는 2014년에는 한 가정당 $285.00 또는 수입의 1% 중 가장 높은 금액을 벌금으로 물어야 합니다. 2015년에는 $975.00을 물어야 하고, 2016년에는 가족당 $2,085로 올라갑니다. 2017년부터는 가정당 개인의 수입의 3배의 벌금을 물어야 합니다.

오바마케어 법안 세부사항

만일 오바마케어 건강 보험을 갖지 않고 자체 민간 보험에 가입된 모든 개인 또는 고용주들에게는 의무적으로 정부에서 IRS(국세청)를 통해 감사를 받게 한다고 적혀 있습니다.

또한 정부 보험 위원회에서 개인에게 어떤 치료와 어떤 혜택을 받을지 결정해 줄 수 있는 권한이 있습니다. 여기에 대한 개인의 의견과 선택권은 주어지지 않습니다. 또한, 항소 절차나 기회도 주어지지 않는다고 적혀 있습니다. 오바마케어법에는 모든 사람에게 National HealthCare ID가 주어집니다. 이 National 의료보험 ID 카드안에는 얼마 만큼의 개인 정보를 넣을지는 적혀 있지 않지만 연방정부가 개인들의 전자자금 이체에 대해서 모든 개인 은행 계좌를 직접 실시간 "access,계좌추적" 할 수 있는 권한을 갖게 된다고 적혀 있습니다.

4) 오바마케어법의 진실은 무엇입니까?

미국을 지배하고 있는 프리메이슨들은 2001년 911사태를 이용하여 가장 긴급하게 처리하고 있는 사항은 미국인들의 자유를 빼앗은 정책들을 만들어 가는 것입니다. 그래서 피마(FEMA)법 즉 비상계엄법을 만들었습니다. 그리고 또 하나는 바로 오바마케어법을 만들어 미국민(美國民) 한 사람 한 사람을 강제로 통제할 수 있는 통제시스템을 구축하는 일을 했습니다.

버락 오바마 대통령은 전직 대통령 다섯 사람과 피를 나눈 명문집안의 출신입니다. 이는 그의 어머니의 혈통입니다. 오바마가 1995년도에 미국의 대통령이 될 것이라는 사실이 소련 모스크바 T.V 토론에서 제기 되었습니다. 세계를 지배한 프리메이슨들이 공동으로 작업을 하고 있는 신세계질서는 미국과 소련 그리고 록펠러와 로스 차일드를 통해서 긴급하게 진행이 되고 있습니다.

엄청난 재정 적자에 허덕인 미국인 왜 오바마케어를 집착하는가?

민주당 하원의원 Jim Morgan이 그의 임박한 국회의원 은퇴를 표명하는 자리에서 오바마케어가 실행될 수 없다고 혹평했습니다. 모건은 그 이유를 재정적인 빈약으로 설명했습니다.

"정부가 젊은 층에 $1의 비용을 쓴다면 노인들에게는 약 $7의 비용을 쓰고 있다. 난 솔직히 우리가 어떻게 그 법안을 이행할 것인지 잘 모르겠다. 우리가 만약 해결책이 있다면 지금 당장에라도 대통령에게 그 부분에 관해 이야기할 것이다." 라고 말했습니다.

실제로 오바마케어가 시작되면 미국의 재정은 파산의 나락으로 떨어집니다. 미국 헤리티지재단은 오바마케어가 시행될 경우 2014년 정부 지출이 급증할 것을 전망했고 미국 의회예산국도 오바마케어 시행을 위한 정부 지출이 2013년부터 10년간 총 1조 7천600억 달러에 달할 것으로 추산했습니다. 이에 더해 미국은 2015년 양적완화 종료를 목전에 두고 있습니다.

양적완화가 종료되면 FRB의 미 국채 매입 종료에 따라 미 국채의 인기는 시들해지고 그에 따라 달러의 가치가 떨어집니다. 미 정부가 빚을 내서 재정을 꾸리기 어려워진다는 뜻이며 본질적으로 오바마케어를 계속 유지할 수 없다는 의미입니다. 그만큼 1조 7천 600억 달러는 엄청난 금액입니다. 이런 상황에서도 미 정부는 오바마케어에 가입하지 않으면 오히려 벌금을 물리는 사회주의적인 발상을 꾀하고 있습니다. 국가 재정이 파탄나도 오바마케어를 강행하겠다는 미 정부의 의지를 볼 수 있습니다.

그렇다면 미 정부는 왜 불보듯 뻔한 엄청난 재정 압박을 목전에 두고도 시민들에게 강제로 벌금을 물리면서까지 오바마케어를 강행하려는 것일까요? 이에 대해 오바마케어는 "의료보험이 없는 미국 시민들을 위한 법안"이라고 광고되고 있습니다. 그러나 미국 의료보험 실태의 폐해를 낱낱이 파헤친 영화 '식코'로 유명한 감독 '마이클무어'는 오바마케어가 결코 미국 시민들을 위한 법안이 아니라고 비판했습니다. 그는 "정부가 건강보험을 의무적으로 사라고 강요하는 것은 자동차나 헬스클럽 회원권을 의무적으로 구입하라고 강요하는 것과 마찬가지"라고 비판했습니다.

5) 오바마케어는 신세계질서의 법이다

록펠러는 아론 루소라는 영화감독과의 대화에서 분명히 911테러의 목적이 이라크 석유와 RFID 침을 모든 사람에게 심기위한 전략임을 알려주었습니다. 그리고 자신들은 보통사람들과 다른 침을 가지고 있을 것을 알려줬습니다. 그리고 그들의 말을 듣지 않으면 원격장치를 이용하여 그 침의 작동을 꺼버린다고 했습니다.

RFID 칩은 짐승의 표입니다.

체내에 삽입하는 내장형 무선식별장치(RFID:Radio-Frequency Identification)기술은 쌀 한톨 크기의 칩속에 사람의 체온을 통해 자체 전기가 만들어져 한 번 이식을 하면 150년 이상 기능을 할 수 있습니다. 라디오 주파수와 같은 전파가 나와서 원격추적이 가능하여 위치추적이 되며, 100km 이상 달리더라도 하이패스 지불에 아무런 지장이 없습니다. 칩속에 16개 자리 모든 정보를 저장할 수 있고, 은행구좌번호를 넣어 백화점에서 물건을 드는 순간 계산이 끝나는 기능이 있습니다. 이것을 의료 원격장치로 사용하면 병원에 가지 않고도 진료를 받을 수 있고, 약처방을 받을 수 있습니다. 우리 몸에 있는 128개의 유전자 코드와 30억 개의 유전자(DNA)를 저장해서 유전자 치료를 할 수 있습니다. 초등학교 5학년 1학기 사회과학탐구생활에 나온 유전자 화폐도 칩속에 있는 나만의 유전자 게놈 지도를 가지고 만들기 때문에 아무도 이를 도용하여 사용할 수 없습니다. 사회과학탐구생활에서 이마와 오른손에 칩을 심은 화폐가 소개되고 있습니다. 우리 몸 안에 있는 칩을 향해 감마

파라는 전자파를 발사하면 그 전자파에 영향을 받아 우리의 뇌파가 감마파가 되어 전투적인 사람이 되고, 세타파를 발사하여 외부에 있는 다른 영들과 접촉하도록 임파테이션이 이루어집니다. 이렇게 뇌파를 통해서 우리의 호르몬을 마음대로 조정하면 우리 인간의 자유의지는 사라지게 되고 컴퓨터에 의해서 원격으로 철저하게 지배를 받게 됩니다.

결과적으로 마인드 콘트롤이나 텔레파시를 통해 꼭두각시처럼 이용을 당할 수 있습니다. 같은 지역에 사는 사람들에게 똑같은 뇌파를 발사하여 집단최면을 일으켜 행동을 집단화 할 수 있는 결과도 얻을 수 있습니다. 계시록 13장-14장에서 이것을 짐승의 표라고 했습니다. 이 표를 받은 사람들이 구원을 받을 수 없는 것은 그 영혼이 외부로부터 지배를 받아서 인간의 자유의지가 파괴되어 짐승화되기 때문입니다. 그래서 그 표의 이름이 하와를 미혹했던 짐승의 이름입니다.

은행가들에 의해 만들어진 화폐자본주의 노예화

RFID 칩은 화폐입니다. 이것을 이마나 오른손 즉 우리 몸에 심지 않는 사람은 매매를 할 수 없습니다. 차도 탈 수 없습니다. 유비쿼터스로 통제된 도시의 출입이 불가능합니다.

템플기사단에 의해서 은행이 출발하게 되었는데 그들은 정치적인 안정과 많은 금들을 소유한 부자들이란 신뢰를 쌓고 멀리 여행하는 사람들의 귀중품들을 보관하고 대신 보관증을 발행하는데서부터 오늘의 거대 은행이 시작되었습니다.

현재 미국을 중심으로 전 세계에 퍼져있는 화폐자본주의는 한마디로 '현대판 노예제도' 입니다. 그것은 중세 유럽에서부터 생산적 활동에 참여하지 않고 '돈놓고 돈먹기' 를 해온 유대인 은행가들에 의해 만들어진 것입니다.

비밀결사들은 세계 모든 은행을 장악했습니다. 그들은 돈을 찍어내어 낮은 금리로 많은 대출을 해주고 이자를 올리고 지급준비율을 높이는 방법으로 금융위기를 만들어 떨어진 주식과 부동산을 매입하여 모든 부를 챙기는 방법으로 세계경제를 지배하고 있습니다.

세계의 가장 큰 권력은 정치권력이 아니라 경제권력입니다. 지금도 은행들은 인간의 탐욕과 욕망을 이용하여 엄청난 빚들을 은행으로부터 얻어 쓰게 합니다. 국가도, 기업도, 개인도 그러합니다. 그리고 그 빚을 갚아가는 과정에서 인간은 철저하게 노예화가 되어 가는 것입니다.

바로, '은행을 위해 일하고, 은행을 위해 먹고, 은행을 위해 사는 노예'가 되는 것입니다. 이 피라미드의 최상위 수혜층은 유대인 민간은행인 미국의 연방준비은행 (FRB)과 스위스 바젤에 있는 세계결제은행을 장악한 은행가들에 의해서 세계 경제는 움직이고 있습니다.

이들은 마음대로 세계은행들의 지급준비율과 이자를 올리고 내리는 수법을 통해 전 세계 경제를 마음대로 조정하고 있습니다. 이런 현대판 노예제도인 다단계 피라미드는 새로운 피라미드 참여자가 지속적으로 있을 때에만 유지 가능합니다. 그것은 국내의 은행의 돈을 계속해서 필요로 하는 하부계층일 수도 있고, 개발도상국이나 후진국일 수 있습니다. 하지만, 언제나 이러한 피라미드는 그리 오래가지 않고 임계점에 다다른다는 것입니다.

지난 200여 년 동안 이러한 피라미드가 생겼다가 소멸되고, 재생성되는 사이클이 있어 왔는데, 대체로 20~30년 주기이며, 그 싸이클은 점점 더 줄어들고 있습니다. 그 싸이클의 끝자락에서 피라미드가 붕괴될 상황에 이를 때마다 어김없이 일어난 것은 '전쟁'이었습니다. 이것이 그들이 그런 피라미드 경제시스템을 돌린 목적입니다. 전쟁이 끝나면 더욱더 새롭고 강한 통제시스템을 작동시켜 인간들을 노예화시킬 것입니다.

전쟁은 기존 시장을 완전히 파괴하고, 새로운 생산시장을 여는 행위입니다. 인류가 현재의 화폐자본주의를 고집하는 한, 전쟁과 빈곤에서 벗어날 수 없는 이유가 그것입니다.

'인타임'이라는 영화에 나오는 미래 세계는 시간을 돈으로 환산해서 사람 몸 안에 있는 칩속에 넣어 모든 사람들이 동일하게 시간이라는 교환기능을 통해서 컴퓨터의 통제속에서 살아가는 모습을 그리고 있습니다. 이것이 신세계질서 사회입니다.

6) 미국이란 달러 화폐 자본주의 제국이 탄생하다

미국은 1-2차 세계대전의 승전국으로 세계 모든 나라로부터 금을 전

비로 받아 세계 제 1위의 금을 보유한 국가가 되었습니다. 이것이 세계 제 1, 2차 전쟁의 목적이었습니다. 프리메이슨들이 세계를 지배하는 전략은 정치적인 힘이 아닙니다. 모두 경제적인 전략으로 출발합니다.

세계 2차 대전이 연합국의 승리로 거의 기정사실로 굳어지기 1년 전 미국 뉴햄프셔 주 브레턴우즈에서 44개국이 모여 세계 화폐의 왕을 결정했습니다. 당시 달러가 왕으로 추대됐습니다. 이유는 당시 미국이 전 세계 금의 72%를 보유하고 있었기 때문입니다.

우리가 현재 쓰고 있는 화폐는 종이에 지나지 않습니다. 이를 전문용어로 명목화폐라고 부릅니다. 달러 역시 종이에 지나지 않았습니다. 그럼에도 달러가 왕이 될 수 있었던 이유는 미국이 언제든 35달러를 가져오면 1온스의 금으로 교환해주겠다는 태환을 약속했기 때문입니다. 이것을 태환화폐라고 합니다.

참고로 당시 회의에 참석했던 영국 경제학자 케인스는 트래핀의 역설을 주장하며 달러의 붕괴를 이미 예견해 통화 바스켓 제도의 도입을 요구하기도 했었습니다. 트레핀 딜레마란 미국이 경상수지 적자를 허락하지 않고 국제 유동성 공급을 중단하면 세계경제는 위축될 것이고, 적자 상태가 지속되어 달러가 과잉 공급되면 달러화 가치는 하락해 신뢰도가 저하된다는 것입니다.

프랑스 드골 대통령은 태환제를 주장하면서 계속해서 금을 요구해 금이 미국에서 빠져나가게 되자 닉슨대통령 때 1971년 오직 미국이라는 신용만으로 전 세계 화폐 시스템 구축이라는 새로운 화폐 제도가 도입이 되었습니다. 즉 닉슨 대통령 때부터 다시 달러는 명목화폐로 바뀐 것입니다. 그 후 이미 44년이 지났습니다. 케인즈의 딜레마란 종착역에 와 있습니다.

미국에서 달러를 많이 공급하면서 달러 약세화가 예견되자 중국이란 거대한 공룡국가가 탄생하면서 세계기축통화에 대한 전면적인 저항이 시작되었습니다. 이것을 화폐전쟁이라고 합니다. 중국은 엄청난 달러 보유국으로 달러가치가 하락할 때 자국의 막대한 경제적인 손실을 이유로 위안화를 달러와 함께 세계기축통화로 사용하려는 시도를 하고 있습니다. 이런 틈새를 이용하여 이라크 사담 후세인은 석유 결제대금을 달러에서 유로화로 바꾼 죄목으로 제거를 당했고, 리비아 카다피 역시 석유대금을 달러 대신 금으로 받으려다 결국 제거를 당했습니다. 이와 같은 것을 화폐전쟁이라고 합니다. 중국은 인접한 아세안 국가들과 중국 위안화로 직접 무역을 할 수 있도록 했고, 우리나라도 역시 중국과 무역 결제를 위안화와 우리나라 돈으로 직접 결제할 수 있도록 했습니다. 이것은 엄청난 일이 아닐 수 없습니다. 또한 금융 자본주의 제국에 대한 도전이 아닐 수 없습니다.

이런 패턴을 볼 때 새로운 화폐 제도가 출현할 시기가 결코 멀지 않았다는 조심스러운 예측을 해봅니다. 왜냐하면 달러의 세계기축통화가 흔들리면 세계 경제 시스템이 붕괴되고 그 결과 엄청난 전쟁이 일어나기 때문입니다. 그전에 반드시 중국 위안화도 아니고, 달러도 아닌 다른 대체수단이 나와야 하는 것입니다. 이것이 신세계질서 단일화폐입니다.

현재 미국 대형은행의 불안한 상태가 이어지고 있습니다. 그 은행들은 부정확하고 붕괴된 재무제표를 통해서 30경원 상당 약 250조 달러의 파생상품계약을 갖고 위험에 처해 있습니다. 미국과 세계 재무체제는 심각하게 불안정해서 국가 부채나 개인부채가 더 이상 움직일 수조차 없게 되었습니다. 그 규모가 72경원에 상당 약 600조 달러 정도입니다.

미국의 연방정부 채무는 167조로 초과잉 상태이고 연방정부 세수와 연계된 채무는 이미 2011년 하반기에 경제를 더블딥 환난 상황으로 돌입했습니다.

미국 건국의 목적이 된 프란시스 베이컨의 뉴 아틀란티스(유토피아=신세계질서)

미국이란 국가는 프리메이슨이었던 프란시스 베이컨의 뉴 아틀란티스라는 책을 통해 탄생한 국가입니다. 소크라테스로부터 시작된 비밀 결사들의 꿈은 이 땅에 유토피아를 세우는 것이었습니다. 이것은 사탄이 하나님께서 계획하신 문화 대명령을 통해 세우시기를 원하셨던 영적인 하나님의 나라를 훼방하기 위해 먼저 선수(先手)를 친 짝퉁 유토피아입니다.

유토피아라는 말은 토머스 모어가 1515년 "국가의 최선 정체(政體)와 새로운 섬 유토피아에 관하여 Libellus …… de optimo reipublicae statu, deque nova insula Utopia"(1516)라는 라틴어 제목으로 출판한 "유토피아 Utopia"에서 처음 등장합니다. 이보다 더 먼저는 플라톤의 "국가 Politeia"는 토마스 모어에서 H.G. 웰스에 이르는 많은 작가의 작품에 나오는 유토피아의 모델입니다. 그러나 프리메이슨인 콜롬버스가 1492년 신대륙을 발견하면서 유토피아는 좀 더 현실적인 배경을 갖게 되었고, 모어는 "유토피아"를 아메리고 베스푸치와 연결지어 생각했습니다.

1627년 출판된 프랜시스 베이컨의 "새로운 아틀란티스 섬 New Atlantis"는 과학적인 계획안을 지닌 점에서 실용적이지만 철학과 종교에 관해서는 사변적입니다. 프란시스 베이컨의 뉴 아틀란티스는 토마스 모어의 유토피아의 아메리고 베스푸치를 좀 더 깊이 생각한 내용으로 오늘날 과학적 군사무기로 세계를 제패한 제국으로서의 미국을 정확하게 묘사하고 있습니다.

20세기에는 유토피아의 모델인 계획사회의 실현이 임박해지면서 이에 대한 소설들이 쏟아져 나왔습니다. 잭 런던의 "강철군화 The Iron Heel"(1907), 예브게니 자미아틴의 "나의 My"(1924), 올더스 헉슬리의 "멋진 신세계 Brave New World"(1932), 조지 오웰의 "1984년 Nineteen Eighty-four"

7) 미국 자본주의 뿌리인 아담스미스의 국부론

미국을 세운 프리메이슨들은 미국의 국가적인 정체성을 정치적으로 자유민주, 경제적으로 아담 스미스의 자유스런 시장경제를 채택했습니다. 그러나 플라톤, 토마스 모어, 프란시스 베이컨, 루소 등이 주장한 유토피아의 정치, 경제의 정체성은 독재정치와 공산주의 경제이론이었습니다.

그런데 왜 미국을 세운 프리메이슨들이 이렇게 그들의 선배들이 고전(古傳)에서 가르친 정책을 택하지 않았습니까? 그 이유는 미국이 건국된 1776년의 역사적 배경은 종교개혁으로 종교독재인 교황으로부터 해방된 후 다시 왕들이 왕권신수설을 주장하고 절대권력을 행사하는 과정에 계몽주의 시민혁명들이 일어나는 시대였습니다. 그리고 수많은 유럽에서 종교탄압을 받은 청교도들이 신대륙인 미국에 유입되면서 그들은 역사적인 흐름을 거스릴 수 없는 상황에서 자연스럽게 자유민주정치와 시장 경제를 선포함으로 그 시대에 사는 사람들의 마음을 완전히 흔들어 놓고 말았습니다. 그때부터 신대륙은 기회의 땅으로 알려지게 되었습니다.

그러나 우리가 알아야 할 가장 중요한 주제는 미국을 세운 주류 세력인 프리메이슨들이 노리는 신대륙은 독재정치와 공산주의 경제 제도를 완성한 지상의 유토피아 건설이 목적이었다는 것입니다.

그렇다면 미국을 건국한 프리메이슨들은 어떤 음모를 가지고 전혀 다른 정체성을 가진 국가로 출발을 시켰습니까?

1789년에 일어난 유럽 최초의 시민혁명인 프랑스 혁명은 자유, 평등, 박애라는 정책으로 농민, 노동자, 시민계급을 선동하여 성공한 혁명입니다. 그러나 그들이 혁명에 성공한 후 시민들에게 돌려준 것은 아무것도 없었습니다. 오히려 루이 16세보다 더 혹독한 독재정치를 했습니다.

프리메이슨인 유대인들의 "시온의정서"에는 지상의 유토피아를 건설하는 비밀정책들이 나열되어 있습니다. 시온의정서 1장에서 "인간이란 본래 악하기 때문에 학술적인 논리보다 폭력과 테러와 완력을 이용해 다스려야 한다. 자유는 이상적인 것이지 실재로는 존재하지 않는다, 우리는 인간들이 원하는 자유라는 사상을 미끼로 군중을 우리 편으로 만들고, 전제정권을 무너뜨리는데 사용한다, 우리는 고대로부터 자유, 평등, 박애를 부르짖었다. 그런데 나중에 앵무새 같은 멍청이들이 이 달콤한 표현에 매혹되어 세계의 안녕과 개인의 참 자유를 찾는다고 사방에서 몰려 들어와 듣기 싫을 정도로 노래를 불렀다. 그들은 자연에는 자유와 평등이 존재할 수 없다는 것을 전혀 이해하지 못했다."

프리메이슨들이 프랑스 혁명에 사용했던 자유는 자신들이 신으로부터 자유한 것이고, 평등은 그들이 전제 왕조인 루이 16세와 평등한 것이고, 박애는 프리메이슨들 간에 목숨을 건 우정을 의미했습니다.

8) 911 테러와 함께 사라진 미국의 자유

911테러는 미국 국민들에게서 자유를 빼앗기 위해 오래된 세계무역센터 건물을 철거하는 과정을 테러로 위장시켜 만든 자작극입니다. 이 테러로 공포에 질린 미국 국민들에게 제시한 법이 피마법 즉 비상계엄법입니다. 이 법에는 언제든지 미국 대통령은 비상계엄법을 발효하여 현금인출금지, 이동제한, 재산국가환수, 영장없이 수색, 단속, 구금을 할 수 있고, 즉결처형까지 할 수 있도록 했습니다. 이 법은 이미 의회를 통과했습니다. 오바마 대통령의 서명까지 끝나 발효가 되었습니다. 미국은 언제든지 히틀러 독재보다 더 악랄한 독재자가 나타날 수 있습니다. 미국은 차별금지법을 만들어서 전도를 하지 못하게 했습니다. 그리고 성경에서 죄라고 정의한 모든 악행들에 대하여 차별금지법을 통해 합법화 시켰습니다. 노아법을 만들어 그들의 종교외의 모든 종교인들을 단두대에서 목을 쳐 죽이는 법을 만들었습니다. 미국에는 더 이상 자유가 없습니다. 모든 자유는 다 죽었습니다. 그들의 정의는 폭력이고 그들의 신은 욕망입니다. 이것이 히틀러의 스승 레오스트라우스가 미국에 세운 네오콘 나라입니다.

신자유주의 경제정책으로 무너뜨린 시장경제

1980년대 레이건 대통령 때부터 미국 시카고 대학교 경제학자들로부터 시작된 무한경쟁 시장경제정책인 신자유주의 경제정책은 오늘날 미국을 1%부자와 99% 가난한 사람들로 갈라놓고 말았습니다. 이들이 매스컴을 이용하여 신자유주의 경제정책을 선전한 결과입니다.

이제 칼 마르크스의 마지막 단계인 가진 자와 못가진 자의 대 격돌인 프로레타리아 계급투쟁인 전쟁만 남아 있는 것입니다. 이렇게 터진 폭동은 비상계엄법으로 막아 인류 최악의 시나리오인 신세계질서 프로그램이 미국에서부터 전 지구적으로 확대될 것입니다. 그 마지막이 바로 짐승의 표입니다.

마지막으로 준비한 짐승의 표

미국으로부터 계시록 13장에 기록된 짐승의 표는 시작될 것입니다. 이것을 위해 오바마 케어법은 정확하게 실시되고 있습니다. 앞으로 오바마 의료보험에 가입하지 못한 사람은 엄청난 세금이 눈덩이처럼 늘어날 것입니다. 그리고 그 세금을 못내는 댓가로 감옥에 들어갈 것입니다. 이 감옥이 바로 피마 수용소입니다. 미국 전역에 1200개 이상으로 2,500만에서 3,000만명을 수용할 수 있습니다. 지금도 텅빈 수용소에는 3-4명이 들어갈 수 있는 검정색 플라스틱 관들이 10만-12만 개씩 산더미처럼 쌓여 있습니다.

9) 미국과 함께 무너지는 세계 구시대(舊時代) 올드질서(Old Order)

미국을 세운 프리메이슨들은 적극적으로 미국을 망하게 하고 있습니다. 그 이유는 세계 제2차 대전 후 모든 세계질서의 중심이된 미국을 망하게 하므로 현존하는 올드질서(old order)를 무너뜨리고 신세계(new world order)의 질서를 세우기 위해서입니다.

알레스카에 있는 기상무기로 허리케인, 지진, 화산, 홍수, 폭설, 폭염, 토네이토 등을 일으킵니다. 금융위기를 만들어 중산층을 파괴합니다. 자영업자들을 망하게 하여 푸드쿠폰으로 살아가게 합니다. 교육을 국가주의로 만들어 갑니다. 오늘날 미국의 모든 문제들은 우연한 것이 아닙니다 배후에는 신세계질서를 이룩하기 위한 음모들입니다

(1) SOC, 치안, 교육의 질 악화

남한 면적의 약 100배에 달하는 국토를 연결하는 도로망을 구축하고 대부분 무료로 이용할 수 있었는데, 재정고갈로 보수를 못하고 심지어 자갈로 때우고 있다는 것입니다. 범죄자의 천국인 미국에서 죄수들로 가득한 형무소를 재정위기로 확장하지 못하고 형기가 끝나기 전에 재소자들을 내보내고, 범죄자를 잘 잡지도 않는 상황… 원래부터 낮았던 공교육의 질 또한 계속 낮아지고 있습니다. 심지어 알파벳을 모르는 아이들부터 …… 교사 1인당 담당학생수가 30인 이상으로 증가했는데 이는 학생 수가 늘어서가 아니라 학교 운영비가 없어서 학생들을 통합했기 때문입니다. 주 4일 수업을 검토하거나 전기요금을 못내는 학교, 교사가 부족해서 합반해서 가르치는 곳도 있습니다. 종이가 아닌 디지털

교과서 도입 이유 또한 교육의 선진화가 아니라 예산부족 때문입니다.

(2) 빈곤, 노숙자와 푸드스탬프로 살아가는 인구 급증

인구 43,000명의 어떤 도시는 공공임대주택 신청서를 배부했는데 그 도시인구 2/3인 3만 명 이상의 사람들이 줄을 섰다는 사실입니다. 주 정부간 노숙자를 다른 주로 떠넘기기 위해 별도의 예산을 책정하는 상황입니다. 푸드스탬프 수령자가 4천만 명으로 미국 인구의 1/8에 달합니다.

(3) 실업 및 극심해지는 빈부격차와 중산층의 붕괴

미국의 심각한 청년실업률, 한국에서 원어민 교사를 하기 위해 넘어오는 젊은 학생/졸업생들은 '생존'을 위해 오는 것입니다. 2001년 기준 상위 1%가 주식 시가총액의 83%를 가지고 있습니다. 1993~2008 소득 증가분의 52%를 상위 1%가 가져감. 따라서 미국 중산층이 붕괴되고 있음을 부정하기 어렵습니다. 2007년 그들이 미국 중산층을 파괴시키려고 일으킨 금융위기 후 중산층은 완전히 붕괴되고 이젠 1% 부자와 99% 노숙자만 남은 미국이 되었습니다.

(4) 주정부/지자체의 재정적자 및 연기금 파탄

CBS의 시사프로그램 〈60 Minutes〉: 미국 주 정부들의 2011년 총 재정적자는 5천억 달러에 달하며 이는 공식적으로 발표한 적자에 불과합니다. 그 외 금융으로 숨겨져 있는 공공연기금 부채는 그 2배인 1조 달러에 달합니다. 이에 따라 연기금 지급이 실질적으로 불가능한 상황이며, 특히 소비 천국에서 살아온 미국인들은 노후를 대비하지 않고 전부 '미래를 가불' 해 가면서 소비해 왔기 때문에 연금이 끊기는 순간 재앙이 도래합니다. 재정부실은 표를 얻기 위한 대중 영합성 복지정책에 상당부분 기인했으며 이에 대해 주정부 연방정부 모두 쉬쉬하고 있습니다. 지자체 발행 지방채 3,600조도 비슷한 상황입니다. 예를 들면 전 세계 7위 경제규모인 캘리포니아 주정부는 적자를 감당하다 못해 일종의 후불수표인 단기차용증서(IOU)를 발행했으나 시티/웰스파고/BOA 등 주요 은행들은 이 IOU를 현금으로 교환해주지 않겠다고 선언했습니다.

(5) 사회적 신뢰의 상실, 불신의 만연

돈을 내면 학점을 올려준다거나, 뒤로 힘을 행사하여 명문대 입학하여 학벌주의를 만들었습니다. 인사청탁은 아주 일반적인 상황이며, 평등한 사회였던 과거의 모습을 더 이상 찾아보기 어려운 국가가 되었습니다. 학교 운영을 위해 제 3세계 국가의 학생을 상업적으로 유치하고 있습니다. 돈을 도난카드로 인한 손해가 많아 신용카드 결제가 쉽지 않기도 합니다. 한국의 모피아(Mopia)나 정관계 그물망, 전관예우와는 비교조차 힘든 골드만삭스와 정부의 유착관계는 도를 넘습니다. 이들이 짜고 치는 고스톱은 2007년 리먼 브러더스의 금융위기 후 천문학적인 보너스를 챙긴 것은 유명한 예입니다.

이제 분명 '아메리칸 드림'은 끝났습니다. 이제 그 땅에는 고통만 남았습니다. 이제 흉악한 이리가 날카로운 발톱을 드러냈습니다. 불균형이 심해지면 사회갈등이 찾아오고 혼란이 극에 달하면 사회가 '리셋'되는 게 인류의 반복되어온 역사인데 이번 세상의 끝은 국가 간 갈등이 아니라 미국이라는 국가 내부에서부터 시작됩니다.

지상 최고의 비극의 시대가 다가오고 있습니다.

유엔 미래보고서에도 미국은 2020년경 내부적으로 큰 사회적 혼란을 겪을 수 있다는 내용이 있었습니다. 그렇다면 달러는 그간 미연방정부는 자국민들의 고통을 일부 용인하면서도 기축통화 지위를 악용하여 인플레이션을 유발시키는 달러를 찍어왔습니다. 그러나 돈을 찍어낸 윤전기도 한계가 있습니다. 지금은 어두운 시대가 아닙니다. 이제 어느 정도 지식인들은 이런 음모쯤을 알고 있습니다. 그러나 프리메이슨들은 그것도 두려워하지 않습니다.

하나님께서 은혜를 주시면 잠시 동안 미국의 경제가 살아나고 지탱할 수 있는 기회를 주실 것입니다. 이것은 그들이 정치나 경제 정책을 잘했기 때문이 아닙니다. 다 하나님께서 우리에게 더 기회를 연장시켜 주시는 것 뿐입니다. 언젠가는 계18장에 기록된 바벨론이 망할 때 천지가 진동할 것입니다. 그리고 주님은 자기 타작마당을 정하게 하실 것입니다.

눈물로 호소합니다, 겸손 하십시오.

지금 자다가 깰 때입니다. 우물안 개구리처럼 따뜻한 물속에 앉아 잠꼬대나 할 때가 아닙니다. 그것 자체가 사탄의 함정입니다. 교만하면 안됩니다. 마음대로 판단하고 정죄하면 안됩니다. 겸손히 마음을 비우고 하나님께서 마지막 시대에 부어 주시는 은혜를 받아야 합니다.

왜냐하면 지금의 나의 교만은 불과 몇 년 후에 죽음이라는 사망선고를 받은 죄목이 될 것이기 때문입니다. 나와 교리가 다르다는 이유로 형제를 업신여기지 마십시오. 오히려 사랑하여 불쌍히 여기십시오. 이것이 성도의 기본자세입니다. 나와 신학이 다르고, 나와 주장이 다르고, 나와 해석이 다르다고 이단이니, 삼단이니 판단하지 마십시오.

내가 정말 옳고 그들이 정말 다르다면 이제부터 나는 그들을 위해 기도하고 더 뜨겁게 사랑해야 할 책임이 주어지는 것입니다. 스테반 집사는 자기를 돌로 쳐 죽인 사람들을 용서해 달라고 기도했습니다. 그들이 몰라서 무지함으로 그런 것이니 용서해 달라고 기도했습니다. 그 기도가 죄인중의 괴수인 사울을 바울로 변하게 했습니다. 예수님의 십자가에서 저들의 죄를 용서 하옵소서 저들이 알지 못하고 하나이다 이 기도가 나와 당신을 살린 것입니다.

분리주의 사탄숭배자인 바리새인들은 율법의 자리에 앉아 모든 사람들을 심판했습니다. 자기들은 손가락 하나도 움직이지 않고 모든 사람을 정죄했습니다. 지난 2000년 교회 역사를 들여다 보면 마녀심판을 하는 사람들이 다 마녀들이었습니다. 죄인들이 다 의인들을 죽였습니다. 그러나 의인들은 절대로 죄인들을 죽이지 않았습니다. 왜냐하면 의인이었기 때문입니다.

8. 뉴 에이지(New Age) 종교와 신세계질서 비밀

1) 뉴 에이지 종교는 무엇입니까?

뉴 에이지 종교는 글자 그대로 새로운 시대, 새로운 종교입니다. 이것은 구시대(Old Age)와 완전히 다른 종교입니다. 그래서 기독교의 가장 큰 적입니다. 뉴 에이지 종교의 정체는 이스라엘 독립으로부터 시작된 새 질서 종교입니다. 즉 사탄종교운동입니다. 뉴 에이지 종교의 목적은 기독교를 파괴시키는 것입니다. 하와에게 약속한 것처럼 사람이 신이 되게 하는 종교입니다. 뉴 에이지 종교는 힌두교 종교가 아니라 유대 카발라 생명나무 종교입니다. 세상에 모든 종교를 통합시킨 종교입니다.

뉴 에이지 종교는 기독교의 신사도운동입니다. 시오니즘 운동입니다. 새 종교 운동입니다. 뉴 에이지 종교는 종교만 아닙니다. 정치, 경제, 문화, 과학을 하나로 묶은 통합시스템 종교입니다. 이것은 앞으로 나타날 신세계질서를 예측한 종교입니다. 그래서 문화종교라고 합니다. 정치종교라고 합니다. 경제종교라고 합니다. 고고학 종교라고 합니다. 우주 종교라고 합니다.

교회안에서는 신사도운동으로 교회 밖에서는 뉴 에이지 운동으로 하나님의 백성들을 완전히 포위하고 말았습니다. 특히 우리 젊은이들에게는 비극입니다. 왜냐하면 인간의 욕망을 완전히 해방시켜 짐승으로 만든 사탄 종교이론이기 때문입니다.

2) 신플라톤 철학의 시조 암모니우스 사카스의 혼합종교

신플라톤철학(관상철학)의 창시자는 알렉산드리아 암모니우스 사카스(Ammonius Saccas, 175－242)입니다. 그는 당시 이집트 전역에 흩어져 있었던 사막수도원에서 행하여진 관상기도운동을 통해서 신비적인 체험을 많이 한 사람입니다. 암모니우스 사카스는 인도에서 힌두교 수도승으로 친히 수도를 받아 유체이탈을 비롯한 신비체험을 많이 한 비밀종교의 대부입니다. 이집트 사막수도원은 페르시아 시대에서부터 내려온 인도 힌두교 수도승들과 대승불교 수도승들이 행한 열반(涅槃)을 통한 관상(觀想)기도운동입니다. 암모니우스 사카스는 이런 사막수도원의 관상기도를 탈무드, 헬라철학, 스토아 철학, 유대 카발라, 페르시아 조로아스터교, 바벨론 태양신 등 여러 종교들의 교리를 혼합하여 신플라톤주의 관상철학을 만들었습니다. 이것은 소련의 점쟁이 블라바츠키를 통해 1875년 미국 뉴욕에서 일어난 신지학 운동으로 다시 부활했습니다. 신지학은 모든 사람이 한 형제이며, 우주의 모든 존재가 한 형제라는 범신론 뉴 에이지 종교입니다.

암모니우스 사카스에게 유명한 두 제자가 있었습니다. 하나는 뉴 플라톤 철학을 집대성한 플로티누스(Plotinus, 204-270)이고 또 한 사람은 로마 카톨릭이란 이단 기독교 교리 창시자인 알렉산드리아 오리겐입니다. 플로티누스는 철학자로 오리겐은 신학자로 암모니우스 사카스의 사탄종교는 지난 2000년 기독교 역사에서 막강한 힘을 발휘하였습니다. 그리고 또 다시 1875년 신지학의 탄생으로 시작된 뉴에이지 종교운동은 오늘에 바리새과 유대인들의 신사도운동과 함께 유엔의 종교통합운동으로 자리를 잡았습니다.

신지학(theosophy)은 일명 신의 지식이라는 이름으로 여러 종교 철학을 혼합한 절충(折衷)주의철학입니다. 사탄혼합종교입니다.

플로티누스의 뉴 플라톤 관상철학을 통해서 만나는 절대신인 '일자(一者)'라는 '모나드' 신은 빛의 신 루시퍼입니다. 어거스틴은 뉴 플라톤 철학의 교리로 회심을 했고, 뉴 플라톤 철학을 기반(基盤)으로 기독교 신학을 만들었고 그 결과물이 로마 카톨릭입니다.

3) 뉴 에이지 종교의 원리

(1) 자연과 인간의 통합운동입니다.(녹색당, 그린피스운동, 자연보호운동)
(2) 동물과 인간의 통합운동입니다.(E.T, 미녀와 야수, 토템이즘)
(3) 과학과 인간의 통합운동입니다.(인조인간, 복제인간, 클론인간, 외계인, U.F.O)
(4) 종교(문화)와 인간의 통합운동입니다.(종교통합운동)

4) 뉴에이지 기독교

(1) 결코 죽지 아니하리라 (윤회)
(2) 눈이 밝아지리라 (밀교주의 신지식, 초자연적인 접촉)
　　환생, 최면술, 초능력, 텔레파시, 공중부양, 초혼; 외계인과 접촉,

죽은자와 대화, 마인드콘트롤, 투시, 전생여행, 떨림, 넘어짐, 뜨거움 등
(3) 하나님처럼 되리라 (범신론, 만신론)
(4) 너희가 선악을 알리라 (자율구원, 해탈, 무아지경, 신인간, 새사람)

5) 뉴에이지에서 사용하는 단어들

(1) 아트만(Atman) 우주적인 정신, 에너지
(2) 영겁회귀 신인합일 브라만이 최고의 선이자 구원의 완성
(3) 새로운 시대(New Globalism) 새로운 질서(New World Order) 물병자리시대
(4) 우주회복론(만물, 인간, 동물, 자연, 우주, 해, 달, 별, 동물. 식물이 하나 됨)
(5) 모든 기존질서 파괴(천국, 지옥, 하나님, 선, 법, 양심, 가족, 종교, 연령, 성별, 나이)
(6) 모든 고정관념 깨뜨리기(새로운 질서 세움)
(7) 명상을 통한 신지식 습득, 주술적인 기도, 춤, 노래, 드라마, 문화운동.
(8) 그리스도의 승천을 그리스도 의식 고양
(9) 그리스도의 피를 우주적인 그리스도의 생명 에너지
(10) 하나님이 우주이고, 우주가 하나님이다
(11) 예수님의 재림을 대량으로 성육신이 일어나는 것으로 사람들 속에 임한 신적회복
(12) 구원은 사람이 부처가 되고, 예수가 되고, 마호멧이 되는 것. 사람이 신이 되는 것
(13) 루시스 협회, 우측 두뇌학습, 걷기운동, 명상운동, 관상기도

6) 뉴에이지 종교의 출발은 언제입니까?

New Age 운동의 근원은 1875년 뉴욕에서 러시아 사람 헬레나 페트로브나 블라바츠키에 의하여 창설된 '신지학 협회(神智學協會)'에 있습

니다. 신지학적인 기본 명제들 중의 하나는 "모든 종교는 그들 사이의 차이점에도 불구하고 '공통적인 논리'를 가지고 있다"는 것입니다.

1960년대 중반 모더니즘에 대한 대안으로서 포스트모더니즘이 새로이 등장하게 되었고, 동시에 종교면에서는 뉴에이지 사상이 새롭게 등장하게 되었습니다. 특히 뉴에이지 사상은 1960년대 후반 아시아인에 대한 이민법 개정 이후 힌두교의 정신적 지도자인 구루(guru)들이 미국에 건너오면서 동양의 신비주의 사상들이 서구의 합리주의·과학주의와 결합하면서 형성되었습니다.

인간의 무능은 기독교의 신앙 때문이다.

뉴에이지 운동가들은 지금의 시대를 위기와 기회의 시대라고 평가합니다. 그리고 지구가 이러한 위기를 맞고 있는 것에 대하여 헐리우드 배우 출신으로 뉴에이지 운동의 저술가이며 전도가인 셜리 맥클레인은 인간이 자신의 내면의 능력을 사용하고 있지 못하기 때문이라고 말합니다. 인간속에는 위기를 극복할 수 있는 무한한 능력이 있는데 이 능력을 무지와 망각으로 인해 사용하지 못하기 때문이라는 것입니다. 다시 말하면 인간은 무한한 존재인데 인류의 사상을 지배해왔던 전통적인 종교적 가치관들이 인간을 스스로 나약하고 유한한 존재로 만들어 버렸다는 것입니다. 뉴에이지는 특히 인류가 직면한 위기의 원인을 기독교의 신과 인간과의 복종관계에서 찾고 이것으로부터 전면적인 해방운동을 선포하는 사탄종교입니다.

물고기(기독교) 시대가 지나고 물병자리 시대

뉴에이저들은 기독교의 시대가 끝나고 새로운 시대(New Age)가 도래한다고 주장합니다. 점성술로 말하면 기독교의 시대를 의미하는 물고기자리가 끝나고 새로운 시대를 의미하는 물병자리 시대가 오고 있다는 것입니다. 이 새로운 시대가 오면 지구의 위기가 사라지고 인류는 밝은 미래를 맞이할 수 있다고 주장합니다.

7) 뉴에이지 종교의 사상

(1) 범신론
범신론의 기본 논리는 신과 우주가 하나이며 한 인간의 영혼이 우주의 핵심이고 우주의 핵심은 곧 인간의 영혼이라는 것입니다. 이 세상의 모든 것이 신이며 명상을 통하여 신과의 합일을 경험함으로써 구원에 이른다고 주장합니다. 뉴에이저들이 만든 음악에서 등장하는 신은 기독교의 하나님만이 아닌 불교의 싯달타, 힌두교의 크리슈나 등을 의미합니다. 이를테면 조지 해리슨의 'My Sweet Lord'에서 Lord는 인도의 힌두교 신인 크리슈나를 지칭합니다.

(2) 다원주의
보는 방향에 따라서 사물의 모습이 달라져 보이듯이 각 종교에서 말하는 신도 이처럼 본질적으로는 동일하다는 사상입니다. 각 종교에서 내세우는 신은 본질적으로 같은 존재이며 따라서 어느 종교를 믿든지 종교상의 구원을 이룰 수 있다고 주장합니다.

(3) 인본주의
여기서의 인본주의란 인간 존재의 가치를 그 어떤 가치보다 우위에 두자는 개념입니다. 인간 내부에 있는 신의 모습을 발견하면 곧 인간이 신이 될 수 있다고 주장합니다.

(4) 영적 진화론
인간 내부의 신성을 끄집어내는 방법론적인 사상이며 인간은 여러 가지 방법을 통해 점차 신으로 진화해 간다는 사상입니다. 영적진화론과 관련하여 뉴에이지에서는 환생을 인간이 신이 되기 위한 방법으로 규정하며 환생을 거듭하면 할수록 영적으로 신에 가깝게 진화된다고 주장합니다. 뉴에이지에서는 인간이 기존 지식과 경험, 가치관에서 벗어나 자신의 신성을 깨닫기 위해서 의식개혁을 강조하는데 여기서 명상이라든지 초월명상, 강신술 등을 이용합니다.

(5) 뉴 에이지 운동분야
동양종교, 영지주의, 심령과학, 무속신앙, 명상(초월명상), 투시, 점치는 것, 최면술, 점성술, 요가, 관상, 수상, UFO에 관한 것, 마녀 숭배, 윤회설, 범신론적 학문운동, 인간 잠재력 계발 운동, 초혼(영매를 통한 접신), 텔레파시와 정신동력, 강신술 등

(6) 뉴 에이지에서 사용한 상징들

뉴에이지에서 사용하는 상징들은 다양하며 영화 속에, 음반의 자켓에, 책표지나 목걸이 등 여러 곳에 쓰이고 있습니다. 대표적인 것은 5각형의 별(팬타곤), 삼각형(피라미드), 원, 이집트인들이 쓰던 앵크 십자가, 무지개, 6선형으로 된 다윗의 별, 태양, 수레바퀴, 제 3의 눈, 수정, 다이아몬드, 용 또는 큰 뱀, 유니콘, 페가수스, 인어, 뿔있는 염소, 황소 머리, 반달과 별모양 등 다양합니다. 이 중 목걸이 등 여성들의 엑세사리에서 주로 사용되고 있는 앵크십자가는 영생, 불멸을 뜻하는 고대 이집트의 상징으로서 신비주의자들에게 행운을 가져다주는 부적으로도 사용되고 있습니다. 둥근 원은 다산을 상징합니다. 기독교에서는 이를 사단이 예수 그리스도를 능가하며, 궁극적으로 사단이 영생을 가져다 준다는 의미를 지닌다며 신성 모독적인 문양으로 간주하고 제 3의 눈은 모든 것을 보는 눈(The All-Seeing Eye)으로도 불리는데 이것은 조화(Unity)를 묘사합니다. 이 조화는 주술, 사단숭배, 힌두교, 불교 그리고 현재 존재하는 모든 불가사의한 현상들과 신비주의에서 나타납니다. 오벨리스크는 남자의 성기를 상징합니다.

(7) 뉴에이지와 환생과의 관계

뉴에이지의 영적진화론에서 전생 혹은 환생 사상은 떼어놓기 힘들 정도로 밀접한 관계에 있습니다. 이는 윤회사상으로도 불리는데 불교와 힌두교는 물론 초기 유태교와 기독교에서도 윤회의 가르침이 있었고, 고대 이집트와 바빌론, 앗시리아, 그리스에서도 윤회사상이 발견됩니다. 뉴에이지에서의 환생은 영적진화의 중요과정으로서 인간은 환생을 통해 이전보다는 영적으로 나은 상태로 변환한다는 사상을 나타냅니다. 환생은 인간이 신이 되기까지 반복된다고 주장합니다. 이는 주로 고대 힌두교에서 강조되었는데 〈우파니샤드〉에는 "깨달음에 이르지 못한 자는 영원히 죽음을 반복할 것이다" 라는 구절이 쓰여져 있습니다.

8) 문화종교로 옷입은 뉴에이지 종교

뉴에이지 사상은 기독교인들의 영혼을 죽이는 독약과 같은 것입니다. 사탄은 기독교인들이 친근하게 다가갈 수 있는 문화선교사업과 같은 생존전략차원에서 미혹을 하고 있습니다. 이는 교회들이 청년교인 數 감소에 따른 방어적인 대응이라고 생각이 됩니다. 뉴에이지, 판타지, 오컬티즘(occultism), 명상, 자기계발, 자기치유(self-healing), 웰빙 등입니다.

(1) 영화

접신행위를 소재로한 '사랑과 영혼', 케빈코스트너 주연의 '꿈의 구장', '엑소시스트', 데미무어가 열연한 '사랑의 기쁨', '디어헌터', '터미네이터 시리즈', 죠지루카스의 '스타워즈', 스티븐 스필버그의 'ET', '백투더 퓨쳐', '인디애나 존스', '쥐라기 공원', 한국영화 '은행나무 침대'

(2) 음악

뉴에이지 음악은 명상을 통해 만들어지며, 자연을 소재로 한 것이 많으며, 가사가 없고, 들었을 때 신비로운 분위기를 가졌다는 느낌이 든다는 특성을 가지고 있습니다 뉴 에이지 음악을 들을수록 그 신비스러운 분위기에 매료되다가 장시간 지속적으로 들으면 영적인 혼란을 일으켜 정신질환에까지 이르게 된다고 경고하고 있습니다.

(3) 대중 영상 매체 속의 뉴 에이지

'8월의 신부', '스머프 가족'이라는 만화에서는 사탄의 5각형 별이 종종 등장해 마력을 일으킵니다. '히맨'이라는 만화에서의 히맨은 초자연적인 남자신으로 등장합니다. 여기서는 피라미드, 수정의 힘, 뱀, 해골, 마녀의 주문, 해골인간, 마법사, 동물인간, 반인반조(半人半鳥) 등의 뉴에이지에서 사용하는 상징들이 곳곳에 나타납니다. '우주여왕 쉬라'는 신비의 바벨론에서 육체로 환생한 하롯(Harlot)의 어머니의 이야기를 바탕으로 만든 것입니다. '슈퍼 그랑죠'라는 만화에서도 그랑죠가 등장하는 곳의 문양은 '다윗의 별'로 불리는 육각형이며, 원의 가장

자리에는 고대문자로 추정되는 알 수 없는 문자들이 그려져 있습니다. 마술에서 원은 안전지대입니다.

(4) 관상기도

관상기도, 레노바레, 신사도운동, 알파, 에큐메니칼운동, 두 날개운동, 전도운동 등……

침묵 기도를 즐기는 사람들이 늘어가고 있고, 주문식 기도를 하는 사람들이 늘고 있습니다.

뉴 에이지에서도 기독교 용어를 쓰고 있습니다. 또한 마음을 비우고 내면의 신과의 합일을 추구하는 관상기도를 합니다. "내면의 불꽃" 또는 "내면의 빛"을 주장합니다. 뉴 에이저들이 스스로 그리스도이며, 신(I AM)이라고 주장합니다. 주문식 기도를 통해서 명상을 유도합니다.

"나는 그리스도의 사랑으로 다시 태어났음을 선언 합니다. 그리고 그리스도의 빛이 내 마음 중심에서 나와 함께 하고 있다는 것을 선언 합니다. 나는 그리스도의 자녀이자, 그리스도의 상속자라는 사실을 선언 합니다."

"사랑하는 그리스도 아버지시여, 아버지의 상속자로서 그리스도와 하나 되었음을 선언 합니다. 나는 그리스도의 사랑자체입니다. 나의 모든 것은 그리스도에게서 나왔으니, 나의 뜻이 아닌 그리스도의 뜻이 나를 인도하게 하여 주옵소서. 아버지의 뜻이 나를 통하여서 나타난다는 것을 선언 합니다."

"그리스도의 빛이 내 마음중심에서 꺼지지 않고 영원히 타오르는 것과, 그리스도의 빛이 나를 통하여서 인류들에게 전달되고 있다는 것을 선언 합니다. 나는 물질이 아니며, 영이자 빛입니다. 아버지의 나라가 이 땅에서 온전하게 이루어짐을 선언 합니다."

9) 현대과학의 옷을 입고 나타난 뉴 에이지 종교

프랑스와 스위스 접경지대에 유럽의 입자 물리연구소인 CERN이 있습니다. 이곳에는 세계적인 물리학 천재들이 80개국 11,000명이 연구를 합니다. 이 연구소 지하 100m에는 있는 길이 27km 되는 LHC 터널속에서 양성자를 빛의 속도까지 가속시켜 반대방향으로 날아오는 다른 양성자와 충돌을 시키는 인류 최대의 최첨단 실험기계가 있는데 그 가격이 무려 6조원이라고 합니다.

CERN(유럽 입자 물리연구소)은 지금부터 61년 전인 1954년 9월 29일. 스위스와 프랑스 국경 지역 지하에 신의 입자를 찾는 사람들이 모인 연구소입니다. 바로 유럽 입자 물리연구소 혹은 유럽 원자핵 공동 연구소라 불리는 곳입니다. 이곳에서 2013년 신의 입자, 힉스를 찾았습니다. 그래서 노벨상을 받았습니다.

그리고 그 입자를 발견해 낸 도구가 LHC입니다. LHC는 세계에서 가장 큰 입자 가속기로 그 길이만 무려 27킬로미터 길이로 터널처럼 형성되어 있습니다. 2008년부터 가동을 시작한 LHC는 인류가 만든 가장 정교한 기계라고 불릴 정도로 섬세하며, CERN에서 관리하고 있습니다. 힉스입자는 우주의 탄생의 첫 번째 입자로 우주탄생과 인간의 본질을 연구하는 중요한 입자입니다.

이런 연구를 하는 목적은 문명의 진공상태인 인간의 마음을 실험하는 것입니다. 이것을 인간의 마음속에 있는 유전자나 뇌파와 결합을 시켜 인간을 시간과 공간을 초월해서 신과 같은 존재로 만들려는 야심찬 연구입니다. U.F.O, 외계인, 반인반수, 인조인간, 사이보그 인간 등 수많은 종류의 인간들이 함께 살아가는 시대에는 지금까지 존재한 모든 종교적인 가치나 도덕적인 가치나 정치적인 가치나 경제적인 가치들이 사라져 버릴 것입니다. 오직 실존하는 것 자체만 가치가 부여될 것입니다.

다르마(Dharma)는 '지지하다', '떠받치다' 라는 뜻의 동사 어원 드리(Dhri)에서 파생되었습니다. 다르마는 개체는 물론이고 우주 전체를 떠받치고 지탱하는 것을 뜻합니다. 인간에게 있어서 다르마는 바른 행동을 말합니다. 힌두교나 불교에서 해탈을 의미하기도 합니다.

다르마는 불교에서 말한 도를 깨치는 법사상입니다. 그런데 불교에서 가르치는 다르마는 오히려 부처를 죽이라고 합니다. 그래야 참 부처를 얻을 수 있다고 합니다. 다르마(불교)는 … 부처, 신은 없다…고 말합니다. "부처를 만나면 부처를 죽여라" 라는 말이 있는 것처럼 신에 대한 고정관념과 집착을 버리라는 것입니다. "내가 곧 부처인 것이요 내가 곧 신이다." 라는 사상입니다. 그리고 그것을 발견하기 위해 참선과 수양, 또는 수양에 기반을 둔 일상생활들…을 가르치고 있습니다. 모든 고정관념과 의식 따위들을 모두 버리고 내 깊은 자아 속으로 들어가면 거기에 신 곧 '나' 가 있음을 발견하게 된다… 이런 개념입니다.

놀라운 것은 불교, 힌두교의 그것과 함께 오스트리아 베네딕스 수도원에서도 똑같은 기도를 하고 있다는 것입니다. 티벳고원 해발 4000m 높은 산에서 수 천명의 수도승들이 떼를 지어 앉아 가좌부를 틀고 있습니다.

스위스 유럽의 입자 물리연구소인 CERN에는 수많은 뉴 에이지 다르마의 상징들이 그려져 있습니다. 인간을 신으로 만들려는 사탄의 연구는 계속되고 있습니다. 뇌파를 변형시키는 방법, 유전자를 바꾸는 방법 등 이루 말할 수 없는 방법들이 동원되고 있다는 사실을 알아야 합니다. 세계에서 가장 유명한 물리학 입자 연구실에서 준비되고 있는 것이 티벳 불교나 베네딕스 수도원에서 명상을 통해서 도달해 보려는 신적인 세계를 과학입자 연구실을 통해서도 준비되고 있다는 사실을 꼭 기억해야 할 것입니다. 이제 그렇게 수도승과 같이 힘들이지 않고 간단한 기계나 컴퓨터 프로그램을 통해서 사람들이 대량으로 신처럼 만들어지는 시대가 오고 있습니다. 그것이 힉스입자 연구목적입니다.

수도원의 수도승들이 성경을 펴 놓은 채 매일 같이 반복되는 조용하고 경건하고 신성한…의식을 치루고 훈련을 쌓고…하는 모습과 불교의 승려들이 자기네 방식대로 수양을 쌓는 과정과 다르지 않음을 알 수 있습니다. 아타나시우스나 안토니 사막 수도원 아버지가 20-40년 동안 이런 수련을 통해서 초능력을 얻어 신과 같은 존재가 되는 것을 보고 어거스틴이 그런 방식으로 변화가 되었습니다. 이제는 과학의 힘으로 순식간에 신적인 세계를 경함할 수 있는 날이 멀지 않았습니다.

10) 유엔 종교통합운동과 뉴 에이지 종교

종교간 평화 프로젝트 Interfaith Peace Project는 영국의 토니 블레어가 활동하고 있는 유엔 종교통합기구입니다. 릭 워렌의 피스운동과 함께 활발하게 활동을 하면서 유엔 중심의 신세계질서를 세우고 있습니다.

이 프로젝트의 설립자이자 이사장(사무총장)인 토마스 보나치(Thomas P. Bonacci)라는 신부는 "피스폴 이니시어티브"(Peace Pole Initiative)라는 사역을 하는데, 이것은 여러 종교를 위한 평화의 막대기(피스폴)을 세우는 일을 한다고 합니다. 그런데 그들이 "세우는" 막대기가 다름 아닌 남근을 상징하는 6각 오벨리스크입니다. 이 오벨리스크에는 "온 지구에 평화가 오기를"(May Peace Prevail on Earth)이라는 문구가 12개국 언어로 적혀 있다고 합니다.

참고로, 뉴에이저들이 자주 언급하는 평화는 실제로는 대부분 신세계질서에서 이루어져 콘트롤된 평화를 말합니다.

2부 순교자 천국(殉敎者 天國)

제1장
순교(殉敎)란 무엇입니까?

1. 순교(殉敎)의 정의(定義)
2. 순교(殉敎)의 목적(目的)
3. 순교(殉敎)의 주체(主體)
4. 순교(殉敎)의 시기(時期)
5. 순교(殉敎)의 이유(理由)
6. 순교(殉敎)의 범위(範圍)
7. 순교(殉敎)의 방법(方法)
8. 순교(殉敎)의 대상(對象)
9. 순교(殉敎)의 신앙(信仰)
10. 순교(殉敎)의 능력(能力)

2부 순교자 천국(殉敎者 天國)

제1장 순교(殉敎)란 무엇입니까?

1. 순교(殉敎)의 정의(定義)

　순교란 중인이란 뜻입니다. 그러므로 예수님을 만난 경험이 없는 사람은 순교할 수 없습니다, 예수님을 직접 만난 경험이 있는 사람이 예수님의 십자가 죽음을 증거하는 것이 곧 순교입니다.
　순교란 스스로 저항하지 않고 기꺼이 자신의 생명을 내놓은 것을 의미합니다. 단순히 다른 사람이 죽여서 죽는 것이 아니라 스스로 죽음을 받아들이는 것입니다. 이것은 자살이 아닙니다. 자살은 스스로 자기 목숨을 포기하는 것이지만 순교는 타인에 의해서 나의 생명이 희생되는 과정에서 스스로 저항하지 않고 기꺼이 죽음을 받아들이는 것입니다. 왜냐하면 자신의 생명보다 더 소중한 가치를 가지고 있기 때문입니다.
　세상 종교는 행복의 본질을 찾은 종교와 행복의 방법을 찾은 종교가 있습니다. 본질을 찾은 종교를 목적화 종교라고 하고, 방법을 찾는 종교를 수단화 종교라고 합니다. 참 종교는 인간이 필요로 해서 만든 수단화 종교가 아니라 인간이 행복해지는 진리의 본질 자체를 가지고 있어야 합니다. 그러나 이 세상의 모든 종교는 인간이 행복해지기 위해 만든 수단화 종교입니다. 즉 인간이 행복해지는 방법을 찾기 위해 인간이 스스로 만든 종교입니다. 그래서 세상의 모든 종교는 절대적이지 못하고 상대적일 수밖에 없습니다.

　순교는 아무나 할 수 없습니다. 자신의 생명보다 더 소중한 생명의 본질을 가지고 있는 사람만 기꺼이 자신의 생명을 버리고 순교를 할 수 있는 것입니다.

　성경에서 최초의 순교자는 아벨입니다. 아벨은 형인 가인의 돌에 맞아 죽었습니다. 그래서 첫 번째 순교자가 된 것입니다. 아벨이 형인 가인과 싸움을 해서 돌에 맞아 죽었다면 아벨은 순교자가 될 수 없었을 것입니다. 그러나 성경은 아무런 설명 없이 아벨이 형의 돌에 맞아 죽었다고 했습니다. 그래서 아벨은 구원의 조상이 되었습니다. 사람들은 죽음을 모두 동일하게 봅니다. 그러나 순교는 전혀 다른 죽음입니다. 생명보다 더 귀한 본질을 얻기 때문입니다. 가인은 악인의 조상이 되고, 아벨은 선인의 조상이 되었습니다.

　예수님은 겟세마네 동산에서 베드로가 말고의 귀를 칼로 자르며 로마 군인들에게 저항 할 때 베드로에게 네 검을 도로 집에 꽂으라 검을 가지는 자는 다 검으로 망하느니라 너는 내가 내 아버지께 구하여 지금 열두 영이나 더 되는 천사를 보내시게 할 수 없는 줄로 아느냐 내가 만일 그렇게 하면 이런 일이 있으리라 한 성경이 어떻게 이루어지리요 하셨습니다.

　예수님은 능력이 없으셔서 십자가에 돌아가신 것이 아닙니다. 예수님은 능치 못하실 일이 없으시지만 십자가에 돌아가셨습니다. 왜냐하면 우리를 구원하시는 방법이 그것 하나밖에 없었기 때문입니다. 이것이 참 기독교입니다. 죄의 삯은 사망입니다. 그래서 반드시 주님은 죽으셔야 했습니다.

　오늘날 수많은 사람들이 예수 이름으로 초자연적인 능력을 행하고 있습니다. 수많은 사람들이 그것을 따르고 환호를 합니다. 예수님도 그리 했습니다. 죽은 자를 살리고, 문둥병자를 깨끗하게 하시고, 오병이어로 5000명을 먹이고 12광주리 남기실 때 수많은 군중들이 예수님을 임금

삼으려고 쫓아 다녔습니다. 그러나 예수님은 그들의 요구를 거절하셨습니다. 그러자 성난 군중들은 예수님을 십자가에 못박아 죽이고 말았습니다.

왜 우리가 능력의 기독교를 따르지 않고 순교의 기독교를 따라야 하는지를 정확하게 알게하신 분이 예수님이십니다. 예수님은 하나님의 능력으로 우리를 구원하실 수 있었습니다. 그러나 그렇게 하시지 않으셨습니다. 하나님의 아들이 나를 위해 십자가에 돌아가셔서 나에게 영생을 주셨다면 나도 이제 기꺼이 주님의 뒤를 따라서 죽어야 하는 것입니다. 이것이 순교입니다.

고후5:14-15 "그리스도의 사랑이 우리를 강권하시는도다 우리가 생각건대 한 사람이 모든 사람을 대신하여 죽었은즉 모든 사람이 죽은 것이라 저가 모든 사람을 대신하여 죽으심은 산 자들로 하여금 다시는 저희 자신을 위하여 살지 않고 오직 저희를 대신하여 죽었다가 다시 사신 자를 위하여 살게 하려 함이니라"

갈2:20 "내가 그리스도와 함께 십자가에 못 박혔나니 그런즉 이제는 내가 산 것이 아니요 오직 내 안에 그리스도께서 사신 것이라 이제 내가 육체 가운데 사는 것은 나를 사랑하사 나를 위하여 자기 몸을 버리신 하나님의 아들을 믿는 믿음 안에서 사는 것이라"

내안에 십자가를 지시고 나를 구원하신 예수님이 사신다면 2000년 전에도 그러했듯이 지금도 내 안에서 사신 그리스도는 십자가의 죽음을 피하지 않으실 것입니다. 이것이 순교입니다.

주님을 믿는 사람들은 주님이 가신 순교의 길을 가는 것입니다. 이것이 당연한 것입니다.

2. 순교(殉敎)의 목적(目的)

순교는 두 가지 종류가 있습니다. 살아있는 순교와 한 번의 죽음으로서 끝낸 순교가 있습니다. 구원받은 성도는 살아있는 순교자입니다. 왜냐하면 육체는 나의 것이지만 그 육체를 나를 위해 사용하지 않고 내 안에 계신 주님을 위해서 사용하는 사람들이기 때문입니다.

고후4:10-11 "우리가 항상 예수 죽인 것을 몸에 짊어짐은 예수의 생명도 우리 몸에 나타나게 하려 함이라 우리 산 자가 항상 예수를 위하여 죽음에 넘기움은 예수의 생명이 또한 우리 죽을 육체에 나타나게 하려 함이니라"

죽음으로서 끝낸 순교가 있습니다. 육체의 장막을 벗어버리고 영광의 주님의 옷을 입는 것입니다.

고후5:1-3 "만일 땅에 있는 우리의 장막 집이 무너지면 하나님께서 지으신 집 곧 손으로 지은 것이 아니요 하늘에 있는 영원한 집이 우리에게 있는 줄 아나니 과연 우리가 여기 있어 탄식하며 하늘로부터 오는 우리 처소로 덧입기를 간절히 사모하노니 이렇게 입음은 벗은 자들로 발견되지 않으려 함이라"

순교의 목적은 나를 통해 주님이 나타나게 함입니다. 살아있는 순교도 주님이 나타납니다. 죽어버린 순교도 영원한 주님과 연합을 이루게 합니다. 이것을 열매라고 합니다.

순교의 목적은 열매를 맺는 것입니다.

요12:24-25 "한 알의 밀이 땅에 떨어져 죽지 아니하면 한 알 그대로 있고 죽으면 많은 열매를 맺느니라 자기 생명을 사랑하는 자는 잃어버릴 것이요 이 세상에서 자기 생명을 미워하는 자는 영생하도록 보존하리라"

예수님께서 순교하심으로 많은 열매를 맺으셨습니다.

2006년 10월 2일 미국 랭거스터 아미쉬 공동체안에서 살인사건이 발생했습니다. 외부인이 들어와 총을 난사해서 5명의 초등학교 여학생들이 죽었습니다. 다른 5명은 중태에 빠졌습니다. 아미쉬 공동체 안에서 우유를 수거해 가는 기사가 9년 전에 자신의 딸이 죽은 것이 신의 저주라고 생각해 복수를 한 사건입니다. 범인은 초등학교 교실에 들어와 여학생들을 일렬로 세우고 한 사람씩 죽이려 했습니다. 그때 13세 소녀가 큰 소리로 나부터 죽이라고 외치면서 범인 앞으로 뛰어 나왔습니다. 그러자 그의 여동생이 뛰어 나와 언니 다음에 자신을 쏘라고 외치면서 언니 뒤에 섰습니다. 모든 여학생들이 경쟁적으로 뛰어 나와 줄을 섰습니다. 이렇게 해서 5명이 죽었고, 5명이 중태에 빠진 사건입니다. 범인은 소녀들을 죽이다가 스스로 목숨을 끊었습니다.

초대교회 성도들이 순교를 할 때도 같은 일들이 벌어졌습니다. 한 사람이 먼저 순교에 참여하면 공동체 전체가 순교에 참여를 했습니다. 순교의 피가 흘려질 때 주님이 나타나십니다. 그래서 용기를 주십니다. 힘을 주십니다. 한 몸된 교회 공동체안에서 역사하신 성령은 한 사람의 순교를 통해서 모든 사람들에게 하나님의 영광을 보여 주십니다.

현대교회는 죽음을 무서워 합니다. 그러나 초대교회는 죽음을 하나님의 영광으로 생각했습니다. 죄인으로 수만번 죽어 지옥 갈 사람이 영광의 예수님의 이름으로 고난 당하는 것 자체를 한없는 영광으로 생각했습니다. 현대교회는 복음의 본질을 잃어버리고, 복음의 수단화를 좇아 복을 받으려는 바알의 복음을 가지고 있습니다. 그래서 눈이 멀고, 귀가 막히고, 가련하고, 벌거숭이가 되고 말았습니다. 순교의 목적은 하나님의 영광에 참여하는 것입니다.

3. 순교(殉敎)의 주체(主體)

순교는 아무나 하는 것이 아닙니다. 누구도 자신의 고귀한 목숨을 스스로 버리지 않습니다. 순교는 반드시 구원받은 사람만 할 수 있는 특권 중에 최고의 비밀스런 특권입니다.

계13:7-10 "또 권세를 받아 성도들과 싸워 이기게 되고 각 족속과 백성과 방언과 나라를 다스리는 권세를 받으니 죽임을 당한 어린 양의 생명책에 창세 이후로 녹명되지 못하고 이 땅에 사는 자들은 다 짐승에게 경배하리라 누구든지 귀가 있거든 들을찌어다 사로잡는 자는 사로잡힐 것이요 칼로 죽이는 자는 자기도 마땅히 칼에 죽으리니 성도들의 인내와 믿음이 여기 있느니라"

교회는 만세와 만대로부터 내려온 하나님의 비밀입니다. 교회 안에는 하나님의 영광이 가득합니다. 교회 안에는 하나님의 보화가 가득합니다. 교회 안에는 신령한 하나님의 축복이 부어졌습니다. 교회는 예수님의 몸이고, 신부입니다. 교회는 성령의 전입니다. 교회는 예수님의 몸으로 만물을 충만하게 하는 충만함 자체입니다. 교회는 구원받은 성도 한 사람 한 사람이 지체가 되어 한 몸을 이루는 비밀입니다. 그러므로 순교의 주체는 교회가 되는 것입니다.

4. 순교(殉教)의 시기(時期)

순교는 7년 대환난 전후로 해서 일어납니다. 먼저 7년 대환난 전에 일어난 5가지 재앙을 통해서 순교당한 영혼들이 있습니다. 이들은 기근으로 먹지 못하고, 뜨거운 불에 타서 죽고, 물을 마시지 못해서 죽은 자들입니다.

계6:9-11 "다섯째 인을 떼실 때에 내가 보니 하나님의 말씀과 저희의 가진 증거를 인하여 죽임을 당한 영혼들이 제단 아래 있어 큰 소리로 불러 가로되 거룩하고 참되신 대주재여 땅에 거하는 자들을 심판하여 우리 피를 신원하여 주지 아니하시기를 어느 때까지 하시려나이까 하니 각각 저희에게 흰 두루마기를 주시며 가라사대 아직 잠시 동안 쉬되 저희 동무 종들과 형제들도 자기처럼 죽임을 받아 그 수가 차기까지 하라 하시더라"

계7:13-17 "장로 중에 하나가 응답하여 내게 이르되 이 흰옷 입은 자들이 누구며 또 어디서 왔느뇨 내가 가로되 내 주여 당신이 알리이다 하니 그가 나더러 이르되 이는 큰 환난에서 나오는 자들인데 어린양의 피에 그 옷을 씻어 희게 하였느니라 그러므로 그들이 하나님의 보좌 앞에 있고 또 그의 성전에서 밤낮 하나님을 섬기매 보좌에 앉으신 이가 그들 위에 장막을 치시리니 저희가 다시 주리지도 아니하며 목마르지도 아니하고 해나 아무 뜨거운 기운에 상하지 아니할찌니 이는 보좌 가운데 계신 어린 양이 저희의 목자가 되사 생명수 샘으로 인도하시고 하나님께서 저희 눈에서 모든 눈물을 씻어 주실 것임이러라"

7년 대환난 후 삼년 반이 시작되면 적그리스도는 짐승의 표를 받지 않은 사람들을 죽이게 됩니다.

계14:9-13 "또 다른 천사 곧 세 째가 그 뒤를 따라 큰 음성으로 가로되 만일 누구든지 짐승과 그의 우상에게 경배하고 이마에나 손에 표를 받으면 그도 하나님의 진노의 포도주를 마시리니 그 진노의 잔에 섞인 것이 없이 부은 포도주라 거룩한 천사들 앞과 어린 양 앞에서 불과 유황으로 고난을 받으리니 그 고난의 연기가 세세토록 올라가리로다 짐승과 그의 우상에게 경배하고 그 이름의 표를 받는 자는 누구든지 밤낮 쉼을 얻지 못하리라 하더라 성도들의 인내가 여기 있나니 저희는 하나님의 계명과 예수 믿음을 지키는 자니라 또 내가 들으니 하늘에서 음성이 나서 가로되 기록하라 자금 이후로 주 안에서 죽는 자들은 복이 있도다 하시매 성령이 가라사대 그러하다 저희 수고를 그치고 쉬리니 이는 저희의 행한 일이 따름이라 하시더라"

5. 순교(殉敎)의 이유(理由)

순교를 통해서 구원받은 성도는 예수님께서 입혀주신 세마포 옷을 깨끗하게 빨 수 있습니다. 지금은 은혜 시대입니다. 그래서 스스로 조심하지 않으면 예수님께서 입혀 주신 의의 옷을 더럽힐 수 있습니다. 그러나 7년 대환난을 거치면서 우리는 믿음의 옷을 깨끗하게 정리할 수 있는 것입니다. 이것이 우리가 순교의 피를 흘려야 하는 이유입니다.

계7:13-14 "장로 중에 하나가 응답하여 내게 이르되 이 흰옷 입은 자들이 누구며 또 어디서 왔느뇨 내가 가로되 내 주여 당신이 알리이다 하니 그가 나더러 이르되 이는 큰 환난에서 나오는 자들인데 어린양의 피에 그 옷을 씻어 희게 하였느니라"

계22:10-15 "또 내게 말하되 이 책의 예언의 말씀을 인봉하지 말라 때가 가까우니라 불의를 하는 자는 그대로 불의를 하고 더러운 자는 그대로 더럽고 의로운 자는 그대로 의를 행하고 거룩한 자는 그대로 거룩되게 하라 보라 내가 속히 오리니 내가 줄 상이 내게 있어 각 사람에게 그의 일한대로 갚아 주리라 나는 알파와 오메가요 처음과 나중이요 시작과 끝이라 그 두루마기를 빠는 자들은 복이 있으니 이는 저희가 생명 나무에 나아가며 문들을 통하여 성에 들어갈 권세를 얻으려 함이로다 개들과 술객들과 행음자들과 살인자들과 우상 숭배자들과 및 거짓말을 좋아하며 지어내는 자마다 성밖에 있으리라"

지금은 은혜의 때라 우리 몸을 의의 병기로도 드릴 수 있고, 죄의 병기로 드릴 수 있습니다. 그러나 7년 대환난에서는 구원받은 성도의 정체성이 완전하게 구별되기 때문에 전심으로 우리 몸을 의의 병기로 드릴 수 밖에 없습니다. 이런 과정을 통해서 우리는 은혜시대 망령되게 살았던 행실을 회개하고 하나님의 말씀과 예수님의 보혈을 의지함으로 악한 자들에게 고난을 당하게 됩니다. 그래서 결과적으로 우리의 더러운 세마포 옷은 깨끗하게 빨아져서 희어지게 되는 것입니다.

분명히 성경은 순교하는 이유를 어린양의 피와 하나님의 말씀에 순종하는 신앙이라고 기록했습니다. 그렇습니다. 우리가 순교해야 하는 이유는 십자가 대속의 은총을 믿기 때문입니다. 예수님께서 나의 죄를 대속해 주신 것을 믿기 때문에 예수님처럼 순교하기를 원하는 것입니다. 그리고 두 번째는 하나님의 말씀입니다. 하나님의 말씀이 없이는 아무도 구원을 얻을 수 없습니다. 하나님의 말씀은 구약은 오셔서 고난당하실 메시야를, 신약은 십자가에 피흘리신 예수님과 재림하시는 예수님을 분명하게 알려 주고 있습니다.

계12:10-12 "이제 우리 하나님의 구원과 능력과 나라와 또 그의 그리스도의 권세가 이루었으니 우리 형제들을 참소하던 자 곧 우리 하나님 앞에서 밤낮 참소하던 자가 쫓겨났고 또 여러 형제가 어린 양의 피와 자기의 증거하는 말을 인하여 저를 이기었으니 그들은 죽기까지 자기 생명을 아끼지 아니하였도다 그러므로 하늘과 그 가운데 거하는 자들은 즐거워하라 그러나 땅과 바다는 화 있을찐저 이는 마귀가 자기의 때가 얼마 못된 줄을 알므로 크게 분내어 너희에게 내려 갔음이라"

하나님께서 가장 기뻐하시는 신앙이 말씀에 순종하는 신앙입니다. 빌라델비아 교회를 칭찬하신 이유도 적은 능력을 가지고 배반하지 않고 인내의 말씀에 순종하면서 서로 사랑하는 신앙입니다. 이것이 말세 교회가 가지고 있어야 할 신부 신앙입니다.

계3:8-13 "내가 네 행위를 아노니 네가 적은 능력을 가지고도 내 말을 지키며 내 이름을 배반치 아니하였도다 보라 사단의 회 곧 자칭 유대인이라 하나 그렇지 않고 거짓말 하는 자들 중에서 몇을 네게 주어 저희로 와서 네 발앞에 절하게 하고 내가 너를 사랑하는 줄을 알게 하리라 네가 나의 인내의 말씀을 지켰은즉 내가 또한 너를 지키어 시험의 때를 면하게 하리니 이는 장차 온 세상에 임하여 땅에 거하는 자들을 시험할 때라 내가 속히 임하리니 네가 가진 것을 굳게 잡아 아무나 네 면류관을 빼앗지 못하게 하라 이기는 자는 내 하나님 성전에 기둥이 되게 하리니 그가 결코 다시 나가지 아니하리라 내가 하나님의 이름과 하나님의 성 곧 하늘에서 내 하나님께로부터 내려오는 새 예루살렘의 이름과 나의 새 이름을 그이 위에 기록하리라 귀 있는 자는 성령이 교회들에게 하시는 말씀을 들을찌어다"

6. 순교(殉敎)의 범위(範圍)

　순교의 범위는 일단 영적으로 구원받은 사람은 순교의 대상입니다. 시기적으로는 7년 대환난 시작부터 끝날 때까지 입니다. 장소적으로는 대도시 중심으로 순교가 이루어집니다. 예수전도단 총재인 존 도우슨은 도시를 점령하라는 책을 썼습니다. 도시에는 인구가 밀집되어 있어서 구원해야 할 영혼들이 많이 있다는 선교 전략적인 용어입니다. 그러나 적그리스도의 세력들이 집중적으로 공략하고 있는 지역이 도시입니다. 성시화 운동, 성국화 운동 등은 모두 도시중심으로 이루어지는 신사도운동입니다. 신사도운동에서 성시화운동이란 도시를 점령한 악한 영들의 활동을 전투기도로 묶고 땅밟기 운동을 통해서 도시를 성시화시키는 전문 용어가 있습니다. 바로 지역령(territorial spirits)란 단어입니다. 아브라함 카이퍼의 주권운동도 역시 도시에 집중되어 있습니다. C.C.C. 빌 브라이트 총재나 예수전도단(YWAM) 로렌 커닝햄도 7개 주권 영역산들을 정복하는데 도시가 전략지역입니다. 그래서 C.C.C 총재 김준곤 목사는 1972년 춘천에서 성시화 운동을 처음으로 시작했습니다.

　계20:4-6 "또 내가 보좌들을 보니 거기 앉은 자들이 있어 심판하는 권세를 받았더라 또 내가 보니 예수의 증거와 하나님의 말씀을 인하여 목베임을 받은 자의 영혼들과 또 짐승과 그의 우상에게 경배하지도 아니하고 이마와 손에 그의 표를 받지도 아니한 자들이 살아서 그리스도로 더불어 천년 동안 왕노릇 하니 그 나머지 죽은 자들은 그 천년이 차기까지 살지 못하더라 이는 첫째 부활이라 이 첫째 부활에 참예하는 자들은 복이 있고 거룩하도다 둘째 사망이 그들을 다스리는 권세가 없고 도리어 그들이 하나님과 그리스도의 제사장이 되어 천년 동안 그리스도로 더불어 왕노릇 하리라"

　7년 대환난 후에 예수님이 재림하시고 지상에 세워질 천년왕국에서 왕노릇 할 수 있는 사람들이 기록되어 있습니다. 먼저 보좌에 앉아 있는 사람들입니다. 두 번째는 7년 대환난 중에 예수님의 보혈의 복음과 하나님의 말씀을 지키다가 목베임을 받은 사람들입니다. 세 번째는 짐승에게 경배하지도 않고, 이마나 오른손에 짐승의 표를 받지 않고 살아 있는 자들이 있습니다. 이들이 천년왕국에서 예수님과 함께 왕노릇하는 사람들입니다. 즉 예수님의 몸된 교회입니다. 이 사람들은 모두 첫째 부활에 참여하는 자들이라고 했습니다.

그렇다면 7년 대환난 때 구원받은 사람은 누구든지 다 순교를 해야 하는데 대환난을 통과한 사람 중에서도 이마와 오른손에 짐승의 표를 받지 않고 순교하지 않고 살아서 예수님의 재림을 맞이한 사람들은 누구일까요?

초대교회 공동체도 불같은 시험을 피하여 갑바도기아와 같은 곳에서 공동체 교회를 세웠습니다. 그러나 주후 313년부터 하나님의 거룩한 교회는 보편적 교회로 변해 세상속에 혼합된 교회가 되고 말았습니다.

7. 순교(殉敎)의 방법(方法)

성경에 기록된 순교의 방법은 전쟁입니다. 전쟁을 통해서 수많은 그리스도인들이 순교를 당합니다. 먹지 못해서 기근으로 순교합니다. 물이 없어 목말라 순교합니다. 뜨거운 불에 순교합니다. 목베임을 받아서 순교합니다.

계7:13-17 "장로 중에 하나가 응답하여 내게 이르되 이 흰옷 입은 자들이 누구며 또 어디서 왔느뇨 내가 가로되 내 주여 당신이 알리이다 하니 그가 나더러 이르되 이는 큰 환난에서 나오는 자들인데 어린양의 피에 그 옷을 씻어 희게 하였느니라 그러므로 그들이 하나님의 보좌 앞에 있고 또 그의 성전에서 밤낮 하나님을 섬기매 보좌에 앉으신 이가 그들 위에 장막을 치시리니 저희가 다시 주리지도 아니하며 목마르지도 아니하고 해나 아무 뜨거운 기운에 상하지 아니할찌니 이는 보좌 가운데 계신 어린 양이 저희의 목자가 되사 생명수 샘으로 인도하시고 하나님께서 저희 눈에서 모든 눈물을 씻어 주실 것임이러라"

계20:4 "또 내가 보니 예수의 증거와 하나님의 말씀을 인하여 목 베임을 받은 자의 영혼들과 또 짐승과 그의 우상에게 경배하지도 아니하고 이마와 손에 그의 표를 받지도 아니한 자들이 살아서 그리스도로 더불어 천년 동안 왕노릇 하니"

8. 순교(殉敎)의 대상(對象)

성경은 분명하게 순교의 대상자들이 누구인가를 기록하고 있습니다. "예수의 증거" "어린양의 피" "하나님의 말씀" "예수의 증거하는 말씀" 즉 십자가 복음을 가지고 끝까지 믿음을 지키는 자들입니다. 그리고 하나님의 말씀을 붙잡고 눈에 보이는 초자연적인 기사나 표적을 따르지 않는 사람들을 말합니다. 많은 사람들이 말합니다 나는 예수님의 보혈의 구속을 믿습니다. 그리고 또한 초자연적인 능력도 믿습니다.

신사도운동을 하는 교회들이 모두들 이런 말들을 합니다. 그리고 기사와 표적이 예수님께서 주신 것이라고 합니다. 그러나 분명히 말씀을 드리는 것은 초자연적인 기사와 표적을 구하는 복음과 십자가 대속의 복음은 양립할 수 없습니다. 그런데 왜 이런 양립의 현상이 우리에게 나타나고 있는 것입니까? 그들이 말하는 예수님의 대속의 복음은 상표일 뿐입니다. 그 속에서 역사하고 있는 복음은 대속의 복음이 아니라 사탄의 임파테이션 복음입니다. 즉 눈에 보이지 않는 미혹의 영의 복음이란 것입니다. 그럼 왜 이런 현상을 하나님은 허락하십니까?

말세에 참 믿음과 거짓 믿음을 시험하시는 테스트 과정이 있습니다. 살후2:9-12 "악한 자의 임함은 사단의 역사를 따라 모든 능력과 표적과 거짓 기적과 불의의 모든 속임으로 멸망하는 자들에게 임하리니 이는 저희가 진리의 사랑을 받지 아니하여 구원함을 얻지 못함이니라 이러므로 하나님이 유혹을 저의 가운데 역사하게 하사 거짓 것을 믿게 하심은 진리를 믿지 않고 불의를 좋아하는 모든 자로 심판을 받게 하려 하심이니라"

어느 편을 택할 것인가 분명하게 결단을 내려야 합니다. 말씀에 순종해서 환난을 이겨야 합니다. 은혜의 때에는 방종으로 마음대로 살았다면 환난때에는 더욱 더 정신을 차리고 바로 살아야 합니다. 순교는 반드시 두 가지를 지킬 때 참여할 수 있습니다. 자기 마음대로 말씀의 잣대를 늘였다가 줄였다 하는 사람들은 순교에 참여하지 못합니다. 순교를 통해서 우리 영혼은 하나님이 기뻐 받으실만한 거룩한 제물이 되는 것입니다.

　계20:4-5 "또 내가 보니 예수의 증거와 하나님의 말씀을 인하여 목 베임을 받은 자의 영혼들과 또 짐승과 그의 우상에게 경배하지도 아니하고 이마와 손에 그의 표를 받지도 아니한 자들이 살아서 그리스도로 더불어 천년 동안 왕노릇 하니 (그 나머지 죽은 자들은 그 천년이 차기까지 살지 못하더라) 이는 첫째 부활이라"

　계12:11 "또 여러 형제가 어린 양의 피와 자기의 증거하는 말을 인하여 저를 이기었으니 그들은 죽기까지 자기 생명을 아끼지 아니하였도다"

　계19:6-8 "할렐루야 주 우리 하나님 곧 전능하신 이가 통치하시도다 우리가 즐거워하고 크게 기뻐하여 그에게 영광을 돌리세 어린 양의 혼인 기약이 이르렀고 그 아내가 예비하였으니 그에게 허락하사 빛나고 깨끗한 세마포를 입게 하셨은즉 이 세마포는 성도들의 옳은 행실이로다"

　성경은 우리가 은혜로 구원을 받았다고 해서 행실을 무시하는 것이 아닙니다. 구원 받은 성도의 행실은 너무나 중요합니다. 구원받은 성도는 절대로 자신의 옳은 행실로 구원을 받은 사람이 아닙니다. 모두 예수님의 대속의 은혜로 구원을 받은 것입니다. 그러나 일단 값없이 은혜의 대속으로 구원을 받았다면 이제 사정이 달라집니다. 구원받은 사람에게는 자신이 구원받은 예수님의 십자가 보혈의 희생에 걸맞은 행동이 반드시 따라야 합니다. 만일 은혜시대에 이런 믿음의 행위가 따르지 않고 적당하게 타협하면서 양다리를 걸치고 산다면 성령은 탄식하게 되고 믿음의 성장이나 그들을 통해 하나님이 하시는 사역이 엄청난 제한을 받으시게 됩니다.

　은혜시대에는 그렇게 살다가 죽어 천국에 가서 믿음의 분량대로 상급을 받았지만 말세지말에 살고 있는 성도는 살아서 주님을 만나야 하기 때문에 자신이 더럽힌 세마포옷을 자신의 피로 빨아야 합니다. 이것이 바로 순교입니다. 예수님의 보혈과 하나님의 말씀으로 이겼다는 참다운 의미는 이런 고난의 순교를 통해서 예수님이 입혀 주신 두루마기를 거룩하고 깨끗하게 빨아가는 과정을 말하는 것입니다. 절대로 공짜는 없습니다. 언제나 값을 지불해야 합니다. 귀한 물건을 사면 비싼 값을 치루어야 하듯이 우리 영혼을 위해 우리는 소중한 피를 흘려야 합니다.

주님께서 우리를 위해 그렇게 해 주신 것처럼 말입니다. 값싼 복음은 지옥의 티켓입니다. 누구나 싼값으로 살 수 있습니다. 입으로만 주여 주여 하는 자들은 다 불법을 행하는 자들입니다.

요한계시록 13장 8절에서 창세이후 생명책에 이름이 기록되어 있지 않은 사람은 모두 짐승에게 경배합니다. 순교는 생명책에 이름이 있는 사람만 할 수 있습니다.

9. 순교(殉敎)의 신앙(信仰)

구원받은 성도가 순교에 참여할 수 있습니다. 아무나 순교할 수 없습니다. 구원받은 성도란 신앙의 정체성이 확실한 사람을 의미합니다. 생명책에 그 이름이 기록된 사람입니다.

구원받은 사람은 선한 사람입이다. 구원받은 성도 마음에는 선하신 주님이 계시기 때문에 선한 사람입니다. 믿음이 성장하면서 점점 선에 대한 열매가 맺혀 갑니다. 믿음이 연약할 때는 악을 악으로 갚을 수 있습니다. 그러나 그렇게 할 경우 마음이 아프고 힘이 듭니다. 그래서 점점 악을 악으로 갚지 않고 선으로 악을 갚아보려고 노력을 합니다.

롬12:14-21 "너희를 핍박하는 자를 축복하라 축복하고 저주하지 말라 즐거워하는 자들로 함께 즐거워하고 우는 자들로 함께 울라 서로 마음을 같이 하며 높은데 마음을 두지 말고 도리어 낮은데 처하며 스스로 지혜 있는체 말라 아무에게도 악으로 악을 갚지 말고 모든 사람 앞에서 선한 일을 도모하라 할 수 있거든 너희로서는 모든 사람으로 더불어 평화하라 내 사랑하는 자들아 너희가 친히 원수를 갚지 말고 진노하심에 맡기라 기록되었으되 원수 갚는 것이 내게 있으니 내가 갚으리라고 주께서 말씀하시니라 네 원수가 주리거든 먹이고 목마르거든 마시우라 그리함으로 네가 숯불을 그 머리에 쌓아 놓으리라 악에게 지지 말고 선으로 악을 이기라"

구원받은 사람은 성령의 열매를 맺혀갑니다. 성령의 열매는 사랑, 희락, 화평, 오래참음, 자비, 양선, 충성, 온유, 절제입니다. 이런 것들은 예수님의 성품입니다. 우리 안에 옛사람이 깨어지고 우리안에 신의 성품이 채워져 가는 것입니다. 그리스도 예수의 사람들은 정과 욕심을 십자가에 못박았기 때문에 감정으로 살지 아니하고, 욕심으로 살지 않습니다. 그래서 결국은 성령의 열매를 맺게 됩니다.

갈5:22-24 "오직 성령의 열매는 사랑과 희락과 화평과 오래 참음과 자비와 양선과 충성과 온유와 절제니 이같은 것을 금지할 법이 없느니라 그리스도 예수의 사람들은 육체와 함께 그 정과 욕심을 십자가에 못 박았느니라"

구원받은 사람은 선을 행하는 사람입니다. 그것이 기쁨이 되기 때문입니다. 그래서 성경은 선을 행함으로 고난을 당한 자가 복이 있다고 했습니다. 왜냐하면 천국에서 상이 크기 때문입니다. 예수님께서도 악을 행치 아니하시고 선을 행하심으로 고난을 당하셨습니다. 우리가 얻은 생명은 예수님의 생명입니다. 그래서 주님과 같이 선을 행함으로 고난을 받기 위해 택하심을 받았습니다.

벧전2:18-25 "사환들아 범사에 두려워함으로 주인들에게 순복하되 선하고 관용하는 자들에게만 아니라 또한 까다로운 자들에게도 그리하라 애매히 고난을 받아도 하나님을 생각함으로 슬픔을 참으면 이는 아름다우나 죄가 있어 매를 맞고 참으면 무슨 칭찬이 있으리요 오직 선을 행함으로 고난을 받고 참으면 이는 하나님 앞에 아름다우니라 이를 위하여 너희가 부르심을 입었으니 그리스도도 너희를 위하여 고난을 받으사 너희에게 본을 끼쳐 그 자취를 따라 오게 하려 하셨느니라 저는 죄를 범치 아니하시고 그 입에 궤사도 없으시며 욕을 받으시되 대신 욕하지 아니하시고 고난을 받으시되 위협하지 아니하시고 오직 공의로 심판하시는 자에게 부탁하시며 친히 나무에 달려 그 몸으로 우리 죄를 담당하셨으니 이는 우리로 죄에 대하여 죽고 의에 대하여 살게 하려 하심이라 저가 채찍에 맞음으로 너희는 나음을 얻었나니 너희가 전에는 양과 같이 길을 잃었더니 이제는 너희 영혼의 목자와 감독 되신 이에게 돌아왔느니라"

구원받은 사람은 그리스도를 아는 지식의 고상함을 아는 사람입니다. 그리스도를 아는 지식의 고상함은 예수님의 부활생명입니다. 날마다 우리가 육체를 가지고 믿음으로 자신을 포기하고 말씀에 순종할 때마다 우리 안에 성령은 기뻐하십니다. 이것이 점점 깊어질수록 우리의 신앙은 성숙해 가는 것입니다. 그래서 바울은 자기에게 유익한 모든 것을 배설물로 버릴 수 있었습니다. 그리고 날마다 자신을 벗어던지고 예수님의 부활의 권능을 좇아 희생의 삶을 살았습니다.

빌3:8-11 "그러나 무엇이든지 내게 유익하던 것을 내가 그리스도를 위하여 다 해로 여길뿐더러 또한 모든 것을 해로 여김은 내 주 그리스도 예수를 아는 지식이 가장 고상함을 인함이라 내가 그를 위하여 모든 것을 잃어버리고 배설물로 여김은 그리스도를 얻고 그 안에서 발견되려 함이니 내가 가진 의는 율법에서 난 것이 아니요 오직 그리스도를 믿음으로 말미암은 것이니 곧 믿음으로 하나님께로서 난 의라 내가 그리스도와 그 부활의 권능과 그 고난에 참예함을 알려하여 그의 죽으심을 본받아 어찌하든지 죽은 자 가운데서 부활에 이르려 하노니"

구원받은 사람은 절대로 악을 대적하는 사람이 아닙니다. 구원 받은 사람은 절대로 편을 가르지 않습니다. 구원받은 사람은 절대로 사랑하기 때문에 미워하지 않습니다. 왜냐하면 본질이 변했기 때문입니다. 우리가 은혜시대에 바른 정체성을 확립하지 않으면 환난의 때에 너무나 힘이 들것입니다. 은혜의 시대에서부터 살아있는 순교자적인 삶을 훈련해야 합니다.

예수님께서 말씀 하셨습니다. 마5:38-42 "눈은 눈으로, 이는 이로 갚으라 하였다는 것을 너희가 들었으나 나는 너희에게 이르노니 악한 자를 대적지 말라. 누구든지 네 오른편 뺨을 치거든 왼편도 돌려 대며 또 너를 송사하여 속옷을 가지고자 하는 자에게 겉옷까지도 가지게 하며 또 누구든지 너로 억지로 오리를 가게 하거든 그 사람과 십리를 동행하고, 네게 구하는 자에게 주며 네게 꾸고자 하는 자에게 거절하지 말라"고 하셨습니다. 이것은 신앙의 바른 정체성을 가지라는 말씀입니다. 구원받은 성도는 본질적으로 악에게 속하지 않고 선에 속한 사람들입니다. 그래서 악한 사람을 대적하고 함께 싸워서는 안됩니다. 왜냐하면 그것 자체가 악이기 때문입니다. 가장 중요한 것은 상대방이 아니라 나 자신입니다. 상대방이 어떤 사람인가가 중요한 것이 아니라 내가 어떤 사람인가가 중요합니다. 이것이 신앙의 정체성을 확립하는 것입니다. 구원받은 성도는 어떤 이유(理由)로도 악을 행하면 마음이 아픈 존재입니다.

　마5:43-48 "또 네 이웃을 사랑하고 네 원수를 미워하라 하였다는 것을 너희가 들었으나 나는 너희에게 이르노니 너희 원수를 사랑하며 너희를 핍박하는 자를 위하여 기도하라 이같이 한즉 하늘에 계신 너희 아버지의 아들이 되리니 이는 하나님이 그 해를 악인과 선인에게 비취게 하시며 비를 의로운 자와 불의한 자에게 내리우심이니라 너희가 너희를 사랑하는 자를 사랑하면 무슨 상이 있으리요 세리도 이같이 아니하느냐 또 너희가 너희 형제에게만 문안하면 남보다 더 하는 것이 무엇이냐 이방인들도 이같이 아니하느냐 그러므로 하늘에 계신 너희 아버지의 온전하심과 같이 너희도 온전하라"

10. 순교(殉敎)의 능력(能力)

　순교는 절대로 우리 인간의 힘으로 하는 것이 아닙니다. 이미 구원받은 성도는 자기안에 성령의 증거가 있습니다.

　롬8:15-17 "너희는 다시 무서워하는 종의 영을 받지 아니하였고 양자의 영을 받았으므로 아바 아버지라 부르짖느니라 성령이 친히 우리 영으로 더불어 우리가 하나님의 자녀인 것을 증거하시나니 자녀이면 또한 후사 곧 하나님의 후사요 그리스도와 함께한 후사니 우리가 그와 함께 영광을 받기 위하여 고난도 함께 받아야 될 것이니라"

　그리스도인이 예수님의 이름으로 고난을 당할 때 영광의 성령께서 우리 위에 함께 하십니다. 베드로 사도 당시에는 성도들에게 불같은 시험이 있었습니다. 실제로 성도들을 불에 태워 죽였습니다. 네로 황제는 구원받은 성도들을 기둥에 묶어 기름을 발라 정원에 불을 밝히곤 했습니다.

　가장 혹독한 순교 시대에 살았던 베드로는 성도가 고난을 당할 때 영광의 영이 위에 임한다는 사실을 가르쳐 주고 있습니다.

　벧전4:12-16 "사랑하는 자들아 너희를 시련하려고 오는 불시험을 이상한 일 당하는것 같이 이상히 여기지 말고 오직 너희가 그리스도의 고난에 참예하는 것으로 즐거워하라 이는 그의 영광을 나타내실 때에 너희로 즐거워하고 기뻐하게 하려 함이라 너희가 그리스도의 이름으로 욕을 받으면 복 있는 자로다 영광의 영 곧 하나님의 영이 너희 위에 계심이라 너희 중에 누구든지 살인이나 도적질이나 악행이나 남의 일을 간섭하는 자로 고난을 받지 말려니와 만일 그리스도인으로 고난을 받은즉 부끄러워 말고 도리어 그 이름으로 하나님께 영광을 돌리라"

스테반 집사가 돌에 맞아 순교할 때 그 얼굴은 천사와 같이 빛이 났습니다. 그리고 그의 눈이 열려 하나님 보좌 우편에 서신 예수님을 보고 자기를 죽이는 자들을 위해 속죄기도를 했습니다.

예수님께서 제자들에게 악한 자들에게 끌려가서 고난을 당할 때 무슨 말을 해야 할지 걱정하지 말라고 하셨습니다. 성령께서 친히 말씀을 주신다고 하셨습니다.

마10:16-20 "보라 내가 너희를 보냄이 양을 이리 가운데 보냄과 같도다 그러므로 너희는 뱀 같이 지혜롭고 비둘기 같이 순결하라 사람들을 삼가라 저희가 너희를 공회에 넘겨주겠고 저희 회당에서 채찍질 하리라 또 너희가 나를 인하여 총독들과 임금들 앞에 끌려가리니 이는 저희와 이방인들에게 증거가 되게 하려 하심이라 너희를 넘겨줄 때에 어떻게 또는 무엇을 말할까 염려치 말라 그 때에 무슨 말 할 것을 주시리니 말하는 이는 너희가 아니라 너희 속에서 말씀하시는 자 곧 너희 아버지의 성령이시니라"

육체의 생명을 죽이는 자들을 두려워하지 말고 육체와 영혼을 함께 지옥에 멸할 자를 두려워하라고 하셨습니다. 그리고 사람 앞에서 예수님을 주로 시인하면 하나님 아버지 앞에서 시인하여 주실 것을 말씀 하셨습니다. 또 우리 영혼이 고난을 당할 때 반드시 하나님께서 허락하셔야 된다는 사실을 말씀하셨습니다.

마10:28-33 "몸은 죽여도 영혼은 능히 죽이지 못하는 자들을 두려워하지 말고 오직 몸과 영혼을 능히 지옥에 멸하시는 자를 두려워하라 참새 두 마리가 한 앗사리온에 팔리는 것이 아니냐 그러나 너희 아버지께서 허락지 아니하시면 그 하나라도 땅에 떨어지지 아니하리라 너희에게는 머리털까지 다 세신바 되었나니 두려워하지 말라 너희는 많은 참새보다 귀하니라 누구든지 사람 앞에서 나를 시인하면 나도 하늘에 계신 내 아버지 앞에서 저를 시인할 것이요 누구든지 사람 앞에서 나를 부인하면 나도 하늘에 계신 내 아버지 앞에서 저를 부인하리라"

7년 대환난을 전후로 전 3년 반이 끝날 때까지 세계 인구 절반이 죽습니다. 그리고 후 삼년 반이 시작될 때부터 짐승의 표를 찍는 순교의 시대가 시작됩니다. 만일 그때까지 살아서 순교를 할 수 있다면 그것은 하나님의 특별한 섭리입니다. 참새 두 마리가 한 앗사리온에 팔리는 데 하나님의 허락이 없으면 그 하나라도 땅에 떨어지지 않는다고 하셨습니다. 사람이 죽고 사는 것은 인간이 선택할 사항이 아닙니다. 하나님께서 지키시고 인도하셔야 합니다. 수많은 전쟁과 기근과 지진으로 사람들이 절반이 죽어가는 세상에서 살아남은 절반에 속하여 순교의 시대를 맞이하는 것도 하나님이 특별히 허락하신 은총입니다.

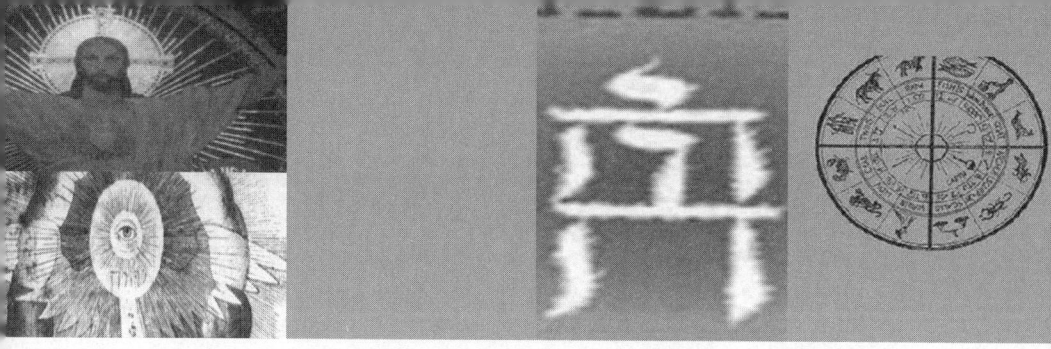

3부 결론 : 순교자 신앙고백 (殉敎者 信仰告白)

1. 새사도신경(新使徒信經)
2. 성경신앙고백서(성경신경 聖經信經)
3. 기독교 이단을 판별하는 성경적인 기준은 무엇입니까?
4. 하나님의 부르심
   1) 구원의 부르심
   2) 헌신의 부르심
   3) 소명의 부르심
   4) 비전의 부르심
   5) 목회자 제자훈련의 부르심
   6) 선교사 제자훈련의 부르심

3부 결론
순교자 신앙고백(殉敎者 信仰告白)

1. 새 사도신경(使徒信經)

"전능하사 말씀되신 예수 그리스도를 통하여 천지를 창조하신 하나님 아버지를 내가 믿사오며
하나님 아버지의 유일하신 독생자 예수 그리스도를 믿사오니
이는 성령 하나님의 역사로 잉태하사 처녀 마리아에게 나시고,
나의 죄를 인하여 십자가에 못박혀 죽으시고,
장사한지 삼일 만에 부활하시고 승천하사,
하나님 아버지 보좌 우편에서 대제사장의 사역을 감당하시다가
그곳으로부터 산 자와 죽은 자를 심판하시기 위해 세상 마지막 날에 다시 오시리라
나는 성부 하나님과 성자 하나님과 성령 하나님을 믿사오며
이 땅에 거룩하신 하나님의 교회가 존재하여 성도가 서로 교제한 것과
예수 그리스도의 영원한 속죄를 통한 영광스런 몸의 부활을 믿으며

새 하늘과 새 땅에서 삼위 하나님과 부활의 생명을 가지고 영원히 살 것을 믿사옵나이다.
아멘."

사도신경 안에 있는 이단 교리들

사도신경은 로마 카톨릭이 주후 325년 니케아 종교회의에서부터 조금씩 보충하여 만든 고백서로 성경에 나와 있는 신앙고백과 전혀 다른 교리들입니다.

사도신경 안에 있는 로마 카톨릭의 이단적인 교리는 교황무오설을 통한 직통계시, 화체설, 7성사를 통한 구원, 성상숭배, 고해성사, 연옥설, 죽은 자를 위한 기도, 보편적 교회론, 성인숭배, 마리아 몽소승천일(蒙召昇天日) 8월 15일, 마리아 무염시태 [無染始胎], 영혼 선제설, 태양신 삼위일체론, 통공(通功)사상, 어머니교회 등입니다.

1) 전능하사 천지를 만드신 하나님 아버지를 내가 믿사오며

(I believe in God the Father Almighty, Maker of heaven and earth,)

로마 카톨릭의 사도신경에는 인격적인 삼위일체 신앙이 없습니다. 태양신 삼위일체론과 피다고라스 종교이론인 논리학의 삼위일체입니다. 천지창조는 하나님 아버지의 단독사역이 아닙니다. 예수님은 말씀으로 하나님과 함께 천지를 창조하셨습니다.

골1:15-16 "그는 보이지 아니하시는 하나님의 형상이요 모든 창조물보다 먼저 나신 자니 만물이 그에게 창조되되 하늘과 땅에서 보이는 것들과 보이지 않는 것들과 혹은 보좌들이나 주관들이나 정사들이나 권세들이나 만물이 다 그로 말미암고 그를 위하여 창조되었고 또한 그가 만물보다 먼저 계시고 만물이 그 안에 함께 섰느니라"

로마 카톨릭은 헬라 플라톤 종교 이론으로 물질 선제론이나 영혼 선제설을 주장하므로 만드신(make)으로 해석을 했습니다. 그렇게 되면 창조주 하나님이 아니라 플라톤의 티마이오스에 나오는 제작신(製作神)인 데미우르고스가 하나님 아버지가 되는 것입니다. 그래서 "만드신

(maker)" 대신 "창조하신(creator)이라는 단어를 사용해야 합니다.

2) 그 외아들 우리 주 예수 그리스도를 믿사오니,

(and in Jesus Christ, His on-ly Son our Lord)

천사들을 하나님의 아들들이라고 합니다. 외아들이라 함은 여러 아들이 있다가 하나가 남아도 외아들이 됩니다. 그래서 유일하신 아들 또는 독생자라고 해야 합니다. 즉 처음부터 하나밖에 없는 아들입니다. 독생자입니다.

3) 이는 성령으로 잉태하사, 동정녀 마리아에게 나시고,

(who was conceived by the Holy Ghost, born of the Virgin Mary,)

로마 카톨릭의 삼위일체론은 어거스틴의 피다고라스 종교철학적 삼위일체론입니다. 이것은 플라톤의 영혼상승의 원리인 관상철학의 논리학이기도 합니다. 그러나 성경에 나와 있는 삼위일체 신앙은 인격적인 하나님이십니다. 그래서 성령으로 잉태하사를 성령 하나님의 역사로 잉태하사로 고쳐야합니다. 그들이 말한 성령은 에너지, 귀신, 아트만, 태양신의 정기(精氣)를 말합니다. 그래서 Holy Ghost를 Holy spirit로 해야 합니다. 동정녀(童貞女) 마리아라고 할 때 동정녀는 평생 동안 처녀라는 뜻입니다. 이는 예수님을 낳고서도 역시 동정녀란 뜻입니다. 이는 마리아의 무염론(無染論), 무죄론입니다. the Vergin Mary가 아니라 a Vergin Mary 입니다. 그래서 처녀라고 번역을 해야 합니다. 어머니 교회, 마리아몽소승천, 무염시태 하나님 어머니 사상 등이 여기에서 나왔습니다.

4) '본디오 빌라도'에게 고난을 받으사, 십자가에 못박혀 죽으시고

(suffered under Pontius Pilate, was crucified,)

성경에서 빌라도는 오히려 예수님을 놓아주려 했습니다. 예수님은 우리의 죄를 위해서 돌아가신 것입니다. 그래서 "나의 죄를 인하여 고난을 받으사 십자가에 못박혀 죽으시고"

5) 장사한지 사흘 만에 죽은 자 가운데서 다시 살아나시며,

(dead, and buried; He descended into hell, The third day He rose again from the dead;)

로마 카톨릭 신앙고백서에는 "저가 또한 지옥에 있는 영들에게 복음을 증거하시고" 이런 내용은 후에 삭제했습니다. 그리고 "장사한지"로 바꿨습니다. 이는 벧전3:19 말씀을 기초로 연옥설을 뒷받침하는 교리입니다. "음부에 내려가셔서 옥에 있는 영혼들에게 복음을 전파했다"는 것입니다.

6) 하늘에 오르사, 전능하신 하나님 우편에 앉아 계시다가,

(He ascended into heaven, and sitteth on the right hand of God the Father Almighty;)

하나님 아버지를 붙여야 합니다. 그리고 하나님 우편에 그냥 앉아계신 것이 아닙니다. 대제사장으로 중보자의 사역을 하시고 계십니다. 그래서 "하나님 우편에 앉아 계시다가"를 "하나님 아버지 우편에서 대제사장의 직무를 감당하시다"로 바꿔야 합니다.

7) 저리로서 산 자와 죽은 자를 심판하러 오시리라.

(from thence He shall come to judge the quick and the dead.)
저리로서를 그곳으로부터

8) 성령을 믿사오며,(I believe in the Holy Ghost;)

성령을 물질이나 에너지 개념으로 생각합니다. "성령을 믿사오며"를 "성령 하나님"을 믿사오며 (Holy Ghost를 Holy Spirit으로)

9) 거룩한 공회와 성도가 서로 교통하는 것과,

(The Holy Catholic Church; The Communion of Saints;)

"거룩한 공회와"라고 되어 있는 문구에 대한 영어 표현은 "거룩한 카톨릭 교회"(the Holy Catholic Church)입니다. 이것을 어거스틴의 보편적 교회라고 합니다. 즉 로마에 흩어져 있는 교회 즉 로마 제국 전체를 국가교회라고 말한 뜻입니다. 그런데 어거스틴, 칼빈은 보편적 국가교회를 떠나서는 구원이 없다고 했습니다. 뿐만 아니라 교리를 조정했던 수많은 공의회들이 있었습니다. 그런데 대다수의 공의회에서 결의된 내용은 이단적인 것이 많이 있었습니다. 그러므로 보편적 교회와 이단들을 양산했던 공의회를 거룩하다고 하는 것은 잘못입니다.

431년 에베소 공의회에서 마리아를 하나님 어머니로 만들었습니다.

1229년 툴루즈 공의회에서는 성경읽기와 성경 소지를 금지시키기도 했습니다.

1415년 콘스탄스 공의회에는 수많은 그리스도인들을 고문하고 살육하였으며 쟌 후스가 화형당했습니다. 그들의 공회는 교황의 명령에 의해서 열렸습니다, 또 공의회에서 교황의 교서나 칙령을 추인하여 진리로 만들었습니다. 로마 카톨릭의 공의회는 로마 교회 자체를 진리의 주체로 인정한 것으로 7성사, 고해성사, 화체설, 성상숭배, 감독제들의 제도를 만들어 냈습니다.

성도가 서로 교통하는 것과(the Communion of Saints)

이것은 카톨릭의 성인통공(聖人通功)을 다르게 번역해 놓은 것입니다. 성인통공(聖人通功)이란 무엇입니까? 죽은 성자들에게 기도하면 그들의 공로(功勞)로 하나님께 전달해 준다는 말입니다. 그런데 이것은 성인숭배(聖人崇拜)사상으로 그리스와 로마의 신인간(神人間)들의 개념입니다. 로마 카톨릭은 수많은 죽은 성자들에게 기도하면 들어준다는 것으로, 죽은 성자들이 신으로 바뀌어 있다고 믿는 것입니다. 이것은 바로 카톨릭이 이교(異敎)임을 알려주고 있습니다. 아버지 하나님과 예수그리스도는 그들의 많은 신들 중에 하나이며 마리아는 그 신들의 어머니입니다. 어거스틴의 관상신학의 목적은 신인합일(神人合一)입니다.

관절염에 걸렸을 때는 성 야고보에게 기도할 것. 간질, 신경염에 걸렸을 때는 성 비투스에게 기도할 것. 개에게 물렸을 때는 성 후베르트에게 기도할 것. 열병에 걸렸을 때는 성 조오지에게 기도할 것. 뱀에 물렸을 때는 성 히라리에게 기도할 것. 등 12 사람입니다.

10) 죄를 사하여 주시는 것과(The forgiveness of sins;)

로마 카톨릭에서는 죄를 지을 때마다 고해성사를 통해서 용서를 받습니다. 그들은 7성사라는 7가지 미사를 통해서 죄사함을 받습니다. 7성사는 성체성사, 세례성사, 견진성사, 혼인성사, 성품성사, 고해성사, 종부성사입니다. 구약에서 죄를 지을 때마다 양들을 잡아서 제사를 드렸듯이 그렇게 죄용서를 받습니다. 그래서 로마 카톨릭의 죄사함은 현재형이며 미래형입니다.

그러나 성경은 예수님이 단번에 십자가에서 영원한 속죄를 이루셨습니다. 구원받은 성도는 영원히 거룩함을 입었습니다. 그래서 성경적인 속죄의 시제는 과거를 포함한 현재완료형입니다.

11) 몸이 다시 사는 것과(The resurrection of the body;)

성경에서 말한 부활은 단지 우리 몸이 다시 부활하는 것이 아닙니다. 예수님의 영광스런 형상으로 부활한 것입니다.

빌3:21 "그가 만물을 자신에게 복종시키는 그 능력의 역사로 인하여 우리의 천한 몸을 그분의 영광스러운 몸같이 변모시키리라."

롬 6:5 "만일 우리가 그의 죽으심의 모양으로 함께 심겨졌다면 또한 그의 부활하심의 모양과 같이 되리라"

12) 영원히 사는 것을 믿사옵나이다. 아멘

(And the life everlasting. Amen.)

"영원히 사는 것을 믿사옵나이다"라는 고백은 어디에서 영원히 사는지에 대한 고백을 포함하지 않습니다. 로마 카톨릭의 영생 개념은 이교적인 개념을 포함합니다. 윤회:묵주, 영혼불멸, 연옥설 등은 그들이 말한 영생의 개념입니다. 로마 카톨릭의 사도신경은 그리스도인이 어디에서 영원을 지내야 하는지 정확한 사실을 알려주지 못하고 있습니다. 새 하늘과 새 땅에서 부활하신 예수님의 생명으로 영원히 사는 것입니다.

이들은 영혼 불멸론을 주장합니다. 오늘날 신복음주의나 신정통주의에서도 영혼불멸론 즉 영혼소멸론을 주장합니다. 그래서 그들은 지옥 심판을 부인합니다. 윤회를 주장합니다. 이런 사상은 피다고라스, 소크라테스, 플라톤, 아리스토텔레스로 이어져 왔습니다.

2. 성경신앙고백서(성경신경, 聖經信經)

"전능하사 말씀되신 예수 그리스도와 함께 천지를 창조하신 하나님 아버지를 내가 믿사옵고
  그의 유일하신 독생자 예수 그리스도를 믿사오니
  이는 성령 하나님의 역사로 처녀 마리아에게 나시어 선지자로서 사역을 하시다가
  나의 죄를 위하여 십자가에 못박혀 죽으시고
  장사한지 삼일만에 죽은 자 가운데서 다시 부활하신 후 승천하사
  하나님 우편에 앉으셔서 대제사장의 사역을 감당하시다가
  그곳으로부터 산자와 죽은 자를 심판하시기 위해
  세상 마지막 날에 만왕의 왕으로 다시 세상에 오시리라.
  나는 성부 하나님의 구원계획과 성자 하나님의 십자가 대속의 은총과 성령 하나님의 인침과 보증의 사역을 믿으며,
  이 땅에 성삼위 하나님이 세우신 거룩한 교회가 존재하여 성도가 서로 교제하는 것과,
  신구약 66권이 하나님의 말씀인 것과,
  예수 그리스도의 영원한 십자가 대속의 은총과, 예수님과 같은 영광스런 몸의 부활을 믿으며,
  새 하늘과 새 땅에서 삼위 하나님과 부활의 생명을 가지고 영원히 살 것을 믿사옵나이다.
  아멘."

성경신앙고백서의 해설

성경은 분명하게 인격적인 삼위일체 하나님에 대하여 기록하고 있습니다. 성부 하나님은 만세전부터 우리의 구원을 계획하셨고, 성자 예수

님은 십자가에서 대속의 피를 흘리사 우리의 모든 죄를 사하셨고, 성령 하나님은 믿는 자들을 거듭나게 하시고, 성령으로 인치시고 보증하사 구원을 완성시키시는 일을 하십니다.

뿐만 아니라 성삼위 하나님은 지상의 교회를 세우시는데 성부 하나님은 사역자들을 세우시고, 성자 예수님은 봉사자들을 세우시고, 성령 하나님은 구원받은 성도를 일으키셔서 그들에게 성령의 9가지 은사를 주어 교회를 세우십니다. 그래서 교회는 하나님의 나라이며, 예수님의 몸된 신부이며, 성령의 전이 됩니다.

구약성경에서 메시야의 개념으로 기름부음을 받은 사람들은 선지자, 제사장, 왕이었습니다. 이는 장차 세상에 메시야로 오셔서 예수님이 하실 세 가지 사역을 예표하신 것입니다. 예수님은 살아계셔서는 선지자로, 하나님 우편에서는 대제사장으로, 재림하실 때는 만왕의 왕으로 오셔서 세상을 심판하십니다.

신구약 성경 66권은 성령의 감동으로 기록된 하나님의 말씀입니다.

마지막 시대에 성경적 신앙고백서의 중요성

마지막 시대에는 가장 먼저 성경의 권위가 없어집니다. 그리고 두 번째는 십자가 복음과 성경적인 교회관이 파괴됩니다. 그리고 세 번째는 삼위일체 신론이 물질화 내지는 철학화되어 기독교 신앙의 핵심인 구원론, 신론, 종말론 등이 흔들리게 됩니다. 그러므로 성경신앙고백서를 가르치고 성도들에게 간직하게 해서 미혹으로부터 자신의 신앙을 지키도록 해야 합니다.

3. 기독교 이단을 판별하는 성경적인 기준은 무엇입니까?

1) 기독론(基督論)

예수님의 인성과 신성을 부인한 자입니다.

요일4:1-3 "사랑하는 자들아 영을 다 믿지 말고 오직 영들이 하나님께 속하였나 시험하라 많은 거짓 선지자가 세상에 나왔음이니라 하나님의 영은 이것으로 알찌니 곧 예수 그리스도께서 육체로 오신 것을 시인하는 영마다 하나님께 속한 것이요 예수를 시인하지 아니하는 영마다 하나님께 속한 것이 아니니 이것이 곧 적그리스도의 영이라 오리라 한 말을 너희가 들었거니와 이제 벌써 세상에 있느니라"

2) 삼위일체 신론(三位一體 神論)

인격적인 삼위일체 하나님을 부인하는 자입니다.

마28:18-20 "예수께서 나아와 일러 가라사대 하늘과 땅의 모든 권세를 내게 주셨으니 그러므로 너희는 가서 모든 족속으로 제자를 삼아 아버지와 아들과 성령의 이름으로 세례를 주고 내가 너희에게 분부한 모든 것을 가르쳐 지키게 하라 볼찌어다 내가 세상 끝날까지 너희와 항상 함께 있으리라 하시니라"

3) 성경론(聖經論)

성경 66권의 절대적인 권위를 부인한 자들입니다.

딤후3:15-17 "그러나 너는 배우고 확신한 일에 거하라 네가 뉘게서 배운 것을 알며 또 네가 어려서부터 성경을 알았나니 성경은 능히 너로 하여금 그리스도 예수 안에 있는 믿음으로 말미암아 구원에 이르는 지혜가 있게 하느니라 모든 성경은 하나님의 감동으로 된 것으로 교훈과 책망과 바르게 함과 의로 교육하기에 유익하니 이는 하나님의 사람으로 온전케 하며 모든 선한 일을 행하기에 온전케 하려 함이니라"

4) 구원론(救援論)

예수님의 십자가 속죄의 은총을 부인하는 자들입니다.

마1:20-21 "요셉아 네 아내 마리아 데려오기를 무서워 말라 저에게 잉태된 자는 성령으로 된 것이라 아들을 낳으리니 이름을 예수라 하라 이는 그가 자기 백성을 저희 죄에서 구원할 자이심이라 하니라"

중보자가 오직 한 분이신 예수님을 부인하는 자들입니다.

행4:12 "다른이로서는 구원을 얻을 수 없나니 천하 인간에 구원을 얻을만한 다른 이름을 우리에게 주신 일이 없음이니라"

사람의 행함과 공덕으로 구원을 받으려는 자들입니다.

엡2:8-9 "너희가 그 은혜를 인하여 믿음으로 말미암아 구원을 얻었나니 이것이 너희에게서 난 것이 아니요 하나님의 선물이라 행위에서 난 것이 아니니 이는 누구든지 자랑치 못하게 함이니라"

인간 구원의 주권이 하나님에게 있음을 부인하는 자들입니다.

롬8:29-30 "하나님이 미리 아신 자들로 또한 그 아들의 형상을 본받게 하기 위하여 미리 정하셨으니 이는 그로 많은 형제 중에서 맏아들이 되게 하려 하심이니라 또 미리 정하신 그들을 또한 부르시고 부르신 그들을 또한 의롭다 하시고 의롭다 하신 그들을 또한 영화롭게 하셨느니라"

5) 교회론(敎會論)

교회는 창세전에 하나님께서 예정하신 하나님의 비밀임을 부인하는 자들입니다.

엡3:9-11 "영원부터 만물을 창조하신 하나님 속에 감추었던 비밀의 경륜이 어떠한 것을 드러내게 하려 하심이라 이는 이제 교회로 말미암아 하늘에서 정사와 권세들에게 하나님의 각종 지혜를 알게 하려 하심이니 곧 영원부터 우리 주 그리스도 예수 안에서 예정하신 뜻대로 하신 것이라"

6) 성화론 (聖化論)

오직 은혜로 성화가 이루어짐을 부인하는 자들입니다.

딛2:11-13 "모든 사람에게 구원을 주시는 하나님의 은혜가 나타나 우리를 양육하시되 경건치 않은 것과 이 세상 정욕을 다 버리고 근신함과 의로움과 경건함으로 이 세상에 살고 복스러운 소망과 우리의 크신 하나님 구주 예수 그리스도의 영광이 나타나심을 기다리게 하셨으니"

7) 인간론(人間論)

인간이 전적(全的)으로 타락했다는 사실을 부인한 자들입니다.

롬7:18-20 "내 속 곧 내 육신에 선한 것이 거하지 아니하는 줄을 아노니 원함은 내게 있으나 선을 행하는 것은 없노라 내가 원하는 바 선은 하지 아니하고 도리어 원치 아니하는 바 악은 행하는도다 만일 내가 원치 아니하는 그것을 하면 이를 행하는 자가 내가 아니요 내 속에 거하는 죄니라"

8) 종말론(終末論)

예수님이 부활하신 몸으로 재림하심을 부인하는 자들입니다.

히9:27-28 "한번 죽는 것은 사람에게 정하신 것이요 그 후에는 심판이 있으리니 이와 같이 그리스도도 많은 사람의 죄를 담당하시려고 단번에 드리신바 되셨고 구원에 이르게 하기 위하여 죄와 상관 없이 자기를 바라는 자들에게 두번째 나타나시리라"

마지막 시대 전 인류적인 배도를 부인하는 자들입니다.

살후2:3-4 "누가 아무렇게 하여도 너희가 미혹하지 말라 먼저 배도하는 일이 있고 저 불법의 사람 곧 멸망의 아들이 나타나기 전에는 이르지 아니하리니 저는 대적하는 자라 범사에 일컫는 하나님이나 숭배함을 받는 자 위에 뛰어나 자존하여 하나님 성전에 앉아 자기를 보여 하나님이라 하느니라"

예수님의 재림 후 지상의 천년왕국을 부인하는 자들입니다.

계20:4-6 "또 내가 보좌들을 보니 거기 앉은 자들이 있어 심판하는 권세를 받았더라 또 내가 보니 예수의 증거와 하나님의 말씀을 인하여 목 베임을 받은 자의 영혼들과 또 짐승과 그의 우상에게 경배하지도 아니하고 이마와 손에 그의 표를 받지도 아니한 자들이 살아서 그리스도로 더불어 천년 동안 왕노릇 하니(그 나머지 죽은 자들은 그 천년이 차기까지 살지 못하더라) 이는 첫째 부활이라 이 첫째 부활에 참예하는 자들은 복이 있고 거룩하도다 둘째 사망이 그들을 다스리는 권세가 없고 도리어 그들이 하나님과 그리스도의 제사장이 되어 천년 동안 그리스도로 더불어 왕노릇 하리라"

9) 심판론(審判論)

지옥을 부인하는 자들입니다.
마10:28 "몸은 죽여도 영혼은 능히 죽이지 못하는 자들을 두려워하지 말고 오직 몸과 영혼을 능히 지옥에 멸하시는 자를 두려워하라"

두 번째 심판을 부인하는 자들입니다.
계21:8 "그러나 두려워하는 자들과 믿지 아니하는 자들과 흉악한 자들과 살인자들과 행음자들과 술객들과 우상 숭배자들과 모든 거짓말 하는 자들은 불과 유황으로 타는 못에 참예하리니 이것이 둘째 사망이라"

10) 천국론(天國論)

마음속에 세워져간 하나님의 나라를 부인하는 자들입니다.
눅17:20-21 "바리새인들이 하나님의 나라가 어느 때에 임하나이까 묻거늘 예수께서 대답하여 가라사대 하나님의 나라는 볼 수 있게 임하는 것이 아니요 또 여기 있다 저기 있다고도 못하리니 하나님의 나라는 너희 안에 있느니라"

세상 제도속에 하나님의 나라를 세우려 하는 자들입니다
요18:36 "예수께서 대답하시되 내 나라는 이 세상에 속한 것이 아니라 만일 내 나라가 이 세상에 속한 것이었더면 내 종들이 싸워 나로 유대인들에게 넘기우지 않게 하였으리라 이제 내 나라는 여기에 속한 것이 아니니라"

새 하늘과 새 땅, 새 예루살렘에서 완성된 하나님의 나라임을 부인하는 자들입니다.
계21:1-4 "또 내가 새 하늘과 새 땅을 보니 처음 하늘과 처음 땅이 없어졌고 바다도 다시 있지 않더라 또 내가 보매 거룩한 성 새 예루살렘이 하나님께로부터 하늘에서 내려오니 그 예비한 것이 신부가 남편을 위하여 단장한 것 같더라 내가 들으니 보좌에서 큰 음성이 나서 가로되 보라 하나님의 장막이 사람들과 함께 있으매 하나님이 저희와 함께 거하시리니 저희는 하나님의 백성이 되고 하나님은 친히 저희와 함께 계셔서 모든 눈물을 그 눈에서 씻기시매 다시 사망이 없고 애통하는 것이나 곡하는 것이나 아픈 것이 다시 있지 아니하리니 처음 것들이 다 지나갔음이러라"

4. 하나님의 부르심

1) 구원의 부르심

하나님의 부르심에는 3가지가 있습니다. 첫째는 구원의 부르심이요, 둘째는 헌신의 부르심이요, 셋째는 소명의 부르심입니다.

필자는 초등학교 3학년 여름 시골학교 작은 도서실에서 어사 박문수 책을 읽게 되었습니다. 마패를 숨기고 거지옷을 입고 탐관오리를 척결하여 억울하고 가난한 사람들을 구제하는 어사 박문수를 통해 엄청난 감동을 받고 반드시 커서 판검사가 되어 어사 박문수와 같이 고통받고 억울하게 죽어가는 가난한 사람들을 구제하여 살맛나는 세상을 만들어 보겠다는 꿈을 갖게 되었습니다.

그래서 열심히 공부를 했습니다. 초등학교 4학년부터 우등상을 받게 되고 반장과 부반장을 하면서 리더쉽을 키웠습니다. 그러나 워낙 내성적이고 성격이 여자같이 약해서 여러 사람 앞에 서게 되면 항상 떨리는 마음은 어찌할 수 없었습니다. 얼마나 사람이 모자랐던지 초등학교 음악시간에 선생님의 풍금소리에 맞춰 노래로 음악시험을 치룰 때 내 목소리에 내가 놀라서 울어버린 적도 있었습니다.

중학교 2학년말에 있었던 중학교 학생회장 선거에 출마했는데 많은 학생들 앞에서 그만 외웠던 정견발표 내용을 잊어버려 선거에서 낙방한 사건이 있었습니다. 그때 받은 충격은 엄청났습니다. 왜냐하면 어사 박문수와 같은 사람이 된 후 아브라함 링컨과 같은 정치가가 되어 정의로운 세상을 만들어 보겠다는 큰 꿈을 가지고 주경야독하면서 열심히 공부를 했기 때문입니다.

그런데 큰 꿈은 커녕 말도 제대로 못하여 내 마음속에 있는 생각 하나조차도 다른 사람들에게 전달하지 못한 별 볼일 없는 한 촌놈에 불과하다는 자괴감에 빠져서 일주일동안 학교에 가지 않고 방황을 했습니다. 왜냐하면 공부를 하는 것보다 말을 먼저 배워야 한다는 충격 때문에 학교보다 웅변학원을 다닐 생각으로 고민을 했던 것입니다.

추운 겨울 바람이 매섭게 불었던 1968년 12월 초순, 그날도 밤 10시가 넘어서 방황하다가 11시 쯤 15인승 승합차를 타고 사람들이 많아 앞자리 따뜻한 범퍼에 앉아 이태원으로 가는 도중에 번개처럼 스치는 한 가지 생각이 필자를 놀라게 했습니다. "교회 다니는 사람이 말을 잘 한다" "그렇다 웅변학원을 가지 말고 학교에 가서 공부를 하고 교회를 다니면서 말을 잘하는 법을 배우자" 이것이 필자가 처음으로 교회에 발을 옮기게 된 하나님의 부르심이었습니다.

일주일 동안 무단결석을 하다가 학교에 갔습니다. 담임선생님이신 박종대 선생님께서 화가 잔뜩 나셔서 교무실로 오라고 하더니 반장이 되어 가지고 무단으로 일주일 동안 결석을 했다고 몽둥이로 때리기 시작했습니다. 한참을 때리고 나더니 필자에게 할 말이 없느냐고 물었습니다. 그때 필자는 그 선생님께 다음 주부터 교회에 나가겠다고 말씀드렸습니다. 이 말을 들은 선생님의 입가에 웃음을 보이시면서 필자의 어깨를 두드리며 잘 생각했다고 칭찬을 해주었습니다. 박종대 담임선생님은 반장인 필자를 전도하기 위해 많은 공을 드렸지만 워낙 교회하고는 체질이 맞지 않아 듣지 않았던 것입니다.

그래서 중학교 2학년 겨울, 1968년 12월 중순, 처음으로 출석한 교회가 당시 종로 5가 보령약국 골목에 있었던 새한교회입니다. 새한교회는 미국 템플대학교에서 철학박사 학위를 받고 새로운 한국을 건설하겠다는 비전을 가지고 당시 종로 5가 대학로에 있었던 서울대학 캠퍼스 선교를 위해 김의환 목사님이 1968년 6월에 개척하셨던 교회였습니다.

예배 때마다 눈물로 설교하시는 김의환 목사님의 설교를 들으면서 믿음이 자라나기 시작했습니다. 당시 부목사님이셨던 강승재 목사님은 요5:24 말씀으로 저에게 구원의 확신을 심어 주셨습니다. 고등학교 1학년 부활절에 세례를 받았습니다. 고등학교 2학년 때 김의원 선생님이 고등부 반사가 되어 성경을 가르쳐 주었습니다. 나중에 김의환 목사님과 김의원 선생님은 총신대학교 총장이 되셨습니다.

2) 헌신의 부르심

새한교회에서 믿음을 키워가는 동안 한 가지 고민이 생겼습니다. 눅 9:23 "또 무리에게 이르시되 아무든지 나를 따라 오려거든 자기를 부인하고 날마다 제 십자가를 지고 나를 좇을 것이니라" 이 말씀이 필자를 고통스럽게 했습니다. 필자는 세상에 대한 꿈이 컸습니다. 그리고 어릴 때 생각이지만 제대로 된 기독교인이라고 하면 당연히 세상에서 머리가 되고 꼬리가 되지 말아야 한다고 생각을 했습니다. 하나님을 믿는 사람이라면 불신자들 보다 더 많은 지식, 더 높은 명예, 더 많은 재물, 더 강한 권세를 가지고 있는 것이 당연하다는 생각을 했습니다.

그래서 필자는 어렸을 때부터 가졌던 큰 꿈을 이제 예수님의 능력으로 이룩하고자 열심히 기도를 하고 믿음의 비전을 키워나갔습니다. 그런데 눅9:23 말씀이 필자를 힘들게 했습니다.

중학교 3학년 때 성령은 필자에게 눅9:23 말씀을 통해 너를 부인하라는 말씀을 주셨습니다. 날마다 너의 십자가를 지고 나를 따르라고 하셨습니다. 그런데 만일 그렇게 하면 필자가 가진 모든 꿈을 버려야 한다고 생각을 했습니다.

필자가 기독교를 혐오의 대상으로 여겼던 이유 중의 하나는 기독교인들이 너무나 무능하다는 것입니다. 시골 고향 마을에도 교회가 있었습니다. 그런데 대다수의 교인들이 가난하고, 장애를 갖고 있었고, 무지했습니다. 60년대 한국교회는 그렇게 매력적인 대상이 아니었습니다. 당시 신학교도 역시 초라한 학교였습니다. 그래서 일반대학에 떨어지면 신학교나 가라고 했습니다.

이런 것들이 필자가 기독교를 멀리했던 이유였습니다. 죽어도 하나님의 뜻, 살아도 하나님의 뜻, 망해도 하나님의 뜻, 성공해도 하나님의 뜻이라고 말한 기독교인들이 필자가 보기에는 철저히 패배의식에 사로잡혀 있는 것 같았습니다. 왜 전능하신 하나님을 믿는 사람들이 그렇게 무기력하고, 왜 살아계신 하나님을 아버지라고 하는 사람들이 세상에서는 그렇게 힘을 쓰지 못하고 있는가에 대한 분노가 일어나곤 했습니다.

그래서 필자는 더욱 더 마음을 강하게 하였습니다. 더욱 더 힘써서 기도하고, 열심히 공부하고 믿음의 훈련을 했습니다. 그리고 기독교인들을 무기력하게 하고 기독교인들을 하나같이 패배자로 만든 말씀이 눅 9:23 말씀이라고 생각을 했습니다. 그 말씀이 무척이나 부담이 되고, 고민거리였지만 내가 출세하여 하나님께 영광을 돌리기 위해서는 신경쓰지 않고 그냥 넘어갈 수밖에 없는 말씀으로 묵인하기로 마음을 정했습니다.

중학교 3학년 때 일입니다. 중·고등부에 여러 학생들이 있었는데 그중에 아주 못생긴 여학생이 한 사람 있었습니다. 당시 그렇게 못생긴 여학생은 오직 그 사람 뿐이라고 생각했습니다. 그런데 하루는 우연히 그 여학생이 필자를 보고 활짝 웃는 것입니다. 너무나 활짝 웃는 얼굴을 보면서 덜컹 겁이 났습니다. 혹시 이 여학생이 나를 좋아하는가? 그 순간 필자의 마음에 만일 내가 눅9:23 말씀처럼 나를 부인하고 죽어도 주를 위해 죽고, 살아도 주를 위해 살겠다고 고백을 하면 틀림없이 하나님은 저 못생긴 여학생과 결혼을 하라고 할 것이라는 생각이 들었습니다. 그래서 당분간 교회에 나오지 말아야 하겠다는 생각을 한 적이 있었습니다.

어릴 때 필자는 생각하기를 하나님은 참 좋으신 분이신데 너무나 욕심이 많으신 것 같다는 오해를 했습니다. 오직 하나님께만 좋은 것들은 다 갖다 바치라고 하고, 사람은 자신의 것은 다 버리게 하여 각 사람의 개성을 다 무능하게 하고, 마치 북한 공산당처럼 다 같은 동무로만 만드시려고 하는 것이 아닌가? 하는 생각을 했습니다. 내가 만일 나를 부인하고 내 모든 어릴 때 가졌던 꿈을 버리고 날마다 내 십자가를 지고 예수님만 따라 다니면 나는 어떤 사람이 될 것인가에 대해서 깊이 생각을 해 보았습니다. 결론은 예수님 말씀대로 자신을 버리고 날마다 주님을 따르면 기독교인들은 다 전도사가 되고, 다 목사가 되어야 한다는 생각

제3부 결론 : 순교자 신앙고백(殉敎者 信仰告白)

을 했습니다.

그런데 필자는 당시 가장 초라하고 보잘 것 없는 직업을 목사라는 인식을 가지고 있었습니다. 남자가 세상에 태어나서 할 일도 많을텐데 오죽이나 못났으면 목사라는 직업을 가지고 살아갈까!

시골에 계신 나이가 많으신 목사님이 오래된 축 쳐진 양복을 입으시고 큰 가죽 성경 가방을 들고 나이 많으신 권사님들과 심방 다니던 모습이 너무나도 초라해 보였습니다, 그래서 필자는 예수를 믿기 시작하면서 스스로 마음에 단단한 각오를 했습니다. 나는 군대에 가서 직업군인이 될지라도 목사는 하지 않겠다고 굳게 결심을 한 바가 있었습니다.

중·고등학교 시절 열심히 공부했습니다. 그리고 다른 직업보다 시간이 여유로운 교사가 되고, 사법고시를 준비하여 어사 박문수와 같은 법조인이 되어 아브라함 링컨 같은 정치가가 되기 위해 대학시험을 봤습니다. 그런데 두 번이나 낙방을 했습니다. 또 다시 삼수를 준비하려고 하는데 자신이 없었습니다. 왜냐하면 운명처럼 필자의 마음을 억누르고 있었던 눅9:23 말씀이 있었기 때문입니다.

필자의 마음에 이런 생각이 들었습니다. 혹시 하나님이 나를 목사로 쓰시기 위해 대학을 떨어지게 하셨는가? 내가 그렇게 열심히 기도하고 공부했는데 왜 하나님은 내 기도를 거절하셨을까? 만일 하나님이 그런 계획을 가지고 있다면 나는 아무리 공부를 해도 내 꿈을 이룰 수 없지 않을까? 이런 생각이 들어 하나님께 대한 반감이 커졌습니다.

그러나 필자는 평범한 믿음을 가지고 살아가는 기독교인으로 살고 싶지, 자신을 부인하고 모든 삶을 포기하는 이단적인 신앙생활은 하고 싶지 않았습니다. 어떤 경우에도 자신을 부인하고 어릴 때부터 가지고 있었던 꿈을 버릴 수 없었습니다. 왜냐하면 그렇게 하는 것은 곧 패배자주의자가 되는 것이라고 생각을 했기 때문입니다. 그런데 더 이상 공부도 계속할 수 없었습니다. 왜냐하면 나를 향한 확실한 하나님의 뜻을 알 수 없었기 때문입니다.

그래서 1974년을 하나님의 뜻을 발견하는 한 해로 정했습니다. 1974년 초 하나님께 서원기도를 했습니다. "하나님! 만일 하나님께서 저를 목사로 사용하시려고 예정을 하셨다면 나도 하나님의 절대적인 뜻을 알아야하기 때문에 그 증거로 1975년도 총신대 시험을 볼 테니 수석으로 합격을 시켜 주십시오. 그렇게만 해주신다면 나는 목사로 평생을 하나님께 바치겠습니다."

이런 서원기도를 1974년 2월 중순에 드리고 더 이상 대학입시를 위해 공부하는 것을 중단하고 멀리 강화도에 가서 직장생활을 하면서 1년을 채웠습니다. 왜냐하면 필자는 생각하기를 만일 내가 열심히 공부해서 수석합격을 하면 이것이 정확하게 하나님의 뜻인지 내가 공부를 열심히 해서 수석이 되었는지를 모르기 때문이었습니다. 그러나 목사가 되는 것이 전능하신 하나님의 뜻이 분명하다면 공부를 하지 않아도 수석으로 합격을 시켜 주셔야 된다는 강한 의지를 가지고 하나님의 확실한 뜻을 분별하기를 원했던 것입니다. 그러나 내심으로는 필자가 이루고 싶은 비전을 위해 달려가고 싶은데 운명처럼 그 길목을 가로막고 있는 목사라는 장애물을 뛰어넘기 위한 명분을 찾는 것이었습니다.

1975년 1월말 이른 새벽 강화도에서 시외버스를 타고 사당동 총신대를 향해 출발을 했습니다. 대학 합격자 발표를 보기 위해서입니다. 마음은 이미 정했습니다. 수석으로 합격되면 할 수 없이 목사로 평생을 사는 것이고, 다행스럽게 수석합격이 아니면 그땐 진짜 내 인생이 새로운 마음으로 펼쳐지는 순간이 될 것이라는 큰 기대를 가지고 갔습니다. 그리고 제일 먼저 수석 합격자 명단에 시선을 돌렸습니다. 거기에는 분명히 제 이름이 없었습니다. 그런데 바로 밑에 전액 장학금을 받은 합격자 명단에 제 이름이 있었습니다. 그 순간 저는 하나님께 서원기도를 했던 것처럼 목사가 되는 것이 하나님의 절대적인 예정이 아니라는 사실을 알게 되었습니다. 그리고 그때 그 순간 제 운명을 커다란 바위 덩어리와 같이 가로막고 있었던 문제를 해결 했다는 사실을 깨닫고 마음속에서 희열이 솟아났습니다.

그래서 사당동 총신대 운동장을 뛰어 다니면서 하나님께 수석으로 합격시켜 주시지 않은 것에 대하여 감사했습니다. 친구는 제가 전액장학생으로 합격한 것을 기뻐한 줄 알았습니다. 그리고 그는 나의 합격을 축하해 주었습니다. 그러나 나의 기쁨은 그것이 아니었습니다. 오히려 전액 장학생으로 합격한 것 자체가 부끄러웠습니다. 친구는 등록을 하지

제3부 결론 : 순교자 신앙고백(殉敎者 信仰告白)

않는 나에게 아까우니 공부는 나중에 하더라도 등록만이라도 해놓자고 설득을 했습니다. 그러나 나는 장학생 합격 사실을 아무에게도 알리지 않고 당연히 보이코트 했습니다.

1975년 2월 중순 다음해 대학입시를 준비하면서 또 돈을 벌어야하기 때문에 검정고시 S학원 중학교 수학강사 공개시험에 응시를 해서 합격 통지를 받았습니다. 그래서 돈을 벌면서 공부를 계속할 수 있는 터전을 마련하고 2월 말부터 출근을 하도록 했습니다.

그러던 중 급한 전보를 한 통을 받았습니다. 그래서 약속장소에 갔습니다. 세 분의 교회 선배들이 있었습니다. 급히 만나자고한 용건은 1975년 2월 24부터 28일까지 인천의 한 교회에서 열린 청년,대학생 동계수련회에 참석하라는 내용이었습니다. 필자는 그 주중에 출근을 해야 하기 때문에 안된다고 했습니다. 그러나 막무가내로 설득을 했습니다. 오후 3-4시에 만난 설득이 저녁이 되도록 계속되었습니다. 필자는 너무나 힘이 들었습니다. 그냥 그들을 돌려 보내고 싶을 정도로 짜증이 났습니다. 저녁 8시쯤 짜증난 환경을 벗어나고 싶은 마음에 "환경은 절대로 갈 수 없는 조건이지만 무조건 가겠다" 는 애매한 말을 하고 집에 돌아오는데 성령께서 너는 왜 가지도 못한 모임에 간다고 거짓말을 하느냐고 책망을 하신 것입니다.

오랫동안 고민을 했습니다. 그러나 차마 간다고 해놓고 거짓말을 할 수 없어서 일단 약속장소에 갔다가 다시 사정이 여의치 않아 참석이 불가능하다는 말을 하고 돌아오려고 약속 장소에 시간을 맞춰 갔습니다. 그러나 약속시간보다 훨씬 늦게 사람들이 도착했습니다. 밤이 되고 어두워졌습니다. 인천에서 서울로 돌아오는 길이 만만치 않아 다음날 새벽 날이 밝아지면 돌아오려고 하루 밤을 원치 않게 자게 되었습니다.

그 당시 유행했던 복음성가는 내게 강같은 평화였습니다. 30-40명의 형제들이 즐겁게 찬양을 했습니다. 그러나 필자는 너무나 힘들고 고통스러웠습니다. 원치 않는 장소에 원치 않는 마음으로 앉아 있으려니까 더욱 더 가슴이 터질 것 같았습니다. 저녁이 되어 잠자리에 들었습니다. 잠이 오지 않았습니다. 가슴이 답답하고, 너무나 힘이 들었습니다.

밤이 점점 더 깊어져 갔습니다. 잠은커녕 마음은 더 깊은 고통으로 타오르고 있었습니다. 그래서 어둠속에서 손을 뻗어보니 큰 기둥이 잡혔습니다. 그 기둥을 끌어안았습니다. 그리고 눈물을 흘리면서 기도했습니다. 하나님! 살려주십시오. 제발 잠을 좀 자게 해주십시오. 나는 저들이 부르는 강같은 평화는 너무나 사치스런 것입니다. 그러니 강같은 평화는 주시지 마시고 오늘 저녁 잠만 좀 자도록 은혜를 주십시오. 간절히 눈물로 기도했습니다.

새벽에 잠이 깨어 큐티를 한다고 6시에 팀별로 모였습니다. 본문은 마태복음 6장 주기도문입니다. 중학교 때부터 줄줄 외웠던 주기도 내용을 두 시간동안 큐티를 한다고 하니 답답할 노릇이었습니다. 날이 밝으면 빨리 서울로 올라갈 욕심만 가득 품고 앉아 있었습니다. 그런데 "뜻이 하늘에서 이루어진 것 같이 땅에서도 이루어지이다"라는 내용이 눈에 들어 왔습니다.

순간 저는 주님께 항변을 했습니다. 하나님 왜 뜻이 하늘에서 다 이루어졌다는데 나에 대한 것은 하나도 이루어진 것이 없습니까? 그때 성령은 대답해 주셨습니다. 눅9:23말씀을 통해 "너를 부인하지 않으니 어떻게 너를 통해서 내 뜻을 이루게 할 수 있느냐?" 하는 것이었습니다. 그때 저는 하나님께 항변했습니다. 하나님은 왜 모든 사람들을 다르게 창조하시고 한 사람과 같이 일정한 벽돌과 같은 존재로 만드시려고 자신을 부인하라고 하십니까? 나는 싫습니다. 나는 내가 어릴 때부터 가지고 있는 꿈이 있습니다. 이 꿈이 이루어지면 하나님께도 영광이 되는데 왜 이런 것들을 버리라고 하십니까? 만일 제가 이런 꿈들을 다 버리면 나는 무엇을 위해서 살아야 합니까? 제가 우리 가족들을 버리고 주님의 제자가 되면 누가 우리 가족을 구원시킵니까? 주님, 나는 나의 꿈을 버리면 그 순간 송장이 될 수밖에 없는데 왜 자꾸만 버리라고 하십니까? 끊임없는 질문이 속사포와 같이 터져 나왔습니다.

그때 성령께서 말씀하셨습니다. "네가 너를 사랑하는 것보다 내가 너를 더 사랑하고, 네가 너를 아는 것보다 내가 너를 더 잘 알고 있다. 네가 네 가족을 사랑하는 것보다 내가 너의 가족을 더 사랑한다."

그 시간에 성령의 깨우치심은 계속되었습니다. "너의 꿈이 크고 좋은들 내가 너를 위해 준비한 것보다 크겠느냐!" "네가 생각한 하나님의 일

제3부 결론 : 순교자 신앙고백(殉敎者 信仰告白)

이 완벽하다고 해도 내가 생각한 일보다 완벽하겠느냐!" "너는 사람이고 나는 하나님인데 너의 꿈과 비전이 나의 것과 비교할 수 있겠느냐!" 성령께서 "수고하고 무거운 짐진자야 내게로 오라고 하셨습니다. 이제 내가 너를 쉬게 하겠다"고 하셨습니다. 그러나 저는 끝까지 버텼습니다. 마음이 약해질까 다른 생각을 하기도 했습니다. 그러나 성령께서는 "네가 이제까지 해보지 못한 것 한 가지를 해보라"고 하셨습니다. 그것이 무엇이냐고 물었을 때 "너의 모든 것들을 하나님께 맡기라"고 하셨습니다. "너 자신을 포함해서 너의 꿈, 너의 가족, 너의 모든 것을 내게 맡기라 그러면 책임을 져 주시겠다"고 하셨습니다. 이제까지 "네가 해서 하나도 된 것이 없었으니 이제 내가 일을 할 수 있도록 기회를 주라"고 하셨습니다.

그래서 저는 결국 항복을 했습니다. 큐티 노트에 이렇게 썼습니다. "나보다 나를 더 잘 아시고, 나보다 나를 더 사랑하시는 하나님! 오늘 이 시간 저를 부인합니다. 내가 가지고 살았던 모든 것을 주님께 맡겨드립니다. 이제 뜻이 하늘에서 이루어진 것같이 땅에서도 이루어지게 하옵소서"

이렇게 쓰고 나니 갑자기 울컥하면서 눈물이 나기 시작했습니다. 지난 23년 동안 오직 한 길만 걸어 왔던 험난한 시간들이 주마등처럼 떠오르면서 슬픔과 아쉬움이 북받쳐 올라 왔습니다. 가난한 농부의 아들로 태어나 연필이 없어 몽당연필을 대나무에 끼워 썼던 어린시절, 크레파스가 없어 한 가지 색으로만 그림을 그렸던 시절, 도시락이 없어 점심시간에 밖에서 뛰어 놀았던 시절, 영하 20도 난로도 없는 교실에서 굶주린 배를 움켜잡고 발에 동상이 걸리도록 공부했던 일들, 온갖 일들을 하면서 주경야독하면서 키워왔던 꿈들이 이제 산산히 깨어지는 순간 너무나 인간적으로 억울하고 슬펐습니다.

가장 필자를 두렵게 한 것은 다음날 아침에 일어날 때 무엇 때문에 일어나야 하는지, 무슨 힘으로 살아가야 하는지에 대한 두려움으로 가득찼습니다. 나를 지키고, 나를 살리고, 나를 웃게 했던 꿈, 나로 숨쉬게 하고 나로 사자같이 용감하게 했던 찬란한 나의 꿈, 이제까지 나를 있게 했던 나의 꿈, 모든 고통과 멸시와 천대를 이기게 했던 나의 꿈이 깨어지는 순간 23살 된 나도 함께 죽었습니다.

큐티가 끝난 후 식당에서 아침을 먹고 교회당으로 올라오는데 눈물이 비오듯 했습니다. 부끄러워 얼굴을 들고 걸을 수 없어 고개를 푹 숙이고 걸었습니다. 이제 서울에도 갈 수 없습니다. 주(週) 중에 출근하여 학생을 가르치는 일도 이젠 할 수 없게 되었습니다. 나의 인생이 완전히 눅 9:23 말씀으로 산산히 깨어지고 말았습니다. 이제 망망한 태평양 가운데 작은 돛단배를 띄우고 항해를 출발하는 뱃사공처럼 두려움으로 가득 찼습니다.

그런데 한 가지 변화가 일어났습니다. 필자의 마음속 깊은 곳에서 이상한 감정이 솟아 오르고 있었습니다. 처음으로 느낀 감정이었습니다. 약간 불안하기도 하면서도 평안하기도 하고, 약간 떨리는 감정 같으면서도 무척이나 안정된 느낌이 풍선처럼 커져가는 느낌이었습니다. 아무도 없는 아름다운 해변가를 홀로 걸으면서 느낄 수 있는 낭만적인 생각과 같은 평화로운 마음으로 가득차게 되었습니다. 그것이 나중에 알고 보니 강같은 평화였습니다.

요7:37-39 "명절 끝날 곧 큰날에 예수께서 서서 외쳐 가라사대 누구든지 목마르거든 내게로 와서 마시라 나를 믿는 자는 성경에 이름과 같이 그 배에서 생수의 강이 흘러나리라 하시니 이는 그를 믿는 자의 받을 성령을 가리켜 말씀하신 것이라"

나에게는 너무나 사치스럽다고 하나님께 간구하지 못했던 강같은 평화가 나에게 임한 것입니다. 전날 밤 살려 달라고 하면서 잠 한숨만 자게 해달라고 눈물로 기도했던 나의 간구가 하나님의 보좌 앞에 상달되어 강같은 평화로 내려왔습니다.

그때부터 하나님의 말씀이 필자의 마음에 감동으로 머물러 있기 시작했습니다. 말씀에 대한 갈급함이 소금물을 삼킨 후 나타난 갈증처럼 흘러넘쳤습니다. 1975년 2월27일 수련회 마지막 날 밤, 받은 은혜를 나눈 간증시간이 있었습니다. 그때 필자는 처음으로 여러 사람들 앞에서 나의 신앙을 고백하는 시간을 갖게 되었습니다. 입을 열어 받은 은혜를 말하려는 순간 위로부터 성령의 충만함이 임했습니다. 그동안 암흑처럼 캄캄했던 나의 인생이 경부고속도로가 남북으로 끝없이 펼쳐진 것 처

제3부 결론 : 순교자 신앙고백(殉敎者 信仰告白)

럼 나의 인생이 그렇게 확실하게 보이기 시작했습니다.
  그때 여러 가지 말을 했습니다. 그중에서 가장 중요한 말이 있습니다. 필자는 그렇게 하기 싫어했던 목사라는 직업에 대하여 언급을 하고 있었습니다. "저는 이제부터 직업도 갖지 않고 직장도 갖지 않고 먹고 살 수 있는 아르바이트만 하면서 평생동안 복음만 전하고 살겠습니다."
  다음날 2월 28일 택시를 타고 인천에서 서울로 오는 길에 정류장에서 차를 기다리는 시민들을 보았습니다. 그 순간 필자의 눈에서 눈물이 나왔습니다. 저들이 다 지옥으로 가는데 모르고 직장을 가고 있으니 이를 어찌할까! 사람들과 눈만 마주치면 흘러내리는 눈물을 주체할 수 없는 생활이 계속되었습니다. 밥을 먹는 시간도 아깝게 생각하면서 죽을 힘을 다해 복음을 전하러 다녔습니다. 이렇게 내 자신을 모두 하나님께 헌신함으로 필자의 인생이 복음으로 사는 인생으로 바뀌게 되었습니다.

3) 소명(召命)의 부르심

  1975년 2월 25일부터 복음을 증거하는 전도자로서의 삶을 살아가는 필자에게 가족들의 핍박이 시작되었습니다. 그래서 7년 동안 가족들과의 관계는 단절이 되었습니다. 복음을 알지 못한 가족들은 필자를 이단자와 같이 대하였습니다. 그렇게 막무가내로 돌아다니면서 거지같이 복음을 전하지 말고 떳떳하게 신학공부를 하고 목사가 되어 규모 있는 삶을 살기라도 하라고 말을 했습니다. 강하게 핍박했던 가족들이 이런 말이라도 하는 것은 기적같은 변화이기도 했습니다.
  1975년 복음의 능력을 깨닫기 전에 총신대 입학을 보이코트 했던 것들이 좀 후회스럽기도 했습니다. 차라리 그때 친구 말대로 등록이라도 해놓았다면 학교에 가서 신학공부를 할 텐데 라는 생각도 들었습니다. 그러나 그것은 어디까지나 인간적인 생각일 뿐 참으로 중요한 것은 하나님이 필자를 어떻게 사용하실 것인가에 대한 관심이었습니다.
  1981년 12월25일부터 1982년 1월1일까지 7일간 경기도 광주에 있는 충현기도원에서 금식기도를 했습니다. 제목은 영적인 제자로 살 것인가? 영적인 사역자로서 살 것인가에 대한 기도였습니다. 필자는 성경을 읽으면서 섬기는 제자의 삶이 얼마나 소중한 삶인지에 대하여 깨닫게 되었습니다. 그래서 개인적으로는 평생 동안 영적인 사역자를 섬기는 제자의 삶을 살기를 소망했습니다. 그러나 한편으로는 하나님께서 필자에게 주신 은사가 무엇인지에 대해서도 알기를 원했습니다. 분명히 하나님께서 필자를 구원해 주실 때는 무슨 계획이 있으신 것이 아닌가에 대한 호기심도 있었습니다. 이것에 대하여 2-3년 동안 간절히 기도했지만 확실한 응답이 없었습니다.

1981년 12월25일 필자의 나이가 29세, 이제 며칠이 지나면 30세가 되는데 그때까지 필자는 다른 사람들 앞에 내세울 만한 것이 하나도 없었습니다. 그냥 복음전도자에 불과했습니다. 개인적으로도 1975년 2월25일 제자로 헌신하여 7년 동안 복음을 증거하는 삶을 사는데 올인하면서 필자의 개인적인 삶에 대한 어떤 비전이 없었습니다. 그래서 필자는 이제 무작정 복음을 증거하는 전도자로서 삶을 살기 살기보다는 하나님께서 필자에 대한 계획이 무엇인지를 알기 원했습니다. 그래서 7일간 금식기도를 하면서 하나님께 필자의 생애를 어떻게 사용하실지에 대한 답을 얻기를 원했습니다.

7일간 서원기도를 했습니다. 금식기도하는 7일 안에 하나님께서 복음을 증거하는 전도자로 평생동안 살기를 원하신다면 마음과 뜻을 다하여 제자로서 섬기는 삶을 살기로 작정할 것이요, 그렇지 않고 하나님께서 지도자로서 삶을 살기를 원하신다면 순종하기로 하고 금식을 하면서 진지하게 기도를 했습니다.

1982년 1월1일 금요일 아침 7시 충현기도원 2층 의자에 앉아 마지막 기도를 했습니다. 하나님 오늘이 작정한 마지막 날입니다. 오늘까지 응답을 주시지 않으면 저는 평생 복음을 전하며 섬기는 제자로서 살겠습니다. 그러나 행여 하나님께서 좋이 영적인 지도자로서 살기를 원하신다면 확실한 응답을 주십시오. 오늘까지 응답을 아니 주시면 저는 평신도로 평생을 살겠습니다.

그때 갑자기 창1:3-5 "하나님이 가라사대 빛이 있으라 하시매 빛이 있었고 그 빛이 하나님의 보시기에 좋았더라 하나님이 빛과 어두움을 나누사 빛을 낮이라 칭하시고 어두움을 밤이라 칭하시니라 저녁이 되며 아침이 되니 이는 첫째 날이니라"를 깨닫게 하셨습니다.
　순간적으로 빛이 있으라 하시매 빛이 있었고 그 빛이 하나님 보시기에 좋았더라는 말씀이 강하게 필자의 마음을 때렸습니다. "빛이 있으라" 순간 성령의 감동으로 마음속에 축구공만한 기쁨이 생겼습니다. 답답한 마음이 사라졌습니다. 혼미한 마음이 떠났습니다. 두려운 마음도, 긴장이 풀려 침체되어 있었던 마음에 불이 붙었습니다. "빛이 있으라 하시매 빛이 있었고 하나님 보시기에 좋았더라" 이 말씀이 계속해서 마음을 감동시키면서 기쁨과 확신을 불러 일으켰습니다. 순간 필자는 양손으로 머리를 감싸고 "하나님 감사합니다!". "하나님 감사합니다!"라고 외쳤습니다. "저를 종으로 불러 주시니 감사합니다!" 그렇게 해서 제자로서의 삶을 끝내고 지도자로서의 삶을 준비하며 출발하게 되었습니다.
　하나님께서는 필자에게 "빛을 낮이라 칭하시고 어둠을 밤이라 칭하시니라 저녁이 되며 아침이 되니 이는 첫째날이니라" 이 말씀을 추가로 깨닫게 하셔서 필자가 그때까지 관계를 맺고 살아왔던 모든 삶을 정리하고 분리할 것을 명하셨습니다. 그러나 필자는 두려웠습니다. 왜냐하면 그때까지 분리해서 살만한 형편이 되지 못했기 때문입니다.
　그래서 기도를 했습니다. 주님, 이것은 너무나 과합니다. 시간적인 여유를 주십시오. 아니면 하나님께서 어떻게 사용하실 것인가를 좀 가르쳐 주십시오, 그래야 다른 사람들도 이해를 할 것이 아닙니까? 그러나 성령은 모세가 불타는 떨기나무 앞에서 신을 벗고 부름을 받은 모습을 생각나게 하셨습니다. 내 자신이 확실하게 모세와 같이 하나님 앞에 홀로 서게 되면 그때 다음의 할 일을 가르쳐 주시겠다는 깨달음이 왔습니다.
　그래서 용기있게 단호한 마음으로 그때까지의 필자의 관계된 모든 삶을 단절하고 분리해서 홀로 서게 되었습니다. 이렇게 해서 하나님의 종으로 부르심을 입게 되었습니다.

4) 비전의 부르심

　1982년 1월말 전도했던 집사님들이 봉천동에서 교회 개척을 하자고 해서 예배당으로 쓸 50평 사무실을 얻으러 다녔습니다. 한참을 돌아다니다 보니 힘이 들고 피곤해서 어느 건물 2층 계단에 앉아 있는데 성령께서 저에게 물으셨습니다. "너는 무엇을 하려고 이렇게 다니느냐?" "교회를 개척하려고 50평을 얻으러 다닙니다". "그래! 교회를 개척해서 무엇을 할 건데?" "네! 열심히 전도해서 교회를 부흥시킬 것입니다". "그래! 교회를 부흥시켜서 무엇을 할 건데?" "네! 땅을 사고 예배당을 건축할 것입니다". "그런 다음에 무엇 하려고?" "네! 7부 예배까지 드려서 여의도 순복음 교회처럼 교회를 키울 것입니다". "그 다음은 무엇 하려고?" "네! 그 다음에는 죽겠지요!"

성령은 저에게 네 믿음이 몇 평이냐고 물으셨습니다. 저는 요한 웨슬레가 말한 것처럼 세계가 내 교구라고 했습니다. 그럼 너는 무엇을 하느냐고 물었습니다. 네 아직은 아무것도 안하고 있다고 했습니다. 그때 성령은 필자에게 너의 믿음은 한 평도 없다고 책망하셨습니다. 그러면서 성령은 개인집을 지어도 투시도가 있고, 아무리 작은 건물을 지으려 해도 설계도를 가지고 짓는데 교회를 세울 사람이 50평 얻어서 되느냐고 물으셨습니다. 그러면 어떻게 해야 하느냐고 물을 때 교회의 머리되신 예수님께 어떤 교회를 세워야 할지 설계도를 구하라고 하셨습니다.

잠시 동안 2층 계단에 앉아 있다가 햄머로 머리를 한 대 얻어 맞은 것 같은 충격을 받았습니다. 집사님들에게 교회 개척을 위해 50평을 얻어서는 안되고 어떤 교회를 세워야 할 것인지를 예수님께 기도해서 마스터 플랜인 설계도를 받아서 교회개척을 해야 할 것 같다고 말씀드렸습니다. 중보기도를 해달라고 부탁을 하고 1982년 1월말에 오산리 금식기도원에 들어갔습니다. 그리고 교회를 개척하기를 원하는데 주님이 세우시기를 원하시는 교회 설계도를 주시라고 기도를 시작했습니다.

너무나 간단한 기도제목인데 2월 한 달, 3월 한 달이 지나도록 응답이 없었습니다. 아무리 피를 토하고 외쳐 기도해도 목만 아프고 힘만 빠지고 응답은 없었습니다. 그렇다고 해서 그냥 빈손으로 돌아올 수는 없었습니다. 그래서 평생 동안의 비전을 응답으로 받기 위해서 인내를 가지고 부르짖었습니다.

1982년 4월10일 밤12시30분 쯤 저녁집회가 끝나고 오산리 금식기도원 천막성전에서 기도를 계속하고 있었습니다. 주님! 설계도, 주님! 설계도, 교회 설계도⋯⋯⋯설계를 주십시오⋯⋯⋯갑자기 마28:18-20 말씀이 떠올랐습니다. 동시에 강력한 깨달음의 말씀이 가슴을 치면서 울려 퍼졌습니다. "너는 가서 모든 족속으로 제자를 삼아" "월드비전" 순간 자리에서 벌떡 일어났습니다. 그리고 "너는 가서 모든 족속으로 제자를 삼아" "월드비전"을 외치기 시작했습니다. 너무나 기쁘고 벅찬 응답에 춤을 추면서 30분 동안 서서 찬송하고 기도했습니다.

그런데 가만히 정신을 차리고 생각을 해보니 그것은 설계도는 아니었습니다. 왜냐하면 너무나 단순한 명령이었기 때문입니다. 그래서 다시 무릎을 꿇고 기도를 했습니다. 그리고 성령께서 생각나게 하는 것들을 기록하게 되었습니다. 그래서 56쪽 월드비전 설계도를 갖게 되었습니다.

그때 성령께서 월드비전을 이루는 제자교회를 세우기를 원하셨습니다. 그리고 제자훈련원을 세우기를 원하셨습니다. 또 세계 선교를 하기 위해 제자선교회를 세우도록 하셨습니다.

제자교회, 제자훈련원, 제자선교회 세 개의 기관을 통해서 월드비전을 이루도록 하신 것이 주님이 주신 비전이었고, 설계도였습니다. 주님이 주신 응답으로 세계제자훈련원을 통해 10단계제자훈련 교재를 만들어 목회자 제자훈련 사역을 하고 있습니다. 제자선교회를 세워서 세계 선교를 하고 있습니다. 교회를 개척하면서부터 세 가지 사역을 동시에 하고 있습니다.

5) 목회자 제자훈련의 부르심

1986년 2월 초 신학교를 졸업하게 되었습니다. 처음부터 신학공부는 필자에게 의미가 없었습니다. 그러나 성안교회 계정남 목사님께서 30명 정도가 성경공부하는 모임에 오셔서 저에게 교단을 물으셨습니다. 소속 교단이 없다고 하자 그럼 신학교는 어디 나왔는지 물으셨습니다. 신학교는 안나왔다고 했습니다. 계정남 목사님은 신학교도 나오지 않고, 교단도 없이 이렇게 성경공부를 하는 것은 이단이 될 수 있는 가능성이 있으니 자기가 소개해준 신학교에서 공부를 하라고 소개시켜 주었습니다. 그래서 결국 신학공부를 하게 되었고 이제 졸업을 하게 된 것입니다. 노회와 동기들은 목사 안수를 준비하고 있었습니다.

그러나 필자는 목사안수를 받지 않겠다고 했습니다. 노회와 동기들은 깜짝 놀라며 그 이유를 물었습니다. 필자는 이미 개인 전도를 통해서 50-60명 모임을 인도하는 영적인 전도자로서 부족함이 없다고 했습니다. 즉 50-60명의 형제 자매들이 필자를 하나님이 세워주신 영적인 권위자로 알고 순종하면서 서로를 섬기며 주님의 몸된 교회를 이루고 있기에 목사안수를 받는 것은 마치 감투 하나를 더 쓰는 것처럼 부담스럽다고 했습니다.

노회와 동기들은 신학교를 졸업했으면 목사 안수를 받아야 한다고 강력하게 주장했습니다. 더 이상 버틸 명분이 없었습니다. 그래도 필자는 분명하게 목사안수가 왜 필요한지를 알기를 원했습니다. 하나님께서 목사 안수를 받는 것이 진정 하나님의 뜻이라면 반드시 받아야 하는 것이고, 그렇지 않다면 받지 않기로 마음을 정하고 40일 작정 기도를 시작했습니다.

저녁 철야를 하면서 기도하는 제목은 "왜 목사 안수를 받아야 하는지를 가르쳐 주옵소서" 이었습니다. 37일 째 신학교 동기들이 강화도에서 2박 3일 자체 세미나를 하기로 하고 한 가지 주제씩 강의를 하도록 했는데 그 강의안을 준비하다가 응답이 왔습니다.

필자가 목사 안수를 받아야 하는 이유는 목사님 제자훈련을 하기 위해서 목사가 되어야 한다는 것이었습니다. 왜 그렇게 해야 하는지를 물을 때 목사제자훈련은 목사안수를 받은 사람만 할 수 있다는 사실을 깨우쳐 주셨습니다. 1987년 3월 27일 목사 안수를 백석총회 경성노회에서 받게 되었습니다.

이제 목사 안수를 받았으니 목회자 제자훈련을 해야 한다는 생각이 들어서 목회자 제자훈련 프로그램을 만들었습니다. 기간은 4박 5일, 장소는 종로5가 백주년 기념관, 회비는 8만원, 대상은 목사, 인원은 12명 기독교 주간신문에 광고를 냈습니다. 그런데 염려가 생겼습니다. 어떻게 혼자서 4박 5일 동안 목사님 제자훈련을 감당할 수 있을까에 대한 염려였습니다. 또 하나는 만약 2-3명만 참가신청을 하면 어떻게 해야 하

제3부 결론 : 순교자 신앙고백(殉敎者 信仰告白)

나를 고민하면서 기도를 했습니다. 하나님! 저는 목회자들을 제자훈련 시킬 수 있는 재목이 못됩니다. 그러나 주님께서 목사안수를 받는 조건을 목회자 제자훈련을 하는 것으로 응답을 주셔서 목사 안수를 받았기에 할 수 없이 프로그램을 만들어 광고는 냈지만 자신이 없습니다. 그러므로 하나님! 한 분도 보내지 마십시오, 그러면 저도 하나님께 대한 약속을 지켰고, 하나님도 나쁠 것이 없이 서로 윈윈하는 것 아닙니까 하오니 제발 그렇게 해주세요 기도했습니다.

13명의 목사님들이 제자훈련 등록을 하셨습니다. 한 분은 초상이 나서 못오시게 되어서 12명이 시작했습니다. 1987년 5월 25일 드디어 목회자 제자훈련 4박 5일이 시작되는 날입니다. 오후 4시부터 시작된 훈련을 위해 오후 2시에 백주년 기념관으로 갔습니다. 12분이 참석을 하셨습니다. 당시 회비 8만원은 상당히 부담이 되는 금액이라서 개척교회 목사님들은 참석하기 어려웠습니다. 그래도 300명 이상 교세를 가지신 분들이 참석을 해서서 대략 나이도 50~60대 정도였습니다. 그러나 필자의 당시 나이가 35세였습니다. 새파란 젊은 목사에다가 이제 목사안수 받은 지 두 달도 되지 않았습니다. 교세도 서울에서 새롭게 개척한지 1년 밖에 되지 않았습니다. 도대체 목회자 제자훈련을 시킬 수 있는 자격이 1%도 없었습니다. 그러나 주님께서 목사안수 받는 조건으로 응답을 주신 것 밖에는 다른 명분은 없습니다. 오직 주님의 명령 하나 의지하고 시작한 세미나였습니다.

지방에서 오신 목사님들은 오후 3시에 도착하신 분들도 계셨습니다. 대부분들의 목사님들이 오셔서 저를 보시고 이렇게 물으셨습니다. "강사님은 아직 안오셨습니까?" 아니 제가 강사인데 저에게 "강사님이십니까?" 물으면 "네" 라고 대답을 할 수 있는데, 강사인 저에게 "강사님은 언제 오십니까?" "강사님은 아직 안오셨습니까?" 묻는데 어떻게 제가 스스로 강사라고 말을 할 수 있겠습니까? 너무나 부끄럽기도 하고 창피해서 들은척도 하지 않고 피해만 다녔습니다.

드디어 오후 4시 강의가 시작되었습니다. 그런데 12분의 목사님들이 한 분도 강의를 받을 준비를 하시지 않고 우두커니 앉아 계신 것입니다. 얼굴에 나타난 표정들은 실망과 후회가 가득한 표정들이었습니다. 왜냐하면 지금 강의를 하려고 그 분들 앞에 앉아있는 강사가 자기 아들뻘 되는 사람이었기 때문입니다. 그렇다고 회비로 8만원을 냈고, 교회에는 4박 5일 목회자제자훈련에 참석하겠다고 떠났는데 도망갈 수도 없는 노릇입니다. 프로그램이 마음에 들어 큰 소망을 가지고 왔는데 눈앞에 펼쳐진 환경은 실망자체였습니다. 한 분도 겉옷을 벗지 않고 앉아 계신 것입니다. 그나마 참 다행인 것은 한 사람도 회비를 반납해 주라는 분이 없었습니다.

첫 번째 강의 제목은 "목회자 큐티훈련과 우선순위" 라는 제목이었습니다. 당시 갑자기 시작한 제자훈련이라 교재도 없었고, 백주년 기념관 잠자는 숙소를 얻어 강의를 했기 때문에 작은 상같은 테이블 하나 없었습니다. 목사님들은 무릎위에 자기들이 가지고 온 노트에다 필자가 불러준 성경구절을 적어 가면서 강의를 듣는 것이 다였습니다. 그나마 노트를 가지고 오시지 않은 분들은 옆엣 분들이 찢어준 종이에다 기록을 하면서 강의를 들으셨습니다.

그런데 놀라운 일이 일어났습니다. 첫 번째 강의에 목사님들이 완전히 깨어져 버린 것입니다. 그래서 웃옷을 벗고 진지하게 4박 5일을 마쳤습니다. 마지막 날 금요일 오후2시−4시에는 일주일 동안 받은 은혜를 적어 읽는 간증시간이 있었습니다. 한 분씩 돌아가면서 자신이 작성한 간증문을 읽어 내려가면서 눈물을 흘리시는 것입니다. 한 참 있다가 겨우 간증문을 다 읽을 수 있었습니다. 참으로 놀라운 일이 일어났습니다. 한국교회 새로운 제자훈련이 시작되는 순간이었습니다.

이렇게 시작된 목회자제자훈련은 1987년 5월 25일 제 1기로 시작해서 1991년 2월까지 129차 2950분들의 목회자들이 훈련을 마쳤습니다. 소문에 소문을 듣고 노회, 동창회, 신학교 동기들 모임에서 초청이 와서 계속해서 제자훈련을 하게 되었습니다.

필자는 이것을 하나님의 역사라고 단언을 합니다. 왜냐하면 필자는 절대로 목사님들을 훈련 시킬 수 있는 재목이 못됩니다. 그러나 주님께서 친히 하신 사역이기에 가능했던 것입니다.

6) 선교사 제자훈련의 부르심

1991년 4월 8일 서초동 영화교회에서 필리핀 선교사로 파송예배를 드리고 선교사로서 사역을 출발하게 되었습니다. 필자가 선교에 관심을 갖게 된 계기는 1988년 필리핀 한 선교사님을 소개받음으로 시작되었습니다. 필자를 만난 선교사님은 월 100불이면 필리핀 현지인 중심으로 선교를 할 수 있다고 했습니다. 필리핀은 겨울이 없어서 예배당에 드는 비용이 없어 생활비와 사역비로 월 100불만 있으면 현지 교회를 세우고 유지가 가능하다는 말에 필자는 24개 교회를 지원해서 선교를 하겠다고 제안을 했습니다. 당시 월 100불이면 7만원 정도였습니다.

목회자 제자훈련에 참가한 목사님들을 설득해서 현지선교를 시작했습니다. 그리고 2년이 된 1990년 후원하는 목사님들과 선교현장을 방문하는 중에 현지 선교의 문제점을 발견하게 되었습니다. 문제는 선교사님이 현지인 사역자들에게 선교비만 전달해주는 것으로 끝난 것입니다. 그래서 현지 사역자들의 영성이나 신앙의 훈련이 되지 않고 그로 말미암아 선교현장에서는 거듭남과 같은 영적인 변화가 일어나지 않았습니다.

그래서 한국 선교사님께 원주민 사역자들에게 선교비만 지불하지 말고 따로 훈련 비용을 추가로 선교비를 보내 드릴테니 원주민 사역자들에게 제자훈련을 시켜서 현지인들을 전도하고 양육하는 제도를 정착시키도록 주문을 했습니다.

그런데 그 선교사님은 무역을 하시다가 늦게 신학을 하고 선교현장에 나왔기 때문에 비즈니스 선교밖에는 자신이 할 수 없다는 사실을 알려 주었습니다. 그래서 그 선교사님은 이런 제안을 했습니다. 사도행전에 바울과 같이 한 사람씩 전도하고 양육을 하여 현지 사역자들을 세울 수 있는 선교사님 한 분을 자기에게 붙여 주면 함께 공동사역을 하시겠다고 하셨습니다.

함께 선교하신 분들이 의논을 하고 선교현장에서 바울처럼 선교하시고 계신 분을 찾기 위해 필자와 함께 또 한분의 목사님이 필리핀에 일주일동안 가서 찾았습니다.

결국 그런 선교사님을 찾지 못하고 돌아오게 되었습니다. 다시 선교

후원하시는 목사님들이 의논을 했습니다. 그럼 국내에서 그런 자격이 되는 선교사님을 선발하여 보내기로 정하고 자격있는 선교사님을 신문광고를 통해 모집을 했습니다. 약 25명 정도가 서류를 접수를 하셨고 한 분씩 면접을 통해서 점검을 한 결과 그런 선교를 할 수 있는 준비된 선교사를 찾을 수 없었습니다. 다시 선교 후원 목사님들이 모여서 의논을 했습니다. 그렇다면 이제 어떻게 사도행전의 선교를 할 수 있는가에 대하여 의논한 끝에 처음부터 선교사 후보생을 모집하여 3년 동안 예수님께서 제자들을 훈련시키신 것처럼 선교현장에 가서 선교사 후보생들을 훈련시켜 파송하자는 결론을 내렸습니다.

1990년 말에 이촌동 온누리 교회에서 24개 후원교회들이 연합하여 선교사들을 훈련시키는 선교센타 건립을 위해 선교 찬양제를 통해 선교비를 모금했습니다. 그리고 1991년 초에 신문광고를 내서 젊고 유능한 대학을 졸업한 40세 미만의 선교사 후보생들을 모집했습니다. 1차로 합격자를 뽑아서 충현기도원에서 1주간 예비 훈련을 통해서 18명을 선발하였습니다. 1991년 4월 8일 필리핀으로 3년의 훈련과정으로 출발을 했습니다.

필리핀 케손시티 500평 큰 저택을 월 150만원에 임대를 하여 3년 동안 아침 4시부터 밤 12시까지 스파르타 훈련을 했습니다. 신구약 성경을 성경공부로 마쳤습니다. 일년에 1번씩 통독을 했습니다. 3년 동안 신구약 성경을 1번 큐티로 정리를 했습니다. 성경 주제별 말씀을 영어와 한글로 130구절 암송했습니다. 중학교 영어 교과서를 모두 외우게 했습니다. 히브리어 헬라어를 공부했습니다. 교회사, 선교학, 조직신학을 현지 선교사님들을 강사로 해서 공부를 했습니다. 매주 토요일은 하루 종일 체력단련을 하고 월요일부터 금요일까지는 새벽4시 기상해서 구보하고 저녁 12시까지 훈련을 했습니다. 일요일에는 선교현장에 나가서 전도하고 성경공부를 현지인들에게 가르쳤습니다. 세계제자훈련원 10단계 교재를 영어와 필리핀어로 번역을 해서 사용했습니다.

3년 후 6사람이 졸업을 했습니다. 그들이 지금 선교현장에서 제자훈련 선교사역을 감당하고 있습니다. 케손시티 스모키 마운틴 현지 교회를 개척하여 1년 후 57명에게 세례를 주었습니다.

에필로그

　마지막 시대의 복음 "배도자 지옥 순교자 천국"이란 책을 출간한 2015년 2월 25일 오늘은 필자가 제자로 헌신한지 40주년이 되는 날입니다. 1975년 2월 25일 제자로 헌신한 후 40년 동안 주님이 찾으시는 한 사람의 제자를 얻기 위해 외로운 좁은 길을 걸어왔습니다.
　수많은 갈등과 눈물, 그리고 목숨을 건 자신과의 싸움을 하면서 오늘에 이르게 되었습니다. 지금 이 책을 쓰면서 지나간 날들을 생각해 보면 얼마나 다행스럽고 얼마나 복된 삶을 살았는가를 느낄 수 있습니다. 그러나 지난 40년 동안 외로운 제자로서의 삶을 살면서 자신의 연약함을 탓하며 초라한 삶을 벗어 버리기 위해 몸부림쳤던 과거를 회상해 봅니다. 다행스러운 것은 힘들고 어려운 삶을 살면서도 말씀을 벗어난 적이 없으며, 인위적으로 하나님께서 필자에게 허락하신 고난의 환경을 바꿔보려고 시도했던 일들이 한 번도 없었다는 사실이 감사할 뿐입니다. 죽어도 주를 위해, 살아도 주를 위해 살았던 순간 순간들이 너무나 감사할 뿐입니다.
　수많은 교회 성장 프로그램이 있었지만 어느 것 하나도 집중해 본적이 없었습니다. 오직 죽으나 사나 말씀만 붙들어 잡고 살았던 것들이 오늘의 "배도자 지옥 순교자 천국"이란 책을 만들 수 있었습니다. 범사에 때가 있다는 사실을 새삼스럽게 깨닫게 됩니다. 오늘 이 시대를 위해서 그동안 힘들고 어려운 일들을 견디게 하셨다는 사실은 놀라울 뿐입니다.
　이미 필자는 '타작기'란 책을 2012년 3월 10일에 출간할 때 순교자의 마음으로 하나님께 필자의 생명을 드렸습니다. 앞으로도 어떤 힘들고 어려운 일이 있을지 필자는 모릅니다. 그러나 한 가지 분명한 사실은 하나님께서 허락지 아니하시면 참새 한 마리도 땅에 떨어지지 않는다는 것입니다. 날마다 우리 주위에서 일어나는 일들이 많이 있지만 우연히 일어나는 일은 아무것도 없습니다. 우리의 머리카락까지 세시면서 우리를 사랑하신 하나님의 허락하심 속에서 이루어지고 있다는 것입니다. 그러므로 하나님께서 계획하신 모든 뜻을 이루실 때까지 필자와 함께 하실 줄 믿습니다.

　앞으로 엄청난 소용돌이가 한국 교회안에서 일어날 것입니다. 배도의 물결이 흘러 넘칠 것입니다. 이미 대교회와 대교단들을 중심으로 일어나고 있는 종교통합운동, 신사도운동, 이머징쳐취운동, 시오니즘운동, 뉴 에이지 문화종교운동, 유스 스페샬티즈운동, 넥스트 웨이브 무브먼트운동, 관상기도운동, 원멍운동, 한 새 사람운동, 예루살렘 회복운동 등 수많은 운동들을 통해서 배도가 이루어지고 있습니다.

　사탄의 세력들은 지난 2000년 동안 짝퉁 기독교회인 보편적 교회를 만들어 가축인간을 먹여 키우는 축사로 사용해 왔습니다. 그럼에도 불구하고 하나님께서는 제도권 안팎에 있는 용감한 순교자들을 통해서 참 복음과 성경을 우리에게 전해 주셨습니다. 그래서 오늘날까지 우리가 십자가 복음을 가지고 살 수 있었습니다.

　마지막 때에는 본질이 시험을 받는 시대입니다. 즉 불순물이 모두 제거되는 시대입니다. 내가 원하든 원치 않든 정확하게 알곡과 가라지가 갈라지는 시대입니다. 아무리 쭉정이가 남아 있으려 해도 시험의 바람 앞에는 존재할 수 없습니다.

　그동안 우리는 넘치는 은혜시대에 살았습니다. 그러나 이제 얼마 남지 않았습니다. 이제 하나님께서도 알곡과 가라지를 갈라놓기 위해서 사방에서 천사들을 통해서 강한 바람을 불게 하시고 계십니다. 바로 환난의 시대입니다. 시험의 때입니다. 그때도 지금처럼 살고자 하는 자는 죽고, 죽고자 하는 자는 살 것입니다.

　혹시라도 이 책을 읽으시고 두려워하실 분들이 있으실까 염려됩니다. 전혀 두려워할 것이 없습니다. 왜냐하면 우리의 하나님은 만군의 하나님이십니다. 세상에는 신들이 많이 있습니다.

　여기에서 말한 신들은 모두 천사들입니다. 악한 천사도 있고, 선한 천사도 있습니다. 이들 모두는 다 하나님께서 섭리하시는 그룹들입니다.

　염소와 양들이 함께 살고, 가라지와 알곡이 섞여 삽니다. 그러나 이러한 환경은 하나님께서 교회라는 알곡을 키우시는 섭리입니다. 그래서 하나님은 모든 것을 합력해서 선을 이루십니다.

　몽고 사람들은 넓은 초원에서 양을 목축하는데 반드시 염소를 함께 키운다고 합니다. 그 이유는 양들은 아무리 길을 다녀도 그 길을 알고 스스로 다니지를 못한다고 합니다. 언제나 반드시 목자가 길을 안내해야 한다는 것입니다. 그런데 신기하게도 염소는 한두 번 만 갔다오면 금방 그 길을 알고 스스로 목자 없이도 다닌다고 합니다. 그래서 목자들은 먼 곳으로 이동할 때 양들이 이동 시간이 늦어져 지루하니 염소들에게 길안내를 맡기고 먼저 가서 한숨 자고나면 틀림없이 염소들이 양들을 끌고 주인에게 돌아온다는 것입니다.

하나님은 사탄의 세력들을 염소와 같은 방법으로 사용하십니다. 그들은 항상 양들보다 먼저 길을 가면서 자신들이 진리라고 외치지만 그들은 오직 미혹의 영(靈)일 뿐입니다. 그러나 지혜있는 성도들은 그들이 하는 일들이 다 성도들을 위한 것이라는 사실을 알 수 있습니다. 하나님은 모든 것을 합력해서 선을 이루시는 분이십니다. 그러므로 모든 염려는 주님께 맡겨 드리고 오로지 충성만 하는 것이 우리의 도리입니다.

하나님이 세상을 창조하실 때부터 빛과 어둠은 공존했습니다. 악과 선도 공존했습니다. 왜냐하면 하나님께서 하나님의 택한 자들을 온전케 하시기 위해서 그렇게 섭리하신 것입니다. 아담과 하와가 하나님의 형상으로 창조되었을 때는 그들은 의로운 상태였습니다. 그러나 아담과 하와가 하나님의 말씀에 순종해서 하나님께 의롭다함을 얻어야 했습니다. 그러나 그렇게 되기 전에 아담과 하와는 뱀의 유혹에 넘어가 죄를 범하고 말았습니다.

그 후 인간에게 고통이 왔습니다. 죽음이 왔습니다. 이런 고통과 죽음을 통해서 인간은 서서히 선과 악에 대한 개념들이 정리되면서 하나님이 주신 은혜를 따라서 하나님의 형상을 회복하게 되었습니다.

우리 인간은 하나님의 형상대로 창조되었지만 역시 피조물입니다. 하나님은 절대적이지만 인간은 상대적입니다. 선과 악에 대한 개념에 있어서 하나님은 스스로 절대적인 기준을 가지고 계시지만 피조물인 인간은 절대적인 선과 악에 대한 개념이 없습니다. 그래서 인간은 선악과를 따먹고 난후 고통속에서 선과 악에 대한 개념들이 구체화 되었습니다. 그리고 예수님의 십자가 죽음을 통해서 완전하게 정리가 되었습니다. 마치 어린아이가 물불을 가리지 못하고 이것 저것 훔치다가 스스로 고통속에서 인식을 정리해 나가는 것과 같습니다. 이것을 하나님의 섭리라고 합니다. 결국 창세기 1장에서는 인간은 피조물이었지만 계시록 22장에서는 하나님의 아들이 되었습니다.

하나님의 택한 백성들에게는 절대적인 하나님의 은혜가 있습니다. 그러하기 때문에 사탄의 어떤 시험도 그 은혜를 빼앗아 갈 수 없습니다. 고통이 크면 클수록 하나님의 선하신 목적은 더욱 더 확실해지는 것입니다. 이것이 알곡과 가라지, 염소와 양들, 악한 자와 선한 자가 섞여 살도록 섭리하신 하나님의 뜻입니다.

"13번째 지파 유대인"의 저자인 아서 쾨스틀러는 목숨 바쳐서 소련 볼세비키 공산혁명에 가담하였다가 독일 유대인인 공산당들이 하는 일에 환멸을 느껴 공산당에서 스스로 탈퇴하고 "한낮 밤"이란 책과 "13번째 지파 유대인"이란 책을 썼습니다. 햇빛이 밝게 비춰는 한 낮인데도 아서 쾨스틀러가 보기에는 밤처럼 어두운 세상이 있다는 뜻입니다. 이는 그가 경험했던 사탄의 세력들의 정체입니다.

그리스 한 철학자는 한낮에 등불을 들고 다녔습니다. 왜냐하면 그만큼 어두운 세상을 알았기 때문입니다. 필자도 역시 어리석은 비둘기와 같은 인생이었습니다. 즉 아무것도 알지 못하고 눈에 보이고, 귀로 들리는 소리만 듣고 살아왔기 때문입니다.

성경은 세상이 악한 자에게 처해 있다고 하셨습니다. 성경은 세상이 동일한 말씀으로 불사르기 위해 준비되었다고 했습니다. 그때가 바로 우리가 살고 있는 이 시대입니다. 우리는 빛의 자녀들입니다. 그러므로 "한낮 밤"에 살아도 길을 잃어버리지 않습니다.

우리의 영적인 눈이 정결하여 우리가 살고 있는 세상이 어떻게 돌아가는 것을 알아야 합니다. 그렇지 않으면 우리는 소경입니다. 소경이 소경을 인도하면 둘 다 죽습니다. 이제 눈을 떠야 합니다. 그래서 어둠에서 빛으로 나와야 합니다. 사탄의 권세에서 하나님의 자녀의 권세를 찾아야 합니다.

2016년 2월 25일에 요한 계시록 책이 나옵니다. 기독교 2000년 역사를 종말론적으로 정리한 요한 계시록입니다.

이제 하나의 소망만 있을 뿐입니다. 오직 성경입니다. 신구약 66권 성

에필로그

경은 하나님의 말씀입니다. 그러므로 말씀만 가지고 살아야 합니다. 말씀이 가라하면 가고, 오라하면 와야 합니다. 이유를 달지 말아야 합니다. 성경을 매일 읽어야 합니다. 성경을 매일 공부하면서 암송하고 묵상해야 합니다. 그리고 읽고, 공부하고, 아는 성경의 지식을 따라서 그대로 살아가야만 합니다. 모든 것을 합력하여 선을 이루시는 하나님의 능력을 믿고 말씀대로 담대하게 달려가야 합니다. 천지는 없어져도 하나님의 말씀은 영원합니다. 할렐루야!

2015년 2월 25일
이형조 드립니다

참고도서

- 사단은 마침내 대중문화를 선택했습니다. 신상언, 1992, 낮은 울타리
- 당신은 뉴에이지와 그 음악에 대해 얼마나 알고 있습니까. 곽용화, 1995, 낮은 울타리
- 김영우와 함께하는 전생여행. 김영우, 1994, 정신세계사
- 뉴에이지 혁명 Marilyn Ferguson, 김용주 역, 1994, 정신세계사
- 아틀란티스의 미스터리. 찰리 브로코. 홍현숙 역. 2010. 9. 10. 레드박스
- 네오콘의 음모. 오타류. 민혜홍 역. 2004. 10. 15. 아이필드
- 네오콘 프로젝트. 남궁곤 저. 2005. 3. 16. 사회평론
- 네오콘 제국. 로머트 W 메리. 최원기 역. 2006. 1. 5. 김영사
- 레오스트라우스. 박성재 저. 2005. 7. 25. 김영사
- 동인도 회사와 유럽제국주의. 김지은 저. 2012. 8. 10. 김영사
- 피라미드 에너지. 빌케렐. 김태운 역. 1997. 8. 30. 물병자리
- 피라미드 과학. 이종호 저. 1999. 11. 30. 새로운 사람들
- 동인도 회사. 아사다 미노루. 이하준 역. 2004. 6. 18. 파피에
- 콜럼버스와 신대륙 발견. 오세영 저. 2005. 5. 31. 김영사
- 만들어진 승리자. 볼프 슈나이더. 박종대 역. 2011. 8. 25. 을유문화사
- 고대 사람들. 카트린 루아조. 장석훈 역. 2008. 3. 25. 대교출
- 청교도 이야기. 오덕교 저. 2001. 7. 30. 이레서원
- 청교도 역사. 제임스 헤론. 박영호 역. 1962. 5. 1. 기독교문서선교회
- 신족과 거인족의 투쟁. 이정우 저. 2008. 3. 31. 한길사
- 유럽의 합스부르크 왕가. 이종완 저. 2003. 1. 7. 공주대학교 출판사
- 합스부르크 왕가의 흥망과 성쇠. 이종완 저. 2012. 2. 23. 공주대학교 출판사
- 헨리8세. 윌리엄 셰익스피어. 김정환 역. 2012. 11. 7. 아침이슬
- 부의 도시 베네치아. 로저 크롤리. 유태영 역. 2012. 8. 4. 다른세상
- 레오스트라우스가 들려 주는 정치 이야기. 육혜원 역. 2008. 7. 6. 자음과 모음
- 베네치아의 르네상스. 페트리사 포르티니. 김미정 역. 2001. 5. 31. 예경
- 마키아벨리군주론. 강정인 김경희 역. 2007. 3. 31. 까치펴냄
- 베네치아의 전설. 휴고 프라트. 홍은주 역. 2002. 8. 20. 북하우스
- 스파르타. 험프리 미첼. 윤진 역. 2001. 11. 30. 신서원
- 스파르타 이야기. 폴 카트리지. 이은숙 역. 2011. 9. 21. 어크로스
- 국부론. 아담 스미스. 유인호 역. 2008. 7. 1. 동서문화사
- 진화론에는 진화가 없다. 교과서진화론개정추진회. 2012. 7. 20. 생명의 말씀사
- 소크라테스에서 포스트모더니즘까지. 새뮤엘 이녹 스템프외. 이광래역. 2008. 6. 10. 열린책들
- 포스트모더니즘 성찰. 신승환 저. 2003. 8. 25. 살림
- 새로운 공동체를 향한 운동 공산주의 선언. 박찬종 저. 2007. 10. 5. 아이세움
- 코민테른. 케빈 맥더모트. 황동하 역. 2009. 10. 28. 서해문집
- 유예된 유토피아 공산주의. 필립 뷔통. 소민영 역. 2005. 1. 25. 부키
- 코뮤니스트. 로버트 서비스. 김남섭 역. 2012. 7. 14. 교양인
- 프리메이슨 비밀역사. 진형준 저. 2009. 11. 30. 살림
- 네오콘 팍스 아메리카 전사들. 남궁곤 저. 2003. 10. 20. 사회평론
- 플라톤의 대화편. 플라톤 최명관 역. 2008.

- 7. 10. 창출판사
- 소크라테스의 변명. 플라톤. 황문수 역. 1999. 2. 10. 문예출판사
- 아리스토텔레스의 현상학적 해석. 마르틴 하이덱거. 김재철 역. 2010. 9. 25. 뉴멘출판사
- 형이상학 아리스토텔레스. 김진성 역. 2011. 3. 24. 자민지출판사
- 템플기사단의 검. 폴 크리스토퍼. 전행선 역. 2009. 3. 20. 중앙북스 출판사
- 갈등의 핵 유대인. 김종민 저. 2001. 10. 15. 효형출판사
- 뒤집어서 읽은 유대인 5000년사. 강영수 저. 1999. 9. 27. 청년정신
- 예수회 세계지배 음모. 릭 마틴. 2002. 11. 1. 생명의 서신
- 유태인은 탈무드를 읽지 않는다. 황정운 저. 2005. 9. 10. 동포
- 천재유전자. 한학선 저. 2010. 6. 23. 에세이
- DNA발견에서 유전자변형까지. 존 판던. 김해영 역. 2013. 1. 15. 다섯수레
- 각성유전자. 나카무라 하지메. 하성호 역. 2013. 2. 7. 학산문화사
- 벌거벗은 유전자. 미사 앵그리스트. 이형진 역. 2012. 1. 5. 과학동아북스
- 유전자속의 놀라운 비밀. 프랜 보크웰. 한현숙 역. 2000. 3. 20. 승산
- 용의 유전자. 에릭 두르슈미트. 이상근 역. 2010. 9. 20. 세종서적
- 내 생명의 설계도 DNA. 최재천 저. 2013. 4. 1. 과학동아북스
- 생명의 설계도를 찾아서. 게르하르트 슈타군. 장혜경 역. 2004. 3. 30. 해나무
- 천재공장. 데이비드 폴로츠. 이경식 역. 2005. 7. 1. 북앤북스
- 인간 아담을 창조하다. 한스 권터 가센. 정수정 역. 2007. 11. 30. 프로네시스
- 사이보그가 되는 법. 알록 자. 이충호 역. 2013. 2. 5. 미래인
- 인간과 똑같은 로봇을 만들 수 있을까? 아네스 기오. 이수지 역. 2006. 3. 17. 민음사
- UFO 방문. 엘런 와츠. 강주헌 역. 1999. 8. 5. 넥서스
- 어떻게 외계인을 만날까? 콜리브 비포드. 맹성렬 역. 2002. 1. 20. 사이언스 북
- 우주로부터 귀환. 다치바나 다카시. 전현희 역. 2002. 1. 20. 청어람 미디어
- 우리는 모두 외계인이다. 제프리 베넷. 권채순 역. 2012. 8. 8. 현암사
- 악마들의 거처 바티칸. 임종태 저. 2009. 5. 25. 다른우리
- 신성로마제국. 기쿠치오시오. 이경덕 역. 2010. 11. 30. 다른세상
- 프랑스 혁명에서 파리 코뮌까지. 노명식 저. 2011. 6. 30. 책과함께
- 과학과 계몽주의. 토머스 핸킨스. 양유성 역. 2011. 2. 11. 글항아리
- 십자군 전쟁의 진실. 김제헌 저. 2008. 10. 7. 시공사
- 알렉산드리아 기독교. 두라노아카데미 편집부. 2011. 2. 1. 두라노아카데미
- 2020트랜스휴먼과 미래경제, 박영숙 저. 2006. 8. 1. 교보문고
- 급진적 진화(트랜스 휴머니즘). 조엘가로. 임지원 역. 2007. 10. 30. 지식의 숲
- 화이트헤드의 유기체철학, 김영진지음 그린비 펴냄. 2012. 05. 20
- 유기체 국가론, 홍진표지음 대경 펴냄. 2012. 04. 06.
- 아담 이브 뱀, 일레인 페이걸스 지음. 류점석,장혜경 옮김. 아우라 펴냄 2009. 4. 10
- 창조의 철학 알렉산드리아 필로 지음. 노태성 옮김. 다산글방 펴냄. 2005. 12. 06.
- 종교개혁사, 롤란드 베인턴 저 홍치모·이훈영 옮김, 크리스챤다이제스트, 2001.
- 급진종교개혁사론, 홍치모 공저, 느티나무, 1993.
- 에큐메니즘의 이상과 우상, 구영재. 도서출판 안티오크 출간. 1996
- 세계기독교회사, 윌리스턴 워커 지음, 강근환 옮김. 대한기독교서회, 2006
- 새로 쓴 세계교회사. 주도홍 지음. 개혁주의출판사 펴냄. 2011
- 분열된 복음주의, 이안 머리 지음. 김석원 옮김 부흥과개혁사 펴냄. 2009
- 예수와 다윈의 동행, 심재식 지음. 사이언

- 스북스 펴냄. 2013
- 신사도 운동에 빠진 교회, 정이철 지음. 새물결플러스 펴냄. 2012
- 신사도의 가짜 부흥운동, 행크 해너그라프 지음, 이선숙 옮김, 부흥과개혁사 펴냄. 2009
- 폴틸리히와 칼바르트의 대화, 정성민 지음, 바울 펴냄. 2004
- 종교개혁과 반종교개혁, 칼 하인츠 츠어 뮐 정병식 옮김, 대한기독교서회 펴냄. 2003
- 침례교회와 역사, 김승진 지음, 침례신학대학교출판부 펴냄. 2009
- 플라톤의 프로타고라스, 플라톤 지음, 박종현 옮김. 서광사 펴냄. 2010
- 서방기독교 신비주의의 역사. 버나드 맥긴 지음, 방성규 외 옮김. 은성 펴냄. 2000
- 초대 교회 배경사, (제3판) 에버렛 퍼거슨 지음, 엄성옥 옮김. 은성 펴냄. 2005
- 플라톤의 철학개념, 칼 알베르트 지음, 임성철 옮김, 한양대학교출판부 펴냄. 2002
- 플라톤의 철학, G.C.필드 지음, 양문흠 옮김, 서광사 펴냄. 1989
- 디오니소스의 철학 세트, 마시모 도나 지음, 김희정 옮김, 시그마북스 펴냄. 2010
- 플라톤과 에로스, 장경춘 지음, 안티쿠스 펴냄. 2011
- 플라톤의 국가론 최현 지음, 집문당 펴냄. 2006
- 플로티누스, 피에르 아도 지음, 안수철 옮김, 탐구사 펴냄. 2013
- 오리겐 알렉산드리아와 로고스(교회사), 오리겐 지음, 주승민 옮김. 이레서원 펴냄. 2000
- 칼빈과 어거스틴, 안인섭 지음, 그리심 펴냄, 2009
- 신플라톤주의 R. T. 왈리스 지음, 박규철·서영식 외 1 명 옮김, 누멘 펴냄, 2011
- 카톨릭주의의 정체, 랄프 우드로우 지음, 하늘기획 펴냄, 2004
- 기독교 진리 왜곡의 역사, 남우현 지음, 지식나무 펴냄, 2009
- 유세비우스의 교회사, 유세비우스 팜플루스 지음, 엄성옥 옮김, 은성 펴냄, 1990
- 고대 유대교 역사 샤이, J D 코헨 지음, 황승일 옮김, 은성 펴냄, 2004
- C,S 루이스의 위험한 생각, 빅터 레퍼트 지음, 이규원 옮김, 사랑플러스 펴냄, 2008
- 나니아연대기 C. S. 루이스 지음, 햇살과나무꾼 옮김, 시공주니어 펴냄, 2005
- 통합신학, 고든 루이스브루스 데머리스트 지음, 김귀탁 옮김, 부흥과개혁사 펴냄, 2009
- 신구약 중간사, 조병호 지음, 통독원 펴냄, 2012.
- 그리스도 없는 기독교, 마이클 호튼 지음, 김승웅 옮김, 부흥과개혁사 펴냄, 2009
- 교회사 안에 나타난 이단과 정통, HAROLD O.J. 지음, 라은성 옮김, 그리심 펴냄, 2001
- 최후의 템플 기사단, 레이먼드 커리 지음, 한은경 옮김, 김영사 펴냄, 2005
- 가톨릭의 역사, 한스 큉 지음, 배국원 옮김, 을유문화사 펴냄, 2013
- 성 어거스틴의 참회록, 성 어거스틴 지음, 송용자 옮김, 씨뿌리는사람 펴냄, 2008
- 어거스틴의 삼위일체 구조 조성재 저, 2003. 03. 08. 개혁주의성경연구소
- 성 아우구스티누스 삼위일체론 김종흡 역, 1997, 서울:크리스챤 다이제스트
- 신국론 요약 신앙핸드북 어거스틴 저, 심이석 옮김, 1997. 01. 31. 크리스챤다이제스트
- 아브라함 카이퍼 저자 FRANK VANDEN BERG 지음, 김기찬 역, 1991. 07. 01 나비 펴냄
- 프란시스 쉐퍼의 기독교 세계관과 윤리, 이상원 지음, 2003. 09. 15. 살림 펴냄
- 프란시스 쉐퍼 L.G.파커스트 지음, 성기문 옮김, 1995. 04. 01. 두란노 펴냄
- 무질서한 은사주의, 존 F. 맥아더 지음, 이용중 옮김, 부흥과개혁사 펴냄, 2008
- 이것이 영지주의다, 스티븐 훨러 지음, 이재길 옮김, 샨티 펴냄, 2006
- 기독론 논쟁, 리차드 A. 노리스 지음, 홍삼열 옮김, 은성 펴냄, 2010
- 천주교를 배격하는 7가지 이유, 유선호 지음, 하늘기획 펴냄, 2009
- 종교 속의 철학, 철학 속의 종교, 이한영·이익주 외 3명 지음, 문사철 펴냄, 2013

- 포도주와 바벨론 포도나무, 로저 오클랜드 지음, 스테반 황 옮김, 퓨리탄밴드 펴냄, 2010
- 뉴 에이지가 교회를 파괴한다, 김영재 지음, 한국학술정보 펴냄, 2010
- 세계영적도해, 최바울 지음, 펴내기 펴냄, 2010.
- 미국의 뒤에 숨어있는 적그리스도&666 Rev. Johns. 지음, 좋은땅 펴냄, 2013
- 이머징 교회는 교회개혁인가 교회변질인가, 게리 글리슨 지음, 부흥과개혁사 펴냄, 2011
- 21세기 교회개혁의 이상, 마샬레케트 지음, 장성우 옮김, 태광출판사 펴냄, 1994
- 프라하 종교개혁 이야기, 이지 오떼르 지음, 김진아 옮김, 한국장로교출판사 펴냄, 2012
- 종교개혁은 끝났는가, 마크 A. 놀캐롤린 나이스트롬 지음, 이재근 옮김, CLC 펴냄, 2012
- 이머징 교회와 신비주의, 로저 오클랜드 지음, 황 스데반 옮김, 부흥과개혁사 펴냄, 2010
- 개혁 선언, 신디 제이콥스 지음, 최요한 옮김, 죠이선교회 펴냄, 2010
- 가정교회, 볼프강 짐존 지음, 황진기 옮김, 사랑플러스 (사) 펴냄, 2004
- 개혁신학과 스콜라주의, 빌렘 판 아셀트 지음, 한병수 옮김, 부흥과개혁사 펴냄, 2012
- 중세교회, 마르틴 리터베른하르트 로제 지음, 공성철 옮김, 한국신학연구소 펴냄, 2010
- 고대교회, 리터 지음, 공성철 옮김, 한국신학연구소 펴냄, 2006
- 초자연적 교회, 스탄 이 디코벤 지음, 박미가 옮김, 은혜출판사 펴냄, 2004
- 교회는 성경을 오석해 왔는가, 모세 실바 지음, 심상법 옮김, 솔로몬 펴냄, 2001
- 교회의 지각변동, 피터 와그너 지음, 방원선·권태진 옮김, WLI Korea 펴냄, 2007
- 악마의 사도, 리처드 도킨스 지음, 이한음 옮김, 바다출판사 펴냄, 2005
- 서방기독교 신비주의의 역사, 버나드 맥긴 지음, 방성규 외 옮김. 은성 펴냄, 2000
- 초대 교회 배경사 3판, 에버렛 퍼거슨 지음, 엄성옥 옮김, 은성 펴냄, 2005
- 로마 카톨릭과 바빌론 종교, W. 다니엘즈 지음, 한승용 옮김, 말씀보존학회 펴냄, 2013
- 오리겐 알렉산드리아 로고스교회사, 오리겐 지음, 주승민 옮김, 이레서원 펴냄, 2000
- 루시퍼, 이펙트 필립 짐바르도 지음, 이충호·임지원 옮김, 웅진지식하우스 펴냄, 2007
- 음모의 네트워크, 운노 히로시 지음, 이동철 옮김, 해나무 펴냄, 2009
- 천사 하나님의 비밀특사, 빌리 그레이엄 지음, 정다올 옮김, 생명의말씀사 펴냄, 2010

도서출판 세계제자훈련원 도서 소개

기독교 종말론 가이드 북
타 작 기

목 차

1. 적그리스도의 정의
  1) 예수님의 인성을 부인하는 자
  2) 예수님의 신성을 부인하는 자
  3) 예수님의 십자가 영혼 구원을 부인하는 자
  4) 하나님의 구속의 섭리를 파괴하는 자

2. 적그리스도의 목적
  1) 세계 한 경제
  2) 세계 한 정부
  3) 세계 한 종교
  4) 지구촌 유토피아

3. 적그리스도의 역사
  1) 니므롯
  2) 두로왕
  3) 메로빙거
  4) 템플기사단
  5) 예수회
  6) 일루미나티
  7) 미국 건국
  8) 프랑스 혁명
  9) 1차 세계대전
  10) 러시아 혁명
  11) 2차 세계대전
  12) 3차 세계대전의 시나리오

4. 적그리스도의 혈통
  1) 바벨론 세미라미스 혈통
  2) 아슈케나지 유대인 혈통
  3) 윈저왕조 혈통
  4) 부시 가문 혈통
  5) 로스차일드 가문 혈통
  6) 록펠러 가문 혈통

5. 적그리스도의 종교
  1) 수메르 바벨론 종교
  2) 이집트 태양신 호루스 종교
  3) 그리스 아볼루온 종교
  4) 유대의 밀교 카발라 종교
  5) 영지주의와 신지학 종교
  6) 프리메이슨 종교

6. 적그리스도의 전략
  1) 시온의정서가 만들어졌던 과정
  2) 유대인의 세계 경제 장악 현황
  3) 시온 의정서 용어 해설
  4) 시온의정서 요약 및 해설
  1장. 세계 정치 지배 전략
  2장. 세계 언론 지배 전략
  3장. 세계 경제 지배 전략
  4장. 기독교 파괴 전략
  5장. 사회 구조 파괴 전략
  6장. 국가정부 파괴 전략
  7장. 전쟁을 통한 이익 창출 전략
  8장. 헌법 파괴 전략
  9장. 세뇌 교육을 통한 독재정부 전략
  10장. 섭정 정치 전략
  11장. 유대인을 통한 세계 정복 전략
  12장. 언론 통제 조작 전략
  13장. 3S를 통한 인간성 파괴 전략
  14장. 기독교 말살 전략
  15장. 히틀러식 독재 정치 전략
  16장. 교과서를 통한 역사 조작 전략
  17장. 인간 개조를 통한 인간성 파괴전략
  18장. 적그리스도 조작 전략
  19장. 경찰국가 전략
  20장. 중산층 파괴 전략
  21장. 내국채를 통한 국가 파괴 전략
  22장. 세계 정복 전략
  23장. 전체주의 국가 전략

24장. 최종 유대주의 전략
7. 적그리스도의 무기
  1) 적그리스도의 최후의 병기 베리칩
  2) 양날의 칼 전쟁과 돈(은행)
  3) 살인 병기보다 무서운 언론
     (매스 미디어)
  4) 상상을 초월한 기상무기 하프
  5) 사탄교 마약, 섹스, 포르노
  6) 기독교를 파괴시킬 블루빔 프로젝트
8. 적그리스도의 기독교 파괴 프로그램
  1) 빌리그래함의 에큐메니칼 운동
  2) 알파 코스
  3) 빈야드 운동
  4) 신사도 운동
  5) WCC 종교통합운동
  6) 뉴 에이지 기독교 운동
9. 적그리스도의 단체
  1) 프리메이슨
  2) 일루미나티 카드
  3) 원탁회의
  4) 300인 위원회
  5) 영국 왕립 국제 문제 연구소
  6) 미국 외교 관계 연구소
  7) 삼변회
  8) 빌더버그 회의
  9) 연구 분석 코퍼레이션
  10) 로마클럽
  11) Skulls & Bones(해골과 뼈)
  12) 타비스톡 인간관계 연구소
  13) 인간 자원 연구소
  14) 스텐포드 연구소
  15) 보헤미안 클럽
  16) 무슬림 형제단
  17) U N(국제연합)
10. 적그리스도에 대한 준비
  1. 분별과 성찰

  1) 신화인가? 성경인가?
  2) 비인격인가? 인격인가?
  3) 악령의 열매인가? 성령의 열매인가?
  4) 지상천국인가? 천상천국인가?
  5) 종교인가? 생명인가?
  6) 진리인가? 이단인가?
 2. 회개와 재정립
  1) 성경에 대한 무지
  2) 은사주의
  3) 물질주의
  4) 분파주의
 3. 용서와 사랑
  1) 절대적인 십자가 복음
  2) 예수님과 스데반의 기도
 4. 전도와 섬김
  1) 오늘의 복음
  2) 섬김의 예배
 5. 충성과 예배
  1) 썩어진 밀알
  2) 순교의 예배

2012년 3월 10일 출간
타작기 13,000원

적그리스도의 유전자 비밀
타작기2

목차
꼭 필요한 선물
프롤로그

제1장 가짜 유대인의 정체
 1. 왜 가짜 유대인을 반드시 알아야 합니까?

2. 사탄 밀교 카발라
3. 탈무드
4. 검은 귀족 카르타고 유태인
5. 사탄의 비밀결사 바리새파 유대인
6. 제13지파 유대인 아쉬케나지
7. 아쉬케나지 유대인들의 역사적 활동
8. 세계를 지배하는 가짜 유대인
9. 지금은 이미 자다가 깰 때가 넘었습니다.

제2장 적그리스도 세력들이 사용하고 있는 성경적 종말론

1. 이스라엘 독립
2. 예루살렘 회복과 이방인의 때
3. 에스겔 38장, 3차 세계대전
4. 예루살렘 성전 건축, 구약제사부활과 적그리스도 출현
5. 트랜스 휴머니즘 프로젝트(사탄종교, 인간개조프로젝트)
6. 엘로힘 외계인 천년왕국 라엘 프로젝드
7. 예수님의 재림과 심판
8. 천년왕국
9. 새 하늘, 새 땅, 새 예루살렘

제3장 적그리스도 세력들의 유전자의 비밀

1. 사탄의 유전자
2. 뱀의 유전자
3. 가인의 유전자
4. 네피림의 유전자
5. 니므롯의 유전자
6. 이스마엘 유전자
7. 에서의 유전자
8. 사울의 유전자
9. 거인족의 유전자
10. 아리안의 유전자
11. 철기문화의 유전자
12. 동성애의 유전자
13. 왕족의 유전자
14. 신들의 유전자
15. 타락한 천사 유전자
16. 공산주의 유전자
17. 마야의 유전자
18. 철학과 사상의 유전자
   1) 소크라테스
   2) 플라톤
   3) 아리스토텔레스
   4) 마키아벨리
   5) 계몽주의
   6) 루소
   7) 찰스다윈
   8) 헤겔과 칼 마르크스
   9) 포스트모더니즘
   10) 아놀 토인비, 아인슈타인
   11) 시나키즘(네오콘, 악마주의)
   12) 적그리스도 국가의 모델 스파르타 (카르타고)
19. 드라큐라 유전자
20. 피라미드 유전자
21. 음악의 유전자
22. 전쟁의 유전자
23. 헐리우드의 유전자

제4장 세계 역사를 움직이는 프리메이슨

1. 한국의 프리메이슨
   1) 한국과 유엔의 운명적인 만남
   2) 한국과 전쟁과 유엔
   3) 세계를 지배한 한국인
   4) 세계 최고의 뉴에이지 문화 컨텐츠로 자리잡아가고 있는 한류열풍
   5) 세계 최고의 의료보험제도
   6) 세계 최고의 신용카드 사용과 인터넷

왕국
　7) 세계에서 단 하나뿐인 이상한 나라 북한
　8) 유엔 천년왕국 프로젝트와 한반도
2. 영국의 프리메이슨
　1) 유럽최초의 국교회 탄생
　2) 크롬웰 명예혁명을 지원한 베네치아 검은 귀족들
　3) 아편전쟁을 통한 중국점령 프로젝트
3. 일본의 프리메이슨
　1) 삼변회
　2) 임진왜란을 일으킨 예수회
　3) 일본 프리메이슨의 한국 식민지 정책의 목적
　4) 복어계획(만주국 유대국가건설 프로젝트)
　5) 일본의 네오콘의 조직, 이념, 목적
　6) 아베의 도박, 아베겟돈 세계 3차 대전
4. 중국의 프리메이슨
　1) 예수회 프리메이슨이 장악한 중국
　2) 중국 유대인의 역사
　3) 황소이난을 통해 중국화 된 유대인
　4) 몽고는 세계 최초의 유대인 제국
　5) 아편 전쟁은 프리메이슨 작품
　6) 중국의 프리메이슨 전초기지 홍콩
　7) 객가인의 중국 유대인 등소평
　8) 태평천국의 난
　9) 중국의 신해혁명과 공산혁명
　10) 중국의 유대인 객가인들
　11) 중국의 5,4운동
　12) 중국 공산당 창당
　13) 모택동과 6,25전쟁
　14) 중국 공산당을 강대국으로 무장 시킨 6·25전쟁
　15) 중국 본토 공격을 준비중인 맥아더 장군의 해임

5. 미국의 프리메이슨
　1) 2000년 인류가 꿈꾸던 유토피아의 나라로 건국된 미국
　2) 이집트 사람들이 섬기던 금성, 루시퍼의 나라
　3) 템플 기사단의 나라
　4) 인디언을 멸절시킨 콜럼버스의 나라
　5) 양의 탈을 쓴 청교도의 나라
　6) 1776년 독립선언의 배경
　7) 남북 전쟁의 진실
　8) 민영화된 미국 중앙은행의 비밀 (FRB)
　9) 네오콘 사상으로 무장된 나라
에필로그

2013년 7월 10일 출간
타작기2 15,000원

십자가 복음과 교회의 승리
타작기3

목차
꼭 지켜야 할 선물
프롤로그

제1장 말세지말에 필요한 요한의 복음
　1. 요한복음
　2. 요한1, 2, 3
　3. 요한 계시록

제2장 사탄 기독교의 진앙지 알렉산드리아 학파
　1. 로마 카톨릭의 산실 알렉산드리아 학파 교리학교

2. 클레멘트
3. 사탄교회 설계자 오리겐
4. 최초의 라틴 성경번역자 제롬

제3장 바리새파 유대인의 정체와 로마 카톨릭
1. 기름부음을 받은 고레스왕
2. 콘스탄틴 대제와 고레스왕
3. 종합평가 로마 카톨릭의 진짜 정체는 무엇입니까?

제4장 기독교 사상가들의 허와 실
1. 터툴리안
2. 키프리안
3. 어거스틴

제5장 종교개혁과 장미십자단
1. 마틴루터
2. 장미십자회
3. 존 칼빈

제6장 기독교 이단
1. 이단이란 무엇입니까?
2. 기독교 이단을 판별하는 성경적인 기준은 무엇입니까?
3. 초기 기독교 이단의 역사
  1) 에비온주의
  2) 영지주의
  3) 플라톤주의
  4) 플로티누스의 신플라톤주의
  5) 뉴 플라톤주의 관상기도

제7장 기독교 이단 신학, 교리와 사상가들
1. 무천년주의 신학의 비밀
  1) 종말론 신학의 중요성
  2) 무천년주의가 탄생하게 된 배경
  3) 무천년주의 사상
  4) 무천년주의 교회관
  5) 무천년주의 복음
  6) 무천년주의 세계관
  7) 무천년주의 종말관
  8) 무천년주의와 신세계질서
2. 자유주의 신학
  1) 자유주의 신학의 원리
  2) 자유주의 신학의 특징
  3) 자유주의 신학의 사상적 배경
  4) 자유주의 신학의 태동
  5) 자유주의 신학의 비판
  6) 자유주의 신학의 정체 그노시스 영지주의
3. 신칼빈주의 신학
  1) 아브라함 카이퍼의 생애
  2) 아브라함 카이퍼의 사회개혁 활동
  3) 아브라함 카이퍼의 화란의 자유대학 설립
  4) 아브라함 카이피가 자유대학을 설립한 목적
  5) 칼빈주의와 신칼빈주의 차이
  6) 아브라함 카이퍼의 절대 주권 영역과 다원주의
  7) 신복음주의 신학의 뿌리가 된 신칼빈주의
  8) 아브라함 카이퍼의 반정립 사상과 일반 은총론
  9) 아브라함 카이퍼의 고민
  10) 아브라함 카이퍼 사상의 문제점
  11) 아브라함 카이퍼의 신칼빈주의에 대한 평가
    (1) 문화 대사명에 대한 오해
    (2) 일반은총의 문제점
    (3) 유기체 교회를 통한 문화 대명령 완성

(4) 언약에 대한 유기체 철학적 개념화
(5) 잘못된 중생 개념과 유아 세례관
(6) 잘못된 회심관
(7) 자연과 은혜를 하나로 보는 도여베르트의 우주법 철학
12) 네델란드 바로 알기
  (1) 네델란드를 바로 알아야 적그리스도의 세력들을 알 수 있다.
  (2) 세계 최초의 상장 증권시장의 효시
4. 칼 바르트의 신정통주의 신학
5. 신복음주의 신학
  1) 전체개요
  2) 박형룡 박사의 신복음주의 비판
  3) 빌리 그래함의 종교 통합 운동
  4) 신복음주의 이머징 처취 운동
  5) 빌 브라이트와 C.C.C
  6) 존 스토트
  7) C.S 루이스
  8) W.E.A(세계 복음주의 협의회)
6. 신사도 운동
  1) 신사도 운동의 기원
  2) 신사도 운동의 목적
  3) 신사도 운동의 발전 과정
  4) 신사도 운동의 특징
  5) 신사도 운동의 단체
  6) C.C.C 대학생 선교회와 예수 전도단의 신사도 운동
  7) 메시아닉 쥬 그리스도

제8장 성경 번역의 역사
1. 성경 보존의 도시, 시리아 안디옥
2. 신약 성경의 보존
3. 구 라틴 번역 성경
4. 성경이 번역된 과정
5. 성경이 한글로 번역된 과정
6. 하나님의 전통원문

7. 하나님의 섭리에 의해 잘 보존되어 온 성경 사본들
8. 오리겐의 성경 부패와 기독교 역사 왜곡
9. 다시 부활한 사탄의 성경신학
10. 유진 피터슨 신약성경의 변개 내용

제9장 순교 역사로 기록된 2000년 기독교회사
1. 몬타니스트
2. 유카이트
3. 노바티안스
4. 도나티스트
5. 고대 왈덴스인
6. 폴리시안
7. 왈도파
8. 알비젠스
9. 로라즈
10. 후스파
11. 재세례파
12. 순교 역사로 기록된 2000년 기독교회사 종합 평가

제10장 그림으로 본 사탄종교의 역사와 정체성
1. 로마 카톨릭
2. 장미 십자단
3. 신사도 운동

에필로그

2014년 3월 25일 출간
타작기3 값 20,000원

세계제자훈련원 10단계 교재

1권 복음
1과 성경이 왜 하나님의 말씀인가?

2과 하나님의 뜻과 중생
3과 복음이란 무엇인가?
4과 예수 그리스도의 보혈의 능력
5과 예수 그리스도의 십자가의 능력

2권 구원의 확신
1과 왜 구원의 확신을 갖는 것이 중요한가?
2과 구원의 확신 점검
3과 신앙고백과 간증하는 법
4과 성 삼위 하나님 안에서 확신
5과 세례와 성찬

3권 그리스도인으로 자라남
1과 왜 그리스도인은 자라나야 하는가?
2과 말씀의 중요성과 우선순위(Q.T)
3과 기도하는 법
4과 성도의 교제와 교회의 비밀
5과 순종의 축복

4권 교회
1과 교회란 무엇입니까?
2과 교회의 본질과 비밀
3과 교회안에 있는 은사
4과 교회안에 있는 직분
5과 교회의 목적

5권 열매맺는 삶
1과 성도의 삶의 목적은 무엇인가?
2과 전도
3과 양육
4과 헌금
5과 예배

6권 그리스도인의 생활
1과 그리스도인의 개인생활
2과 그리스도인의 가정생활
3과 그리스도인의 교회생활
4과 그리스도인의 사회생활
5과 그리스도인의 국가생활
6과 그리스도인의 세계생활

7권 제자로서의 성장
1과 제자란 누구인가?
2과 제자의 도와 비전
3과 훈련의 중요성
4과 헌신과 하나님의 뜻 발견
5과 십자가의 도(종의 도)

8권 성숙한 제자
1과 성숙한 제자란 어떤 사람인가?
2과 성숙한 제자와 상담
3과 성숙한 제자와 성경공부인도
4과 성숙한 제자와 절대주권(로드쉽)
5과 성숙한 제자와 영적 전투

9권 세계선교
1과 세계선교란 무엇인가?
2과 한국교회의 사명
3과 한국교회와 이단종교
4과 각종 비전과 사역의 다양성
5과 세계선교전략

10권 재림
1과 재림의 징조
2과 이스라엘과 정치적 종말
3과 군사적 과학적 종말
4과 종교적 경제적 종말
5과 재림의 신앙

1988년 출간
각 권당 1,200원
지도자 지침서 12,000원

새신자 제자훈련
          1998년 출간 값 2,000원
세례자 제자훈련
          1998년 출간 값 3,000원
교사 제자훈련
          1998년 출간 값 3,000원
제직 제자훈련
          1998년 출간 값 3,000원
구역장 제자훈련
          1998년 출간 값 3,000원

지은이 ————————

백석신학대학
백석신학대학원
총신대선교대학원
연세대연합신학대학원
미국Faith신학대학원
미국California신학대학원
전 필리핀 선교사
현 강남교회 담임목사

총판 : 생명의 말씀사
마지막 시대의 복음
배도자 지옥 순교자 천국

초 판 2015. 2. 25
지은이 이형조
펴낸곳 도서출판 세계제자훈련원
135-270 서울시 강남구 도곡동 544-13
전화 : (02) 562-5634 H.P : 010-4434-7188
E-mail ehjo99@hanmail.net
등록 제16-1582 (1988. 6. 8)

온라인 번호 062-01-0126-685 (국민은행 이형조)
정가 15,000원
ISBN 978-89-87772-19-6